DANIELA LEINWEBER

Schritt für Schritt

Unterwegs am South West Coast Path

DANIELA LEINWEBER

Schritt für Schritt

Unterwegs am South West Coast Path

leykam:

2. Auflage 2022

Alle Fotos: Daniela und Peter Leinweber

Coverentwurf: TASKA

Layout und Satz: Gerhard Gauster

Druck: Adverts printing house

Gesamtherstellung: Leykam Buchverlag

ISBN 978-3-7011-8129-2

www.leykamverlag.at

Inhalt

Was davor geschah …

Unser Wohnzimmer war von schallendem Lachen erfüllt. Das Gefühl beschlich mich nicht nur, es kam mit voller Wucht und ich realisierte: „Ich werde nicht ernst genommen!“ Gerade erzählte ich meinem Mann Peter, dass ich vorhabe, 2018 eine Weitwanderung von mindestens einem Monat, vielleicht auch zwei, zu unternehmen, und dass ich mir wünsche, dass er mein Begleiter, mein Motivator und meine Unterstützung ist. Diese Ahnung bestätigte sich kurz darauf, nachdem er offensichtlich wieder etwas Luft schnappen konnte und meinte: „Das wird niemals passieren!“. „Das wird passieren!“, entgegnete ich und ließ ihn mit seinen Gedanken allein. Ein paar Tage später beim Mittagessen fragte er dann: „Wie stellst du dir das eigentlich vor?“, und plötzlich schwebten Wörter wie Sabbatical, Urlaub sparen und Abenteuer durch den Raum. Der Beginn war gemacht.

Wir haben dann lange überlegt, welchen Weg wir uns aussuchen sollten. Mein Papa und mein Großcousin sind bereits unterschiedliche Jakobswege gewandert – vielleicht liegt mir das Weitwandern ja in den Genen – doch die Pilgerzahl ist seit dem Jahr, als mein Vater dort unterwegs war, um 500 % gestiegen, der Weg kann die Massen kaum bewältigen, von den Herbergen ganz zu schweigen. Dort sehe ich mich nicht. Für andere Wege, z.B. den Appalachian Trail in den USA, bin ich körperlich nicht fit genug und ich kann mich auch mit der Tatsache, im Zelt zu schlafen, nicht wirklich anfreunden. Also muss es ein Weg sein, der zwar anstrengend, aber bewältigbar ist, einer, der mich am Abend in einem Zimmer mit Bett und Dusche schlafen lässt. Peter hätte am liebsten einen, der am Meer liegt. Ich erinnerte mich an eine Rundreise durch Großbritannien zurück und plötzlich war es klar, der „South West Coast Path“, das ist unser Weg. Er erstreckt sich entlang der gesamten, atemberaubenden Küste im Südwesten Englands und ist derzeit mit seinen 630 Meilen (1.014 Kilometern) der längste offizielle Fernwanderweg des Vereinigten Königreichs. Er verläuft von Minehead in der Grafschaft Somerset über Devon und Cornwall bis nach Poole Harbour in Dorset. Die malerische Landschaft, die von sanften Küstenabschnitten bis zu dramatisch ins Meer abfallenden Klippen und tiefen Schluchten alles bietet, kennen viele vielleicht von den Rosamunde-Pilcher-Filmen, die fast immer in diesem Teil Großbritanniens spielen.

Dass ich überhaupt eine solche Wanderung auch nur in Erwägung zog, kam für viele überraschend. Ich war nie eine große Wanderin, es wäre auch mit den 142 Kilos, die ich bis vor einigen Jahren noch wog, ein von vornherein zum Scheitern verurteiltes Unterfangen gewesen. Wobei, im Herzen war ich es vielleicht doch. Oft lag ich in unserem Swimmingpool zu Hause und schaute sehnsüchtig auf unseren Hausberg, die Flatzer Wand, hinauf. „Haushügel" würde diese kleine Erhebung im niederösterreichischen Industrieviertel wohl besser beschreiben, aber für mich war es ein unerreichbares Bergmassiv. Von unserem Haus bis zur Naturfreundehütte wären sagenhafte 240 Höhenmeter zu überwinden gewesen und das ging beim besten Willen nicht. Hätte mir damals jemand prophezeit, dass ich 2018 planen würde, 35.031 Höhenmeter in 56 Tagen zu wandern, ich hätte vermutlich eine ausgeprägte Wahrnehmungsstörung diagnostiziert und ihm eine Selbsteinweisung in eine psychiatrische Anstalt empfohlen.

An den Moment, der mein Leben von Grund auf änderte, erinnere ich mich derart glasklar, als wäre es gestern gewesen. Ich versuchte, mich in meinem großen, notwendigerweise stabilen Bett auf die andere Seite zu drehen, und trotz kräftigem Schwungholen und rudernden Armen, um ein wenig mehr Kraft zu entwickeln, schaffte ich es nicht. Eine Welle an negativen Emotionen überkam meinen Körper – Scham, Hilflosigkeit und maßloser Ärger auf mich selbst. Wie hatte ich es überhaupt so weit kommen lassen können? Wieso hatte ich nicht früher realisiert, dass ich so auf keinen Fall weitermachen konnte? Anstelle von glücklichen Augenblicken mit meiner Familie erinnere ich mich vor allem an beschämende Situationen, die keine kleinen Nadelstiche, sondern eher tiefe Schnitte in meiner Seele, wie von einem amerikanischen Nahkampfmesser, verursachten. Flugreisen brachten bereits Tage zuvor Panikattacken, ausgelöst durch die Frage, ob der Gurt sich schließen lassen würde. Der Tag, an dem ich versuchte, mich in den Sitz gequetscht anzuschnallen, und die Stewardess hochnäsig erklärte: „Massiv übergewichtige Menschen müssen eine Gurtverlängerung in Anspruch nehmen", hat sich für immer in mein Gedächtnis gebrannt. Die ehrlich gemeinte Feststellung eines Kleinkindes: „Das ist die dickste Frau auf der ganzen Welt", und die absichtlich verletzenden Äußerungen von pubertierenden Jugendlichen, die mich mit Wörtern wie Nilpferd, Tonne und fette Sau beschimpften, tat ich mit vorgespieltem Selbstbewusstsein ab. Wildfremde Menschen erklärten mir auf der Straße, ich solle endlich abnehmen. Kleidungsgeschäfte mied ich ohnehin schon jahrzehntelang, denn wenn mir eine Verkäuferin mit hochgezogenen Augenbrauen erklärte, dass man für „eine wie mich" ohnehin nichts im Sortiment hätte, war das jedes Mal wie ein Schlag in die Magengrube – falls man die denn unter der Fettschicht überhaupt erwischen würde. Gleichzeitig war aber der Übergrößenhandel auch der

Höchstgewicht: 142 kg.

Meinung, dass dicke Menschen keinerlei Modebewusstsein oder Stil besitzen müssten und man diese mit Schmetterlingen oder Teddybären an schmuddeligen Shirts oder ebenso breiten wie langen Röcken, die die nicht vorhandenen Storchenfüße noch gezielter zur Geltung brachten, abfertigen könnte. Dies hat sich mittlerweile wesentlich verbessert, aber immer wieder stoße ich auch heute noch auf großgeschnittene Kleidungsstücke, bei denen der Designer bestimmt den unebenen Körper eines dicken Menschen mit all seinen „Stark-Stellen" höchstens einmal aus der Ferne betrachtet hat.

Auch das Einkaufen hatte sich zu einem wahren Martyrium entwickelt, denn immer wieder fragten mich Leute, ob ich nicht besser Light-Produkte oder fettarmen Käse kaufen möchte. In der Öffentlichkeit zu essen, davon hatte ich mich ebenfalls schon lange verabschiedet, denn des Öfteren musste ich beobachten, dass Leute die Augen verdrehten, wenn sie mich essen sahen. Einmal nahm ich im Supermarkt all meinen Mut zusammen und kaufte selbst eine 300-Gramm-Tafel Schokolade; normalerweise ließ ich meinen mit einem dünnen Körper gesegneten Mann Süßigkeiten kaufen. Eine ältere Frau kam schnurstracks zu mir gelaufen und fragte, ob ich denn glaubte, dass ich damit abnehmen könnte. In solchen Momenten fiel es mir immer immens schwer, stark zu bleiben. Wann hat es aufgehört, dass ich als Mensch und nicht als überdimensionales Wesen wahrgenommen wurde? Es gibt Menschen mit Übergewicht, genauso wie es Menschen mit Normal- und Untergewicht gibt, doch wer mehr wiegt, der wird diskriminiert, durch Hasskommentare, verächtliche Blicke und unangenehme Fragen. Das hat sich in all den Jahren sogar deutlich durch die sozialen Medien verstärkt und Mobbing, vor allem jenes unter Jugendlichen, hat dadurch eine ganz andere Dimension angenommen.

Doch so verletzend das Verhalten der Gesellschaft auch war, es konnte keine Kehrtwende in meinem Lebensstil herbeiführen. Im Gegenteil, wenn ich traurig oder überfordert war, versuchte ich dies durch ein Glas Nutella oder eine Familienpackung Eis wiedergutzumachen, und die logische Konsequenz daraus war, noch mehr zuzunehmen. Ich habe mich selbst aber nie als so dick betrachtet, wie ich tatsächlich war. Die Eigenbetrugsmaschine arbeitete hervorragend und ich erinnere mich an Selbstgespräche vor dem Spiegel, bei denen ich mir versicherte, dass es so schlimm nun wirklich nicht sei. Die Scheuklappen, die ich mir wohl als Bewältigungsstrategie angeeignet hatte, fielen erst Jahre später, als der verklärte Blick auf das „große Ganze" verschwand und das wahre Ausmaß meines jahrzehntelangen ungesunden Lebensstils auch für mich sichtbar wurde, etwa auf Röntgenbildern, die mir die Knie einer 70-Jährigen bescheinigten, die viel zu lange viel zu viel Last zu tragen hatten.

Wirklich schwierig handzuhaben war die Erkenntnis, dass ich mit Mitte dreißig nur mehr Zuschauerin im Theaterstück meines eigenen Lebens war. Die Kinder mussten alleine im Garten herumtollen und von gesellschaftlichen Gruppenveranstaltungen zog ich mich bewusst zurück, denn zu hoch war die Wahrscheinlichkeit, bei einem Aktivprogramm nur am Spielrand sitzen zu können. Mittlerweile kannte ich selbst kaum mehr jemanden, der noch mehr Kilos auf die Waage brachte als ich, denn selbst in meiner von dickmachenden Genen hervorragend beglückten Familie war ich nun die unbestrittene Nummer eins.

Einzig in den Vereinigten Staaten fühlte ich mich immer wohl. Dort war ich unter meinesgleichen und vieles war auf übergewichtige Menschen ausgelegt. Die Sitze waren extrabreit, in den Toiletten konnte man sich einmal um die eigene Achse drehen, ohne irgendwo anzustoßen, und niemand nahm auch nur Notiz von mir, wenn ich mir den zweiten oder dritten Nachschub beim Frühstücksbuffet holte. Witzigerweise entdeckte ich meine Leidenschaft fürs Wandern in den USA, denn die zahlreichen, traumhaft schönen Nationalparks konnte man nicht unbewandert zurücklassen. Bei den ersten beiden Besuchen allerdings bestand das Entdecken der Natur eher aus einem Viewpoint-Hopping, das heißt, wir fuhren von einem Aussichtspunkt zum nächsten und gingen höchstens 200 Meter in die eine und 200 Meter in die andere Richtung. 2007 allerdings wollte ich etwas ganz Besonderes machen. In den Coyote Butts der Paria Canyon-Vermilion Cliffs Wilderness ist an der Grenze zwischen Utah und Arizona die einzigartige „Wave" zu finden, eine besonders sensible Sandsteinformation, die täglich nur zwanzig Besucher betreten dürfen. Damals wurden online im Vorfeld zehn Permits, also Zugangsberechtigungen, vergeben und wir hatten das unglaubliche Glück, vier Stück zu ergattern, also nichts wie hin. Diese Wanderung würde als die allerschlimmste in die Dani-Geschichte eingehen. Mit über 140 Kilo bei 46° C zu wandern, ist eine unglaubliche Kraftanstrengung, und ich wundere mich heute noch, was mein Körper damals im Stande war zu leisten. Die Sonne brannte auf uns nieder und der kurze, sandige Aufstieg nach etwa fünf Kilometern war das anstrengendste, das ich je getan hatte. Auf allen vieren kraxelte ich in das Tal der Wave und suchte mir die erste flache Stelle als meine letzte Ruhestätte aus. Während Peter und die Kinder begeistert von all der Schönheit waren und jeden einzelnen Zentimeter erkundeten und auf Fotos festhielten, versuchte ich, irgendwie meine Lebensgeister zurückzugewinnen und wieder annähernd regelmäßig zu atmen. Es war mir nicht möglich, dieses wunderbare Naturschauspiel mit meinen Lieben zu teilen, denn ich hatte massive körperliche Probleme und die schlimme Vorahnung, dass sich der Rückweg mindestens ebenso anstrengend gestalten würde. Dies bestätigte sich auch kurz darauf und etwa einen Kilometer vor dem Ziel war ich mit meiner Kraft am Ende. Jeder Schritt tat weh, ich wollte mich in dem heißen Sand zur Ruhe betten und bot den anderen an, mich hier zurückzulassen. Irgendwie schafften diese es aber, mich zu motivieren, auch noch die letzten Schritte zu gehen, doch sobald klar war, dass Peter mich von der Stelle, an der ich mich befand, mit dem Auto abholen konnte, bewegten sich meine Füße keinen Zentimeter mehr. Es war mir unmöglich, die fünfzig Meter zwischen Parkeingang und Auto zu bewältigen, so gerne ich es auch gewollt hätte. Noch nie in meinem Leben hatte ich mich derart leer gefühlt wie genau in diesem Augenblick. – Obwohl ich auch am South West Coast Path an meine Grenzen stoßen werde, werde ich mich kein einziges Mal so fühlen wie damals in den Coyote Buttes. – Allerdings sollte es trotz dieses unmenschlichen Ereignisses, das mir meine körperlichen Unzulänglichkeiten klar vor Augen führte, noch zweieinhalb weitere Jahre und unzählige gescheiterte Diätversuche dauern, bis es endlich doch gelingen sollte, mich von meinem massiven Übergewicht zu befreien.

Der erste Schritt zu einem neuen Lebensgefühl

Warum genau dieser vermutlich 3.572ste Diätversuch dann tatsächlich funktionierte, war wohl die Summe aller Dinge, die mich an diesen Punkt gebracht hatten. Viele Menschen haben mich seither nach dem ausschlaggebenden Grund gefragt, doch diese Frage kann ich pauschal nicht beantworten. Viele bitten mich auch, das Geheimnis hinter der Gewichtsabnahme zu verraten, und oft lasse ich die Leute dann enttäuscht zurück, denn ich bin mir sicher, dass es noch nie ein Geheimnis war, wie man Gewicht verliert. Vermutlich führen alle gängigen Diätformeln kurzfristig zum Erfolg: Low-Carb und Ketogene Diät, High-Carb und Low Fat, Clean Eating und Metabolic Balance, Trennkost und Weight Watchers. Je exotischer die Erklärungsansätze von Ernährungskonzepten sind, umso besser verkaufen sich Ratgeber, doch nur selten lassen sich diese Diäten lange durchhalten – am Ende grüßt der Jo-Jo-Effekt und man wiegt mehr als je zuvor. Die Glücksformel ist hier genauso simpel wie nachvollziehbar und allerorts bekannt: Weniger essen und mehr bewegen! Doch auch dies hilft nur, die Auswirkungen bei zu vielem Essen zu bekämpfen. Ich für meinen Teil bin nämlich der festen Überzeugung, dass Adipositas, wie Fettsucht in Expertenkreisen genannt wird, in ganz erheblichem Ausmaß mit der Psyche zu tun hat. Übergewicht wird immer noch meistens aus dem medizinisch-körperlichen Blickwinkel betrachtet und daher konzentrieren sich Gewichtsreduktionsprogramme allzu oft nur auf die Ernährungs- und Bewegungsschwerpunkte. Dabei sind die Ursachen von Übergewicht nicht selten im psychischen Bereich zu finden. Die Crux an der Sache ist, dass viele Mechanismen unbewusst ablaufen und es schwer ist, die höchstpersönliche Belastung ohne professionelle Hilfe aufzudecken. Diesen Schritt auszuprobieren, stellt für die meisten eine erhebliche Hürde dar, da ist es doch einfacher, es vorher noch mit der Blutgruppendiät oder der Atkins-Methode zu probieren. Doch auch wenn es noch so schön schwarz auf bunt in Inseraten und auf Werbeplakaten steht: Wer rasch und einfach eine Gewichtsreduktion ohne Änderung von Ernährungs- und Bewegungsgewohnheiten verspricht, der lügt. Punkt. Nein, Ausrufezeichen!

Bevor ich mich also aufmachen konnte, um am South West Coast Path einen neuen Wanderweg für mich zu entdecken, musste ich einen ganz anderen und rückblickend viel steinigeren neuen Weg meistern, nämlich den des Gewichtsverlustes. Ein Weg, der Inspiration und Motivation für andere sein kann, aber eben meine Reise und meine persönliche Erfolgsgeschichte ist, die sich nicht eins zu eins übertragen lässt. Damit wir unseren eigenen Weg finden können, müssen wir wieder lernen, auf unseren Körper zu hören – etwas, das adipöse Menschen im Normalfall schon lange nicht mehr getan haben. Wir müssen uns wieder vermehrt auf das sprichwörtliche Bauchgefühl konzentrieren.

Mein Bauchgefühl sagte am Anfang, meine neuen Ambitionen besser niemandem zu erzählen. Meine Eltern starteten zeitgleich mit der Metabolic Balance Diät und ließen jeden, der es wissen wollte oder auch nicht, daran teilhaben. Ich hielt das damals für mehr als fragwürdig und setzte mir ein erstes Ziel: Ich werde meinen Eltern beweisen, dass man auch ohne Blutwertanalyse und Bezahlen eines nicht unerheblichen Geldbetrages an Gewicht verlieren kann. Ich bezweifle nicht, dass man mit dieser Methode Gewicht reduziert, denke aber, dass die Abnahme nicht zwangsläufig auf den persönlichen Ernährungsplan zurückzuführen ist, sondern auf die Tatsache, dass die Leute aufgrund der neu erlangten Motivation und der hohen Kosten bereit sind, ihre Selbstdisziplin auf Hochtouren zu schrauben. Ich hingegen war bereit für diesen Beweis, akkreditierte meine Eltern zu passenden, unwissenden Herausforderern und startete still und heimlich einen Wettkampf, den ich zu gewinnen gedachte – mit Pauken und Trompeten.

Bereits zum damaligen Zeitpunkt war ich Meisterin im Kalorienzählen. Ich kannte und kenne immer noch die Nährwerte der meisten gängigen Lebensmittel auswendig. Damit ich nicht selbst zählen musste, legte ich online ein Ernährungstagebuch an und führte anfangs tatsächlich tagtäglich Buch über jedes Lebensmittel, das den Weg in meinen Magen fand. Mir war von Beginn an wichtig, das Ganze nicht zu dogmatisch anzugehen, denn der gesunde Menschenverstand begreift sehr schnell, dass sich langfristige Erfolge nur sichern lassen, wenn es einen Ermessensspielraum gibt und man sich auch kleine Sünden erlauben darf. Ich hatte das Glück, dass ich immer schon gerne Obst und Gemüse aß und sich diese gesunden Gaumen-

Die Sommerzeit war immer schwierig für mich.

freuden nun mit weiteren hochwertigen Lebensmitteln wie Quinoa, Sprossen, Ingwer und großartigen Ölen, die etwa aus Traubenkernen oder Oliven gewonnen werden, zu leckeren Speisen verarbeiten ließen. Auch vor sogenannten Superfoods wie Goji- oder Aronia-Beeren, Chia Samen oder Granatäpfeln schreckte ich nicht zurück – im Gegenteil, ich entdeckte sogar eine gewisse Vorliebe für jede Art von Beeren.

Außerdem wusste ich über mich selbst, dass ich sehr regelkonform agieren konnte; daher beschloss ich, mir eine Liste anzufertigen, mit Dingen, die mir gut taten und die ich für meine persönliche Gewichtsreduktion als zielführend erachtete. Darunter war etwa, dass ich nach 15.00 Uhr keine Kohlenhydrate und nach 17.00 Uhr überhaupt nichts mehr esse. Aber auch regelmäßige, im Privatumfeld angesetzte Pflege von Sozialkontakten, die bis dahin aufgrund meines sozialen Berufs zumeist auf das Arbeitsfeld beschränkt war, Wechselduschen, Gesichtsmasken oder Sit-ups und Liegestütze – auf Knien, versteht sich – waren darauf zu finden. Diese Liste umfasste 35 Punkte, und wenn ich es über einen Zeitraum von einem Monat schaffte, täglich mindestens 20 Punkte zu absolvieren, dann gönnte ich mir ein besonderes Extra am Monatsende, etwas, das ich mir ansonsten nicht gekauft hätte. Manches Mal klappte es und manches Mal nicht, aber jeder neue Monat bot eine neue Chance auf ein Stück zusätzliches Glück.

Außerdem entwickelte ich für mich ein ganz eigenes Belohnungssystem, so gab es etwa nach jeder Sporteinheit ein Stück Schokolade, denn auf diese himmlische Köstlichkeit wollte ich auf keinen Fall verzichten, schließlich bin ich bekennende Schokoholikerin. Das, was sich beim ersten Hören vielleicht eher nach einem scherzhaften Eingeständnis von Naschkatzen anhört, ist tatsächlich ein Begriff, der die Sucht nach Schokolade oder generell Süßem beschreibt. Ein Studienergebnis des britischen Forschers Adrian Taylor, der meint, dass ein 15-minütiger Spaziergang die Lust auf Schokolade dämpft, kann ich absolut widerlegen. Vielleicht sollte ich ihm im Sommer während meiner Weitwanderung einen Besuch an der Universität Exeter abstatten und mich als Gegenbeweis seiner Theorie outen. Es wäre nur ein kurzer Katzensprung von Exmouth aus, aber die Reise wird noch zeigen, dass am Weg selbst für kleine Katzensprünge keine Zeit bleiben wird.

Dass Taylors Ansatz nicht klappen konnte, wusste ich von Anfang an, denn 15 Minuten Spazierengehen war genau die Art von „Sport", mit der ich begann. Zum damaligen Zeitpunkt wäre wegen meines hohen Übergewichtes auch nichts anderes möglich gewesen. Nach etwa einem Monat

Schritt für Schritt – erstes Ziel erreicht – Flatzer Wand.

begann ich dann, auch langsam bergauf zu marschieren, was relativ einfach war, denn von meinem Haus aus führt so ziemlich jeder Weg bergauf. Unsere Ortschaft Flatz liegt an den Ausläufern der Gutensteiner Alpen am Fuße zweier kleiner Berge, der zuvor bereits erwähnten Flatzer Wand und dem etwas höheren Gösing, die gemeinsam einen Teil des Naturparks Sierningtal-Flatzer Wand bilden. Mein Trainingsgebiet begann – und beginnt immer noch – direkt vor der Haustür. Mein erstes Ziel war der eigentliche Ausgangspunkt für Entdeckungstouren auf der Flatzer Wand, der Parkplatz des „Waldbauers". Dort, wo sich Kletterer, Wanderer oder Naturgenießer treffen, um ihr Abenteuer zu beginnen, war für mich anfangs bereits Schluss, denn der Parkplatz liegt 800 Meter und 50 Höhenmeter von meinem Zuhause entfernt, drei kurze Verschnaufpausen inklusive. Nachdem ich diese Strecke ohne Stehenbleiben schaffte, ging es weiter vorbei am Grillplatz bis zur Forststraße, womit schon 134 Höhenmeter bewältigt waren. Es sollte vier Monate dauern, bis ich beim Naturfreundehaus der Flatzer Wand stehen und ins Tal blicken konnte. Dieser Moment war einer der bewegendsten, den ich je erlebt hatte. Bis zu diesem Zeitpunkt hatte ich davon als fernes Ziel geträumt und nun stand ich tatsächlich dort, wo andere Dorfbewohner jedes Wochenende schnell mal bei einem kurzen Verdauungsspaziergang vorbeischauten. Ich hatte die Flatzer Wand erobert, ich ganz alleine. Dies war dann auch der Zeitpunkt, wo mein Umfeld schön langsam realisierte, dass sich irgendetwas in meinem Leben veränderte, auch wenn der große Abnehmerfolg immer noch nur von mir selbst wahrgenommen wurde, denn ob man nun 142 Kilo oder 125 wiegt, macht optisch noch nicht den großen Unterschied. Mir war aber wichtig, das Abnehmen nicht zu übertreiben, und ich folgte der WHO-Empfehlung, höchstens ein Kilo in einer Woche zu verlieren.

Auch eine weitere Empfehlung der Weltgesundheitsorganisation sollte ein fixer Bestandteil meines Tagesablaufs werden: 10.000 Schritte gehen. Das bedeutete aber gleichzeitig auch, dass ich täglich faktisch eine Stunde für das Gehen einplanen musste, denn die Alltagsbewegung brachte mir oft nicht mehr als 3.000 Schritte, wenn überhaupt. Jede Bewegung ist auf jeden Fall zu begrüßen, aber man kann auch 10.000 Schritte den ganzen Wiener Gürtel entlang gehen und hat trotzdem nichts abgenommen, weil eines fehlt: die Intensität. Das heißt, das Bergaufgehen ließ sich nicht vermeiden und auch das Suchen nach anderen Sportmöglichkeiten wurde über die Jahre immer intensiver. So überwand ich mein Schamgefühl und ging einmal in der Woche mit einer Kollegin schwimmen, mit drei Freundinnen startete ich eine Badmintongruppe und ich entdeckte meine Leidenschaft für Zumba. Außerdem begann ich mit Hanteltraining und versuchte so, meine massiven Oberarme in den Griff zu bekommen. Endlich traute ich mich aber auch, mich mit meinen Kollegen gemeinsam zu Wing Tsun anzumelden. Ich arbeite seit 2006 in der sozialpädagogischen Wohngemeinschaft „SoWo – Soziales Wohnhaus" in Neunkirchen und betreue dort Jugendliche und junge Erwachsene, die aus unterschiedlichen Gründen nicht mehr in ihrer Familie leben können und daher über die Kinder- und Jugendhilfe im SoWo ein neues Zuhause gefunden haben. Hier kommt es immer wieder auch zu mehr oder minder gefährlichen Situationen und so ist das Erlernen einer Selbstverteidigungstechnik bestimmt von Vorteil. Wing Tsun stammt aus dem alten China und ist eine effiziente Form einerseits der Erkennung von Gefahrensituationen und andererseits auch einer möglichen Vermeidung. Lässt sich ein Angriff trotzdem nicht abwenden, so lernen wir hier, dass die körperliche Kraft eine untergeordnete Rolle spielt und durch ausgeklügelte Technik ausgeglichen werden kann. Diese Kampfkunst wurde von Frauen in erster Linie für Frauen entwickelt, damit sich diese gegen die meist körperlich überlegenen Männer zur Wehr setzen können, doch heute wird es sowohl für Männer als auch Frauen in einem gemeinschaftlichen Trainingsprogramm angeboten. Das Gute daran ist, dass bei Wing Tsun keinerlei körperliche Voraussetzungen nötig sind und es unabhängig vom Fitnesslevel erlernt werden kann – also genau etwas für mich.

Weitwandern? Könnte „gehen"!

Doch trotz allem konnte mein Interesse für andere Sportarten meine Leidenschaft fürs Wandern nicht mindern, im Gegenteil, es trug dazu bei, die Fitness zu erhöhen und so noch weitere Strecken gehen zu können. Nach eineinhalb Jahren Training und mittlerweile 40 verlorenen Kilos führte mich meine erste Weitwanderung nach Mariazell. Neben der Erklimmung der Flatzer Wand war das Zufußgehen nach Mariazell schon lange ein Traum von mir gewesen, den es zu realisieren galt. Viele Einwohner Mollrams, der Ortschaft, in der ich aufgewachsen bin, pilgerten 2002 zum 650. Jubiläum der ersten urkundlichen Erwähnung unseres Dorfes nach Mariazell – ohne mich, versteht sich. Mein Mann war damals schon mit

Meine erste Mehrtageswanderung nach Mariazell.

Alpannonia Weitwanderweg.

von der lustigen und vor allem fitten Partie und ich wäre auch sehr gerne ein Teil davon gewesen. Wieder einmal fühlte ich mich ausgeschlossen oder besser, ich schloss mich aufgrund meiner eingeschränkten bzw. fast nicht vorhandenen körperlichen Möglichkeiten eigentlich von selbst aus. Der Wunsch, eine Pilgerreise nach Mariazell zu unternehmen, blieb für die nächsten zwölf Jahre unerfüllt, aber im Frühjahr 2014 machten Peter und ich uns auf den Weg. Im beschaulichen Puchberg, am Fuße des Schneebergs, starteten wir unseren dreitägigen Marsch zum wichtigsten Wallfahrtsort Österreichs. Andere schaffen das locker in zwei Tagen oder gehen in drei Tagen direkt von zu Hause aus los, aber ich wollte einmal langsam beginnen und gut war's. Während sich die erste Etappe bis Schwarzau im Gebirge noch recht einfach bewältigen ließ, war der zweite Tag eine absolute Herausforderung. Schon damals trugen wir alles, was wir brauchten, am Rücken und die letzten Kilometer, die eigentlich nur mehr flach dahin gingen, zogen sich immens und mir tat alles weh. Jeder, der am Abend in die Nähe unseres Zimmers kam, wurde unweigerlich in eine Wolke aus Tigerbalsam und Thermo Lotion gehüllt; selbst den Weg zur Toilette vermied ich, solange es noch irgendwie vertretbar war. Ich erinnere mich noch gut daran, dass ich mich laufend fragte, wie in Herrgotts Namen ich am nächsten Tag nach Mariazell kommen sollte, doch das, was am Tag zuvor noch unverstellbar gewesen war, gelang am nächsten Morgen dann doch, indem wir uns einfach unsere Wanderschuhe anzogen und losmarschierten. Spätestens vor den Toren Mariazells wurde mir dann klar: Ich bin eine Weitwanderin. Gut, vielleicht war ich damals noch keine, aber ich wollte unbedingt eine werden.

Alpannonia Weitwanderweg.

Im Jahr darauf eroberten wir dann unseren nächsten offiziellen Fernwanderweg, den in sechs Etappen angelegten Alpannonia, der zu den „Best Trails of Austria“ zählt. Ein grenzüberschreitendes Wegesystem verbindet Fischbach, den Semmering und Köszeg auf einem recht einfachen, 123 km langen Höhen- und Panoramatrail. Er führt von den letzten Gipfeln der Alpen bis in die pannonische Ebene und bietet jede Menge Abwechslung auf der Reise durch drei österreichische Bundesländer und bei der Überschreitung der Grenze nach Ungarn im Naturpark Geschriebenstein. Uns bot er gleich noch viel mehr Abwechslung, denn wir verliefen uns mehr als nur einmal und so erhöhten wir die zurückgelegten Wegkilometer deutlich. Rückblickend war dies wohl schon eine gute Vorbereitung auf unsere Wanderung entlang des South West Coast Path (SWCP). Außerdem finden sich tatsächlich mehrere Parallelen, etwa großartige Aussichten oder das Wandern durch dichtes Gestrüpp. Doch während uns der SWCP teilweise durch Elfenwälder führen würde, zeichnete sich der Alpannonia vor allem durch seine Streckenführung durch ein regelrechtes Schwammerlwunderland aus. Noch nie hatte ich so viele Pilze – vor allem meinen Liebling, den Parasol – gesehen wie auf dieser Reise, und dass ich sie dort stehen lassen musste und nicht zu Hause zu einem wohlschmeckenden Pilzgericht – zugegeben, eher hätte ich sie einfach nur paniert – verarbeiten konnte, tat mir in der Seele weh.

Leben heißt Veränderung

Zu diesem Zeitpunkt hatte ich meine Ernährung bereits auf vegetarisch umgestellt, was anfangs für meinen Körper sehr schwierig gewesen und doch wieder einigen Kilos mehr die Gelegenheit geboten hatte, sich auf meinen Hüften festzusetzen. Als ich damals begann, mich intensiv mit Ernährung zu beschäftigen, wurde der Wunsch nach einem fleischlosen Leben immer stärker. Die Entscheidung traf ich vor allem aus moralischen und weniger aus gesundheitlichen Gründen. Die Frage, ob Fleisch an sich für den Menschen gesund ist oder nicht, mag in ernährungswissenschaftlichen Kreisen eine Streitfrage darstellen, doch in Bezug auf den größten Teil des heute verkauften Fleisches lässt sich die Frage unzweideutig beantworten, wenn wir uns anschauen, was die Tiere und das Fleisch durchmachen müssen, bevor es – getarnt in schöner Verpackung – im Einkaufswagen der Menschen landet. Natürlich gibt es Ausnahmen in der Fleischproduktion, aber zum großen Teil entsteht Fleisch durch eine ethisch verwerfliche, tierquälerische und unhygienische Massentierhaltung, bei der ich nicht länger wegschauen wollte. Die Brutalität, denen

Schlachttiere normalerweise ausgesetzt sind, verurteilte ich zutiefst, und immer öfter bekam ich ein schlechtes Gewissen beim Fleischverzehr. Tatsächlich wollte ich nicht, dass auch nur ein einziges Tier wegen mir getötet werden musste, was somit auch Fische einschloss. Die Wahrheit ist allerdings, dass ich mir lange nicht vorstellen konnte, tatsächlich auf Fleisch zu verzichten. Die Fastenzeit vor Ostern kam mir damals gerade recht und ich beschloss, mich während dieser Wochen rein vegetarisch zu ernähren und danach wieder in meine früheren Ernährungsgewohnheiten zurückzukehren – bis zum nächsten Osterfest. Überraschenderweise war es für mich aber derart einfach, diese fleischlose Ernährungsvariante aufrecht zu erhalten, dass ich am Ende der Fastenzeit beschloss, bis auf weiteres Vegetarierin zu bleiben – mit dem Zugeständnis an mich selbst, jederzeit wieder damit aufzuhören, wenn mich Heißhungerattacken oder Mangelerscheinungen quälen würden. Seit dieser Entscheidung vor vielen Jahren, die ich für eine der besten meines Lebens halte, vermisste ich Fleisch oder Fisch keine einzige Minute. Mittlerweile ist aus dem anfänglichen Versuch eine fixe Lebenseinstellung geworden. Doch Vegetarierin zu sein, heißt nicht nur, auf Fleisch, Fisch und Wurst zu verzichten, sondern auch auf die meisten Fruchtgummis, die Gelatine enthalten, und auf Käsesorten, die mittels tierischem Lab entstehen. Beides ist für Vegetarier tabu, denn das tierische Eiweiß Gelatine wird aus Knochen hergestellt und die benötigten Bestandteile von Lab werden aus Kälbermägen gewonnen. Glücklicherweise gibt es mittlerweile allerdings viele Alternativen, die Gelatine ersetzen und auch viele Käsereien, die auf mikrobielles Lab umgestellt haben, wodurch sich der tatsächliche Verzicht in Grenzen hält.

Mit einer Nebenwirkung hatte ich allerdings tatsächlich zu kämpfen und das war ein akuter Eisenmangel. Anämie ist eine der häufigsten Mangelerkrankungen des Menschen und nicht automatisch der vegetarischen Ernährung zuzuschreiben, doch bei mir persönlich war es tatsächlich so. Auch wenn es theoretisch möglich ist, die notwendigen Eisenanteile aus der pflanzlichen Nahrung zu beziehen, habe ich mich dennoch dafür entschieden, das Eisen von außen, sprich durch Tabletten, zu mir zu nehmen. Lange war mir der Eisenmangel gar nicht bewusst, denn typische Symptome wie Kopfschmerzen, Müdigkeit oder Schwindel waren nicht klar erkennbar und meine Kurzatmigkeit konnte bestimmt nicht in erster Linie einem Mangel an Eisen zugeschrieben werden. Wie ausgeprägt die Anämie tatsächlich war, wurde erst festgestellt, als ich ein Blutbild für meine bevorstehenden Wiederherstellungsoperationen machen musste.

Training für den SWCP.

Der massive Gewichtsverlust von mittlerweile 56 kg hatte deutliche Spuren an meinem Körper hinterlassen. Mein extrem schwaches Bindegewebe konnte trotz der Langsamkeit der Abnahme nicht Schritt halten und so waren nun zwar die Fettzellen kleiner, doch die überschüssige Haut war geblieben. Die Schürze rund um den Bauchbereich entzündete sich immer wieder, meine Brust hatte schon bessere Tage gesehen und die Oberarme gingen fast als Engelsflügel durch, so allumfassend war der Radius bei jeder einzelnen Bewegung. Als ich mir dann beim Zumba ständig mit den schwingenden Armen selbst ins Gesicht schlug, wusste ich, dass es genug war und dass ich mich nun doch mit der Operation, die ich eigentlich vermeiden wollte, auseinandersetzen musste. Dieser Schritt fiel mir am schwersten in den letzten Jahren. Ich hatte mich im Vorfeld bereits gegen eine bariatrische Operation, also eine Magenverkleinerung, entschieden, weil ich mir sicher war, dass ich es auch so schaffen konnte; das klappte ja auch, aber nun war es an der Zeit, sich der Realität zu stellen und zu akzeptieren, dass sich die Haut nicht mehr zurückbilden würde. Schwer war für mich etwa die Tatsache, dass ich mich freiwillig unter Narkose setzen lassen sollte, und zwar für viele Stunden. Ich wusste zwar, dass der Anästhesist die Aufgabe hatte, die ganze Zeit nur auf mich zu schauen, aber ich tat mir trotzdem schwer, das für gut zu befinden. Außerdem hatte ich tatsächlich auch Angst davor, wie das Umfeld reagieren würde. Eine Bauchdeckenstraffung fanden viele noch als angemessen, aber dass ich auch gerne wieder eine schöne Brust haben wollte, das konnten viele nicht nachvollziehen, weil das als unnötige Schönheitsoperation eingestuft wurde. Mit dieser Entscheidung ließ ich mir lange Zeit, vor allem, weil ich immer noch übergewichtig war und somit nicht dem gängigen Schönheitsideal entsprach – und vermutlich auch nie entsprechen werde. Irgendwann war aber klar, dass ich wohl am Ende meiner Reise der Gewichtsreduktion angekommen war und dass dies nun der Körper war, mit dem ich mich auseinandersetzen musste. Das tat ich schließlich auch und ließ mir zuerst Oberarme und Brust operieren, einige Monate später dann den Bauch. Während Brust und Bauch völlig unkompliziert und schmerzfrei waren, riss ich im Bereich der Oberarme eine massive Wundheilungsstörung auf und musste sogar ein zweites Mal operiert werden. Die Hautproblematik hat sich dadurch erledigt, aber über einen gnadenlos schönen, anbetungswürdigen Körper verfüge ich trotzdem nicht, denn wie man es dreht und wendet, aus einem Nilpferd kann auch der beste Schönheitschirurg keine Gazelle machen. An den neuen Bauch und die neuen Oberarme konnte ich mich schnell gewöhnen, aber die veränderte Brust machte mir sehr zu schaffen; auf diese psychische Belastung war ich nicht vorbereitet. Natürlich war sie viel schöner als zuvor, doch sie war mir fremd, gehörte irgendwie nicht zu mir. Erst hier wurde mir bewusst, wie wichtig die Brust für mich als weibliche Person ist, und ich denke, dass es vielen Frauen ähnlich geht.

Diese Erkenntnis war allerdings nicht die erste Reise in mein Inneres, um die Tiefen meiner Psyche zu erkunden, sondern eher nur eine Ergänzung zu den Erkundungen meiner emotionalen Welt. Wie bereits erwähnt bin ich der Meinung, dass die Psyche eine wichtige Säule für eine nachhaltige Gewichtsreduktion ist, und so blieb auch mir nichts anderes übrig, als mich auf die Suche nach möglichen Ursachen zu machen, aus denen sich eine derartige Bewältigungsstrategie entwickelt und in weiterer Folge manifestiert hatte. Als Sozialpädagogin ist man in der glücklichen Lage, an Supervision, Mentoring und Coaching gewöhnt zu sein, daher hatte ich nie Berührungsängste mit Therapeuten und war auch alternativen Therapieformen gegenüber aufgeschlossen. So entstand im Laufe der Zeit ein bunter Mix aus Gesprächen, kinesiologischen Sitzungen und cranio-sacralen Behandlungen mit dem Ziel, zu dem Zeitpunkt zurückzukehren, von dem an Essen für mich diesen wichtigen Stellenwert eingenom-

Letzte Weitwanderung vor dem SWCP – der UNESCO Welterbesteig in der Wachau.

men hatte. Gleich vorweg, hundertprozentig weiß ich es auch heute noch nicht, aber mit ziemlicher Sicherheit ist die Ursache in meiner Kindheit und meinem Verhältnis zu meinen Eltern und Geschwistern zu finden. Ich hatte oft das Gefühl, nicht gut genug zu sein, und auch wenn das wohl damals schon nicht der Wahrheit entsprach, so entsprach es doch meinen Empfindungen. Ich war weder besonders talentiert noch mit natürlichem Charme gesegnet und so gab es für mich nur die einzige Möglichkeit, mich durch gute Noten in der Schule zu profilieren. Als gute Noten aber nichts Besonderes mehr waren, ging auch diese positive Bestätigungssequenz verloren, und Schokolade wurde immer mehr zu meinem Seelentröster. Der kurz empfundenen Freude über den Genuss folgte in der Regel ein schlechtes Gewissen, das mit einem weiteren Stück Schokolade vertrieben werden musste. Ein Teufelskreis, aber zumindest ist wissenschaftlich fast bewiesen, dass Schokolade die Gehirnleistung positiv beeinflusst, und so waren wenigstens die guten Noten gesichert. Eine weitere Ursache dürfte das Bedürfnis nach Gesehenwerden gewesen sein. Je dicker ich wurde, umso besser konnte ich von anderen Menschen gesehen werden. Dass dieses Sehen aber nichts mit Bewunderung, sondern im besten Fall mit Ignoranz, wahrscheinlicher aber mit Abscheu einherging, realisierte das Unterbewusstsein wohl nicht zeitgerecht.

Heute bin ich mir ziemlich sicher, dass es die Akzeptanz und das Wissen darum, dass meine Eltern in meiner Kindheit ihr Bestes gaben und mich auf ihre ganz eigene, besondere Weise liebten, waren, die mich schließlich in meinen Diätbemühungen durchhalten ließen. Ich weiß aber auch, dass Adipositas das Thema meines Lebens bleiben wird und auch, dass ich meist nur einen Wimpernschlag davon entfernt bin, in meine alten Gewohnheiten zurückzufallen und wieder zuzunehmen. Es würde nur eine Zeit geben, zu der Zunehmen ziemlich unwahrscheinlich wäre, nämlich genau dann, wenn ich mein tägliches Wanderpensum am SWCP herunterspulen würde und endlich zwei Monate lang keine Kalorien zählen müsste.

Gut vorbereitet ist halb gewonnen

Die offizielle Vorbereitung auf die Weitwanderung am SWCP begann ziemlich genau eineinhalb Jahre im Vorhinein mit dem Kauf eines geeigneten Wanderrucksacks. Dafür fuhren wir ins ferne Wien und begaben uns zum Bergfuchs, dem Schlaraffenland der Outdoorausrüstung. Es war unmöglich, uns selbstständig durch den Dschungel der angebotenen Wandertaschen zu wurschteln, und so beschäftigten wir einen Angestellten gute zwei Stunden, bis wir uns endlich entscheiden konnten. Uns überraschte vor allem, dass fast kein Rucksack wasserdicht war. Dabei gehörte Regen zu den größten Gefahren unseres Abenteuers, besonders für die Kleidung, und so mussten wir uns nicht nur den Rucksack, sondern auch die dazugehörige Regenhülle und ihr Verschlusssystem gut anschauen. Meine Wahl fiel auf den Gregory Amber Damenrucksack, den ich fortan immer liebevoll Greg nannte, mit einem Fassungsvermögen von 60 Litern. Peter entschied sich für einen Deuter Aircontact 55 + 10, der von vornherein ein wenig schwerer als meiner war. Beim Wandern entscheidet das Gewicht der Ausrüstung oft darüber, ob die Tour zu einem unvergesslichen Naturerlebnis wird oder zu einer endlosen Schinderei, bei der man nur mehr ans Ziel kommen will. Daher beschloss ich, jedes einzelne Stück, das mit mir die lange Reise antreten durfte, auf einer Küchenwaage abzuwiegen, und entschied danach noch einmal, ob ich es tatsächlich brauchen würde. Dafür schrieb ich Listen, Maßangaben und Auswahlmöglichkeiten, bis ich schließlich auf annehmbare 8,25 kg ohne Getränke und Lebensmittel kam. Ich war sehr zufrieden mit mir selbst und wollte meine ausgeklügelte Methode auch meinem Göttergatten nahebringen. Dem war das aber völlig egal, denn schließlich brauche er, was er brauchte, und das nähme er auch mit erklärte er mir, schmiss alles in seinen Rucksack und kam dabei auf das unfassbare Gewicht von 8,45 kg. Wegen 200 g habe ich mir also all die Mühe gemacht? Wobei, hätte ich das genauso gehandhabt wie Peter, würden wir ja nicht von 200 g, sondern eher von zwei Kilo reden. Vor dreißig Jahren wären wir wohl noch mit weitaus weniger Gepäck gereist, denn damals hatte noch niemand eine Ahnung davon, wie sehr die digitale Welt unseren Lebens- und auch Reisestil beeinflussen würde, aber heutzutage erhöht allein unser technisches Equipment, das wir auf Wanderungen mitnehmen, das Gewicht des Rucksacks deutlich. Handy, iPod, Ladekabel und natürlich mein heißgeliebtes Tablet waren unverzichtbar. Viele reagierten verständnislos als ich erklärte, dass ich ein Tablet samt Tastatur mitnehmen würde. Beide Teile wogen zusammen knapp einen Kilo, aber es würde sich im Laufe der Reise herausstellen, dass das die absolut beste Investition war.

Zeitgleich mit dem Kauf der Rucksäcke schloss ich mich auch diversen Internetgruppen und Wanderforen an, knüpfte Kontakte und ließ mich bei allen Themen rund ums Wandern in England beraten. Zwei Foren sollten dabei meine wichtigsten Wegbegleiter werden. Zum einen ist das die offizielle Facebook-Gruppe von South West Coast Path Wanderern und zum anderen die Gruppe der größten englischen Wanderzeitschrift *Country Walking*, die mich auch davon überzeugte, im Jahr 1.000 Meilen zu wandern, also 1.610 Kilometer, was einem Tages-Soll von 4,4 Kilometern entspricht. Da sich das gut mit meinem 10.000 Schritte-Programm vereinbaren ließ, nahm ich 2017 erstmals an dieser Challenge teil und brauchte tatsächlich bis zum 30. Dezember, bis ich diese Kilometeranzahl schaffte. An Silvester 2017 genoss ich den einzig wanderfreien Tag in vollen Zügen, war aber zeitgleich auch sehr stolz, dass ich tatsächlich auf diese Zahl gekommen war, und freute mich über die Medaille, die man nach erfolgreichem Abschluss bestellen kann. Durch diese beiden Gruppen lernte ich viel über das Wandern in Großbritannien; etwa, dass es 1.000 Mile Socks gibt, die Blasenfreiheit garantieren, dass nirgendwo sonst über einen derart langen Zeitraum so viele Stufen zu bewältigen sind wie am SWCP und dass es ohnehin nirgends schöner ist als genau dort.

Im Herbst 2017 unternahm ich dann meine erste Weitwanderung alleine ohne Peter und begab mich in die niederösterreichische Wachau, um dort den zweiten der insgesamt vier „Best Trails of Austria“ zur Hälfte zu wandern – den UNESCO Weltkulturerbesteig. Wie ein gewaltiger Riss durch das Gestein beeindruckt das Donautal zwischen Krems und Melk jährlich zahlreiche Besucher. Aufgrund ihrer malerischen Orte, ihrer historischen Bauten, des die Landschaft gestaltenden Weinbaus und der hier noch frei fließenden Donau wurde die Wachau im Jahr 2000 durch die Aufnahme in die Liste des UNESCO Weltkulturerbes geadelt. Doch wer hier einen Wanderweg entlang des Flusslaufes auf der beliebten Radstrecke vermutet, der liegt falsch, denn auch bei dieser Wanderroute geht es teilweise hoch hinaus. Als 180 Kilometer langer Ring-Höhenweg über den Uferzonen der Donau konzipiert, berührt der Wegverlauf alle 13 Gemeinden der Wachau und führt an mächtigen Klöstern, Burgen, Schlössern und Ruinen vorbei. Ich hatte mich für die ersten acht Etappen entschieden, die ich in fünf Wandertagen bewältigen wollte und die das gesamte linke Donauufer von Krems bis Melk abdecken würden. Vor der Überschreitung des Jauerlings mit seinen 960 Metern hatte ich dabei den größten Respekt, doch ansonsten waren sämtliche Tage mit unter 1.000 Höhenmetern Gesamtanstieg verhältnismäßig einfach zu bewältigen. Es sollte die Generalprobe für unsere SWCP-Wanderung werden und sie gelang mir ausgezeichnet. Ich konnte den Rucksack adjustieren und aufgrund der Tatsache, dass ich alleine unterwegs war, auch meine sozialen Fähigkeiten erweitern. Ich bin von Grund auf kein besonders extrovertierter Mensch, zumindest nicht, wenn es um das Kontaktknüpfen mit Fremden geht, und so konnte ich auf dieser Reise, auf der ich die meiste Zeit auf mich alleine gestellt war, sehr viel dazulernen. Die Landschaft beeindruckte mich allerdings nicht in dem Ausmaß, in dem ich es erwartet hatte, da der Weg oft nur einen kurzen Blick auf die atemberaubende Umgebung bot und ansonsten meist kilometerweit durch das Hinterland mit seinen tiefen, dunklen Wäldern führte. Dennoch fühlte ich mich fit und freute mich unglaublich auf unsere bevorstehende Wanderung in England.

Die Sonne der Vorfreude und Zuversicht schien in dieser Zeit besonders strahlend, doch ohne Vorankündigung zogen plötzlich dichte Gewitterwolken in unser Leben und warfen Blitze, Regen, Schnee und Hagel in unsere Richtung. Während eines Adventwochenendes in Kärnten erlitt Peter einen Schlaganfall. Plötzlich stand unsere Welt für einen Augenblick still und katapultierte uns dann in einen schieren Überlebensmodus. Wenn wir mit vielem gerechnet hätten, aber damit sicher nicht, denn Peter zählte zu keiner der typischen Risikogruppen, was den Schlaganfall allerdings nicht davon abhielt, gnadenlos zuzuschlagen. 25.000 Menschen erleiden in Österreich pro Jahr einen Schlaganfall, aber die meisten davon sind über 60 Jahre alt und weisen auch andere Risikofaktoren auf. Ein fitter, nichtrauchender 44-Jähriger ist sehr selten davon betroffen.

Selten heißt zwar nicht nie, dennoch wollten wir es anfangs gar nicht glauben. Da die sichtbaren Auswirkungen wie hängende Mundwinkel oder Sprachstörungen ausblieben, dachten wir zuerst an eine Nervenproblematik. Erst als sich Peters Zustand bis zum nächsten Morgen nicht besserte, beschlossen wir, nach Hause zu fahren und den Hausarzt aufzusuchen, der ihn sofort ins Krankenhaus überwies. Er war somit laut Aussagen der Ärzte der wohl erste Schlaganfallpatient mit einer Überweisung des Hausarztes. Plötzlich war unsere Zukunft völlig ungewiss und wir hatten keine Ahnung, wie sich das auf unsere geplante Reise nach England auswirken würde. Glücklicherweise war Peters Prognose von Beginn an sehr positiv und nach einem kurzen Ausflug in eine depressive Phase sprach er sehr gut auf die Rehabilitation an. Bereits in der dritten Woche begannen wir, wieder Spaziergänge zu machen, zuerst nur ein paar wenige Schritte, dann einen Kilometer und schließlich sogar eine Stunde, denn Gehen ist eine der effektivsten Methoden zur Wiederaktivierung des gesamten Körpers. Unter der Woche konzentrierte ich mich auf Arbeit, Kinder und Haus, während sich Peter um seine Genesung kümmerte. Die Wochenenden verbrachten wir gemeinsam am jeweiligen Reha-Ort mit Gehen. Je mehr Peter wieder wortwörtlich auf die Beine kam, umso mehr wuchs auch wieder die Hoffnung, doch noch auf unsere Wanderreise gehen zu können. Nach drei Monaten Krankenhaus und Reha war Peter weitgehend zumindest derart wiederhergestellt, dass wir uns ernsthaft an die abschließende Planung unseres England-Abenteuers machen konnten. Ich studierte Fährverbindungen und Gezeitentabellen, buchte Flüge, Busse sowie Hotels und las alle Bücher und Artikel über den SWCP, die ich finden konnte.

Wandern für den guten Zweck

Je länger ich mich damit beschäftigte, umso öfter stolperte ich über den Begriff „Charity Walk". Offensichtlich ist es in Großbritannien gang und gäbe, lange Touren in Benefizwanderungen zu verwandeln. In Österreich ist dies noch relativ unbekannt und Unterstützung muss sich jeder ganz allein suchen. Für mich war aber schnell klar, dass ich es auf alle Fälle versuchen wollte, denn durch meine Arbeit mit den Jugendlichen im Sozialen Wohnhaus Neunkirchen, das wir kurz „SoWo" nennen, liegt der soziale Zweck klar auf der Hand. Hier können sie wieder durchatmen, zur Ruhe kommen und sich auf ihren weiteren Weg konzentrieren. Eine positive Zukunft zu gestalten ist aber meist nur möglich, wenn sie die negative Vergangenheit sowohl aufarbeiten als auch akzeptieren können, und dies fordert intensive Arbeit von den jungen Menschen selbst, aber auch vom Betreuungsteam auf ganzheitlicher Ebene. Das Amt der Niederösterreichischen Landesregierung kümmert sich zwar darum, dass die Jugendlichen ein Dach über dem Kopf und regelmäßig zu essen haben, ebenso wird ihnen eine lückenlose Betreuung angeboten, doch für alle anderen darüberhinausgehenden Aktionen wie Erlebnispädagogik, spezielle Therapieangebote oder auch einfach nur ein paar Tage Urlaub müssen wir immer zusätzliche Sponsoren finden. Eine Benefizwanderung schien dafür eine gute Möglichkeit zu sein. Ich sah das nicht nur als Chance, Geld zu sammeln, sondern auch als Möglichkeit, Aufklärungsarbeit zu leisten. Fremduntergebrachte Jugendliche werden von unserer Gesellschaft tatsächlich oft als faule Nichtsnutze und kiffende Kriminelle wahrgenommen und wir kämpfen fast täglich gegen diese Vorurteile an. Klar gibt es sie, die Jugendlichen, die sich lieber schlagen, als eine Lösung zu finden oder die lieber Cannabis konsumieren, als sich der Realität zu stellen; aber das hat selten mit Faulheit oder Respektlosigkeit zu tun, sondern resultiert aus einer traumatischen Kindheit, in der sie Überlebensstrategien entwickelt haben, die für andere nicht immer nachvollziehbar sind. Da die Schwelle ins Erwachsenenleben nicht mehr weit entfernt ist, drängt die Zeit, den Jugendlichen zu helfen, diese Muster zu durchbrechen und sie auf ein positives, selbstbestimmtes Leben vorzubereiten.

Ein Motto war schnell gefunden: „Neue Wege gehen“. Dies soll nicht nur auf mein Entdecken neuer Wege nach einem neuen, langen, steinigen Weg des Gewichtsverlustes hinweisen, sondern auch auf das Beschreiten neuer Wege und das Erkennen neuer Möglichkeiten für die Jugendlichen des SoWos – und auch dies soll mittels Sport- und Bewegungsmomenten erreicht werden. Großartige Unterstützung für diese Idee fand ich bei der Wochenzeitung *NÖN (Niederösterreichische Nachrichten)*, die sich bereit erklärte, in der Regionalausgabe unseres Bezirks Neunkirchen wöchentlich über meinen Reisefortschritt zu berichten. So begannen wir gemeinsam, Meilenpaten zu suchen. Die Vision war, für jede der 630 Meilen einen Paten zu finden, der sich für 1,61 Kilometer, also eine Meile, zumindest gedanklich mit mir auf den Weg ins große Abenteuer machen und dafür ein paar Euros spenden möchte. Täglich auf Facebook und jede Woche neu in der *NÖN* konnten die Paten dann mitverfolgen, welchen Abschnitt ich gerade zu erobern versuchte, welchen Teil ich bereits erfolgreich bewältigt hatte und welchen Herausforderungen ich mich demnächst stellen würde.

Wie groß dieses Abenteuer werden würde, davon hatte ich zu dem Zeitpunkt noch nicht einmal den Schimmer einer Ahnung, und das war auch gut so. Ich habe die Erfahrung gemacht, dass man sich ohnehin weiterwurschtelt, wenn man irgendwo in einer scheinbar schwer zu bewältigenden Lage ist; aber wenn man vorher schon weiß, worauf man sich einlässt, dann startet man oft gar nicht und versäumt so die großartigsten Momente.

Ich für meinen Teil habe vor, ganz viele dieser großartigen Momente zu erleben. Auf geht's, wir sind bereit!

„Are you crazy?“ *~ James, Jamaika*

Tag 0

Strecke: Flatz über Wien und London nach Minehead
Unterkunft: The Quay Inn, £ 70,– → akzeptabel
traumhaft schönes Sommerwetter

Das Klingeln des Weckers ist eine regelrechte Erleichterung. Nicht, weil es mich aus einem schlimmen Albtraum befreit, sondern weil es dem Starren auf die dunkle Schlafzimmerdecke endlich ein Ende setzt. Seit Stunden kann ich schon nicht schlafen, denn ich bin nervös, so richtig nervös, ultrasuperduper – falls das überhaupt ein Wort ist – nervös. Heute geht sie tatsächlich los, die Reise, die ich so lange geplant und auf die ich mich bis vor wenigen Tagen auch richtig gefreut habe. Doch je näher der Abflugtermin rückte, umso unsicherer wurde ich. Kann ich das wirklich schaffen oder habe ich vielleicht einfach nur eine zu große Klappe und will mich profilieren, ohne zu bedenken, was das eigentlich heißt?

Fluchtartig verlasse ich also frühmorgens mein Bett und sage ihm ein freudiges „Tschüss, mach's gut“. Noch weiß ich nicht, wie oft ich mich nach genau diesem Platz zurücksehnen werde und richte daher zum letzten Mal für mehr als zwei Monate mein Kissen und meine Decke, damit alles seine Ordnung hat. Man will sich ja vor möglichen Einbrechern nicht genieren, wobei unsere Töchter hoffentlich unsere gemeinsamen vier Wände gut hüten werden. Eigentlich müssen sie nur die vollgeschriebene A4-Seite meines Mannes befolgen, aber wäre ich sie, würde ich das nicht so ernst nehmen. Ich würde selbst die Hälfte wohl nicht machen, denn wie heißt es so schön: „Ist die Katze aus dem Haus, haben die Mäuse Kirtag!“, aber das verrate ich meinem Mann natürlich nicht, er macht sich eh jetzt schon viel zu viele Sorgen. Ich hingegen bin sicher, dass das Haus auch noch stehen wird, wenn wir wieder heimkommen, vermutlich nicht so, wie wir es heute verlassen, aber stehen wird's schon noch.

Mittlerweile ist es 4.00 Uhr morgens und unsere große Tochter Claudia und ihr Freund Manuel warten bereits, bis wir mit unserem Hausrundgang fertig sind. Herd abgedreht, Jalousien hinaufgezogen, Fenster verschlossen? So machen wir es bereits seit Jahren, vermutlich Jahrzehnten, und haben unsere eigene unübertreffliche Routine entwickelt. „Ihr wisst aber schon, dass ich in zwei Stunden wieder daheim bin, oder?“, meint Claudia etwas genervt. Stimmt eigentlich, aber das ist wohl die Macht der

Gewohnheit. Ohne unsere Töchter so lange wegzufahren, ist neu für uns; überhaupt so lange wegzufahren, ist neu für uns.

Noch ein letzter Blick zurück und wir machen uns auf in Richtung Flughafen. Ein wunderschöner Sonnenaufgang begleitet uns auf dem Weg und es kribbelt schon in unseren Bäuchen, wenn wir daran denken, dass wir nun viele solcher Sonnenaufgänge sehen werden. Vielleicht kribbelt es aber auch, weil wir absolut noch nichts gefrühstückt haben und zumindest mein Bauch kann das gar nicht verstehen. Beleidigt grummelt er also vor sich hin, aber er muss sich noch etwas gedulden. Wir sind nämlich auf einer Mission. Unser erstes Ziel soll die Folierstation des Flughafens sein. Wir verabschieden uns also überschwänglich von Claudia und Manuel und stellen erfreut fest: Noch hält sich die Sehnsucht nach den Kindern in Grenzen.

Da wir nicht so mutig sind, um unser Gepäck mit all den Schlaufen, Bändern und Gurten einfach so einzuchecken, haben wir bereits gestern beschlossen, die Rucksäcke in Folie einwickeln zu lassen. Ganze € 12,– kostet der Spaß, pro Gepäckstück, versteht sich. Die Folierstation befindet sich in der Abflughalle beim Großgepäck und wir sind die Zweiten in der Reihe. Vor uns versucht gerade ein Mann mühevoll, sein teuer aussehendes Fahrrad hinter die Absperrung zu wuchten. Vom Mitarbeiter der Folierstation ist hier keine Hilfe zu erwarten, er ist genauso grummelig wie mein Bauch und gibt nur halbherzig Anweisungen, wo denn das gute Stück zu platzieren sei. Vielleicht ist dies ein ganz berühmter Radrennfahrer, aber selbst wenn, wir würden ihn ohnehin nicht erkennen, denn mit Radfahren haben wir nichts am Hut. Schließlich findet das Fahrrad einen kuscheligen Platz, ob es auch den Weg ins richtige Flugzeug schaffen wird, entzieht sich leider unserer Kenntnis. Nun gut, jetzt sind wir an der Reihe, dachten wir zumindest, denn plötzlich ist der gute Mann, der unsere Rucksäcke vor Schaden bewahren soll, indem er sie fürsorglich und nahezu watteweich einpackt, verschwunden. Die Minuten vergehen und wir suchen schon die Klingel, mit der man Personal rufen könnte, aber da ist keine oder zumindest versteckt sie sich vor uns. Mittlerweile hat sich hinter uns auch schon eine kleine Schlange gebildet und nicht nur wir fragen uns, was hier eigentlich los ist. Seelenruhig kommt der Flughafenmitarbeiter dann plötzlich um die Ecke gebogen und fragt uns wenig charmant, was wir denn wollen. „Bitte einfolieren", bleiben wir immer noch freundlich und ich schenke ihm einen lächelnden Blick. Leider habe ich nicht das Talent, Männer mit einem einzigen Augenaufschlag dahinschmelzen zu lassen, und so scheitere ich kläglich beim Versuch, dem Mitarbeiter ein

Lächeln zu entlocken. Gut, zumindest packt er, wenn auch ziemlich lustlos, unsere Rucksäcke ein und zwar mit derart viel Folie, dass ich bereits jetzt ein schlechtes Gewissen habe, dass wir diese in England – ich weiß, das Land heißt Großbritannien, aber wir werden uns tatsächlich nur in England aufhalten – entsorgen müssen und somit deren Plastikmüllproblem drastisch vergrößern werden.

Nach dem „Baggage Drop-off" beschließen wir, gleich sämtliche Kontrollen hinter uns zu bringen und in der Nähe unseres Abfluggates zu frühstücken. Es ist wirklich wenig los, doch auch hier sind die Mitarbeiter nicht freundlicher und die Miene des Polizisten bei der Passkontrolle gibt mir zu verstehen, dass mit ihm nicht zu spaßen ist. Dabei tu ich gar nichts! Schließlich schaffen wir es doch und holen uns einen Frühstückskaffee. Die Dame an der Kassa ist das erste freundliche Wesen, das mir heute begegnet. „Guten Flug", meint sie und natürlich bin ich ebenso freundlich und meine, „Ihnen auch!". Hoppla, das funktioniert hier nicht, aber sie meint gelassen: „Eines Tages werde ich auch wegfliegen, bis dahin hebe ich mir die Wünsche auf."

Mittlerweile sind wir spät dran und wir eilen zum Gate. Mein Mann und ich sind beide extrem stur, wenn es um Sitzplätze im Flugzeug geht. Ich will am Fenster sitzen und er braucht unbedingt einen Platz am Gang und so ist der Platz in der Mitte immer frei – wobei frei ist er so gut wie nie, denn meistens setzt sich jemand dazwischen, so auch dieses Mal. Doch die Flugpartnerin ist eine angenehme Zeitgenossin und wir plaudern fast den ganzen Flug hindurch. Sie hat eine Tochter in Schottland und diese möchte sie besuchen, zuvor gehen sie und ihr Mann aber auf Entdeckungsreise quer durch England und Schottland. Außerdem lese ich einen kleinen, aber hervorragenden Artikel von Karl Hohenlohe über die Wartezeit vor dem Gepäckförderband, einfach herrlich, weil die Situation so treffend beschrieben ist. Diese Anspannung erleben wir wirklich jedes Mal, wenn wir auf das Gepäck warten und das zu Recht, denn wir sind auch schon mal ohne Gepäck, dafür in Jeans und Sweater, im sommerlichen Orlando gestanden. Würde uns das heute passieren, dann würde ich vermutlich durchdrehen, schließlich haben wir die Ausstattung feinsäuberlich über ein ganzes halbes Jahr zusammengesucht. Doch wir haben Glück: Nach einem ruhigen Flug kommen unsere hervorragend verpackten Rucksäcke sehr schnell das Förderband entlang. Geschafft!

Nach einem ewig langen Weg am Heathrower Flughafen kommen wir bei der Central Station an, wo wir als erstes lesen, dass sich unser Bus um eine dreiviertel Stunde verspäten wird, was heißt, dass wir jetzt die nächsten drei Stunden am Busbahnhof festsitzen. Die Zeit vertreiben wir uns mit Warten, denn viel mehr kann man hier nicht machen. Als der National Express, der uns in Somersets Hauptstadt Taunton bringen soll, endlich eintrifft, merken wir sofort, dass wir uns die falschen Plätze reserviert haben. 1. Reihe rechts, dachten wir uns, sei eine gute Wahl, denn da kann man durch die große Scheibe des Busses frontal alles beobachten. Unser Gehirn wusste zwar theoretisch, dass in Großbritannien Linksverkehr herrscht, doch praktisch hat es uns nicht weitergegeben, dass dann auch der Busfahrer vor der 1. Reihe rechts sitzt. So ein Schmarren. Wir sehen also gar nichts von vorne und seitlich ist es auch schwierig, denn die Fenster strotzen nur so vor Staub- und Matschtropfen. Noch dazu kommt, dass die Klimaanlage defekt ist, und so sucht sich die kalte Luft ihren ganz eigenen Weg, um dem System zu entkommen, und dieser endet genau oberhalb meiner rechten Schulter. Da der Bus aber ziemlich voll ist, können wir den Gedanken, die Plätze zu wechseln, ad acta legen. So versuche ich, die Spalten mit Taschentüchern zuzustopfen, doch durch den Windzug gleiten sie sacht, aber schnell, wieder zurück auf meinen Schoß. Vor einer Stunde habe ich den Jamaikaner auf der linken Seite, der im Sommer eine Haube trägt, noch belächelt, jetzt wäre ich bereit, für diese Haube meinen letzten Penny zu geben. Mein diesbezügliches Angebot nimmt er irgendwie nicht ernst, aber so entsteht zumindest ein nettes Gespräch und es stellt sich heraus, dass auch er nach Minehead unterwegs ist. Auf meine Frage, ob er denn auch wandern würde, lacht er schallend: „Are you crazy? Definitely not!" Vermutlich sind wir tatsächlich ein wenig verrückt, aber nicht verrückter als so viele vor uns, die diesen Weg schon erfolgreich gemeistert haben.

Die Reise verzögert sich erneut, denn plötzlich müssen wir kurz nach Bristol auf eine Autobahnraststelle und den Bus wechseln. Ein Passagier eines anderen Busses hat ein Fensterglas eingeschlagen und die Busfahrerin traut sich nicht damit bis nach London zu fahren. So müssen wir den kaputten Bus, na gut, den Bus mit dem kaputten Fenster, übernehmen, denn unser Weg sei nicht mehr so lang, werden wir aufgeklärt. Schließlich kommen wir doch in Taunton an und dieses Mal haben wir Glück, denn der Anschlussbus steht direkt bereit. Zwei Stunden später als geplant erreichen wir schließlich das beschauliche Städtchen Minehead. Dieses ist zwar mit knapp 10.000 Einwohnern die größte Stadt der Exmoor Region, aber dennoch eher klein gehalten. Schnell wird auch klar, dass es die beste Zeit wohl schon hinter sich hat, im Sommer aber immer noch ein beliebtes Touristenziel ist. Und wer zum jetzigen Zeitpunkt hier Urlaub macht, der hat unglaubliches Glück mit dem Wetter, denn es zeigt sich von seiner wunderschön sommerlichen Seite. Kein Wölkchen trübt den dunkelblauen Himmel und auch wir sind ganz begeistert. Wir schlendern die Promenade entlang, kaufen uns ein kleines Abendessen und Wasser für morgen und dank Google Maps, das uns in den nächsten Wochen noch großartige Dienste leisten wird, finden wir problemlos unsere Unterkunft „The Quay Inn". Wie die Stadt hat auch unser „Pub with Rooms" bereits bessere Zeiten gesehen. Das Zimmer ist klein und die Möbel sind abgenutzt, aber es ist makellos sauber und das ist mir ohnehin am wichtigsten.

Da das Hotel nur 70 Meter von der Startskulptur das South West Coast Path entfernt liegt, können wir uns nicht zurückhalten und laufen die paar Schritte vor, um bereits die ersten Fotos zu machen. Wie lange habe ich mich auf diesen Augenblick gefreut? Wie oft habe ich mir die Skulptur bereits auf Bildern angesehen? Jetzt wirklich davor zu stehen, ist ein absolut erhebendes Gefühl. Endlich ist die Vorfreude auch wieder zurück, ich kann es kaum erwarten, bis es morgen endlich los geht! Ich freue mich!

Startskulptur in Minehead.

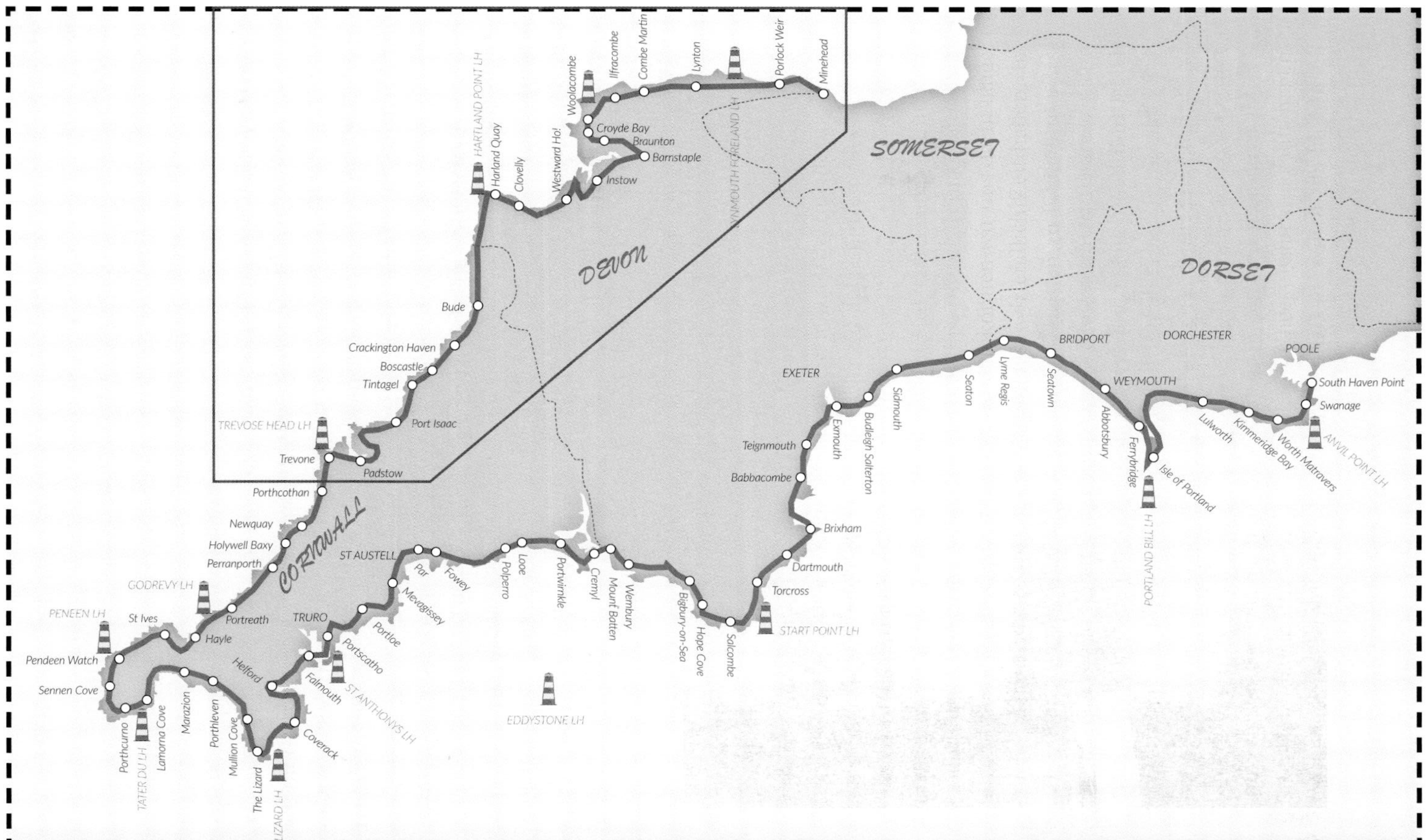

SOMERSET
DEVON
DORSET
CORNWALL
Woolacombe
Ilfracombe
Combe Martin
Lynton
LYNMOUTH FORELAND LH
Porlock Weir
Minehead
HARTLAND POINT LH
Harland Quay
Clovelly
Westward Ho!
Croyde Bay
Braunton
Barnstaple
Instow
Bude
Crackington Haven
Boscastle
Tintagel
Port Isaac
TREVOSE HEAD LH
Trevone
Padstow
Porthcothan
Newquay
Holywell Baxy
Perranporth
GODREVY LH
PENEEN LH
St Ives
Portreath
Hayle
Pendeen Watch
Sennen Cove
Porthcurno
TATER DU LH
Lamorna Cove
Marazion
Porthleven
Mullion Cove
The Lizard
LIZARD LH
Coverack
Helford
Falmouth
ST ANTHONYS LH
TRURO
Portscatho
Portloe
Mevagissey
ST AUSTELL
Par
Fowey
Polperro
Looe
Portwrinkle
Cremyl
Mount Batten
Wembury
EDDYSTONE LH
Bigbury-on-Sea
Hope Cove
Salcombe
START POINT LH
Torcross
Dartmouth
Brixham
Babbacombe
Teignmouth
EXETER
Exmouth
Budleigh Salterton
Sidmouth
Seaton
Lyme Regis
Seatown
BRIDPORT
Abbotsbury
Ferrybridge
PORTLAND BILL LH
Isle of Portland
WEYMOUTH
DORCHESTER
Lulworth
Kimmeridge Bay
Worth Matravers
ANVIL POINT LH
Swanage
South Haven Point
POOLE

„Auch der weiteste Weg beginnt mit einem ersten Schritt." ~ *Konfuzius*

Tag 1

Strecke: Minehead nach Porlock Weir
15,3 km - 556 hm - 3,18 km/h
am Pfad: 15,3 km

Unterkunft: Locanda on the Weir, £ 100,- ☑ empfehlenswert

Wolken, Regen, Sonne

Die Sonnenstrahlen kitzeln meine Nase und nach einer wunderbaren, erholsamen Nacht erwache ich völlig ausgeruht und topfit aus meinem Dornröschenschlaf neben dem Menschen, der bereits seit 27 Jahren mein Prinz ist, um nun auch tatsächlich mit meinem großen, lebensverändernden Abenteuer zu starten. Genau so habe ich es mir gewünscht und genau so habe ich es mir auch viele Male in meiner Fantasie ausgemalt. Jetzt allerdings kommt die Realität dazwischen. Sie gibt mir bereits am ersten Tag einen Vorgeschmack dessen, was mir in den kommenden zwei Monaten immer wieder begegnen wird. Meine romantischen Vorstellungen vom Path haben nur in den seltensten Fällen etwas mit der Wirklichkeit zu tun. Auch diese Nacht habe ich mehr wachend als schlafend verbracht. Wenig motiviert suche ich im Rucksack nach meinen Kinesio-Tapes. Das jahrzehntelange „Ich bin nicht dick, sondern nur zu klein für mein Gewicht" hat großen Schaden an meinen Knien und Knöcheln hinterlassen, der irreversibel ist und ich somit ein wenig tricksen muss, um die lange Zeit, die nun vor mir liegt, möglichst schmerzfrei zu erleben. Dazu gehört einerseits, dass ich im Vorfeld schon fleißig Physiotherapie gemacht und das richtige Anbringen von kinesiologischen Tapes erlernt habe und andererseits, dass mich mein Nachbar die Woche vor der Abreise komplett niedergespritzt hat. Gut, das hört sich schlimmer an, als es ist und heißt nichts anderes, als dass ich das Glück habe, dass mein Nachbar, ein Facharzt der Orthopädie, meine Knie infiltriert hat, um mir so die größten Schmerzen zu nehmen. Diesbezüglich bin ich also wunderbar vorbereitet.

Als es endlich Zeit fürs Frühstück wird, sind wir die ersten Gäste und machen Bekanntschaft mit dem hier so typischen „Full English Breakfast". Es besteht aus mehreren Gängen und die Bezeichnung „Kalorienbombe" würde dem Ganzen nicht annähernd gerecht werden. Es beginnt mit

Der erste von 4.000 Wegweisern – immer der Eichel nach.

einem Orangensaft und/oder einer Grapefruit, gefolgt von Porridge, das auch auf die Namen Oatmeal, Haferbrei oder Frühstücksflocken hört. Danach wird ein reich gefüllter Teller mit gebratenem Schinkenspeck, Würstchen, einer halben gegrillten Tomate, Baked Beans, gebratenen Champignons und Spiegel- oder Rührei serviert. Je nach Region kommen auch noch Hash Browns, also Kartoffelecken, und ein Black Pudding hinzu, bei uns vor allem unter dem Begriff „Blunzn", also Blutwurst, bekannt. Den krönenden Abschluss bildet dann ein Toast mit gesalzener Butter und Zitrusmarmelade, meistens aus Orangen, ab und an auch aus Zitronen oder Limetten. Selbstverständlich gibt es auch Unmengen an Tee, aber so gut wie nie Kräuter- oder Früchtetee, sondern grünen, schwarzen und weißen, die allerdings in Hülle und Fülle. Der klassische Frühstückstee wird hier mit Milch getrunken, wobei die Frage, in welcher Reihenfolge man Tee und Milch in die Tasse gießt, das gesamte Königreich in TIF – Tea In First – und MIF – Milk In First – spaltet. Damit ich mich hier nicht einer Fraktion anschließen muss, wähle ich lieber Kaffee, wobei ich gleich darüber informieren möchte, dass die Engländer das Kochen von Kaffee ganz bestimmt nicht erfunden haben. Trotzdem steigt der Kaffeekonsum der Briten seit dem Ende des letzten Jahrtausends jährlich an: Im Jahr 2018 wurden 95 Millionen Tassen Kaffee pro Tag getrunken. Aber noch hat der traditionelle Tee keinen Grund zur Sorge, denn davon werden täglich 165 Millionen Tassen getrunken.

Nachdem wir also ein Frühstück verspeist haben, das eher danach schreit, sich keinen Zentimeter mehr zu bewegen, holen wir doch unsere Rucksäcke und machen uns endlich auf den Weg. Die letzten 70 Meter von unserem Inn bis zur Startskulptur legen wir am West Somerset Coast Path zurück. Auch dieser gilt als Fernwanderweg, ist aber „geringfügig" kürzer als der SWCP. Er startet in einem kleinen Dorf in der Grafschaft Somerset namens Steart und nach 25 Meilen, also rund 40 Kilometern, endet er auch schon wieder, nämlich genau hier in Minehead. Genau wie der SWCP wird er 2020 in den English Coast Path implementiert werden, der die ganze englische Küste umspannen wird. Mit seinen 2.795 Meilen wird er nicht nur unseren Wanderweg als längsten Fernwanderweg Großbritanniens ablösen, sondern sich überhaupt unter die längsten Fernwanderwege der Welt reihen.

Nach den ersten 70 recht flachen Metern kommen wir also kurz nach 9.00 Uhr am Startpunkt an. Zum Glück haben wir gestern schon ein paar sonnige Fotos gemacht, denn heute ist der Himmel wolkenverhangen und es riecht irgendwie nach Regen. So gut sind meine Riechorgane allerdings nicht ausgeprägt und ich hoffe, dass sie sich, wie schon so oft, täuschen. Wir schießen auch heute noch das eine oder andere Bild und machen dann endlich den ersten Schritt auf dem SWCP. Wie sagte Konfuzius so schön: „Auch der weiteste Weg beginnt mit einem ersten Schritt", und der Weg ist wirklich verdammt weit.

In unserem Reiseführer wird die heutige Etappe als „moderat, gefühlt: anstrengend" beschrieben und die 15,3 Kilometer sollten in 4,5 Stunden erledigt sein. Wir laufen am Kai entlang und sehen kurz darauf unseren ersten Wegweiser, dem weitere 3.999 folgen sollen. Er bescheinigt uns, dass wir bereits 1/4 Meile hinter uns haben und die Distanz nach Poole nur mehr schlappe 629 3/4 Meilen beträgt. Wir schlängeln uns den North Hill hinauf und stehen vor der ersten schwierigen Entscheidung. Die offizielle Route läuft am Grat entlang, etwas abseits vom Meer, soll dafür die besseren Ausblicke bieten. Die Alternativroute wird als „rugged path" beschrieben, soll aber dennoch leicht zu bewältigen sein und ganz entlang der Küste führen. Während wir überlegen, welche Streckenführung für uns wohl die idealste ist, kreuzt plötzlich wie aus dem Nichts eine Herde Wildpferde unseren Weg. Wir wussten zwar, dass diese im Exmoor Nationalpark gelegentlich zu beobachten sind, dachten aber nicht, dass wir das

Nur wir sind heute nicht mit'n Radl da.

Glück haben würden, sie auch tatsächlich zu sehen. Es ist ein magischer Moment, als die Gruppe dieser fantastischen, edel anmutenden Tiere an uns vorüberzieht; doch so schnell, wie sie da waren, sind sie auch schon wieder weg.

Wir entscheiden uns schließlich für den offiziellen Weg, denn die Alternative würde eine Stunde länger dauern und die Wolken am Himmel werden immer dichter und dunkler, da wollen wir lieber früher als später am Etappenziel sein. Kurz darauf stellt sich heraus, dass das wohl zumindest heute die ereignisreichere Strecke ist, denn im Moment findet hier der große Exmoor Radmarathon mit einer Länge von insgesamt 70 Kilometern statt. Ein paar dieser Kilometer führen über den SWCP und wir erleben zum ersten Mal die Freundlichkeit der Briten. „Good morning, hello, hi" geht es unentwegt und natürlich grüßen wir jedes Mal zurück, etwa eintausend Mal. Der Vorteil ist, dass wir kein einziges Gatter selbst öffnen müssen, denn überall stehen junge Leute, die diese jedes Mal für die Biker öffnen, und sie tun es auch allesamt für uns. Teilweise ist der Weg aber derart schmal und die Radfahrer sind so schnell unterwegs, dass wir uns nur mehr mittels Hechtsprung in die Büsche retten können. Ganz schön was los hier. Die höchste Startnummer, die wir sehen, trägt die Aufschrift 3.544, dann allerdings trennen sich unsere Wege und wir marschieren in Richtung Bossington Hill, wo sich die beiden Routen des SWCP wieder treffen sollen. Hier begegnen wir noch einer Schulklasse, die sich auf einer Schnitzeljagd befindet. Die jungen Menschen scheinen allerdings wenig angetan zu sein von den Aufgaben, die ihnen zugeteilt wurden, denn allesamt ziehen sie eine Miene wie sieben Tage Regenwetter. Kaum habe ich den Gedanken fertig gedacht, spüre ich sie auch schon, die ersten Regentropfen.

Wir versuchen, so schnell wie möglich nach Bossington zu kommen, denn den steilen Abstieg ins Dorf möchte ich nicht so gerne im Regen überwinden. Es dauert ziemlich lange, bis wir wieder flachen Boden unter den Füßen haben, doch als wir uns gerade dazu entschlossen haben, eine kleine Pause am hiesigen Campingplatz einzulegen, beginnt es, wie aus Eimern zu schütten. Wir holen schnell unsere Regenkleidung aus ihrem Versteck und verschieben das Mittagessen auf später. Bei strömendem Regen wandern wir weiter durch die Salzwiesen von Porlock und kommen bereits um 14.00 Uhr in Porlock Weir an, nur eine halbe Stunden später als die Prognose gelautet hat. Hier in Porlock Weir ist großes Remmidemmi, denn das „Porlock Weir Real Ale Festival“, kurz Weir Fest, ist in vollem Gange. Die Leute sitzen unter großen Regenschirmen und lauschen der dargebotenen Musik. Die Kellnerin des Ship Inns, dem Veranstalter dieser Sause, meint zwar, dass dieses Fest jedes Jahr am ersten Juli-Wochenende stattfindet, ich bin aber eher geneigt zu glauben, dass Porlock Weir dies extra für meinen Geburtstag auf die Beine gestellt hat. Heute ist nämlich tatsächlich mein Geburtstag, der 42., und somit wahrscheinlich die beste Zeit, um etwas Neues zu beginnen. Angeblich wird ja jeder von uns alle sieben Jahre zu einem neuen Menschen und wie könnte man diesen Start in die nächsten sieben Jahre besser feiern als mit einer groß angelegten Wanderung und natürlich mit einem riesigen Bierfest zu meinen Ehren?

Wir checken in unser B&B ein, dem frisch renovierten „Locanda“, und freuen uns über das Upgrade, das die netten Besitzer uns zukommen lassen. Von unserem Zimmer aus sehen wir nicht nur aufs Meer, sondern auch direkt auf die Bühne und können so die Musikgruppen im Trockenen beobachten. Die Qualität ist wirklich beachtlich und wir sind fasziniert von der Tatsache, dass das Wetter den Leuten hier so gar nichts auszumachen scheint, denn die Stimmung ist ausgelassen und fröhlich. Kurze Zeit später verdrängt die neugierige Sonne die grauen Gewitterwolken und lässt die vielen Regentropfen auf Bänken und Tischen verschwinden. So zieht es auch uns noch einmal auf die Straße, doch die Erkundungstour des kleinen Dörfchens Porlock Weir endet sehr schnell, denn es gibt nicht wirklich viel zu entdecken, ein kleiner Hafen und ein paar angeblich historische Cottages, dann ist man auch schon durch. Selbst im hiesigen Grocery Shop, der nicht einmal das Sortiment eines österreichischen Greißlers aufweisen kann, gibt es keine offiziellen Öffnungszeiten. Je nach Wetterlage und Laune sperrt er auf, erklärt uns der Verkäufer. Da uns das zu gefährlich ist für unseren Wasservorrat morgen, decken wir uns gleich heute mit dem Nötigsten ein; das Risiko, morgen vor verschlossenen Türen zu stehen, wollen wir lieber nicht eingehen. Damit unser Vermieter auch noch ein wenig Geschäft macht, bestellen wir uns eine Pizza aufs Zimmer und lassen den Tag noch einmal gemütlich Revue passieren. Wir sind uns einig: Das haben wir gut hinbekommen.

„Ist dir klar, dass wir diesen Scheiß noch 57 Mal machen müssen?“ ~ *Peter, Ehemann*

Tag 2

Strecke: Porlock Weir nach Lynton
19,8 km - 962 hm - 2,76 km/h
am Pfad: 35,1 km

Unterkunft: Rockvale, £ 90,- ☑ empfehlenswert

unfassbar heiß

Heute weckt mich wirklich die Sonne, ein Blick durch das riesige Panoramafenster unseres Zimmers verspricht einen strahlend sonnigen Tag. Natürlich sind wir wieder viel zu früh wach. Die Zeitumstellung, auch wenn die Uhr nur eine Stunde zurückzustellen war, haben wir wohl noch nicht ganz verkraftet. Ich bin eine Verfechterin der Abschaffung der Zeitumstellung, ob man sich dafür auf Sommer- oder Winterzeit verständigt, ist für mich sekundär. In Großbritannien hätte uns das aber auch nichts genützt, denn auch hier machte sich im März die Zeit bereit für den Sommer. Im Laufe unserer Wanderung werden wir erfahren, dass ich nicht die einzige bin, die sich für eine Abschaffung der Zeitumstellung ausspricht, einer EU-Umfrage zufolge denken über 80 % ähnlich. Man darf gespannt sein, wie sich das entwickeln wird. Das Ziel, eine einheitliche Regelung für alle EU-Staaten zu finden, scheint mir ein schwieriges Unterfangen zu sein. Eines, das Großbritannien allerdings ohnehin nach dem Brexit nicht mehr tangieren wird.

Wie bereits gestern sind wir die Allerersten beim Frühstück, doch niemand ist zu sehen. Cindy taucht erst nach zehn Minuten im Frühstücksraum auf und ist überrascht, dass sich schon jemand in dem geschmackvoll eingerichteten Zimmer eingefunden hat. Da die Mahlzeit auch noch frisch zubereitet wird, verzögert sich der Start unseres Tages ziemlich. Als es endlich losgeht, hat die Sonne bereits ihre heißen Strahlen ausgefahren und scheint lustig vor sich hin. Wir gehen vorbei am Anchor Hotel und folgen der Ausschilderung nach Culbone, wo sich eine hübsche, kleine Kirche befindet. Sie ist die kleinste Pfarrkirche Englands und dem walisischen Heiligen Beuno geweiht. Wanderer des SWCP kommen in den Genuss, direkt an der unter Denkmalschutz stehenden Kirche vorbeizulaufen; ein Auto müsste man etwa eine Meile vor dem Gotteshaus abstellen.

Oben ist die Sicht am besten.

Von jetzt an verläuft der Weg die meiste Zeit durch bewaldetes Gebiet. Obwohl dadurch etwas Schatten geboten wird, merken wir schnell, dass es immer heißer wird, und mich beschleicht leise das Gefühl, dass wir uns mit unseren eineinhalb Litern Wasser möglicherweise etwas verspekuliert haben. Nachdem wir gestern nur etwas mehr als einen halben Liter getrunken hatten, schien für heute die dreifache Menge eine gute Entscheidung zu sein. Nach den ersten zwei Meilen, in denen bereits ein halber Liter getrunken ist, beschließen wir, uns den Wasservorrat nun gut einzuteilen, denn es gibt keine Pubs oder gar Supermärkte entlang der zehn Meilen, die noch vor uns liegen. Nun steht uns eine Umleitung über Yenworthy Woods bevor, denn die jüngsten Landrutsche haben den ursprünglichen Weg unpassierbar gemacht. Das nächste Highlight soll der „Sister's Fountain" sein, eine natürliche Quelle, umzingelt von hohen Bäumen, die den Wasserlauf bewachen. Nach zahllosen Auf- und Abstiegen, die aber zumindest an der durchschnittlichen Länge erträglich sind, kommen wir zu dieser angeblich so wunderbaren Quelle. Ehrlich gesagt hätten wir sie fast übersehen, so winzig war sie. Ein Steinkreuz lässt uns allerdings vermuten, dass sie doch hier in der Nähe sein muss, und nach einer groß angelegten Suchaktion finden wir sie dann auch. Die Quelle mag im Frühling wirklich eindrucksvoll sein, aber jetzt ist sie eher mit einem kleinen Rinnsal zu vergleichen. Wir überlegen kurz, ob wir uns trauen sollen, hier Wasser nachzufüllen, sind dann aber doch nicht so mutig wie Josef von Arimathäa, der sich der Legende nach hier auf seinem Weg nach Glastonbury stärkte. Josef von Arimathäa war laut Johannesevangelium ein heimlicher Jünger Jesu und so eine kleine Verbindung in Richtung Himmel hätten wir heute eigentlich gut gebrauchen können; aber diese Chance vergeben wir und wandern weiter zu den berühmten Wildschweinköpfen in der Nähe von Wingate Combe. Zum ersten Mal lernen wir von einem entgegenkommenden Wanderer, dass hier so gut wie nichts so gesprochen wird, wie es die Schreibweise vermuten lässt. Combe zum Beispiel wird hier in der Region „ku:m" ausgesprochen und dieses „ku:m" wird uns die nächste Woche beinahe täglich begegnen.

Wir merken, dass es bereits weit nach Mittag ist, und entschließen uns zu einer Pause. Mittlerweile ist es irrsinnig heiß. Wir haben erst die Hälfte des Weges geschafft, sind allerdings bereits vier Stunden unterwegs. Das kann ja heiter werden … Die Pause halten wir lieber recht kurz, denn es liegt noch ein weiter Weg vor uns und wir wollen schließlich noch bei Tageslicht in Lynton ankommen. Es mag aber nicht so richtig weitergehen, die Beine sind müde und der Schweiß, der von meiner Stirn läuft, trägt mehr Wasser als der Sister's Fountain. Der wenige Wasservorrat, den wir noch haben, ist schon „bacherlwarm" und der anstrengende Aufstieg oberhalb des Leuchtturms des Foreland Points steht uns noch bevor. Im Moment beglückwünsche ich mich nicht gerade zu der Entscheidung, den SWCP wandern zu wollen, doch das behalte ich lieber für mich. Seit einiger Zeit merke ich nämlich, dass auch mein Mann zu kämpfen hat und nicht gerade vor Begeisterung sprüht. Im Moment ist alles einfach nur mühsam und wir schauen besser nicht auf unsere Durchschnittsgeschwindigkeit, die derzeit wohl kaum über 2 km/h liegt. Runtastic wird mir am Abend erzählen, dass wir es doch auf 2,76 km/h geschafft haben, mein Gefühl der Langsamkeit in diesem Bereich aber absolut richtig war.

Schritt für Schritt und ohne viel zu sprechen, gehen wir hinab zur Talsohle von Foreland, als plötzlich das Wunder des Tages ganz überraschend an einer Weggabelung wartet. Ein Tisch, zwei Sessel und eine Kühltasche vollgefüllt mit kalten Getränken, Obst und Kuchen. Sogar an Kaffee und Tee wurde gedacht. Dieser Anblick verleiht mir Flügel, ich schwebe förmlich dorthin, schmeiße den Rucksack ins Gras und belege einen der Klappstühle. „Walkers´ Honesty Café – Please give what you can. Thank you." ist dort auf einem gelben A4-Schild zu lesen und selten habe ich ein größeres Glücksgefühl verspürt als genau in diesem Augenblick. Wir verspeisen genüsslich sowohl Bananen als auch ein Stück Kuchen und erfreuen uns an den kalten Getränken, als plötzlich ein älteres Ehepaar des Weges kommt.

Trail Magic, kleine Wunder am Weg ...

In ihrem Gesicht ist eine Grimmigkeit zu lesen, auf die ich nicht gefasst war, denn eigentlich hätte ich ein strahlendes Lächeln erwartet. Die Frau geht grußlos an uns vorbei, der Mann schaut etwas ratlos. Ich erkläre ihm begeistert das Konzept und tatsächlich entschließt er sich, eine Cola aus der Kühlbox zu nehmen. Dann kramt er 2 Pence hervor und schmeißt es mit den Worten „That's fair enough" in die Kühlbox. Mir bleibt fast die Banane im Hals stecken und ich schaue ihm ungläubig nach. 2 Pence entsprechen 2,2 Cent, wie kann man das auch nur annähernd für angemessen erachten? Ich schäme mich für den Mann und kann es immer noch nicht fassen. Im Gegensatz dazu entscheiden wir uns, ganze 10 Pfund in die Dose zu geben, denn für uns war diese „Trail Magic" fast lebensrettend. Trail Magic ist vor allem bei Weitwanderern ein bekannter, wenn auch weit gefasster Begriff. Er bezeichnet kleine Wunder am Weg, von angebotenen Getränken und Speisen bis hin zu Fahrtendiensten oder Übernachtungsmöglichkeiten. Es sind die Dinge, die den Wanderern das Rundherum ein wenig angenehmer machen.

Nach der Stärkung machen wir uns auf, um die letzte Erhebung zu erobern. Der Turboboost hält aber leider nicht lange und oben angekommen sind wir ziemlich erledigt. Zwar sind wir nun dem dichten Wald entkommen und haben einen großartigen Blick über die Klippen des Exmoor Nationalparks, aber richtig genießen können wir es nicht. Ein deutsches Pärchen überholt uns, doch mehr als Grüßen ist im Moment nicht möglich. Während wir uns langsam weiterschleppen, machen die beiden, die noch verhältnismäßig entspannt aussehen, eine Gipfelrast. Von weitem können wir erstmals unser heutiges Etappenziel sehen und realisieren, dass wir völlig unbemerkt die Grafschaft Somerset hinter uns gelassen haben und nun bereits in North Devon, einem

... es geht auch einfach.

Distrikt der Grafschaft Devon, angekommen sind. Hier werden wir uns etwas mehr als eine Woche aufhalten und wenn das so weitergeht wie heute, dann werden das irrsinnig anstrengende sieben Tage werden.

Der Weg schlängelt sich nun in Serpentinen in Richtung Meeresspiegel und zieht sich unendlich. Ein kleiner Flying Fox vom Gipfel direkt in die Stadt würde diese letzten Kilometer weniger anstrengend machen. Da ich allerdings unter Höhenangst leide, bin ich mir gar nicht sicher, ob ich diese Chance ergreifen würde; vielleicht wäre doch eine Seilbahn die bessere Alternative. Aber da weder das eine noch das andere gerade jetzt verfügbar ist, quälen wir uns Richtung Stadt. Schritte von hinten signalisieren, dass weitere Wanderer im Anmarsch sind. Es ist das deutsche Pärchen, dem offensichtlich auffällt, dass ich am Ende meiner Kräfte bin, und das sich wohl dazu genötigt fühlt, mich zu motivieren und mir gut zuzureden. Ich versuche so etwas wie ein kleines Lächeln hervorzupressen, bezweifle aber, dass ich damit sehr erfolgreich bin. Schließlich laufen wir gemeinsam über eine Fußgängerbrücke in Richtung Strandpromenade. Dort gönne ich meinem geschundenen Körper eine Rast auf der ersten Bank, die wir finden. Peter geht zurück zu einem kleinen Kiosk und kauft Wasser. 40 Pence pro Flasche sind ein Geschenk und es wird auch das günstigste Wasser bleiben, das wir hier trinken werden. Als er zurückkommt, schmeißt er sich neben mich auf die Bank und meint: „Ist dir klar, dass wir diesen Scheiß noch 57 Mal machen müssen? Was haben wir uns bloß gedacht?“ Meine Versuche, das Ganze irgendwie schönzureden, finden keinen fruchtbaren Boden, was wohl daran liegen mag, dass die gleiche Frage schon den ganzen Tag über in meinen eigenen Gedanken herumkreist. Ich wusste schon irgendwie, dass es hart werden würde, aber so hart?

Nun gut, jetzt sind wir aber hier und müssen noch zu unserer Unterkunft, die sich nicht in der kleinen Stadt Lynmouth direkt am Meer befindet, sondern in Lynton, das oberhalb auf einer Felsklippe liegt. Plötzlich ist sie da, die Seilbahn, die ich mir vor einer Stunde noch gewünscht hatte. Sie bringt müde Wanderer unangestrengt nach Lynton. Wir ignorieren die Treppen hinauf gekonnt und entscheiden uns für die weniger aufreibende Alternative. In unter einer Minute überwinden wir 100 Höhenmeter, meine Runtastic App wird sich freuen und gar nicht wissen, was jetzt los ist. Schnell kaufen wir noch Abendessen beim Costcutter und wandern dann die letzten Meter hinauf zu unserem B&B, das wir den ganzen Tag über nicht mehr verlassen werden. Ich bin fix und foxi und bete, dass die nächsten zwei Monate bitte ganz schnell vergehen mögen.

„I'm walking on sunshine!" *~ Katrina and the Waves*

Tag 3

Strecke: Lynton nach Combe Martin
21,4 km - 1.148 hm - 2,19 km/h
am Pfad: 56,5 km

Unterkunft: Poplars, £ 80,- → akzeptabel

immer noch unfassbar heiß

Puh, gibt es einen einzigen Knochen in meinem Körper, den ich nicht spüre? Ich versuche, mich langsam im Bett herumzudrehen, doch vom Nacken bis zu den Unterschenkeln spüre ich Muskeln, von denen ich bis jetzt noch nicht einmal wusste, dass ich sie habe. Aber schließlich habe ich schon zwei Wandertage hinter mir. Wenn man es richtig betrachtet, dann ist das für sich allein genommen ohnehin eine großartige Meisterleistung – immer nur eine Frage der Definition und des Blickwinkels. Aber so recht mag ich mich selbst nicht davon überzeugen können. Daher beschließe ich, heute mal präventiv eine kleine Wunderpille in Form von Naproxen einzunehmen. Ich habe ein ganzes Schmerzmittelarsenal in den Rucksack gepackt und damit man mich beim Zoll nicht als hoffnungslosen Junkie festnimmt, habe ich die Hälfte davon heimlich meinem Mann ins Gepäck geschmuggelt. Wenn sie uns schon hopsnehmen, dann können wir so wenigstens zusammenbleiben.

Nachdem diese kleinen blauen Pillen ihre großartige Wirkung entfalteten – ich spreche immer noch von Naproxen – geht es mir deutlich besser und ich binde meine Schuhe fast schon mit Vorfreude. Beim nahe gelegenen Costcutter versorgen wir uns mit viel Wasser und ein wenig Schokolade, denn es soll wieder ein heißer Tag werden.

Mit der Natur auf du und du.

Los geht es in Richtung Valley of Rocks, einem der ganz großen landschaftlichen Sehenswürdigkeiten rund um Lynton. Doch obwohl die Gegend wirklich herrlich ist, begeistert uns etwas ganz ande-

Unabsichtlicher Abstecher ins Hinterland.

res wesentlich mehr: die wilden Lynton Steinböcke. Der Weg zu ihnen ist noch dazu asphaltiert und schnürlgerade, somit starten wir heute mit vier herrlich einfachen Kilometern. Mir fällt eines meiner Lieblingslieder der 80er ein und ich beginne lauthals zu singen: „I'm walking on sunshine, I'm walking on sunshine and don't it feel good?" Die Steinböcke nehmen trotz meiner Grammy-verdächtigen Performance nur unwesentlich Notiz von uns, aber natürlich sind sie Menschen gewöhnt und lassen sich durch deren oft komischen Anblick nicht aus der Ruhe bringen. Noch ganz überwältigt von diesem Erlebnis wandern wir locker-flockig weiter und vergessen irgendwie, auf die Wegweiser zu achten. Natürlich ist es dann ganz schnell passiert: Wir haben uns verlaufen. Mitten im Wald gibt es drei Wege, die alle in unterschiedliche Richtungen führen, allerdings ist keiner davon beschildert, was vermuten lässt, dass wir hier falsch sind, aber so richtig falsch. Doch Dr. Google mit seiner interaktiven Landkarte weiß Rat und bestätigt unsere Vermutung: Zum Glück sind es nur etwa 300 Meter, die wir zurückmüssen, das hält sich in Grenzen und wir sind immer noch hochmotiviert. Wir laufen vorbei an Lee Abbey, einer ökumenischen christlichen Gemeinschaft, die hier einen Landsitz verwaltet und Platz für christlich motivierte Ferien und Kongresse anbietet. Wie die meisten Gebäude, die wie kleine Schlösser oder Herrensitze aussehen, ist auch dieses denkmalgeschützt. Kurze Zeit später treffen wir in Woody Bay ein, in einer kleinen Bucht am Rande des Exmoor Nationalparks, die aus nicht viel mehr als einem Hotel und zwei, drei weiteren kleinen Ferienunterkünften besteht. Leider sehen wir sehr wenig, denn wir sind mal wieder von dichtem Wald umgeben. Recht bald kommen wir dort an, wo der Reiseführer begeistert von der „dramatischen Schlucht Heddon's Mouth" spricht, ich hingegen sehe nur einen dramatischen Abstieg, der von einem dramatischen Aufstieg gefolgt wird. Wir gönnen uns eine kurze Rast und das deutsche Paar von gestern, das so mühevoll versucht hat, mich ein wenig aufzurichten, läuft mit einem kurzen Gruß an uns vorbei.

Der Aufstieg ist unglaublich steil; ich vermute insgeheim 90 Grad, vielleicht auch mit Überhang, und mein Rucksack und ich quälen uns Schritt für Schritt hinauf. Oben angekommen, fegt mich der Wind beinahe wieder hinunter, aber zum Glück habe ich dem einiges an Gewicht entgegenzusetzen. Langsam und sicherheitshalber immer ein wenig nach links geneigt umrunden wir die Klippe. Die Aussicht ist wirklich spektakulär. Das hat sich auch unser deutsches Pärchen gedacht und sitzt gemütlich beim Mittagessen, die Schuhe fein säuberlich neben sich gestellt. Nun ist es ja eine der ersten Wanderregeln, dass man beim Wandern nie die Schuhe ausziehen soll, aber wer bin ich, dass ich mich dazu äußere? Wir nicken

Blick zurück zu den bereits bewältigten Klippen.

kurz und düsen vorbei. Es geht ein wenig landeinwärts und dann durch die schöne Heidelandschaft von Holdstone Down. Der Holdstone Hill ist vor allem bei UFO-Anhängern sehr beliebt. Auf diesem „Heiligen Berg" finden regelmäßig Treffen statt, denn schließlich ist hier Jesus höchstpersönlich einmal in einem Raumschiff gelandet – zumindest, wenn man der Aetherius-Gesellschaft Glauben schenken mag. Diese Gesellschaft wurde 1955 genau hier in England gegründet und zählt zu den Neuen Religiösen Bewegungen mit einer Zuordnung zum Ufoglauben. Wir sehen allerdings weder Jesus noch ein Ufo, das uns zur nächsten Stadt bringen könnte, dafür aber einen jungen Mann in gefakter Militärkleidung, der noch langsamer unterwegs ist als wir. Ich spreche ihn an und frage, ob alles in Ordnung ist. Ist es nicht. Er hätte üble Schmerzen in den Füßen und könne nicht glauben, wie anstrengend dieser Abschnitt des SWCP ist. Letztes Jahr sei er vom Midway Point nach South Haven gewandert und hatte die vier Wochen nicht einmal annähernd solche Schmerzen wie dieses Mal am dritten Tag. Er schreibt das dem unmenschlich harten Boden zu und träumt sich schon nach Combe Martin. Wir gehen ein Stück des Weges gemeinsam, dann entschließt er sich doch zu einer Pause, notfalls würde er sein Zelt hier aufschlagen, wenn es gar nicht anders ginge. Wir vergewissern uns noch einmal, dass wir bestimmt nicht helfen können und wandern dann weiter.

Es ist schon später Nachmittag und die größte Herausforderung liegt noch vor uns – der „Great Hangman", die höchste Erhebung des gesamten Weges. Bevor wir allerdings mit dem mühsamen Aufstieg beginnen können, müssen wir zuerst natürlich mal wieder ins Tal hinunter, dieses Mal nach Sherrycombe. Der Abstieg ist extrem steil und feucht, was ihn auch noch rutschig macht. Genauso steil geht es auf der nächsten Seite auch wieder bergauf. Es sind zwar nur 318 Meter hinauf, aber die haben es in sich. Eigentlich sind nur die ersten 200 Meter schlimm, danach geht es eher gleichmäßig bis zum wenig spektakulären Gipfelkreuz. Davor sitzt ein Australier, der mal wieder auf seine Frauen wartet: Wir beobachten das schon den ganzen Tag. Er läuft eine nicht unwesentliche Strecke vor und wartet dann immer, bis zwei Frauen nachkommen. Jetzt blockiert er das beste Foto und macht auch keine Anstalten, sich fortzubewegen, als wir den Fotoapparat auspacken. Auch gut, dann gehen wir gleich weiter zum Little Hangman, der gemeinsam mit dieser Erhebung die „Hangman Hills" bildet. Die Klippe des Great Hangman ist mit ihren 244 Metern übrigens die höchste Klippe Englands. Darunter können wir also auch ein Häkchen setzen.

Der Weg in die Stadt zieht sich ein wenig und wem begegnen wir auf den letzten Metern? Unserem unfreundlichen älteren Pärchen von gestern, das mal wieder grußlos an uns vorüberzischt. Es sollten die einzig unfreundlichen Wanderer bleiben, die uns während unserer Zeit hier begegnet sind.

Der kleine Badeort Combe Martin, in dem wir heute übernachten, hat nicht wirklich viel zu bieten und besteht aus höchstens drei kleinen und einer ewig langen Straße. Auch gut, zumindest können wir uns nicht verlaufen. Für Royalisten ist der Ort vor allem deshalb interessant, weil aus dem Silber, das hier abgebaut wurde, Teile der Kronjuwelen entstanden. Außerdem hält Combe Martin den Weltrekord für die längste Straßenparty. Ich kann mir gut vorstellen, wie diese Party das kleine, ruhige Fischerdorf in Aufruhr versetzt haben muss. Heute allerdings ist hier tote Hose und nach dem obligatorischen Supermarkteinkauf gehen wir in unser Hotel, das natürlich wieder den Hügel hinauf liegt. Es hätte sogar einen Pool, doch wir sind zu müde, um jetzt auch noch schwimmen zu gehen. Außerdem haben sich in der letzten Stunde die Wolken ziemlich verdichtet, da zieht mich nichts ins Wasser. Dann lieber E-Mails beantworten, Fotos hochladen und ein wenig fernsehen. Obwohl es ein langer Tag mit über 1.000 Höhenmetern war, haben wir ihn gut gemeistert und können uns auf die Schulter klopfen. Vielleicht verleihen meine blauen Wunderpillen ja sogar kleine Flügel.

So nah am Meer wie möglich.

„Everywhere is walking distance, when you have the time.“ *~ Steven Wright, Comedian*

Tag 4

Strecke: Combe Martin nach Woolacombe
20,3 km – 1.011 hm – 2,32 km/h
am Pfad: 76,8 km

Unterkunft: Marine House, £ 90,– ⊠ wunderschön

unfassbar heiß

Mittlerweile haben wir schon so etwas wie ein Morgenritual entwickelt, das im Wesentlichen aus duschen, packen, frühstücken, einkaufen und losgehen besteht. Doch zwischen dem Aufwachen und dem Frühstücken liegt meist recht viel Zeit, denn das Leben in England beginnt deutlich später als bei uns zu Hause. Heute allerdings dürfen wir uns bereits um 8.30 Uhr den kulinarischen Genüssen hingeben. Mittlerweile verzichtet auch Peter schon auf das „Full English Breakfast“, da es sich mit vollem Bauch wirklich sehr schlecht wandern lässt.

Die erste Station danach ist der Supermarkt, der auch in Combe Martin nicht größer als eine Greißlerei ist. Allerdings gibt es sie hier wenigstens noch, bei uns zu Hause sucht man diese meist vergeblich. Als ich noch ein Kind war, gab es in jedem Dorf einen Greißler, doch mittlerweile sind sie fast ausnahmslos verschwunden und selbst den lokalen Geschäften in den Städten droht durch Internetshopping und Großkonzernen das gleiche Schicksal. Nach uns bezahlt ein Paar, deren Sprache wir nicht richtig zuordnen können. Deutsch scheint es irgendwie nicht zu sein, doch während ich eher auf Niederländisch tippe, glaubt mein Mann, das typische Schwitzerdütsch herauszuhören. Die Verkäuferin versucht gerade mühevoll, ihnen die einzelnen Wertestufen der britischen Münzen zu erklären. Dieses Problem kennen wir nur zu gut; auch wir drehen jede Münze zwei- bis dreimal um, bevor wir eine Ahnung haben, welche es möglicherweise sein könnte. Dies wird sich auch bis zum Ende unserer Reise nicht wesentlich bessern, das kann ich an der Stelle schon verraten.

Wir starten auf der Straße und steigen viele Stufen hinab, nur um diese hundert Meter später hinaufzugehen, um auf die gleiche Straße zu kommen. Für mich fällt das in die Kategorie „unnötige Anstrengung“. Der Path rühmt sich damit, so nah wie möglich am Meer entlang zu gehen, und durch diese Wegführung brachte er uns tatsächlich dem Meer zwei Meter näher. Wieder oben auf der Straße wartet verlockend eine kleine Bushütte auf uns. Spaßeshalber sage ich zu meinem Mann: „We could take the bus", und wir kommen so mit einem älteren Pärchen, das hier tatsächlich auf den Bus wartet, ins Gespräch. Viel Zeit zum Plaudern gibt es leider nicht, denn wir müssen weiter. Der nächste Abschnitt ist nicht wirklich spektakulär: Wir wandern über Campingplätze, durch Stauden und auf kurzen, steinigen Stränden, haben aber immer einen großartigen Blick aufs Meer. In Ilfracombe angekommen, entschließen wir uns zu einer kurzen Pause, da mich von weitem schon eine kleine Bäckerei magisch anzieht, vielleicht gibt es dort ein Kipferl. Ich betrete das schnuckelige Geschäft und wer kauft dort auch gerade ein? Das nette Pärchen von der Bushaltestelle. Man sieht sich wohl tatsächlich immer zweimal im Leben. Kipferl haben sie trotzdem keines, immer nur Croissants, aber die haben halt deutlich mehr Kalorien. Daher entscheide ich mich für ein kleines Chelsea Bun, das irgendwie wie eine Zimtschnecke aussieht und doch keine ist. Wikipedia meint, dass es eine Art Johannisbeer-Brötchen sei, aber bei mir haben sich die Johannisbeeren als Rosinen getarnt. Egal, lecker ist es auf jeden Fall.

Rastbänke sind nur dann da, wenn wir sie nicht brauchen.

Ilfracombe an sich ist ein Städtchen, in das ich gerne noch einmal reisen möchte. Sowohl den Hafen als auch die High Street fand ich faszinierend und ich denke, dass es da noch vieles zu entdecken gäbe. Heute allerdings nicht. Während das Pärchen sich wieder auf den Weg zum Bus macht, bleiben wir tapfer und folgen weiterhin den Wegweisern des SWCP. Diese führen uns nach dem Hafen rund um den Capstone Point und zum Torrs Walk. Hier ist wirklich alles großartig ausgeschildert und so können wir die Stadt recht bald verlassen und kommen verhältnismäßig schnell in Lee Bay an.

Jetzt wartet die anstrengendste, aber auch schönste Teilstrecke des heutigen Tages. Wir durchqueren zwei tiefe Täler, die uns einen Vorgeschmack dessen geben, was wir ab jetzt fast täglich überwinden werden: Stufen! Stufen hinunter, Stufen hinauf. Erdstufen, Holzstufen, Steinstufen, Grasstufen, lose Stufen … einmal 20 Zentimeter hoch, dann 80, dann 40. Ohne Stufen wäre es einfach zu steil, mit ihnen ist es allerdings irrsinnig anstrengend für Knie und Hüften. Aber wir müssen den Weg ohnehin so nehmen, wie er ist, und es wird sich zeigen, dass Runtastic in den Teilen, in denen Stufen zu überwinden sind, die langsamste Durchschnittsgeschwindigkeit aufzeichnet.

Schließlich erreichen wir Bull Point und den dazugehörigen Leuchtturm. Er liegt so romantisch, dass er eine großartige Kulisse für einen Rosamunde Pilcher Film abgeben würde. Bis jetzt haben Filmcrews dieser Reihe dieses wunderschöne Fleckchen Erde noch nicht entdeckt, das mag aber auch daran liegen, dass wir immer noch in Devon unterwegs sind und Cornwall deren bevorzugter Drehort ist.

Der Weg führt uns weiter um den Morte Point herum. Die zerklüfteten Schieferfelsen ragen hier spektakulär aus dem Meer und erinnern mich irgendwie an den Rücken eines Dinosauriers. Vielleicht habe ich ja gerade ein gigantisches Fossil entdeckt und gehe mit diesem Fund in die Weltgeschichte ein. Wer weiß … Jetzt allerdings erregt etwas ganz anderes meine Aufmerksamkeit. Unten auf den Felsen liegen zwei Robben und lassen den lieben Gott einen guten Mann sein. Eine weitere chillt genüsslich im Wasser und schmeißt sich kurz darauf auch auf den Gemeinschaftsfelsen. Naturbeobachtungen zählen zu den großartigsten Erlebnissen bei einer Weitwanderung, doch Robben in ihrer natürlichen Umgebung zu beobachten, gehört dann zumindest für mich noch einmal eine Kategorie höher eingeordnet. Wir können uns gar nicht sattsehen und während wir den Anblick genießen, kommt auch wieder unser deutsches Pärchen von gestern und vorgestern vorbei. Dieses Mal nehmen wir uns ein wenig mehr Zeit zum Plaudern, erfahren, dass sie Sylvia und Fabian heißen und dass für die zwei bereits morgen der letzte Wandertag ist. Wahnsinn, sie haben es schon fast geschafft, wir haben da noch deutlich länger in der Gegend zu tun. Ich erzähle, dass sie uns gerne auf Facebook folgen können und wir erzählen, dass wir doch etwas ängstlich auf eine Etappe nächste Woche blicken. „Ah, das war, wo du so im Arsch warst“, meint Sylvia zu ihrem Mann. Ich könnte nicht behaupten, dass mich das auch nur im Entferntesten beruhigt hätte, im Gegenteil. Wenn das für die zwei, die einen sehr gut durchtrainierten Eindruck machen, bereits schwierig war, wie soll das dann für mich werden? Fabian versucht, das Ganze ein wenig abzuschwächen, indem er meint, dass er die drei Biere zu Mittag besser nicht getrunken hätte, aber da war der Schaden schon angerichtet. Jetzt habe ich wirklich mehr als nur Respekt

Camper gibt es etwa genauso viele wie Schafe.

vor diesem Abschnitt, aber auch das nützt nichts, denn er gehört halt zum Weg dazu.

Sylvia und Fabian müssen weiter, denn sie können nur bis 17.00 Uhr in ihr B&B. Diesen Stress haben wir zum Glück nicht, wir haben Zeit. „Everything is walking distance, when you have the time", sagte der Comedian Steven Wright und damit hat er gerade für Weitwanderer einen treffenden Satz formuliert. Wir gehen langsam weiter und schlendern unterhalb der Klippen an kleinen sandigen Buchten bis nach Woolacombe. Allerdings schlendern wir nicht, weil wir den Weg so genießen, sondern weil wir mittlerweile wirklich müde sind. Die Stadt ist zwar schon von weitem zu sehen, aber es dauert eine gefühlte Ewigkeit, bis wir endlich da sind. Das liegt auch daran, dass wir versuchen, so gut wie möglich den Hinterlassenschaften der hier grasenden Schafe auszuweichen, was wohl aus der Entfernung wie ein Spießrutenlauf aussieht. Kurz vor dem Anstieg in die Stadt sehen wir auch unser altes Pärchen wieder. Nun stelle ich mich den beiden fast direkt in den Weg und grüße herzlich und unüberhörbar. Die Frau sieht mich an, als ob ich den Verstand verloren hätte, und würdigt mich keiner Antwort, vom Mann kommt zumindest ein kaum verständliches „Hello" zurück. Es sollte das letzte Mal sein, dass wir die zwei sehen, wir werden aber noch oft von ihnen erzählen und dabei den Kopf verständnislos schütteln.

Zuerst hinunter wandern, um gleich darauf wieder hinauf zu gehen.

In Woolacombe angekommen und im Supermarkt mit Essbarem eingedeckt, suchen wir etwas verloren unser B&B, es versteckt sich in einem Hinterhof und ist daher nicht so einfach zu finden. Schließlich schaffen wir es doch und werden ganz herzlich von Jo und Andy begrüßt. Das junge Paar hat ein wunderbares kleines Gästejuwel mit allen Annehmlichkeiten geschaffen. Hier ist es so herrlich, dass ich mich weigere, das Zimmer auch nur für ein paar Minuten zu verlassen; ich muss Peters Vorschlag, uns den romantischen Sonnenuntergang am Strand anzusehen, ausschlagen. Wie er nur daran denken kann, nach über 21 Kilometern und fast 1.100 Höhenmetern auch abends noch eine Runde drehen zu wollen, bleibt mir – vorerst – unverständlich; aber so haben wir wenigstens traumhaft schöne Abendstimmungsfotos, von denen ich später natürlich erzählen werde, dass ich sie geschossen hätte. Heute genügt es mir allerdings vollkommen und ohne schlechtes Gewissen, vom Sonnenuntergang einfach nur zu träumen.

„So nah und doch so fern.“ ~ *Sprichwort*

Tag 5

Strecke: Woolacombe bis Braunton
24,2 km - 375 hm - 2,72 km/h
am Pfad: 101 km

Unterkunft: Holmsleigh Guest House, £ 80,- → akzeptabel

drückend schwül, dann brennend heiß

Wir können uns gar nicht wegreißen von unserem großartigen Quartier. Das Frühstück ist sagenhaft lecker und wir tauschen uns mit den Gastgebern über den SWCP aus. Dies ist die erste Unterbringung, die wir aufgrund der Empfehlung der South West Coast Path Association gebucht haben. Diese Organisation kümmert sich tagein tagaus um alle Anliegen rund um den Trail und wirbt nicht nur unter den Wanderern um Mitglieder, sondern auch bei Unterkünften jeglicher Art. Daher bitten sie natürlich die wandernden Abenteurer, die es sich leisten können oder wollen, auch darum, diesen Übernächtigungsmöglichkeiten den Vorzug zu geben. Heute hatten wir mit dieser Entscheidung großes Glück.

Der Himmel zeigt sich von seiner grauen Seite, aber dies soll sich im Laufe des Tages ändern. Auch die Strecke soll moderat bis einfach sein, also steht im Grunde einem großartigen Wandertag nichts im Wege.

Woolacombe ist ein verhältnismäßig großer Badeort mit einer herrlichen Esplanade, die wir jetzt entlanglaufen. Außer ein paar Gassigehern und uns ist hier noch niemand unterwegs und die Hunde genießen es sichtlich, den Strand und das Wasser für sich zu haben. Sie tollen herum, laufen Bällen nach, egal wo diese landen, und freuen sich ihres Lebens. Auch wenn ich keine große Hundefreundin bin, sehe ich gerne zu und beneide sie um ihre sagenhafte Lebenslust und ihr unbändiges Vertrauen in ihre Bezugsperson. Ist es noch so anstrengend, kommt meine Lebenslust dieser Tage auch nicht zu kurz, und so stapfen wir kurz darauf durch die Dünenlandschaft Woolacombe Warren. Erst später lesen wir im Reiseführer, dass es auch eine offizielle Alternativroute über eine Straße und einen Pfad gibt, womit man das anstrengende Wandern durch den tiefen Sand hätte vermeiden können. Unsere Unwissenheit führt uns auf einen Höhenweg, der einen unglaublichen Blick zurück nach Woolacombe bietet und uns sprach- sowie ratlos am Plateau stehen lässt. Hier gehen etwa fünf schmale Wege in unterschiedliche Richtungen weiter, aber kein

Kilometerlanger Sandstrand.

einziger ist mit der Eichel für den SWCP markiert. Ein Paar, das etwas weiter vor uns geht, entscheidet sich für den linken Weg in Richtung Croyde Bay, das schon von hier aus zu sehen ist, aber das kommt mir komisch vor. Wieder einmal sind wir dankbar für Google Maps, das uns verrät, dass wir einen Weg rechter Hand wählen sollten. Diesem folgend erreichen wir auch kurze Zeit später Baggy Point mit seiner herrlichen Aussicht. Vor allem die seltenen schwarzen Hornschafe, die „Hebridean Black Sheep", bilden einen großartigen Kontrast zu dieser Landschaft. Beeindruckend.

Mittlerweile brennt die Sonne unbarmherzig auf unsere fast schon durchtrainierten Körper. Das Vorankommen wird dadurch immer schwieriger und zerrt an unseren Kräften. Für jede kleine Brise sind wir unheimlich dankbar und jedes noch so kleine Stück Weg im Schatten wird ausgenützt. Wir begegnen einem Paar aus Norfolk, das wir die letzten Tage immer wieder gesehen haben, und nehmen uns heute die Zeit, um ein wenig zu plaudern. Ich erzähle über die Benefizwanderung und zu meiner großen Überraschung entschließen sie sich spontan, ebenfalls Meilenpaten zu werden. Da freue ich mich natürlich sehr und verspreche ihnen – wie jedem anderen auch – mich zu melden, wenn ich ihre Meile gewandert bin. Kurz darauf treffen wir am Strand von Croyde Bay ein, gönnen uns ein kleines Eis und füllen unsere Wasservorräte auf. Frisch gestärkt und immer noch motiviert, treffen wir die vermutlich dümmste Entscheidung des ganzen Weges. Wir entschließen uns dazu, die knapp sechs Kilometer lange Route über den flachen, weitläufigen Sandstrand von Saunton Sands zu wählen. Wer träumt nicht davon, Hand in Hand lange Strandspaziergänge mit seinem Liebsten zu unternehmen? In meiner Vorstellung klingt das unglaublich romantisch, doch die Fantasie hat nur wenig mit der Realität zu tun. Anfangs lässt sich der Weg noch recht gut gehen, aber nach etwas mehr als einem Kilometer versinken wir nur so im Sand. Wir laufen zickzack, um irgendwie festeren Untergrund zu finden, aber wir scheitern jedes einzelne Mal und addieren so gleich noch mehr Weg zu unserer Tagesstrecke. Menschen sind durch das ungewohnte Schauspiel zwischen Sonne, Meer und Sand auch nur schemenhaft in der

Kaputte Boote werden hier sich selbst und den Gezeiten überlassen.

Ferne zu erkennen. Das Ende ist irgendwie in Sicht und doch nicht, quasi „so nah und doch so fern“ und insgeheim warte ich schon darauf, dass sich vor mir eine Fata Morgana auftut, denn diese Szenerie wäre die perfekte Gelegenheit dazu. Der Sand rieselt fast bei jedem Schritt in unsere knöchelhohen Wanderschuhe; wir kommen unverhofft und wenig begeistert in den fraglichen Genuss eines Fußpeelings. Kleine Sandkörnchen werden uns auch noch in den nächsten Tagen immer wieder zum Anhalten und Ausleeren der Schuhe zwingen.

Die vielen Muscheln, die hier angespült werden, lenken uns ein bisschen ab und wir entscheiden uns zu einer kurzen Rast. Peter trägt unterschiedliche ehemalige Meerestierbehausungen zusammen und beginnt, damit Türme, Männchen und Fantasiebilder zu legen. Normalerweise sind wir nach einer Pause sehr gut ausgeruht und konnten Kraft für die nächste Etappe sammeln, aber heute schleppen wir uns nur mühsam weiter. Als wir endlich nach einer gefühlten Ewigkeit – und nach über insgesamt sechs Kilometern in der realen Welt – am Ende des Strandes angelangt sind, finden wir nicht hinaus. Google Maps zeigt einen Weg, den es faktisch nicht gibt, und uns und die Straße trennt ein recht hoher Hügel. Ein einziges Pärchen sonnt sich am Strand, aber da es dort so liegt, wie Gott es schuf, haben wir doch gewisse Berührungsängste und trauen uns nicht so richtig nach dem Weg zu fragen. Also laufen wir querfeldein und plötzlich taucht wie aus dem nichts ein Wegweiser des SWCP auf. Die Erleichterung ist groß, doch zwischen uns und unserem Quartier für die Nacht liegen immer noch gut vier Kilometer. Mittlerweile kommen wir an einem Parkplatz vorbei, von wo aus hier immer wieder Autos hin und her fahren, vielleicht würde jemand aufhalten, wenn wir nur leidend genug aussehen. Irgendwie vermitteln wir aber wohl das Bild, dass wir wandern WOLLEN, und so erbarmt sich keiner und bietet uns eine Fahrgelegenheit an. Allerdings könnte uns von hier aus auch ein Taxi holen, das würde gehen. Im Reiseführer steht sogar eine Empfehlung drin. Ich muss zugeben, dass die Versuchung noch nie so groß war wie genau in diesem einen Augenblick, aber dann denke ich wieder daran, dass ich Meilenpaten für genau diese

Strecke habe und dass ich versprochen habe, die Meilen extra für sie zu gehen. Also schnalle ich den Rucksack, den ich zuvor achtlos ins Gras geschmissen habe, wieder auf den Rücken und weiter geht's. „Durchhalten, geht schon noch, ist ja nicht mehr so lange", motiviere ich mich selbst und versuche, die letzten Meilen zwischen dem Ästuar auf der einen Seite und dem trockengelegten Marschland auf der anderen doch noch ein bisschen zu genießen. Je näher die Stadt kommt, desto einfacher wird es wieder und so sind wir eine knappe Stunde später endlich beim Tesco Superstore. Wir entscheiden uns für einen sehr tiefen Einkaufswagen, nicht weil wir vorhaben, so viel einzukaufen, aber weil hier unsere Rucksäcke sehr gut hineinpassen und wir endlich unsere Rücken erlösen können. Zugegeben, wir sind die einzigen, die den Einkaufswagen dafür zweckentfremden, und ein paar Leute schauen uns schon irgendwie komisch an, aber wen interessiert's? Das Heikle an der Sache ist, dass sich der Rücken plötzlich so leicht anfühlt und man dann mehr kauft, als eigentlich für den Abend nötig wäre. Nach dem Bezahlen wiegt jeder Rucksack um mindestens vier Kilo mehr und wir haben noch eine knappe Meile zu unserem B&B.

Google Maps bringt uns zur angegebenen Adresse, nur ist dort weit und breit keine Unterkunft zu finden. Ein großer Tennisplatz ist genau da, wo unser B&B stehen sollte und ich habe ehrlich gesagt nicht vor, hier mein nicht vorhandenes, weil viel zu schweres, Zelt aufzustellen. Wir fragen Passanten und Leute, die auf der nahegelegenen Bushaltestelle auf ihr Verkehrsmittel warten, aber niemand hat je von Holmsleigh Guest House gehört. Zum Glück zeigt unser Telefon einen Strich Empfang an, etwas, das nicht selbstverständlich ist hier am Path, und so können wir unsere Gastgeberin anrufen. Wir stehen tatsächlich davor, nur befindet sich das Haus hinter dem Tennisplatz und die Sicht ist von den Sträuchern davor verstellt. Damit wir uns ja nicht verlaufen, holt uns die Gastgeberin persönlich von der Straße ab. „So nah und doch so fern", heißt es also zum zweiten Mal an diesem Tag; aber schließlich haben wir es auch heute wieder trotz einiger Herausforderungen geschafft und freuen uns sogar irgendwie schon auf morgen, denn morgen soll es dann wirklich einfach werden.

„Yesterday's socks are tomorrow's socks."

~ hiking quote

Tag 6

Strecke: Braunton nach Appledore
28,98 km - 110 hm - 4,48 km/h
am Pfad: 129,98 km

Unterkunft: Seagate Hotel, £ 90,- großartig

kalt ist anders

Lautes Gebell verhindert, dass wir den Tag verschlafen. Der Haushund ist der Meinung, dass es für uns Zeit ist, aufzustehen und uns für die bevorstehende Wanderung vorzubereiten. Ein Übernachtungs-Buchungsfehler meinerseits beschert uns heute nämlich eine Strecke von 29 Kilometern. Allerdings soll es die ganze Zeit weitgehend flach verlaufen und so sind wir guter Dinge. Das klappt schon.

Ich möchte ja nicht zu unbescheiden klingen, aber ich halte mich durchaus für so etwas wie ein Orientierungsgenie, daher denke ich nicht im Entferntesten daran, mir die heutige Route anzusehen, schließlich müssen wir nur runter zum Wasser. Bekanntlich kommt allerdings Hochmut vor dem Fall und so laufen wir mal eine Viertelstunde in die komplett falsche Richtung, bevor es sogar mir dämmert, dass wir da vielleicht doch nicht ganz richtig sind. Ich versuche das mit einer neuen Wegvariante zu verschleiern, doch Peter kommt natürlich schnell dahinter und wird mich den ganzen Tag, sogar die ganze Wanderung, damit aufziehen.

Schließlich finden wir ihn doch, den Tarka Trail, der hier mit dem SWCP verschmilzt. Es hört sich so an, als sei dieser Weg ganz alt und historisch, vielleicht wanderten hier einst die Kelten auf der Suche nach fruchtbarem Land entlang. Vielleicht waren es die Pikten, die sich von hier aus auf den Weg nach Schottland machten, um dort ihre Siedlungen entstehen zu lassen. Stimmt aber alles nicht, es war der kleine Otter Tarka, der hier nach dem gleichna-

Schnürlgerade am Tarka Trail.

migen Buch von Henry Williamson seine Abenteuer erlebte. Ab 1989 entstand nach und nach dieser Weg, der drei Jahre später von Prinz Charles eröffnet wurde. Diese royale Verbindung ist wohl das einzig wahre Geschichtliche an dem Ganzen. Wir gehen eine lange Gerade, bevor wir zum ersten Mal direkt mit der Präsenz des Militärs in England konfrontiert werden. Die Braunton Burrows haben wir gestern durch unseren Gewaltmarsch am Strand wortwörtlich links liegen lassen. Sie gelten, obwohl ein Teil davon zum UNESCO-Weltnaturerbe zählt, als wichtige Militärbasis. Vor allem im Zweiten Weltkrieg war hier eine große Trainingsbasis für die Landung der Alliierten in der Normandie und trainiert wird immer noch. Heute allerdings wird fotografiert, nämlich an der Royal Marine Base Chivenor. Viele Soldaten und wenige Soldatinnen nehmen für unterschiedliche Gruppenfotos Aufstellung. Das Areal ist riesig und dient als Stützpunkt der englischen Marine. Im Laufe der Zeit werden wir uns so an das Militär gewöhnen, dass es uns nicht mehr von unseren Wanderungen abhalten wird, aber heute sind wir sehr neugierig und beobachten das grün-braune, weil bunt ist es nicht wirklich, Treiben eine ganze Weile.

Kurze Zeit später sind wir in Barnstaple. Nein, eigentlich sind wir nicht in der Stadt, denn der Weg führt uns kurz davor über eine Brücke auf die andere Uferseite des River Taw und schickt uns dann im Grunde wieder zurück zum Ausgangspunkt, halt nur auf der gegenüberliegenden Seite. Von weitem sehen wir unser Pärchen aus Norfolk, doch es nimmt nicht die Brücke, sondern steuert direkt die Stadt an. Na, hoffentlich wollen sie auch wirklich dorthin und haben nicht den versteckten Wegweiser nach rechts versäumt. Wir werden es nicht mehr erfahren, denn wir werden sie nicht wieder treffen. Schade, eigentlich.

Wir laufen nun die ehemalige Bahnstrecke entlang und kommen vorbei am wirklich liebevoll restaurierten Fremington Quay. Für eine Mittagspause ist es noch zu früh und so gehen wir schweren Herzens an dem kleinen Café vorbei und weiter zu einem stillgelegten Kraftwerk, das aber wenig Interessantes zu bieten hat. Bevor es mal wieder durch Dünen geht, passieren wir noch ein Cricketfeld, doch leider spielt gerade niemand. Ich hätte gerne zugesehen. Kurz darauf kommen wir in Instow an, wo eigentlich heute Schluss sein sollte, aber zumindest jetzt ist es Zeit für eine kurze Pause. Wie gerne würde ich mir das entzückende Café von vorhin hierher beamen lassen, aber in Ermangelung dessen bleibt uns nur eine Bank an der Marine Parade, auf der wir unser stibitztes Obst vom Frühstück und ein paar Schokokekse verspeisen. Irgendwie kann ich schon nachvollziehen, dass viele SWCP-Wanderer diese Etappe als die unnötigste aller

Teilstrecken empfinden. Es gibt so gut wie nichts Besonderes zu sehen und man wandert die ganze Zeit am Asphalt, meist entlang einer ehemaligen Bahnstrecke. Uns kommt der Tag allerdings sehr entgegen, denn es geht überwiegend flach dahin und so können wir endlich mal richtig Tempo machen und fühlen uns nicht ganz so unfit wie in den letzten Tagen. Es dauert keine 90 Minuten und wir sind schon in Bideford. Die verhältnismäßig große Stadt liegt allerdings nicht direkt an der Küste, sondern an der Mündung des Flusses Torridge. Es erschließt sich mir nicht ganz, warum dies ein Teil des SWCP ist, vor allem, weil von Instow eine Fähre nach Appledore gehen würde und diese beiden Städtchen viel näher an der Küste liegen, aber ich muss auch nicht alles verstehen.

Die letzten fünf Kilometer nach Appledore gestalten sich dann wieder etwas abwechslungsreicher und wir stellen verwundert fest, dass hier offensichtlich sämtliche Schiffe, die nicht mehr seetauglich sind oder anders eingesetzt werden, einfach sich selbst und den Gezeiten überlassen werden. Offensichtlich gibt es keine Verpflichtung zur umweltfreundlichen Entsorgung solcher und so verrotten sie hier vor sich hin. Abgesehen von dieser augenscheinlichen Umweltverschmutzung mache ich mir hier am Path auch Gedanken über die Fülle an Plastikflaschen, die wir täglich kaufen und abends wieder entsorgen. Ich versuche grundsätzlich

Jedem die Behausung, die ihm gefällt.

Willkommen in Appledore.

Müll so gut wie möglich zu vermeiden, aber im Moment ist das eher schwierig, denn Plastik wiegt verhältnismäßig wenig und lässt sich daher am einfachsten tragen. Außerdem passen die kleinen Flaschen perfekt in die Seitentasche. Während ich mich noch mit dieser Problematik beschäftige, greife ich nach meiner Trinkflasche und öffne sie gedankenverloren. Keine Sekunde später bin ich nassgespritzt – und das nicht zum ersten Mal. Spezialisten im Öffnen von Getränkeflaschen sehen wohl anders aus, denn ich schaffe es einfach nicht, den Verschluss so aufzudrehen, dass die Wassertropfen nicht voll Freude und Elan in meine Richtung springen. Auch mein Mann ist, trotz mehrerer Versuche, keinesfalls erfolgreicher als ich.Vielleicht sollten wir auf stilles Wasser umsatteln, aber das trinkt sich irgendwie leichter und schneller und dann würden wir noch mehr Wasser brauchen, was das Gewicht des Rucksackes deutlich erhöhen würde. Das fällt also aus. Plötzlich sind wir mit ganz anderen Problemen als zu Hause konfrontiert. Ein weiteres stellt nämlich die Wäsche, besser gesagt die nicht vorhandene saubere Wäsche, dar. Irgendwie sind die Socken von gestern auch die Socken von heute und werden auch die Socken von morgen sein. Dadurch, dass es immer so heiß ist, können wir aber vor allem kein Shirt zweimal anziehen. Gut, könnten wir schon, aber wir wollen ja nicht, dass die Leute einen großen Bogen um uns machen. So sind wir spätestens nach drei Tagen dazu aufgefordert, die Shirts zumindest durchzudrücken. Das geht aber nur, wenn in der Unterkunft ein Handtuchtrockner vorhanden ist, sonst bekommt man die Kleidung bis zum nächsten Tag in der Früh nicht trocken. Wäsche waschen wird sich neben Wandern, Essen und Schlafen zu dem entwickeln, was wir am Path am öftesten zu erledigen haben.

Unsere Unterkunft in Appledore ist ein Traum, neu, sauber, groß, hier könnte ich bleiben. Zum Glück darf ich morgen auch länger verweilen als üblich, denn durch die vielen Kilometer, die wir heute gewandert sind, bleiben bis zum morgigen Etappenziel nur schlappe neun Kilometer mit so gut wie keinen Höhenmetern übrig. Das könnte durchaus so etwas wie Wellnesswandern werden, lassen wir uns überraschen.

„Keep on walking, superheroes!“

~ Rudy, Kassier im Northam Burrows Country Park

Tag 7

Strecke: Appledore nach Westward Ho!
10,82 km - 7 hm - 3,89 km/h
am Pfad: 140,8 km

Unterkunft: The Waterfront Inn, £ 80,– großartig

Sommer, Sonne, Sonnenschein

Heute ist unser siebter Wandertag, eine ganze Woche haben wir schon geschafft. Dass noch siebeneinhalb vor uns liegen, verdränge ich gekonnt. Wir genießen ein ausgiebiges Frühstück, verlassen erst gegen 11.00 Uhr das Seagate Hotel und bezahlen wie immer mit Kreditkarte. Ich unterschreibe, ohne auch nur einen Blick auf die Rechnung zu werfen, und schnalle meinen Rucksack auf den Rücken, als der Rezeptionist kurz aufstöhnt und zu uns gelaufen kommt. Anstelle von £ 90,– hat er £ 900,– in sein Kartenkästchen getippt und die wurden mir auch prompt abgezogen. Zum Glück ist ihm das noch aufgefallen und wir konnten eine Stornierungsbuchung unterschreiben, ich selbst hätte das wohl lange nicht kontrolliert. Aber so ist alles gut.

An der Promenade beobachten wir jede Menge Ruderer, die sich offensichtlich auf ein Rennen vorbereiten, denn das kleine Städtchen befindet sich heute im absoluten Ausnahmezustand. Hier geht's zu wie auf einem orientalischen Basar. Fernsehteams, Fotografen und Zuschauer prügeln sich fast um die besten Plätze am Quay, dahinter feilschen jede Menge Imbissstände und Grillstationen um potenzielle Kunden. Die Appledore/Instow Regatta, die heute hier abgehalten wird, findet leider ohne österreichische Beteiligung statt; wir können trotz aller Suche keine rot-weiß-rote Flagge erkennen. Ohne es jemals versucht zu haben, denken wir, dass wir nicht über das nötige Talent verfügen, um hier jemandem Konkurrenz zu machen, daher wandern wir schließlich doch durch die bunte Irsha Street aus der Stadt hinaus. Kurz darauf kommen wir zum ersten, aber ganz bestimmt nicht zum letzten Mal an einer Royal National Lifeboat Institution Station, kurz RLNI Station genannt, vorbei. Diese gemeinnützige Freiwilligenorganisation hat über 400 Rettungsboote, mit denen sie im Jahr an die 10.000 Einsätze bewältigt. Das Gebiet, in dem sie operiert, umfasst Großbritannien, Irland und auch einige Binnengewässer im Ver-

Regatta am River Torridge.

einigten Königreich. Wieder etwas, das wir so zu Hause nicht erleben werden. Leider ist die Station geschlossen, ich hätte gerne einen Blick hineingeworfen, aber bestimmt wird sich irgendwann später noch eine Gelegenheit ergeben.

Jetzt heißt es erst einmal, sich durch dichtes Gebüsch, das vor allem aus Brennnesseln und Brombeerstauden besteht, zu quälen. Der Weg lässt sich bestenfalls erahnen. Zum Glück trage ich lange Hosen, denn ich höre Peter in seinen Shorts hinter mir lautstark fluchen. Auch meine Wanderstöcke sind hilfreich, denn so kann ich mir diese Biester doch etwas besser vom Leib halten. Aber wir wollten ja Abenteuer....

Kurz darauf gibt es wieder Trail Magic: Ein kleines Häuschen wartet auf Wanderer oder andere Passanten. Es ist gefüllt mit Obst, Kuchen und sogar kleinen Blumensträußchen. Wieder ist niemand verpflichtet, etwas zu geben, aber wenn man möchte, dann kommt der gesamte Erlös den Rettungsschwimmern zugute. Eher aus Solidarität und Dankbarkeit als aus Hunger entnehmen wir jeder einen Apfel und hinterlassen eine kleine Spende. Wenig später erreichen wir den Eingang zum Northam Burrows Country Park. Für alle Arten von Fußgängern ist der Eintritt das ganze Jahr über gratis, doch für Fahrzeuge gibt es neben einer Gebühr, die zu bezahlen ist, auch strikte Regeln. Der Kassier, dem etwas langweilig zu sein scheint, verwickelt uns in ein Gespräch übers Wandern und zeigt sich begeistert und erstaunt über unser Vorhaben. Rudy, wie er sich vorstellt, macht das wirklich gut, sein schauspielerisches Können ist hoch einzuschätzen, denn da dies die offizielle SWCP-Route ist und er diesen Job schon einige Jahre macht, ist er viele Male im Jahr mit einer solchen Spezies, wie wir es sind, konfrontiert. Dennoch schüttelt er den Kopf und lässt uns glauben, er hätte noch niemals Leute getroffen, die den ganzen Weg wandern, und drückt unablässig seine Bewunderung aus. Egal, ob es stimmt oder nicht, wir freuen uns trotzdem und fühlen uns sehr geschmeichelt. „Keep on walking, superheroes“, ruft er uns zum Abschied zu. Wusste ich es doch, wir sind also tatsächlich Superhelden.

Je weiter wir in die Northam Burrows vordringen, desto grotesker wird das Bild, das sich uns bietet. Ein mit Gras bewachsener Salzsumpf wechselt sich mit einer lieblichen Dünenlandschaft ab. Darauf grasen friedlich die Schafe oder sie beobachten Golfer in pinken Shirts und Wanderer in festen Schuhen. Bestimmt fragen sie sich, wie verrückt die Welt noch werden kann.

Als wir dann beim Marschland um die Ecke biegen, ist er plötzlich wieder da. Er liegt uns direkt gegenüber und scheint uns zuzuzwinkern. Vielleicht will er uns aber auch provozieren, der Saunton Sands Beach. Von hier aus sehen wir die tatsächliche Länge des Strandes, der uns wenige Tage zuvor fast die Lebenslichter ausgeblasen hätte. Jetzt glitzert er lieblich in der Sonne und tut so, als könnte er keiner Fliege etwas zuleide tun. Aber nicht mit uns, mein Lieber, wir wissen, wozu du fähig bist. Besser, wir gehen weiter.

Nur wenig später erreichen wir Westward Ho! (ja, tatsächlich mit Ausrufezeichen), es ist gerade mal 14.00 Uhr. Unser Zimmer ist zum Glück schon bezugsbereit, doch weder wollen noch können wir uns darin lange aufhalten. Das Nicht-Wollen liegt daran, dass wir endlich Zeit haben, an den Strand zu gehen und uns wie normale Touristen zu fühlen, und das Nicht-Können daran, dass es derart laut ist, dass ein Verweilen hier nicht möglich ist. Die Engländer versammeln sich im Pub, um das Fußballspiel gegen Schweden live am Bildschirm zu verfolgen; hier ist die Hölle los. Da England später 2:0 gewinnen wird, wird das auch den Abend und die Nacht über so bleiben. Aber es ist halt auch die Weltmeisterschaft, da ist ein solcher Ausnahmezustand mehr als gerechtfertigt.

Nachdem wir uns eine riesige Portion Cheesy Chips gekauft haben – wir wollen ja nicht zu sehr vom Fleisch fallen – setzen wir uns auf einen Stein am Strand und beobachten all die mutigen Menschen. Es ist unfassbar, wie viele sich bei 14 Grad Celsius ins Wasser trauen, und zwar ohne Neoprenanzug. Stimmt schon, draußen ist es wirklich heiß, aber das kühle Nass bleibt trotzdem immer noch sehr kühl. Weiter als bis zu den Knöcheln komme ich heute nicht und zum Schwimmen hätten wir dann ohnehin keine Zeit, denn abends haben wir uns noch mit Sue und John verabredet. Ich habe die beiden in einer SWCP-Facebook-Gruppe kennengelernt. Die Mitglieder haben mich bei der Planung und Realisierung unterstützt und stehen mir auch jetzt täglich mit Rat und Tat zur Seite. Vor einigen Tagen hat mir John eine Nachricht geschickt, ob wir Lust auf ein Treffen hätten und natürlich habe ich zugestimmt. Ich freue mich immer, wenn ich mich länger mit Leuten auf Englisch unterhalten kann.

Sue und John sind pünktlich am Treffpunkt. Um der Hektik der fußballbesessenen Innenstadt zu entfliehen, gehen wir etwa einen Kilometer zu einem schönen Kaffeehaus direkt am Meer. John meint, dass wir hier morgen auch hermüssen, denn wir würden direkt am SWCP laufen. Na super, die gleiche Strecke dreimal zu gehen, das war eigentlich nicht der Plan, aber heute mache ich halt eine Ausnahme – wird im Übrigen nicht die letzte sein. Wir verstehen uns wunderbar mit den zweien und auch Peter kramt ganz tief in seiner Fremdsprachenkiste. Mehr als falsch kann

Schafe und Golfer – ein durchaus üblicher Anblick.

es schließlich nicht sein. Wobei, auf diese Art und Weise hat er schon das eine oder andere Mal Brieffreunde von mir verwirrt zurückgelassen. Seit 25 Jahren schreibe ich wildfremden Leuten aus der ganzen Welt und habe viele von ihnen auch schon persönlich getroffen. Mit einer großen Anzahl von Leuten habe ich über die Jahre den Kontakt wieder verloren, aber der harte Kern ist geblieben und der ganz harte hat sich sogar an meiner Benefizwanderung beteiligt. Ich habe zu diesem Zeitpunkt Meilenpaten und -patinnen aus sieben verschiedenen Ländern begeistern können. Begeistern konnte ich auch Sue und John, die sich heute großzügig zeigen. Sie bezahlen nicht nur das gesamte Essen und Trinken, sondern spenden auch noch eine nicht unerhebliche Summe, die mich weiter in Richtung Zielbetrag bringt. Ich bin sehr dankbar, vor allem dafür, wie offen die Menschen diesem Versuch der Spendenbeschaffung gegenüberstehen.

Am heutigen Abend erfahren wir viel über den Wanderweg, aber auch über das Leben von Sue und John. Sie sind große Teile des SWCP schon selbst gewandert, wissen aber nicht so recht, ob sie ihn auch tatsächlich fertig gehen werden. Im Alter würden sich die Prioritäten verschieben, meinen sie. Das kommt für mich nicht in Frage, ich will auf alle Fälle bis zum Endpunkt, auch wenn ich mir das jetzt noch gar nicht vorstellen kann. Meine Cousine meinte zu mir, bei dieser Wanderung sei ja wohl der Weg das Ziel, aber ich sag' es ganz ehrlich: Für mich ist trotz der großartigen Landschaft eindeutig das Ziel das Ziel.

„Wenn Englein reisen, dann lacht der Himmel“

~ Sprichwort

Tag 8

Strecke: Westward Ho! nach Clovelly
18 km - 913 hm - 2,46 km/h
am Pfad: 158,8 km

Unterkunft: The Red Lion, £ 160,- ☹ maßlos überteuert

sommerlich heiß

Der Tag beginnt angenehm, denn wir kennen die Strecke bereits von gestern. Sie hat sich in der Zwischenzeit nicht verändert und so gehen wir schnellen Schrittes an den zahlreichen Ferienappartementhäusern und Strandhütten vorbei. Wer sich hier eine Wohnung für die Ferien leisten möchte, die annähernd mit unserem Standard vergleichbar ist, zahlt gut und gerne eine Million Pfund. Wir sind entsetzt über die Immobilienpreise und nutzen von nun an jede Gelegenheit, um uns über die jeweiligen Preise für Häuser und Wohnungen in den unterschiedlichen Gebieten zu informieren. Bis zum Schluss werden wir keinen Ort finden, in dem wir es uns leisten könnten, irgendeine Art von Zuhause zu kaufen. Selbst wenn wir alle Ersparnisse zusammenkratzen und unser eigenes Haus auf den Markt schmeißen würden, würde der Erlös gerade einmal für die Anzahlung reichen. Der Südwesten ist ein teures Pflaster, da verwundert es auch nicht, dass hier viele Immobilien zum Verkauf stehen, was die Städte irgendwie trostlos erscheinen lässt. Aber der SWCP ist vermutlich auch der teuerste Weitwanderweg, den es gibt, wenn man, wie wir, ein Flashpacker ist. Diesen Begriff habe ich zum ersten Mal in den großartigen Reiseerzählungen „Ich nehm dann mal das Upgrade!“ von Sascha Tagtmeier gelesen – dieses Wort gibt es wirklich. „Der Begriff ist eine Wortschöpfung aus Backpacker und ‚flashy‘, englisch für ‚schick‘. Flashpacker sind mit mehr Komfort und höheren Ansprüchen unterwegs als klassische Backpacker“, beschreibt Tagtmeier diese Art des Rucksackreisens. In dem Begriff finden wir uns tatsächlich eins zu eins wieder, denn der Flashpacker ist immer noch ein Individualreisender und meidet Massentourismus so gut wie möglich. Gleichzeitig aber trägt er seine ganze Ausrüstung am Rücken – inklusive Smartphone und Laptop versteht sich – und entscheidet sich eher für ein Upgrade des Doppelzimmers mit Klimaanlage statt für einen Zehnmannschlafsaal. „Der Geruch von Freiheit muss nicht mit dem Gestank von alten Socken einhergehen. Freiheit kann auch nach frischen Blumen in der Premiumunterkunft duften", zumindest wenn es nach Tagtmeier geht; denn obwohl wir tatsächlich nicht im Zelt schlafen, werden noch viele unserer Unterkünfte eher nach alten Socken als nach Blumen riechen.

Die schönsten Ausblicke gibt's von oben.

Nach etwas mehr als fünf Kilometern wird eines schnell klar: Die Wellnesstage sind vorbei! Die Strecke schlängelt sich nun ziemlich steil auf die erste Klippe hinauf, um kurz darauf wieder ebenso steil bergab zu führen. Danach geht es sofort wieder ganz massiv nach oben, bevor wir langsamen Schrittes hinunter zu einem Kiesstrand trippeln. Wobei, Kies ist wohl Definitionssache, denn der Strand besteht aus riesigen, glitschigen Steinen, die unter jedem einzelnen Schritt wegzurutschen drohen. Jawohl, der eigentliche Weg hat uns wieder, wir sind zurück an der als sehr schwierig beschriebenen Nordküste des SWCP. Yes! Ich würde ja gerne sagen, wir haben sie vermisst, aber das wäre nicht nur ein bisschen geschwindelt, sondern haushoch gelogen.

Von weitem sehen wir unser heutiges Tagesziel, zumindest vermuten wir, dass es Clovelly sein könnte, denn sonst ist weit und breit nichts zu erkennen, was auch nur annähernd einer Ortschaft gleichkommen könnte. Ich glaube sogar, unsere Unterkunft erspähen zu können, doch das ist eher Wunschdenken. In Wahrheit erscheinen die paar Häuser, die mitten in eine dicht bewaldete Landschaft eingebettet sind, gerade mal schemenhaft. Puh, das wird noch eine ganz schön lange Wanderung werden und wir zweifeln mal wieder, ob unser Wasservorrat reichen wird, denn es ist auch heute unglaublich heiß. Wer hätte gedacht, dass uns England derartig wunderbare Sommertage schenken wird, aber wie heißt es so schön: „Wenn Englein reisen, lacht der Himmel." So betrachtet war es eigentlich doch von vornherein klar, dass wir herrliche Wetterbedingungen vorfinden werden. Dankbarkeit schützt uns allerdings nicht vor dem Austrocknen und so sind wir sehr glücklich, dass wir in dem winzigen Dörfchen Buck's Mill einen kleinen Laden finden. Hier erfahren wir auch, dass es keinen Sinn macht, wegen des wunderbaren Wasserfalles, dessen Weg direkt ins Meer führt, hinunter zum Strand zu laufen, denn hier fällt aufgrund der fast übernatürlichen Hitze im Moment kein einziger Tropfen. Auch gut, dann nutzen wir die gewonnene Zeit und genießen auf der einzigen Bank des Dorfes eine Kugel Vanilleeis. Vanille ist nicht nur in England die Eisgeschmacksrichtung Nummer eins, sondern weltweit, aber nirgends erfreut sie sich so großer Beliebtheit wie hier. Auch wenn man sonst nichts Essbares findet, Vanilleeis versteckt sich bestimmt hinter irgendeiner Ecke.

Frisch gestärkt geht es wieder hinauf in ein weiteres Waldgebiet, das sich Barton Woods nennt. Fröhliches Geschnatter verrät uns, dass unser Pärchen mit der nicht zuordenbaren Sprache hinter uns auftaucht, aber so schnell sie da waren, so schnell sind sie auch nach einem kurzen „Hello" wieder weg. Schade, denn heute sind wir noch so gut wie niemandem begegnet, wir hätten gerne ein bisschen geplaudert; zugegeben, eigentlich wollten wir eher sudern, aber ich glaube, das würde bei diesem gut gelaunten Pärchen ohnehin eher auf Unverständnis treffen.

Mittlerweile dauert der Tag schon recht lange. Dadurch werden wir unaufmerksam und verlaufen uns schon wieder. Der Reiseführer beschreibt zwei Felder, die es zu überqueren gilt, bevor man zu einer Brücke kommt, aber wir sehen weder Felder noch eine Brücke. Scheiße, wo sind wir? Google Maps geht ohne Internetverbindung auch nicht und meine Runtastic App, die mit GPS funktioniert, hat beschlossen, heute mal auszufallen. Die Nerven liegen blank, da wir nicht einmal annähernd eine Ahnung haben, wo wir sein könnten und in welche Richtung es weitergeht. Wo könnte dieser verdammte Wegweiser sein, den wir übersehen haben? Das muss schon ewig her sein. Nun stellt sich die Frage: zurücklaufen oder einfach auf gut Glück weitergehen und auf eine Straße hoffen? Zum ersten Mal wissen wir tatsächlich nicht weiter, denn beide Optionen lösen nicht wirklich Begeisterungsstürme in uns aus. Wie aus dem Nichts taucht dann plötzlich ein Läufer auf, den wir wohl in seinem beeindruckenden Training unterbrechen müssen, um nicht hoffnungslos verloren zu gehen, denn nachlaufen können wir ihm beim besten Willen nicht, abgesehen davon, dass wir dazu ohnehin nicht gewillt wären. Er dürfte unsere Verzweiflung wohl schon gerochen haben, denn er bleibt gleich freiwillig stehen und fragt uns, was wir denn suchen würden. Es stellt sich heraus, dass wir einfach auf der falschen Seite des Zaunes sind und wohl die Brücke, die zehn Meter weiter hinten liegt, schlichtweg übersehen haben.

Erleichtert gehen wir die wenigen Meter zurück und finden uns am richtigen Weg wieder. Ganz unspektakulär steht nach der Brücke auch ein Wegweiser, warum allerdings hier und nicht dort, wo wir die Brücke queren mussten, bleibt ein Geheimnis der SWCP-Association. Ich möchte mich nicht beschweren, weil ich befürchte, dass wir vielleicht die einzigen sind, die den Wegverlauf nicht schnallen. Diese Haltung wird sich in den nächsten Wochen noch ändern und ich werde im regen Austausch mit den Mitarbeitern dieses Verbandes sein, ja, sie tatsächlich auch alle mit Vornamen kennen.

Lange hält die Freude über den wiedergefundenen Weg nicht an – zumindest bei Peter. Er versprüht schon den ganzen Tag über nicht unbedingt Begeisterung, aber jetzt ist er wirklich schlecht drauf und es sind immer noch mindestens fünf Kilometer bis zum Ziel. Der Weg führt nunmehr entlang des Hobby Drive und ist sehr angenehm zu laufen und so versuche ich, meinen Göttergatten mit „Komm, drei Viertel haben wir schon", oder „Jetzt wird's einfacher", zu motivieren. Überraschenderweise bin ich heute nämlich noch recht guten Mutes; klar, müde bin ich schon, aber ich habe Spaß. Dennoch meldet sich leise das schlechte Gewissen, weil Peter vor allem mir zuliebe hier wandert, er selbst wäre nicht auf diese Idee gekommen und er versucht auch gar nicht, diese Tatsache zu verbergen. „Damit eines klar ist", meint er plötzlich schnaubend: „Die nächsten zehn Urlaube suche ich aus!" Naja, für heute lasse ich ihn in diesem Glauben, aber wir wissen insgeheim beide, dass das wohl so nicht passieren wird.

Irgendwann schaffen wir es doch zum Besucherzentrum Clovelly. Das liegt 120 Meter oberhalb der Stelle, wo sich unser Bett für die Nacht befindet. Untertags werden die Touristen mit Bussen hierher gekarrt, aber mittlerweile ist es so spät, dass allmählich Ruhe einkehrt. Das kleine Fischerdorf ist seit 250 Jahren vollständig in Privatbesitz, seit 1988 müssen Besucher Eintritt bezahlen, um ins Dorf zu gelangen – alle, außer Wanderer. Der Preis ist mit derzeit 7,50 Pfund schon ziemlich happig, allerdings wird dieses Geld sofort in die Erhaltung des Dorfes, dessen Charme auch uns in seinen Bann zieht, reinvestiert. Der Abstieg über das unebene Kopfsteinpflaster ist ziemlich beschwerlich und

Clovelly – als Tagestourist zahlt man hier Eintritt.

das Schlimmste daran ist, dass wir morgen wieder 120 Höhenmeter bergauf müssen, bevor wir unseren ersten Schritt am SWCP tätigen können.

Diese wenig motivierenden Gedanken schieben wir jetzt aber beiseite und freuen uns darüber, endlich einchecken zu können. Wir haben uns – warum auch immer – für das teuerste Hotel am Platz entschieden, wobei die Auswahl ohnehin begrenzt war. Für 160 Pfund bekommen wir ein großes Zimmer unterm Dach, das einen gewissen Hüttenflair versprüht. Bei genauerer Betrachtung allerdings ist die Couch verschlissen, der Boden schief und die Dusche im Badezimmer hat keinen Vorhang. Vielleicht würde dieser die vielen Spinnen stören, die hier ein schönes Zuhause gefunden haben. Allerdings sind die Viecher derart undankbar, dass sie kein wasserabweisendes Netz entlang der Badewanne gesponnen haben, sondern eher faul in den Ecken herumlungern. Aber es gibt einen Handtuchtrockner und nachdem er tatsächlich nach vielen Versuchen auch warm geworden ist, drücken wir mal wieder unsere Wäsche durch. Das mitgebrachte Flüssigwaschmittel duftet nicht, also gewöhnen wir uns an, immer ein bisschen Duschbad hinzuzumischen, damit die Shirts wenigstens so tun können, als wären sie frisch.

In Ermangelung eines Supermarktes müssen wir heute im hauseigenen Pub zu Abend essen. Die Tische kleben, ebenso der Boden, aber aus irgendeinem Grund stört uns das nur peripher, vermutlich, weil wir einfach zu großen Hunger haben. Das Essen schmeckt dann auch überraschenderweise großartig, das hätten wir in diesem Ambiente gar nicht erwartet. Peter bestellt seine ersten Fish and Chips, die hier traditionell mit Erbsen oder Erbsenpüree serviert werden. Es wird sich herausstellen, dass dies der Anfang einer großen Liebe zwischen meinem Mann und diesem typisch englischen Gericht ist, das durch die Beigabe von Cheesy Chips noch eine Stufe aufgewertet werden kann. Ich selbst bleibe meiner vegetarischen Linie treu und verzichte daher auf den Fisch und leider auch auf das „Cheesy“ der Chips. Da Käse nämlich oftmals aus tierischem Lab hergestellt wird, das nur nach der Schlachtung von Kälbern gewonnen werden kann, gehe ich hier lieber auf Nummer sicher und suche mir Alternativen, die sich sehr leicht in Form von Apfelkuchen, Chelsea Buns oder Vanilleeis finden lassen. Man gönnt sich ja sonst nichts!

Wir genießen einen herrlichen Sonnenuntergang und beschließen, uns erst morgen wieder Gedanken übers Wandern zu machen. Heute wissen wir einfach die gemeinsame Zeit zu schätzen, das traumhafte Wetter und die herrliche Umgebung, ganz so als wären wir normale Touristen … Irgendwie sind wir das wohl auch, irgendwie aber auch nicht.

„The only thing we do every single day is trying to survive.“ ~ *Patricia, England*

Tag 9

Strecke: Clovelly nach Hartland Quay
16,6 km - 726 hm - 2,32 km/h
am Pfad: 175,4 km

Unterkunft: Hartland Quay Hotel, £ 105,- → akzeptabel

noch immer sommerlich heiß

In der offiziellen Hotelbeschreibung habe ich gestern Abend noch gelesen, dass Gäste in den Genuss eines Shuttleservices hinauf zum Visitor Centre kommen. Ich freue mich wie ein kleines Kind, denn so müssen wir die 120 Höhenmeter zum SWCP doch nicht gehen. Leider hält die Freude nicht lange an, denn es ist erst ab 10.30 Uhr möglich, dieses Service zu nutzen, und so bleibt uns mal wieder nichts anderes übrig als zu gehen. Ich bin enttäuscht. Viele Weitwanderer, mit denen ich gesprochen habe, bestätigen meine Sicht: Man geht jeden Meter am offiziellen Weg, weil es dazu gehört, aber jeder Umweg, jede zusätzliche Anstrengung und jeder weitere Höhenmeter sind tunlichst zu vermeiden. Diese Einstellung wird sich im Laufe der Wanderung noch verändern, aber nicht heute. Heute geht mir der zusätzliche Weg einfach nur auf die Nerven, weil er uns Zeit und Kraft kostet, aber das Jammern und Sudern bringt ja auch nichts, also geht's los.

Idyllisch und einsam.

Die ersten Kilometer entlohnen uns für die anfängliche Anstrengung, denn wir können viele Tiere in ihrer natürlichen Umgebung beobachten. Raubvögel, die minutenlang am Himmel stehen bis sich der beste Augenblick für einen Angriff bietet; Hasen, die wie im Disney-Klassiker „Bambi" munter im Wald herumspielen; eine Blindschleiche, die offensichtlich vergessen hat, mit dem Wachsen aufzuhören und jetzt in meinen Augen beinahe über die Größe einer Anakonda verfügt; und ganz, ganz kleine Rebhühner, die wohl zum ersten Mal versuchen, aus dem Nest zu krabbeln. Wir bewegen uns ganz langsam und leise, um die süßen Tierchen nicht zu stören, hören aber kurz darauf wieder das uns bereits bekannte, aber nicht identifizierbare Kauderwelsch des Paares, dem wir in den letzten Tagen des Öfteren begegnet sind. Ich frage mich mal wieder, was die beiden sich immer zu erzählen haben und vor allem in welcher Sprache, also beschließe ich, sie endlich darauf anzusprechen: „May I ask you: Where do you come from?" „Switzerland", kommt die prompte Antwort. Ich fasse es nicht, dass Peter recht hatte mit der Schweiz, aber das, was die beiden reden, ist doch echt kein Deutsch. Wir geben uns als Österreicher zu erkennen und plötzlich können die zwei tatsächlich ein wunderschönes Hochdeutsch sprechen. Sie stellen sich als Anni und Martin vor und wir plaudern eine Weile, doch wie wir schon in den letzten Tagen bemerkt haben, sind die beiden wesentlich schneller unterwegs als wir, also lassen wir sie ihres Weges ziehen, am Abend wird er uns ohnehin im einzigen Hotel in der Umgebung wieder zusammenführen.

Nachdem wir die erste Zeit durch Wald und Gebüsch gewandert sind, führt uns der Weg zum wunderschönen Ausblick von „Angels Wings" bevor wir steil zum Ufer von Mouth Mill absteigen. Von hier aus sehen wir den berühmten Black Church Rock, doch erst vom Windbury Hill aus offenbart der Doppelbogen, der vor allem für seinen Reichtum an Goniatitfossilien bekannt ist, seine ganze Schönheit. Nun laufen wir über einige Felder und sehen schon von weitem die Radarstation von Hartland Point. Diese Station wurde im Zweiten Weltkrieg genutzt, um tief fliegende Flugobjekte oder Schiffe rechtzeitig zu erkennen. Davon zeugen aber nur mehr einige alte Grundmauern, das neue Radar tut hier seit 1994 seinen Dienst in der Luftraumüberwachung.

Nicht weit von der Radarstation entfernt gibt es einen kleinen Kiosk, der für eine geringe Besucherzahl und einige Wanderer Erfrischungen bereithält. Als wir um die Ecke biegen, genießen Anni und Martin das herrliche Wetter bei einem, wie sie uns versichern, für englische Verhältnisse sehr guten Kaffee. Das lassen wir uns nicht zweimal sagen und freuen uns über die willkommene Pause. Während die zwei Schweizer sich wieder auf den Weg machen, bleiben wir noch eine Weile und genießen die Umgebung. Schließlich haben wir nur mehr fünf Kilometer vor uns. Die sollen es aber in sich haben. Zuerst geht es noch zum berühmten Leuchtturm, wobei gar nicht der Leuchtturm berühmt ist, sondern Johanna, das Schiff, das hier am Silvesterabend 1982, vollbeladen mit losem Weizen, auf Grund gelaufen ist. Heute sollen noch einige schwer verrostete Teile an den Klippen seitlich unterhalb des Leuchtturms zu finden sein, aber trotz intensiver Suche können wir sie nicht entdecken. Die letzten Kilometer ziehen sich endlos und für eine Strecke, die wir normalerweise in knapp mehr als einer Stunde bewältigen, brauchen wir fast zwei. Wir sind ziemlich müde, als wir in Hartland Quay ankommen. Dieses Etappenziel besteht im Wesentlichen aus einem in die Jahre gekommenen Hotel und einem kleinen Shop, der aber mittlerweile geschlossen hat.

Nach einer Dusche kommen langsam die Lebensgeister zurück, vielleicht auch, weil der Duft von leckerem Essen pausenlos durch unser geöffnetes Fenster dringt. Es ist ein herrlich lauer Sommerabend und die Idee, im Freien zu speisen, hatten nicht nur wir, sondern auch Anni und Martin, die bereits die großartige Stimmung in dieser wirklich pittoresken Umgebung auf sich einströmen lassen. Wir setzen uns zu ihnen und bald darauf kommen weitere Wanderbekanntschaften der beiden, die sie gestern im zweiten Hotel in Clovelly kennengelernt haben. So verbringen wir den Abend außer mit Anni und Martin noch mit Lina aus Dänemark sowie

Leuchtturm von Hartland Point.

zwei deutschen Schwestern und zwei englischen Wanderinnen älteren Semesters. Lina und die Deutschen sind heute nicht gewandert, da Lina sich verknöchelt hat und die beiden Schwestern keine Lust auf die anstrengende Etappe hatten. Auch morgen wollen sie lieber bis zur Hälfte mit dem Taxi fahren und danach erst nach Bude wandern. Es gibt wirklich viele Möglichkeiten, wenn man sich nicht, wie wir, die komplette Durchwanderung in den Kopf gesetzt hat.

Der Abend sollte einer der schönsten auf der ganzen Reise werden. Wir verstehen uns alle prächtig und haben viel zu erzählen. Ich berichte von unserer Benefizwanderung für die Jugendlichen, die ein neues Zuhause brauchen, und wie schwer es uns gefallen ist, unsere Töchter so lange allein zu lassen, auch wenn beide bereits erwachsen sind. Martin erzählt von seinem Beruf als Pastor und den damit verbundenen täglichen Herausforderungen ebenso wie von dem gemeinsamen Leben in den USA, England und der Schweiz mit den drei Söhnen und Lina offenbart uns, dass sie am liebsten George Clooney geheiratet hätte und erschüttert ist, dass dies nun nicht mehr möglich ist. So hat jeder seine Prioritäten. Bei einem Thema sind wir uns aber einig. Dieser Wanderweg lässt keinen Spielraum für tiefgreifende Gedanken, wie es oft von vielen Pilgerrouten wie dem Jakobsweg berichtet wird. Die Strecke ist dermaßen anstrengend, dass man im Grunde ständig damit beschäftigt ist, zu atmen, den Weg zu suchen und die Schritte sicher zu setzen, da das Gelände sehr uneben ist. „The only thing we do every single day is trying to survive", meint Patricia, eine der Engländerinnen. Vielleicht hätte ich es nicht so drastisch formuliert, aber im Grunde hat sie schon recht, denn der SWCP fordert immer wieder Todesopfer. Die meisten stürzen von Klippen oder rutschen auf den Stufen aus und fallen, einige wählen den Freitod und wieder andere kehren von einer Wanderung nicht mehr zurück und bleiben häufig verschwunden. Patricia erzählt weiter, dass es vor zwei Jahren auf der Suche nach einer vermissten Person zu einem Erdrutsch kam, der dazu führte, dass zwei Leichen gefunden wurden, allerdings war keine davon der Gesuchte. Der Path nimmt keine Rücksicht auf Alter, Geschlecht oder Herkunft, jährlich kostet er mehrere Leben und ich muss zugeben, dass ich mir eine schönere Gutenachtgeschichte gewünscht hätte. Mit diesem Thema werden wir noch öfter konfrontiert werden, aber für heute nehme ich mir fest vor, auch wenn ich keine tiefgreifenden Erkenntnisse über mich oder mein Leben gewinnen werde, so wird wenigstens „Überleben" ganz groß auf meiner To-do-Liste stehen.

„Aufstehen, Krönchen richten, weitergehen!“

~ Sprichwort

Tag 10

Strecke: Hartland Quay nach Bude
24,8 km - 1.271 hm - 2,41 km/h
am Pfad: 200,2 km

Unterkunft: Tommy Jacks, £ 90,- ☹ nicht empfehlenswert

drückend schwül

„Das Geheimnis voranzukommen ist, überhaupt erst zu starten“, habe ich heute früh im Netz gelesen, aber ich kann die Lust zum Starten irgendwie nicht finden, sie versteckt sich genau dort, wo ich sie bestimmt nicht suchen würde. Heute, so sagt der Reiseführer, wird der wohl anstrengendste Tag der ganzen Wanderung: 24,8 Kilometer, 1.271 Höhenmeter, 8,5 Stunden reine Gehzeit und dabei sind zehn Flusstäler zu durchqueren, zehn! In Worten: ZEHN! Anni und Martin nehmen sich zusammen mit Lina ein Taxi nach Bude, wir könnten uns doch einfach anschließen, oder? Nein, können wir natürlich nicht, und so sind wir und unsere fertig gepackten Rucksäcke als erste beim Frühstück. Wir bestellen uns nichts Warmes, denn wir wollen starten, okay, wollen wir nicht, müssen wir aber. Die Küchendame bringt uns noch schnell die Wasserflaschen aus dem Shop, die sie uns gestern versprochen hat, und dann kann es losgehen.

Gemeinerweise fängt der Weg verhältnismäßig leicht an und wir beginnen zu hoffen, dass es vielleicht doch nicht ganz so schlimm wird wie prognostiziert. Nach einem kleinen Anstieg erreicht der Klippenpfad den Wasserfall Speke's Mill Mouth. Er soll der schönste entlang des Weges sein, aber jetzt, mitten im Sommer, ist er wenig spektakulär. Vielleicht sind wir aber auch einfach nur verwöhnt, denn wir hatten bereits das große Glück, weitaus imposantere Naturgewalten wie die Niagara Fälle zwischen den USA und Kanada oder die Yosemite Falls in Kalifornien zu beobachten. Selbst bei uns zu

Eines der zehn zu durchquerenden Täler des Tages.

Hause in der steirischen Wasserlochklamm oder der Bärenschützklamm gibt es interessantere Wasserfälle zu bestaunen. Aber wir wollen nicht undankbar sein, also zollen wir dem Speke's Mill Mouth unseren Respekt mit ein paar Schnappschüssen und wandern weiter über eine weitläufige Ebene oberhalb der Klippen. Hier staunen wir nicht schlecht, als ein Schaf mit vier Hörnern unseren Weg kreuzt. Ich hatte keine Ahnung, dass es so etwas überhaupt gibt und denke ehrlich gesagt zuerst, dies sei eine Laune der Natur und das Schaf sei etwas ganz Besonderes. Als dann aber weitere Tiere dieser Spezies entlang unseres Weges grasen, ist selbst mir klar, dass diese Erklärung wohl nicht die richtige ist. Später sollte ich erfahren, dass es sich hierbei um Jakobsschafe, die tatsächlich in England am häufigsten zu finden sind, handelt. Es gibt sogar seltene Fälle von Jakobsschafen, die über sechs Hörner verfügen, für mich erscheinen aber selbst die vier Hörner schon irgendwie befremdlich.

Von hier aus haben wir einen großartigen Blick darauf, was schon hinter uns liegt, bekommen aber auch eine Ahnung davon, was am heutigen Tag noch zu bewältigen ist. Zum Glück ist der Himmel heute bedeckt und ab und an weht ein laues Lüftchen, heiß ist es trotzdem. Wenn man dem SWCP eines nicht nachsagen kann, dann, dass er nicht direkt an der Küste entlangführt. Oft sind zwischen dem Path und dem Klippenrand gerade mal zwanzig Zentimeter und das ist für meine Höhenangst nicht unbedingt förderlich. Kurz erinnere ich mich an das gestrige Gespräch über die Gefahren des Path, wische den Gedanken aber gleich wieder beiseite, das kann ich jetzt beim besten Willen nicht gebrauchen. Es dauert eine gefühlte Ewigkeit, bis wir im Tal sind, und nach ein paar geraden Schritten geht es gleich wieder steil bergauf. Langsam aber beständig quäle ich mich den Hügel hinauf und das, obwohl mein Rucksack definitiv in die andere Richtung will. Doch ich bleibe standhaft und als ich endlich oben bin, atme ich erleichtert auf und bin mächtig stolz auf mich. Das imaginäre Schulterklopfen wird sofort von einem ansteigenden Gefühl der Panik abgelöst, als ich meinen Blick nach links richte und erkenne, wohin der Weg mich als nächstes führen wird: noch steiler hinunter und noch steiler hinauf. Die Stufen sind ungleich hoch und von frisch geschnittenem Gras, das sich langsam in Heu verwandelt, übersät. Grasbüschel wechseln sich mit tiefen Erdlöchern ab und lassen das Ganze eher zu einem Hindernislauf als zu einem Wanderweg mutieren. Ich merke zum ersten Mal, dass ich tatsächlich Angst vor dem nächsten Schritt habe, denn die Gefahr lauert überall. Irgendwann erreichen wir doch hinter Welcombe Mouth die Grenze zu Cornwall. Unübersehbar heißt uns ein Schild mit der Auf-

Endlich in Cornwall.

schrift „Cornwall/Kernow" herzlich willkommen und zaubert mir sogar ein kleines Lächeln ins Gesicht. Wir haben also tatsächlich die dritte und sowohl westlichste als auch südlichste Grafschaft erreicht, was sehr wohl einem weiteren Meilenstein gleichkommt. Das Auf und Ab der Strecke setzt sich unablässig fort, der Schweiß bahnt sich seinen Weg von der Stirn bis zu den Zehenspitzen, die Knie und der Rücken signalisieren mir unablässig, dass diese Schinderei nun wirklich nichts für uns ist, und kurz vor Morwenstow verliere ich schließlich die Nerven. Auf einem steilen Hang sind kleine Löcher in die Erde geschlagen, die wohl Stufen nachahmen sollen. Nicht einmal die Hälfte des Fußes passt hinein, ich rutsche ständig ab, mein Rucksack zieht nach unten und Hilfe ist nicht zu erwarten, denn mein Mann ist im wahrsten Sinne des Wortes bereits über alle Berge. Mir reicht's, ich kann nicht mehr, ich will nicht mehr und frage mich unablässig, was in aller Welt ich mir nur dabei gedacht habe. Voller Wut auf mich selbst, meine nicht vorhandene Kondition, den schwierigen Weg und überhaupt auf Gott und die Welt pfeffere ich meine Wanderstöcke weg, schmeiße mich genau dorthin, wo ich zuvor noch gestanden bin und lasse meinen Tränen freien Lauf. Wir sind bereits sechs Stunden unterwegs und haben gerade mal die Hälfte geschafft. Selbst die Geier kreisen schon über mir. Gut, bei näherer Betrachtung sind es eher zwei turtelnde Möwen, aber trotzdem! Das kann doch so nicht weitergehen! Nicht heute und auch nicht die nächsten zwei Monate! Allerdings sehe ich nur zwei Möglichkeiten. Die erste ist, ich bleibe hier und warte auf ein Wunder, etwa dass ein Erdbeben die Küste neu und selbstverständlich flach gestaltet, oder dass mir Flügel wachsen und ich lässig nach Bude gleiten kann oder zweitens, ich reiße mich zusammen, suche meine Stöcke und mache mich wieder auf den Weg. Die Chancen, dass ersteres passiert, stehen nicht ganz so gut, daher entschließe ich mich schweren Herzens doch zu Variante Nummer zwei. Also heißt es: „Aufstehen, Krönchen richten, weitergehen." Oben wartet Peter und hat von meinem Zusammenbruch gar nichts mitbekommen, er hat sich noch nicht einmal Sorgen gemacht, weil er es ohnehin schon gewohnt ist, dass ich immer später als er ankomme. So bleibt dieser besonders schwierige Moment nur mir ganz allein – abgesehen davon, dass ich ganz oft darüber sprechen werde, denn einsam leiden macht nicht wirklich Spaß und so stehen die Chancen recht gut, mittels Kommunikationsfreudigkeit doch etwas Mitleid zu erhaschen.

Danach geht es ein wenig besser, bis wir mit einer Umleitung nach Morwenstow konfrontiert werden. Eigentlich führt der offizielle Weg zum Strand hinunter und auf der nächsten Seite wieder hinauf, aber massive Klippenstürze haben die Strecke unpassierbar gemacht und so kommen zu den ohnehin schon vielen Kilometern noch einmal knapp zwei hinzu. Juhu! Wir gehen also direkt in die kleine Stadt und machen vor der Kirche auf einer Bank kurz Rast, als Lina des Weges kommt. Sie hat sich dazu entschlossen, nicht gleich nach Bude zu fahren, sondern für eine Nacht hier Station zu machen und hat den halben Tag gemalt. Jetzt gehe sie für einen „Cream Tea" in ihre Unterkunft und lasse den Tag gemütlich ausklingen. Wie gerne würde ich das jetzt auch sagen können! Aber unser Tag wird noch ewig dauern, ganz genau noch weitere sechs Stunden und wir sind dankbar für die Tatsache, dass es hier noch so lange hell ist.

Nach der kurzen Pause gehen wir es wieder an und nach weiteren gefühlt tausend Höhenmetern erreichen wir die großen Radioteleskope, von wo aus wir den ersten Blick in Richtung Bude erhaschen können. Als wir schließlich Sandy Mouth erreichen, sind wir bereits weit über unsere Grenzen gegangen und sowohl Peter als auch ich wundern uns ganz gewaltig, was der Körper imstande ist auszuhalten. Wir können uns nicht lange aufhalten, denn es ist bereits 19.00 Uhr, so spät sind wir überhaupt noch nie angekommen und wir sind noch gar nicht am Ziel. Aber jetzt wird der Weg endlich leichter. Nachdem wir die offenen Klippen in Maer Down passiert haben, erreichen wir schließlich den Crooklets Beach in Bude und ich bin immens froh, dass wir ein Hotel am Strand und nicht direkt in der Stadt gebucht haben, denn dorthin bräuchten wir weitere zwei Kilometer. Es ist bereits 21.00 Uhr, als wir Bude erreichen und wir

Erlösender Blick nach Bude.

sind sowohl körperlich als auch emotional am Ende. Andererseits sagt der Reiseführer, dass es so schlimm wie heute nie wieder werden wird, also verspüre ich doch so etwas wie ein Fünkchen Hoffnung und außerdem jede Menge Stolz. Wir haben es tatsächlich geschafft und später, wenn ich mir die Bilder anschaue, werde ich mich noch oft fragen, wie das für mich überhaupt möglich war. Die Erkenntnis ist einfach: Der Wille hat mich ans Ziel gebracht und der Körper hat irgendwie gehorcht.

Das Zimmer im kleinen Hotel liegt im obersten Stock und natürlich gibt es keinen Lift. Heute sind wir ja eh noch keine Stufen gegangen, wird endlich Zeit! So unglaublich es klingt, aber keine Stufen, die wir heute zu bewältigen hatten, waren so steil wie jene, die zu unserem Zimmer führen. Es bleibt nicht viel Zeit, denn wir müssen trotz allem noch die paar Meter zum Supermarkt gehen. Wir haben kein Bröserl mehr zu essen und auch unser Getränkevorrat ist komplett erschöpft. Zum Glück hat der zumindest im Sommer bis 23.00 Uhr geöffnet und so machen wir uns auf den Weg. „Hallo", hören wir jemand hinter uns rufen. Wir reagieren natürlich nicht, denn wer soll uns denn hier kennen. „Hallo, hallo", geht es weiter, aber auch das ignorieren wir. „Hallo, Daniela", ruft die Stimme weiter und mich beschleicht der Gedanke, dass doch jemand mich meinen könnte. Also drehe ich mich um und sehe Martin und Anni auf uns zukommen. Welch eine schöne Überraschung! Sie kommen vom Abendspaziergang am Strand und erzählen uns begeistert von der Stadt Bude, von wo aus sie morgen mit dem Bus in Richtung London fahren werden. Wirklich schön, die beiden noch einmal zu treffen, das ist tatsächlich ein krönender Abschluss eines mehr als nur anstrengenden Tages. War die atem(be-)raubende Landschaft die Strapazen wert? Keine Ahnung, am besten fragt man mich in einem Jahr noch einmal, dann sind die Schmerzen und die Qual bestimmt schon vergessen und ich werde voller Begeisterung von der wunderschönen Strecke von Hartland Quay nach Bude erzählen. Vielleicht!

Von Geistern und Gespenstern

Tag 11

Strecke: Bude nach Crackington Haven
16,4 km - 760 hm - 2,81 km/h
am Pfad: 216,6 km

Unterkunft: The Coombe Barton Inn, £ 120,- → passabel

drückend schwül

Ich stelle zuerst den rechten, dann den linken Fuß neben das Bett und richte mich Wirbel für Wirbel, ganz wie ich es bei Uschis Rückenfit gelernt habe, auf. Am Bettrand bleibe ich sitzen und versuche, so gut wie möglich in mich hineinzuhören. Soll ich den Versuch wagen und aufstehen? Oder vielleicht lieber doch noch ein bisschen warten, so ein, zwei Tage? Im Körper ist alles ruhig, er schreit nicht vor Schmerzen, also bin ich mutig und erhebe mich, etwas nach vorne gebeugt zuerst, aber dann doch sehr rasch in die Senkrechte. Nach einigen zögerlichen Schritten erkenne ich, dass ich noch voll funktionstüchtig bin und der gestrige Höllenritt weder einen Muskelkater noch Blasen oder Schmerzen irgendeiner anderen Art hinterlassen hat. Es ist ein Wunder! Anders kann man das nicht beschreiben! Vielleicht sind wir doch unkaputtbar, zumindest beim Wandern.

Heute soll zumindest der erste Teil der Strecke wieder einfacher werden und so machen wir uns gut gelaunt auf den Weg zum Supermarkt, um unseren Wasservorrat aufzufüllen. Wir sind noch keine hundert Meter unterwegs, als uns jemand von weitem winkt! Es sind Anni und Martin, die sich noch einmal vom Strand verabschieden wollen. Das ist jetzt wirklich schon mehr als Zufall und wir erkennen, dass das Schicksal wohl möchte, dass wir in Kontakt bleiben, und tauschen Telefonnummern aus.

Dann heißt es aber wirklich Abschied nehmen, denn für sie geht es in Richtung Heimat und für uns in Richtung Crackington Haven. Nachdem wir die Rucksäcke mit Wasser aufgefüllt haben, gehen wir an der Seeschleuse des historischen Bude Canal vorbei. Dieser Kanal zählte bei seiner Eröffnung 1823 zu den bemerkenswertesten und ungewöhnlichsten Systemen Großbritanniens. Er machte es möglich, dass das hügelige Hinterland von Cornwall und Devon auf dem Wasserweg miteinander verbunden wurde und dadurch auch – oder vermutlich vor allem – der kalkhaltige Sand von der mineralreichen Küste wegbefördert werden konnte.

Die Seeschleuse an sich wäre noch funktionsfähig, der Kanal aber ist mittlerweile stillgelegt. Pläne zur Wiederherstellung verliefen bis heute buchstäblich im Sand.

Wir wandern hoch auf die Klippen zum Compass Point und dann weiter zum Efford Beacon. Von hier aus könnte man eine tolle Aussicht genießen – nur nicht heute, denn die Wolken lassen keine weitschweifenden Blicke zu. Der Weg weiter nach Upton und dann zur Widemouth Bay ist leicht zu gehen und wir nützen die Gelegenheit auf eine heiße Schokolade und einen Café Latte. Diese Zwischenstopps in kleinen Strandcafés sollten bald zu einem unserer Rituale werden, um unsere müden Glieder zu entspannen und neue Energie in Form von leckeren Kohlenhydraten zu tanken. Kohlenhydrate sind auf Wanderungen keinesfalls böse, man kann sie ohne schlechtes Gewissen genießen, man läuft sie sich ja ohnehin bei all der Anstrengung wieder herunter. Und anstrengend sollte es ab hier wieder werden. Während wir die Surfer bei ihren unglaublichen Kunststücken im Meer beobachten und ihnen für ihr Können jede Menge Respekt zollen, kommt eine unserer Engländerinnen, dieses Mal Shelley, ganz hektisch um die Ecke gebogen. Sie hat ihre Wanderstöcke am Eingang des Cafés vergessen, aber glücklicherweise stehen sie immer noch genau dort, wo sie sie hingelehnt hat. Ich kann ihre Erleichterung gut verstehen, denn ohne meine beiden „Poles“, wie sie hier genannt werden, wäre ich absolut aufgeschmissen, sie helfen mir unglaublich den Berg hinauf- und auf der anderen Seite wieder hinunterzukommen.

Küste vor Bude.

Mein Mann bewältigt die ganze Strecke ohne Wanderstöcke, aber seine Trittfestigkeit ist auch wesentlich besser ausgebildet als meine und Höhenangst hat er auch nicht, selbst seine Knie scheinen das locker wegzustecken. Aber ich gehe ohne „Hanni und Nanni", wie ich meine Lieblinge genannt habe, nirgends hin – außer dann, wenn ich sie, wie unsere englische Wanderpartnerin, irgendwo mal kurz vergesse. Das sollte mir noch mehrmals passieren, aber ich habe sie immer wiederbekommen und sie werden mir auch zu Hause viele weitere, gute Dienste leisten.

Genau jetzt helfen sie mir aber hier, denn es geht wieder bergauf. Kurz nach dem Aussichtspunkt von Penhalt Cliff, der heute, vermutlich verwirrt durch die dichten Wolken, leider nicht weiß, dass er den Blick über eine großartige Landschaft geben soll, wandern wir mehr als nur steil hinunter nach Millock Haven. Von hier aus wird es dann den ganzen Tag über nicht besser, aber wir haben gestern überlebt, also werden wir auch heute nicht aufgeben. Nachdem wir bei Raven's Beak die Klippen erreicht haben, erklimmen wir stetig Höhenmeter für Höhenmeter und durchqueren einen alten Eichenwald beim Dizzard Point. Die Wälder zwischen Millock Haven und Dizzard Point sind der Legende nach von vielen Geistern und Gespenstern bewohnt, z.B. jenen von John und seiner großen Liebe Kate. Die beiden Nachbarn verliebten sich im 17. Jahrhundert unsterblich ineinander, aber die Familien waren seit Generationen verfeindet und so liefen die zwei von zu Hause weg. Doch der Vater Arthur erwischte sie auf frischer Tat und in einem Handgemenge starben Kate und John sofort, Arthur ein paar Tage später. Noch heute versucht der alte Mann hier in den Wäldern einen Keil zwischen die Liebe des jungen Paares zu treiben. Diese und viele weitere tragische Figuren, etwa der Pfarrer William, der im 14. Jahrhundert den lokalen Schmugglern Hilfe leistete und dafür brutal hingerichtet wurde, streifen durch den Wald und deshalb vermeiden viele Einheimische das Wandern in dieser Region. Wir können nichts Ungewöhnliches entdecken, vermutlich meiden selbst die Geister diese drückend schwüle Luft, denn auch wenn die Sonne nirgends aufzufinden ist, so bleibt es dennoch auch heute den ganzen Tag über warm.

Nach dem Dizzard Point, der wie viele weitere Strecken zum National Trust gehört, geht es natürlich wieder – wie könnte es anders sein – steil bergab zum Chipman Point und nach zwei weiteren Taldurchquerungen können wir endlich für kurze Zeit verhältnismäßig flach dahinwandern. Wieder einmal denke ich, dass wir nicht im Mindesten darauf vorbereitet sind, was sich uns hier bietet, dieses ewige Auf und Ab ist wirklich zermürbend und geht uns mittlerweile echt schon auf die Nerven. Schließlich

Manchmal muss man die Wegweiser gut suchen.

erreichen wir trotz unserer wenig euphorischen Stimmung den Pencannow Point, von wo aus wir eine herrliche Sicht auf unser heutiges Tagesziel, Crackington Haven, haben. Es geht gemächlich bergab und wir vermeiden den Blick über das kleine Dorf hinaus, denn der würde uns bereits zeigen, was morgen vor uns liegt – etwas, das wir keinesfalls heute schon sehen wollen.

Unser Hotel – und das aller anderen Wanderer – befindet sich direkt am Strand. Wir werden herzlich von David, dem Inbegriff eines Surferboys, empfangen. Braun gebrannt, gut gebaut, längeres, blondes Haar – genauso wie wir das aus Filmen kennen. Er erzählt uns auch gleich von seiner großen Leidenschaft und dass er seit zwei Wochen hier festsitzt, obwohl draußen die besten Wellen warten würden. Außerdem erklärt er uns, dass heute die Küche geschlossen sei, denn England würde am Abend im Halbfinale gegen Kroatien spielen. Ich prophezeie tollkühn einen Sieg Englands, denn als wir in Italien waren, wurden die Italiener Weltmeister, als wir in Deutschland unterwegs waren, haben die Deutschen den Titel geholt, folglich stünde dem Weltmeistertitel Englands nichts im Wege. David freut sich sehr ob des guten Karmas. „You made my day", meint er freudestrahlend und spendiert uns ein Bier und einen Kaffee. Zum Glück werden wir ihn morgen früh nicht wiedersehen, denn am Abend verliert England in Moskau gegen die Kroaten und mein Dasein als Glücksfee findet damit ein unrühmliches Ende.

„Conditions: stunning“

Tag 12

Strecke: Crackington Haven nach Tintagel
18,3 km – 1.065 hm – 2,41 km/h
am Pfad: 234,9 km

Unterkunft: The Avalon, £ 94,– ✠ wunderschön

irrsinnig heiß

Die Sonne lacht bereits am frühen Morgen aus all ihren Poren, oder eher Strahlen, und es wird einer der heißesten Tage dieser Wanderung werden. Zentimeterdick cremen wir uns mit der mittlerweile dritten kleinen Tube Sonnenmilch ein. Wir haben jetzt schon mehr Farbe bekommen als in unserem letzten Urlaub in der Dominikanischen Republik. Es hört sich immer so traumhaft an, wenn man sagen kann, dass man im Urlaub in der Karibik war, aber mir war damals stinkfad, ich bin einfach nicht der Strandtyp. Und wenn dieser Urlaub mit einer Location nicht zu vergleichen ist, dann ist das die Karibik, denn fad wird uns hier nicht; langes Liegen am Strand gibt es nicht und auch vom erfrischenden Sprung ins traumhaft schöne Meer sind wir weit entfernt; das wäre hier einfach zu erfrischend, selbst wenn uns die Rettungsschwimmer täglich auf ihren Tafeln wissen lassen: „Conditions: STUNNING“.

Natürlich haben wir uns gestern nicht an unser eigenes Motto gehalten, nicht schon in Richtung des heutigen Weges zu schauen, und so wissen wir, es geht ganz schön anstrengend los. Direkt hinter dem Strand führt der Weg hinauf zur Landzunge Cambeak. Den Aufstieg hier hat man vor einigen Jahren entschärft und anstelle des steilen Weges führen jetzt Serpentinen zum Gipfel. Damit auch wirklich keiner auf die Idee kommt, den direkten Pfad zu nehmen, ist der mit mehreren Barrieren bei jeder Wegkreuzung abgesperrt. Ich für meinen Teil bin sehr dankbar für diese Erleichterung und so komme auch ich halbwegs annehmbar die ersten hundert Meter hinauf, bleiben heute nur noch tausend weitere. Wir umrunden die Landspitze und können auf der folgenden Ebene noch ein wenig durchatmen, bevor es so richtig los geht. Vor uns ragt das High Cliff empor, das seinem Namen alle Ehre macht. Zum Glück müssen wir nicht ganz bei null starten, denn vor uns liegt mit ihren 223 Metern die höchste Klippe Cornwalls. Das stetige Bergauf ist fast angenehm, vor allem wenn man es mit dem extrem steilen Abgang vergleicht, der danach folgt. Ich klammere mich tagtäglich an die Hoffnung, dass es stimmt, dass der Weg nach den ersten beiden Wochen einfacher wird. Wehe, wenn mich da jemand angelogen hat!

Militär ist immer und überall präsent.

Unten angekommen gibt es nur einen möglichen Weg, nämlich bergauf. Die Route schlängelt sich beim Rusey Cliff hinauf, aber dann bleibt es für ein paar hundert Meter eben und wir erreichen kurz darauf die schwarzen Klippen von Buckator. Wieder eröffnet sich ein ganz neuer Blick auf diese großartige Landschaft. Zum Genießen bleibt aber nicht viel Zeit, denn es heißt Kilometer oder besser gesagt Höhenmeter machen. Also rauf auf den Fire Beacon Point und runter über die netterweise bereitgestellte und mir mittlerweile verhasste Schiefertreppe. Die nächste Station sollte der beeindruckende Wasserfall von Pentargon sein, aber es ist Sommer, es ist heiß und es hat seit Wochen nicht mehr geregnet, daher ist der Wasserfall eher ein kleiner Wasserstrahl; wir mussten fast suchen, bis wir ihn zwischen den Klippen entdeckten.

Mittlerweile ist es weit nach Mittag und wir haben elf Kilometer und 690 Höhenmeter hinter uns, also wird es auf jeden Fall Zeit für eine längere Pause und die verbringen wir heute im großartigen Boscastle Farm Shop, das fast direkt am Weg liegt. Das Beste daran ist, dass wir nach diesem anstrengenden halben Tag schlemmen können, was immer wir wollen, daher entscheide ich mich für einen leckeren Apfelkuchen, natürlich mit Vanilleeis und einem Café Latte; Peter wählt einen Cheesecake zu seinem Kaffee, natürlich auch mit Eis. Alles ist liebevoll angerichtet, mit Erdbeeren beim Dessert und einem Herz aus Milchschaum am Heißgetränk. Wir fühlen uns rundum wohl. Angeblich trennen uns nur mehr knapp acht Kilometer und fast schon lächerliche 375 Höhenmeter vom Ziel. Der Reiseführer spricht von einem moderaten Streckenabschnitt, daher können wir uns mit dem Weitergehen wohl wirklich noch etwas Zeit lassen. Aus irgendeinem Grund habe ich es bis jetzt immer noch nicht gelernt, dass man auf Ansichten von Reiseführern nichts geben kann und wir werden dreieinhalb Stunden für diese letzten acht Kilometer benötigen. Das mag einerseits daran liegen, dass es mittlerweile unfassbar heiß ist, so heiß, dass sogar die Kühe ihre mächtigen Körper so gut es geht unter einen kleinen Streifen Schatten quetschen, andererseits haben es die Höhenmeter wirklich in sich. Auch die zahlreichen Zaunübertritte verlangsamen unser Tempo immens. Zaunübertritte in allen Schwierigkeitsstufen haben von Anfang an eine konstante Geschwindigkeit verhindert. Manche sind durchaus angenehm und haben ab und zu sogar Handläufe, andere sind morsch und wackelig und wieder andere sind kleine Steinplatten, die freihängend aus dem Zaun ragen.

Boscastle selbst hat eine schwere Zeit hinter sich. 2004 traf während eines großen Unwetters eine vier Meter hohe Flutwelle das enge Tal und riss es teilweise mit sich ins Meer. Dies war der Startschuss für die größte Luftrettungsaktion in der britischen Geschichte. Innerhalb kürzester Zeit bargen die Royal Air Force und die Royal Navy über 150 Menschen von den Hausdächern. Dieser Tag, an dem es kein einziges Todesopfer zu beklagen gab, ging später unter dem Namen „Das Wunder von Boscastle" in die Annalen ein. Kurz danach begann der Aufbau des kleinen Fischerdorfes und heute erstrahlt es in einem ganz besonderen Glanz; es ist wohl das blütenreichste Dörfchen, dem wir auf unserer Wanderung begegnet sind. Blumen begrüßen uns wirklich überall und es verwundert mich nicht, dass Boscastle bei Touristen und Wanderern gleichermaßen beliebt ist. Ein großer Felsen liegt wie ein wachender Löwe vor dem Hafen und scheint ein Auge auf dieses Schmuckstück zu haben.

Wir überqueren die neue Steinbrücke, wo unser Weg hinauf zur Landzunge Willapark führt. Vor allem der weiße Wachturm fällt sofort ins Auge. Er liegt allerdings nicht direkt am Weg und wir beschließen, uns den kurzen Abstecher zu sparen. Plötzlich gibt es eine wahnsinnig laute Geräuschkulisse, wie aus dem Nichts taucht ein schwerfälliges Militärflugzeug auf und die ganze Szenerie kommt mir irgendwie unwirklich vor. Außer uns zeigt sich niemand großartig beeindruckt, also gehen wir davon aus, dass das für die meisten hier nichts Besonderes ist, aber für uns, die mit Militär so gut wie nie konfrontiert sind, ist das ein surrealer, sogar ein etwas beängstigender Moment. Der Spuk ist aber gleich vorüber und das Flugzeug verschwindet schon wieder hinter der nächsten Klippe.

Nachdem das Herzklopfen wieder etwas nachgelassen hat, steigen wir steil hinab nach Grower Gut und genauso steil wieder hinauf. Dann geht der Weg wellig vor sich hin und eröffnet uns einen schönen Blick auf die felsigen Inseln vor der Küste. Kurz darauf zeigt sich uns der Ladies Window Arch, ein Felsbogen in der Nähe von Trevalga. Wir kennen diese Art von Fenstern von unseren zahlreichen Reisen in die USA, aber hier in England sind sie nicht so häufig. Mäßige Auf und Abs bringen uns dann in das Rocky Valley, das seinem Namen alle Ehre macht. Mittlerweile machen mir die Stufen hinunter ganz schön zu schaffen und es fällt mir schwer, die atemberaubende Landschaft zu genießen. Das Rocky Valley ist die Heimat von 161 Moosarten und außerdem befinden sich hier zahlreiche Felsritzungen, deren Alter ein großer Streitpunkt unter Wissenschaftlern ist. Während einige sie der frühen Bronzezeit zuordnen und sie dadurch an die 4.000 Jahre alt wären, halten andere das für Humbug und geben den Zeichnungen höchstens ein Alter von 300 Jahren. Mir ist es egal, wesentlich höhere Priorität in meinem Gedankengut hat, wie ich aus diesem Tal möglichst schmerzfrei hinauskomme. Mangels einer Alternative sind es dann wieder die zahllosen Stufen, die ich mich hinaufquäle, in der Hoffnung, am Ende zumindest eine große Bank für eine Rast zu finden. Diese Hoffnung stirbt kurze Zeit später und ich lasse mich einfach so ins Gras fallen. Von hier aus hat man einen wunderschönen Blick auf die Campinganlage auf der anderen Seite und ich frage mich, ob so ein Mobile Home etwas für mich wäre. „Wohl eher nicht", denke ich mir in diesem entspannenden, ruhigen Moment.

Boscastle.

20 Minuten später muss mich Peter regelrecht drängen, weiterzugehen: Keine 20 Meter von unserem Platz im Gras steht sie da und lacht uns an, oder aus, je nachdem wie man es sehen will – die wunderschöne, bequeme, menschenleere Bank, auf die ich vor einer halben Stunde so sehnsüchtig gehofft habe. Aber irgendwie lässt sich Peter nicht zu einer weiteren Pause überreden und so hieve ich meinen schwerfälligen Körper Schritt für Schritt in Richtung der Landspitze Barras Nose und weiter rund um den Tintagel Head, bevor wir uns endlich in Richtung Stadt zu unserem B&B machen können.

Fast würden wir heute verhungern, denn im Supermarkt meint die Kassiererin: „Your card is declined." Was? Peters Kreditkarte funktioniert nicht? Wir haben so gut wie kein Bargeld eingesteckt und auch das Abheben von Barem funktioniert aus irgendeinem Grund nicht. Wir sind eh nur mehr sieben Wochen hier, das ist ohne Geld auf jeden Fall leicht handhabbar. Die letzte Chance ist meine Kreditkarte, aber die liegt im B&B und so müssen wir den ganzen Weg zurückgehen, um sie zu holen. Online durchforste ich unser Konto nach ungewöhnlichen Bewegungen, aber da ist alles normal. Zum Glück löst meine Visa unseren sich in Warteposition befindlichen Einkauf aus und wir bekommen doch noch etwas zwischen die Zähne. Gedanken machen wir uns aber schon, mal schauen, ob wir morgen in Port Isaac mehr Glück haben.

Leider ist es schon zu spät, um die Burg von Tintagel zu besichtigen. Der Legende nach fand hier in den damals prunkvollen Gemäuern durch eine List Merlins die Zeugung von König Artus statt. Artus' Vater, Uther Pendragon, begehrte Igraine, die Frau des Herzogen von Cornwall. Damit Uther sich dieser unbemerkt nähern konnte, verlieh Merlin ihm das Aussehen des Herzogs und er zeugte so den späteren König Artus. Wo, das wird uns heute nicht offenbart, aber zumindest können wir das Außengelände noch durchstreifen. Tintagel gehört zu den am häufigsten besuchten Touristenorten, wobei ich der Meinung bin, dass sein Ruf besser ist als der Ort selbst. Andererseits aber wurde hier Herr König Artus gezeugt, also ist es vielleicht doch ein ganz magischer Ort, nur weigert sich die Magie heute, mich zu verzaubern.

Rein ins Tal und auf der anderen Seite wieder raus.

„Missing“

Tag 13

Strecke: Tintagel nach Port Isaac
14,7 km - 789 hm - 3,57 km/h
am Pfad: 249,6 km

Unterkunft: Stargazy, £ 160,- kleines Schmuckstück, aber teuer ☹

irrsinnig heiß

Continental Breakfast ist etwas, das man hier in Großbritannien selten findet, aber unser wirklich schönes B&B hier in Tintagel hat es auf seiner Speisekarte und so genieße ich zum ersten Mal seit langem wieder eine Art Semmel und Käse zum Frühstück. Wir haben in der Früh erkannt, dass wir gestern etwas weiter gegangen sind, als der Reiseführer vorgeschlagen hat, was auch erklärt, warum wir so lange unterwegs waren. Schön, dann ersparen wir uns heute etwas von dem „sehr schwierigen“ Weg.

Wir starten in der Nähe der Kirche, doch hier ist nicht ganz klar, wie der Path eigentlich weitergeht. Eine nette Dame, deren Hund ausgelassen über die weite Wiese tollt, zeigt Erbarmen und hilft uns, den offiziellen Pfad durch das dichte Gestrüpp zu finden. Im Grunde führen allerdings beim Youth Hostel ohnehin alle Wege zusammen und daher wären wir so oder so wieder richtig gewesen. Hier bei der Jugendherberge trifft uns mit voller Wucht, was wir in den vergangenen Tagen immer wieder in vereinzelten kleinen Aushängen gelesen haben. Finn wird vermisst. Der Weg rund um Tintagel ist gesäumt mit großen Aufrufen: „Missing! We are still looking for Finn.“ Ich bin überrascht wie präsent das hier ist, als ich lese, dass es bereits ein Jahr her ist, dass Finn bei der Jugendherberge zum letzten Mal gesehen wurde. Finnian, so sein voller Name, wird mich heute und viele weitere Tage und Wochen nicht loslassen, weil er nur einer von vielen Jugendlichen ist, die in England als vermisst gelten. Bei meinen Recherchen am Abend werde ich allerdings auch erfahren, dass das Schicksal von Finn ziemlich gut nachgezeichnet werden kann. Er bat seinen Vater, ihn nach Tintagel zu fahren, weil er dort einen Freund treffen wollte. Es stellte sich heraus, dass er stattdessen in eine Bar ging, vier doppelte Rum trank und danach in Richtung Jugendherberge aufbrach. Seitdem fehlt jedes Lebenszeichen von Finn, allerdings hat man seinen Rucksack mit einer persönlichen Nachricht gefunden, die einen Selbstmord nahelegt. Außerdem schickte er eine SMS an seinen besten Freund mit dem

Wortlaut „Bye, bro". Zwei Monate nach seinem Verschwinden wurde weiters einer seiner Stiefel entdeckt und nachdem die Polizei die aktive Suche nach Finn offiziell eingestellt hatte, bat auch dessen Vater, nicht mehr weiter nach Finn zu suchen, da auch er selbst glaubte, dass sein Sohn sich das Leben genommen hatte. Er beschreibt ihn als depressiven jungen Mann, der mit Magersucht und diversen Abhängigkeiten zu kämpfen hatte. Allerdings sieht das Finns Mutter ganz anders und das ist wohl auch der Grund dafür, dass die Gegend rund um Tintagel immer noch mit Plakaten vollgepflastert ist und bestimmt viele andere Wanderer mit dem gleichen unguten Gefühl wie mich zurücklässt. Als Mutter kann ich natürlich nachempfinden, wie schwierig es sein muss, sich von seinem Kind zuverabschieden, aber die Chancen, dass Finnian noch lebt, sind quasi nicht existent und ich hoffe für die Familie, dass sie der Realität bald ins Auge schauen und damit abschließen kann. Mich wird das Ganze trotzdem noch lange beschäftigen, denn auch wenn bei Finn die Sache recht eindeutig scheint, so ist sie es bei vielen anderen vermissten Jugendlichen nicht und es ist unglaublich, wie viele es sind, nicht nur in Großbritannien, sondern auch bei uns in Österreich.

Tief berührt wandern wir also weiter und am Anfang ist der Weg auch noch dazu geeignet, wirklich einmal die Gedanken ein wenig schweifen zu lassen. Wir umrunden den Penhallic Point, doch obwohl der Himmel strahlend blau ist, ist die Fernsicht heute leider sehr diesig. Wirklich schade, denn die Szenerie ist genauso, wie wir sie aus den Rosamunde Pilcher Filmen kennen; deswegen bin ich hier, genau deswegen.

Lange dauert das einfache Dahingehen aber nicht, denn der Weg läuft steil hinab nach Trebarwith Strand. Hier hat mich Anni gebeten, nach dem Kiosk ihrer Kindheit Ausschau zu halten. Anni ist zwei Jahre vor uns den SWCP ganz alleine gewandert und hat mir im Vorfeld der Planung große Hilfestellung gegeben. Da sie aber nicht, wie wir, in der Hauptsaison unterwegs war, war bei ihrer Wanderung in Trebarwith Strand nichts geöffnet und daher begebe ich mich jetzt für sie auf die Suche. Allerdings finde ich nur einen Surfshop und ein kleines Café, nichts, was nur annähernd einem Kiosk gleichkommt. Ich fotografiere alles, was ich sehe, fürchte aber, dass ich Anni enttäuschen muss. Der wirklich große Vorteil, die Hochsaison für die Wanderung zu nutzen, ist, dass alle Cafés geöffnet sind, und so entschließen wir uns, hier einen kleinen Stopp einzulegen. Ich bin mittlerweile hoffnungslos der Heißen Schokolade Englands verfallen und bestelle auch hier wieder eine Tasse, aber ohne Marshmallows oder Schlagobers, übertreiben will ich es dann doch nicht. Hätte ich gewusst,

Küste, Meer, Sonne ... dafür sind wir hier.

welche Anstrengung noch vor mir liegt, hätte ich darauf sicher nicht verzichtet, ich hätte vermutlich gleich noch eine zweite Portion bestellt.

Nach einer kurzen Stärkung wandern wir steil bergauf aus dem Tal heraus, nur, um dann plötzlich gleich wieder bis fast hinunter zum Meer zu steigen und uns dann wieder aus der Backways Cove hinaufzuschleppen. Von der viel zitierten Hikers' Fitness kann ich beim besten Willen nichts feststellen, obwohl Peter bis zum Ende der Wanderung immer wieder betonen wird, wie fit wir geworden sind. Ich hingegen werde ihm bis zum Ende der Wanderung immer wieder erklären, dass ich dem nicht zustimmen kann, egal wie oft er versucht, mir dies hypnotisierenderweise einzureden. Mittlerweile sind mir die Passagen bergauf aber wesentlich lieber als jene bergab, jetzt allerdings liegt einmal ein recht flacher Abschnitt vor uns, der mich wieder hoffen lässt, dass es vielleicht doch nicht ganz so schlimm wird. Warum ich mich immer noch dieser unrealistischen Hoffnung hingebe, ist mir schleierhaft; die letzten beiden Wochen hätten mich doch mittlerweile wirklich eines Besseren belehren sollen. Es scheint oft so, dass die jeweils nächste Klippe eigentlich eh ziemlich nah ist, doch ewig weit weg ist das Meeresniveau, auf das wir zuvor hinuntermüssen. Just jetzt startet der Rollercoaster. Zum wiederholten Male frage ich mich, was zur Hölle mich da geritten hat, als ich dachte, dass dies eine gute Idee sei. Aber wie immer nützt das jetzt auch nichts und wir wandern bergauf zum Tregardock Cliff und dann gleich steil hinunter in das tiefste Tal der heutigen Strecke, dort wieder hinauf, dann gleich wieder hinunter und nochmal hinauf und nochmal hinunter

Manchmal ist der Pfad ein Pfädchen.

und nochmal hinauf und nochmal hinunter und einmal noch hinauf und dann wird es endlich wieder ein wenig flacher. Der Weg geht oben auf den Klippen über herrliche Wiesen hinweg, auf denen friedlich dutzende Schafe grasen, die eine Hälfte bereits nackt, die andere Hälfte noch mit Wolle übersät. Irgendwie ein lustiger Anblick. Schafe mag ich.

Port Isaac liegt oben auf einer Klippe, aber bevor wir zu unserem B&B kommen, müssen wir noch ein Tal durchqueren. Das Stargazy Inn ist wohl eines der teuersten der Stadt, aber liebevoll renoviert und ich zahle lieber ein wenig mehr, als ein paar Pfund zu sparen und mich dann unwohl zu fühlen.

Wir sitzen gerade bei herrlichem Wetter und grandioser Aussicht vor unserem Abendessen, das wir heute wieder ohne Probleme mit Peters Kreditkarte bezahlen konnten, auf der Terrasse vor dem Hotel, als sich zwei völlig erschöpfte Damen die Stiegen rauf quälen. Es sind unsere beiden Engländerinnen Patricia und Shelley, die wir Tage zuvor in Hartland Quay kennengelernt haben, und es gibt ein fröhliches „Hello, how are you?" Auch wenn die zwei nur mit Tagesrucksack unterwegs sind und ansonsten den Luggage Transfer nutzen, habe ich dennoch großen Respekt vor deren Leistung. Sie sind beide über 60 und tun sich diese Wanderung bei diesem Wetter an. Großartig. Wir plaudern ein paar Minuten, aber sie sind wirklich erschöpft und möchten nur noch duschen, was ich sehr gut nachvollziehen kann. Es sollte das letzte Mal sein, dass wir die beiden treffen. Es setzt sich immer mehr das Gefühl durch, dass es nicht die Landschaft ist, die diesen Weg so besonders macht, sondern die Menschen, denen wir hier begegnen.

„It's just around the corner." ~ *Guy, England*

Tag 14

Strecke: Port Isaac nach Padstow
18,9 km - 891 hm - 2,8 km/h
am Pfad: 268,5 km

Unterkunft: The Old Ship Hotel, £ 120,- → in Ordnung

irrsinnig heiß

Port Isaac also, das Fischerdorf, das fast das ganze Jahr über von Filmcrews belegt ist, insbesondere von jener, die „Doc Martin" dreht. Seit 2004 fungiert diese Location bereits als das fiktive „Portwenn", in dem Dr. Martin Ellingham seine äußerst erfolgreiche Karriere als Chirurg in London hinter sich lässt, um hier als Landarzt große Dinge zu verrichten. Ab 2019 wird es dann wohl ruhiger werden in Port Isaac, denn „Doc Martin" hängt nach der 9. Staffel sein Stethoskop an den Nagel. Andererseits gibt es da ja auch noch die Rosamunde Pilcher Verfilmungen, deren Location-Scout für die allererste Produktion „Die Muschelsucher" genau dieses kleine Dorf im Jahr 1989 für sich entdeckt hat. Mittlerweile gibt es 142 Pilcher Filme und wir haben auf dieser Wanderung zwangsläufig jede einzelne Küstenlocation in Cornwall besucht. Andere zahlen teilweise horrende Summen an Reiseveranstalter, um zu dem einen oder anderen Drehort zu kommen, wir haben das alles ohne zusätzliche Kosten zu Fuß erledigt.

Auch heute steht wieder ein großer Fußmarsch an, aber wir werden nicht alleine wandern. Guy, einer der Einheimischen die hier „Locals" genannt werden, wird uns bis zur Fährstation in Rock begleiten. Wir kennen uns seit etwa eineinhalb Jahren, als wir beide beschlossen haben, an der „1.000 miles challenge" des britischen Magazins „Country Walking" teilzunehmen. Über Facebook und die Homepage des Magazins kommt man gut mit anderen Wanderern, die zumeist in Großbritannien wohnen, ins virtuelle

Das bei Doc Martin Fans beliebte Port Isaac.

Gespräch, was mir in der Vorbereitungsphase sehr geholfen hat. Tja, und einige wohnen in der Nähe des Path und einer davon wird heute den Tag mit uns verbringen.

Pünktlich zum vereinbarten Zeitpunkt steht Guy bereits in den Startlöchern. Guy ist ein herzlicher Mann, der sehr um uns bemüht ist, daher bemühen wir uns sehr, mit ihm Schritt zu halten. Das ist nicht so einfach, denn erstens trägt er nur einen Tagesrucksack und zweitens ist er in diesem Jahr bereits 2.000 Meilen gewandert und zwar in genau diesem Terrain – und wir haben erst Juli. Während er also jeden Auf- und Abstieg spielerisch bewältigt, müssen wir uns richtig anstrengen, wirklich richtig anstrengen. Während ich mühevoll versuche, genug Luft für den nächsten Schritt einzuatmen, redet Guy ununterbrochen. Einerseits versucht er, uns die Schönheit seiner Heimat näherzubringen, andererseits erfahren wir auch viel von Kathy. Kathy und er haben sich ebenfalls über die gleiche Wandergruppe kennengelernt und beim ersten Treffen sofort ineinander verliebt. Seitdem führen sie eine „long distance relationship", die Guy mittlerweile ziemlich auf die Nerven geht. Daher hat er beschlossen, Kathy bei der nächsten gemeinsamen Wanderung um ihre Hand zu bitten. Eigentlich sollte dies schon längstens geschehen sein, aber just einen Tag, bevor Guy seinen Plan in die Tat umsetzen konnte, brach sich Kathy den Knöchel und ist seitdem außer Gefecht gesetzt. Etwas später sollten wir erfahren, dass alles wunderbar geklappt hat, und Kathy seinen Antrag während einer Wanderung auf genau diesem, unserem heutigen Streckenabschnitt, angenommen hat.

Der Weg von hier bis nach Port Quinn ist wirklich zauberhaft, aber anstrengend ist er auch. Zahlreiche Stufen sind zu überwinden, doch wenigstens vergeht die Zeit durch das Plaudern recht schnell. Guy hat außerdem die Angewohnheit, dass er jedem entgegenkommenden Wanderer in den schillerndsten Farben erklärt, welche Anstrengung noch vor ihm liegt: „Take a deep breath because it is going to get really hard", „Beware, you will shortly start the rollercoaster section", „Hopefully you can make the upcoming stretch with these shoes, it'll be tough." Während wir uns eher darüber amüsieren, finden es einige Wanderer nicht ganz so lustig. Kann ich irgendwie verstehen, ich muss auch nicht immer wissen, was auf mich zukommt. Wirklich interessant sind aber Guys Ausführungen über Minenschächte und immer noch vorhandene Landminen, die sich hier in der Gegend in besonderer Häufigkeit finden. Irgendwie gab es in meinem Kopf nur die Verbindung Landmine – Kriegsgebiet, aber dass ich in Cornwall Gefahr laufe, auf eine alte Mine zu treten, damit hätte ich beim besten Willen nicht gerechnet. Die zahlreichen Hinweisschilder, dass man den Weg auf keinen Fall verlassen soll, sind also keine gut gemeinten Vorschläge, sondern tatsächlich wichtig zu beachten, wenn man keine böse Überraschung erleben möchte. Minenschächte sind meist durch das Gestrüpp nicht sichtbar, gehen aber oft bis zu 30 Meter in die Tiefe. In Zukunft werden wir den Weg selbst für das beste Foto nicht mehr verlassen.

Kurz vor Port Quinn treffen wir auf Tracy. Sie ist eigentlich mit ihrem Mann unterwegs, aber der weigert sich, ihr eher langsames Tempo zu gehen, und so wandern beide immer getrennt bis zur nächsten Stadt und treffen sich dort wieder. Zum Glück ist Peter noch nicht auf diese Idee gekommen, so ein Wanderarrangement wäre rein gar nichts für mich. Es stellt sich heraus, dass unser Tempo sehr gut für Tracy passt und nach einer kleinen Stärkung beim süßen „Salt Pig", das im Grunde ein kleiner Van ist, der Snacks und Getränke verkauft, laufen wir gemeinsam weiter. Der vor uns liegende steile Hügel ist natürlich wieder Teil des SWCP, also geht's genauso weiter wie es auch angefangen hat: Hügel rauf, Hügel runter, aber irgendwoher müssen die mehr als 1.000 Höhenmeter von heute ja auch kommen. Gott, es gäbe mit Sicherheit wesentlich einfachere Weitwanderwege, warum musste es nur dieser sein? Aber oben angekommen wird mir die Antwort auf dem Silbertablett serviert: Wegen der großartigen Landschaft und den noch großartigeren Menschen, mit denen wir hier Zeit verbringen dürfen, musste es genau dieser Weg sein. Den ersten Grund kannten wir bereits vor dem Start, doch der zweite Grund drängt jeden Tag mehr in den Vordergrund. Zum Schluss werden wir sagen, dass wir immer dachten, dass sich auf diesem Weitwanderweg alles um die Landschaft dreht, es sich aber herausgestellt hat, dass es vor allem die Begegnungen

Über tausende Stufen musst du gehen …

Für Wanderer ist am Weg gut gesorgt.

mit wunderbaren Menschen sind, die diesen Weg zu etwas ganz Besonderem machen!

Ein paar Steinhügel und Buchten später kommen wir schließlich in New Polzeath an, wo wir auch Henry, Tracys Highspeed-Mann, kennenlernen. Wir stärken uns mit einem Smoothie im Strandcafé und während Tracy und Henry sich recht bald wieder auf den Weg machen, genießen wir die klimatisierten Räume des Cafés ein wenig länger, denn draußen herrschen wieder Rekordsommertemperaturen. Schließlich können wir uns aber doch aufraffen, denn Guy meint, das Ende liege eigentlich „just around the corner". So etwas können nur passionierte Weitwanderer von sich geben, denn diese Ecke liegt noch ganze drei Meilen entfernt. Allerdings waren es zugegebenermaßen drei recht einfache Meilen und die Dünen einen Kilometer vor Schluss auch verhältnismäßig leicht zu bewältigen.

An der Fährstation in Rock angekommen, müssen wir uns leider von Guy verabschieden. Es war ein lustiger, kurzweiliger Tag und wir versprechen einander, in Kontakt zu bleiben. Während Guy hinter dem nächsten Hügel verschwindet, tauchen von der anderen Seite Tracy und Henry auf und gemeinsam schippern wir mit der Fähre nach Padstow, wo sich unser heutiges Quartier befindet. Als Tracy nach einer kurzen Überfahrt wieder Boden unter den Füßen hat, springt sie auf einmal auf und ab. „It's over, it is really over!" Während sich Tracy immer noch im Freudentaumel befindet, erklärt uns Henry, dass dies ihr letzter Wandertag war und sie morgen wieder nach Hause fahren werden. Sechs Tage lang jeden Tag bei so einer Anstrengung zu wandern, sei aber auch wirklich eine wahnsinnig große Leistung, erklärt uns Tracy kurz darauf. Wir stimmen natürlich zu und klopfen uns innerlich auf die Schultern, dass wir das bereits 14 Tage hintereinander geschafft haben. Trotzdem schade, dass ihr Abenteuer schon vorbei ist. Ich hätte gehofft, dass diese Bekanntschaft vielleicht ein wenig länger andauern würde. So bleibt uns nichts anderes übrig, als Abschied zu nehmen. Wir entdecken jetzt erst die Schönheit, über die dieses Hafenstädtchen, das am Westufer des Mündungstrichters des Flusses Camel liegt, verfügt. Hier herrscht das pure Leben, daher stellen wir nur schnell unsere Rucksäcke im „Pub with Beds" ab und stürzen uns ins Nachtleben. Gut, eher ins frühe Abendleben, aber immerhin! Sollte mich später jemand fragen, wo man eine Wanderung am SWCP am besten beginnt, wenn man nur ein oder zwei Wochen Zeit hat, dann wird die Antwort immer ganz klar „Padstow" lauten. Padstow – einer der häufigsten Drehorte von Rosamunde Pilcher Filmen und ein großartiger Ausgangspunkt für wunderschöne Wanderungen.

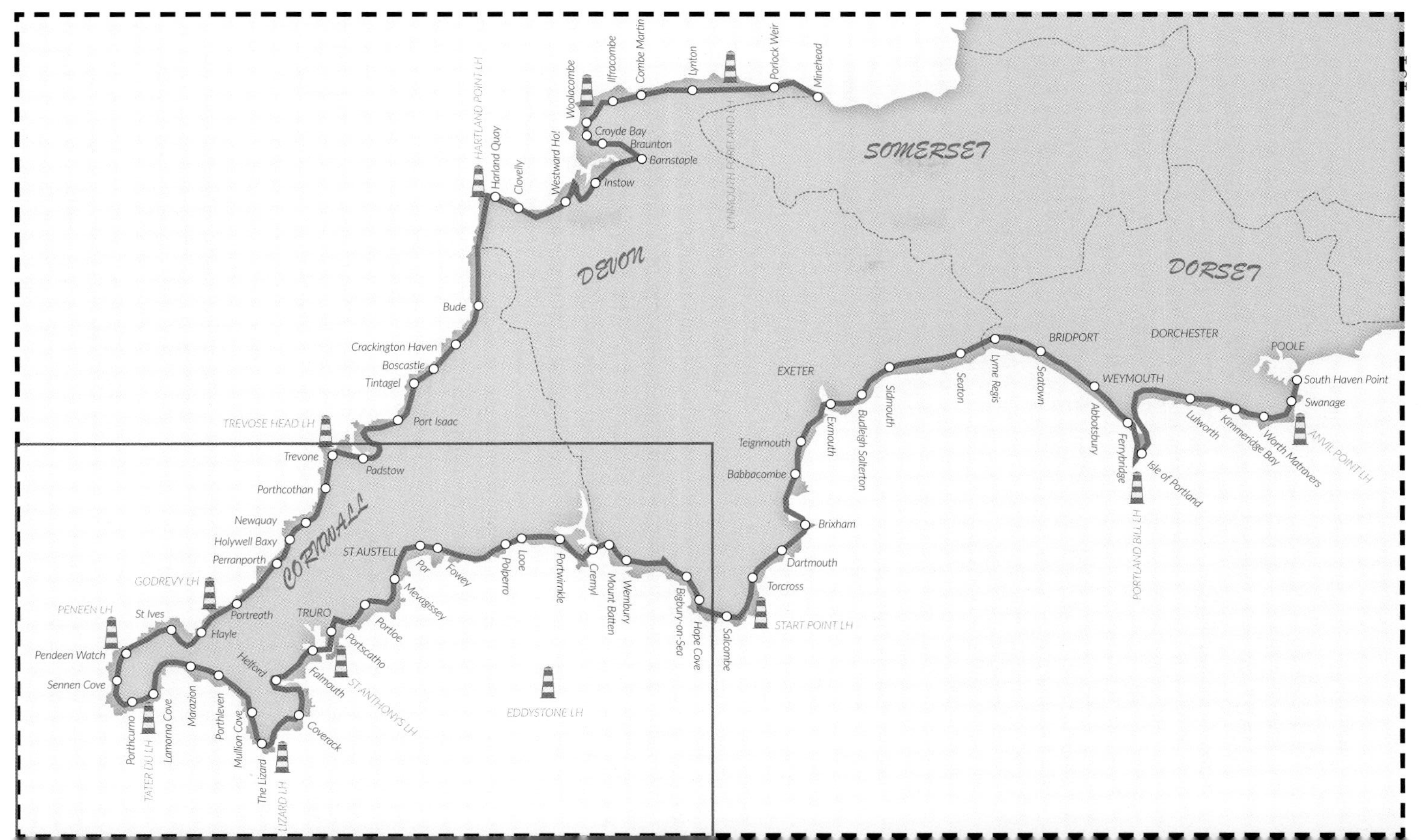

HARTLAND POINT LH
Harland Quay
Clovelly
Westward Ho!
Woolacombe
Ilfracombe
Combe Martin
Lynton
LYNMOUTH FORELAND LH
Porlock Weir
Minehead
Croyde Bay
Braunton
Barnstaple
Instow
SOMERSET
DEVON
DORSET
Bude
Crackington Haven
Boscastle
Tintagel
Port Isaac
TREVOSE HEAD LH
Trevone
Padstow
Porthcothan
Newquay
Holywell Baxy
Perranporth
CORNWALL
GODREVY LH
PENEEN LH
St Ives
Portreath
Hayle
TRURO
ST AUSTELL
Pendeen Watch
Sennen Cove
Porthcurno
TATER DU LH
Lamorna Cove
Marazion
Porthleven
Mullion Cove
The Lizard
LIZARD LH
Helford
Coverack
Falmouth
ST ANTHONYS LH
Portscatho
Portloe
Mevagissey
Par
Fowey
Polperro
Looe
Portwinkle
Cremyl
Mount Batten
Wembury
Bigbury-on-Sea
Hope Cove
Salcombe
START POINT LH
EDDYSTONE LH
Torcross
Dartmouth
Brixham
Babbacombe
Teignmouth
Exmouth
Budleigh Salterton
EXETER
Sidmouth
Seaton
Lyme Regis
Seatown
BRIDPORT
Abbotsbury
Ferrybridge
PORTLAND BILL LH
Isle of Portland
WEYMOUTH
DORCHESTER
Lulworth
Kimmeridge Bay
Worth Matravers
POOLE
South Haven Point
Swanage
ANVIL POINT LH

„What are you looking for?“ *~ Ich, einfach unverbesserlich*

Tag 15

Strecke: Padstow nach Porthcothan
21,8 km - 476 hm - 2,80 km/h
am Pfad: 290,30 km

Unterkunft: Penlan B&B, £ 95,– ☹ einfach nur furchtbar

traumhafter Sommertag

„Mist, es hört nicht auf zu bluten!“, lasse ich Peter etwas vorwurfsvoll wissen. Dabei kann er absolut nichts dafür, dass ich mich geschnitten habe. Seit einigen Tagen lege ich auf der rechten Seite meines Fußes an harter Haut zu, eine Schicht nach der anderen, und heute habe ich todesmutig beschlossen, diese mit einer Rasierklinge zu entfernen. Keine gute Idee! Ich meine, ja, die harte Haut ist weg, aber die feine, lebende Haut, die sanft meine Blutgefäße bedeckt jetzt auch. Peter kommt mit einem nassen Handtuch gelaufen, das Hotelpersonal wird sich freuen, aber mangels eigenem Arztkoffer mit blutstillendem Verband wird das strahlend weiße Handtuch nun zweckentfremdet. Es dauert wirklich ewig, bis es möglich ist, ein Pflaster über die Wunde zu kleben; eigentlich zwei, denn für eines ist die verletzte Stelle einfach zu groß. Dann klebe ich gleich noch ein Blasenpflaster und ein Kinesio-Tape darüber, damit ich den Tag auch nur annähernd schmerzfrei überstehe. Zum Glück soll es ein einfacher Tag werden.

Endlich gehen wir los und unser erster Kilometer führt auf einem breiten Weg entlang der niedrigen Klippen am Ästuar. Schnell erreichen wir den Strand, der uns dazu einlädt, ihn entlang zu laufen. Aber wir haben immer noch unser Strandabenteuer der ersten Woche im Kopf, oder besser gesagt die Odyssee, und entschließen uns daher, brav auf dem Weg zu bleiben, um so einerseits gemütlich wandern zu können und andererseits den Weg am Ende auch wieder zu finden. Wir lernen ja schließlich aus unseren Fehlern. So bleiben wir etwa zwei Meter oberhalb des Strandes und wandern dann ein wenig ins Hinterland, wo die Sonne die zusammengerollten Strohballen am Feld in ein glitzerndes Licht taucht, gar so, als würden sie nur mehr darauf warten, zu Gold gesponnen zu werden. Kurz darauf führt der Weg auf der anderen Seite wieder zurück, nunmehr zum Ende des Strandes. Schon von weitem sehen wir ein Pärchen, das etwas ratlos in seinen Reiseführer schaut. Ein Blick in die Umgebung, ein Blick ins Buch, wieder ein Blick in die Umgebung. Dies kommt uns nur zu bekannt vor, waren wir vor wenigen Tagen ja genau in der gleichen Situation. Trotzdem regt sich ein wenig Schadenfreude bei mir. „Tja, wenn man halt nicht am Weg bleibt", meine ich lässig zu Peter. „Das haben sie nun davon." In dieser Tonart lästern wir weiter, bis wir etwa zwei Meter entfernt sind. Aber natürlich können wir die zwei Armen, die augenscheinlich immer noch nicht wissen, wie es weitergehen kann, hier nicht so stehen lassen, also krame ich meine guten Manieren hervor und frage freundlich: „What are you looking for?" „Wir suchen den South West Coast Path," kommt es prompt in wunderschönem Österreichisch zurück. Sie haben also genau verstanden, dass Peter und ich scherzhaft über sie hergezogen sind. „Lieber Gott, wo ist ein Loch, in das ich verkriechen kann?", frage ich innerlich um Rat. Von mir aus nehme ich auch einen der Minenschächte, die laut Guy hier überall vorhanden sind. Wenn es irgendwo ein Fettnäpfchen gibt, dann nehme ich Anlauf und springe mit Freuden hinein. Ich bin die Königin der Fettnäpfchen. Der Wunsch, den Weg zu finden, überwiegt bei den beiden allerdings, und so schlucken sie wohl ihren Stolz hinunter und lassen sich von uns helfen. Was nicht schwer ist, denn der Weg liegt zwei Meter von ihnen entfernt, genau dort, wo wir eben gerade stehen. Aber so ähnlich beginnen ja bekanntlich die schönsten Liebesgeschichten; wer weiß, wohin uns das noch führen wird.

Glasklares Meer bei traumhafter Kulisse.

In stillem Einvernehmen bleiben wir zusammen und machen uns gemeinsam auf den Weg. Irgendwann zwischen der St. George's Cove und der Hawker's Cove stellen wir fest, dass wir abgesehen von heute für die nächste Woche die gleiche Route mit den gleichen Zielortschaften haben. Einmal werden wir sogar in der gleichen Unter-

Wir wandern durch den größten Garten Englands.

kunft schlafen. Da ist es also vorprogrammiert, dass wir uns ohnehin in den nächsten Tagen ständig über den Weg laufen werden – glauben wir zumindest, denn es sollte zwei Tage dauern, bis wir uns wiederfinden werden. Für heute allerdings verabschieden wir uns in Harlyn und machen uns wieder alleine auf den Weg, wir müssen nämlich ein paar Kilometer weiter als Karin und Helmut, wie die beiden heißen. Sie werden heute in Constantin Bay schlafen, während wir unsere Unterkunft in Porthcothan gebucht haben.

Die Strecke ist tatsächlich einfach zu gehen, die Sonne scheint den ganzen Tag über und das Wandern macht einfach nur Spaß. Kleine, versteckte Buchten wechseln sich mit goldenen Stränden ab und das Auge und das Gehirn können gar nicht so viel aufnehmen, wie es eigentlich zu entdecken gäbe. Genauso haben wir uns das immer vorgestellt. Deshalb wollten wir genau hier wandern. Es ist einfach traumhaft. Wir genießen den Tag in vollen Zügen und könnten ewig so weitergehen, daher finden wir es fast schade, als wir nach insgesamt 24 Kilometern – Vergehen und Wege zum Hotel und Shop inklusive – und schlappen 450 Höhenmetern am Tagesziel ankommen.

Porthcothan ist ein winziger Ort, der außer einem kleinen Bay Shop und einer Bushaltestelle nicht wirklich etwas zu bieten hat. Aber wenigstens werden wir nicht verhungern. Wir decken uns mit dem Notwendigsten, das wir für den Abend brauchen, ein, bevor wir uns auf den Weg zu unserem B&B machen. Heute haben wir zum zweiten Mal eine Unterkunft gebucht, die von der South West Coast Path Association empfohlen wird, außerdem gibt es ohnehin nicht wirklich eine andere Möglichkeit, hier zu nächtigen. Der Schock lässt nicht lange auf sich warten, denn das Zimmer ist in einem mehr als schlechten Zustand. Im Badezimmer benötige ich die Hälfte meiner Desinfektionstücher, damit der Hygienezustand zumindest als halbwegs passabel bezeichnet werden kann. Einzig das Bett ist relativ sauber, Gott sei Dank. Da ich mich aber im Zimmer äußerst unwohl fühle, schlage ich meine Zelte für den Nachmittag und Abend im Gemeinschaftsraum auf. Dort treffe ich auf Susan, die ebenfalls nicht in ihrem Zimmer sein will, allerdings aus einem anderen Grund. Ihre Freundin hat sich einen Virus eingefangen, es geht ihr ziemlich schlecht. Sie muss sich laufend übergeben und Susan möchte sich nicht anstecken. Sie kommt aus den USA, genauer gesagt aus New Hampshire. Da Peter und ich selbst schon dort waren, lauschen wir begeistert ihren Erzählungen und können auch die eine oder andere Geschichte aus unserem eigenen Erleben beisteuern. Damals war ich noch im Vollbesitz meiner üppigen

Körperform und so waren die kleinen Spaziergänge bereits wahre Meisterleistungen für mich. Auf den bekannten Mount Washington mit seinen 1.917 Metern Höhe sind wir mit dem Auto gefahren und da mir der Weg vom Parkplatz bis zum Gipfelkreuz fast Unmenschliches abverlangt hat, war ich tatsächlich versucht, mich ins Gipfelbuch einzutragen. Gefühlt gab es auf der kurzen Wegstrecke nämlich wesentlich mehr Höhenmeter als der Berg überhaupt hoch ist. Obwohl ich mich das dann doch nicht getraut habe, ist eine tiefe Sehnsucht geblieben, hier tatsächlich einmal raufzuwandern und ehrlich verdient meinen Namen in dieses Buch zu schreiben. Möglich wäre es, denn der Berg liegt direkt am Appalachian Trail, einem der schwierigsten Weitwanderwege der Welt – aber ich will ja eh nur den Mount Washington bezwingen. Ziele baucht man halt im Leben. Mit dieser und weiteren Geschichten vergeht der Abend dann doch recht schnell und da das Bett das Einzige ist, das man in unserem Zimmer gefahrlos benutzen kann, begebe ich mich direkt hinein und werde es auch bis zum nächsten Morgen nicht mehr verlassen.

Gut geschützt vor der Sonne.

„What took you so long?“ *~ Susan, USA*

Tag 16

Strecke: Porthcothan nach Newquay
17,9 km - 441 hm - 2,69 km/h
am Pfad: 308,2 km
Unterkunft: The Glendeover, £ 80,- → passabel, aber großartig für Wanderer
zuerst regnerisch, dann sonnig

Der Morgen begrüßt uns mit Nieselregen, trotzdem freuen wir uns, dass die Zeit um ist und wir dieses furchtbare B&B verlassen können. Dann allerdings verplaudern wir uns trotzdem mit den Amerikanerinnen. Susans Freundin Angela geht es heute schon deutlich besser, doch ans Wandern ist trotzdem noch nicht zu denken. Der Gastgeber hat ihnen angeboten, sie zu den Bedruthan Steps zu bringen, danach werden sie mit dem Bus weiter nach Newquay fahren. Das ist doch mal ein Plan, da könnten wir irgendwie mitmachen – und wie immer irgendwie auch nicht. Also schmeißen wir uns in die Regenkleidung und starten los. Wir wollen die 18 Kilometer von heute so schnell wie möglich hinter uns bringen, denn Newquay soll eine lebhafte Stadt sein, in der wir auch noch ein wenig Zeit verbringen wollen.

Nach einem kurzen, aber sehr steilen Abstieg kommen wir in eine liebliche Bucht, die gesäumt ist von kleinen Steinmännchen. Ich lege das unter der Kategorie Kunst ab, denn als Wegweiser müssen sie hier beim besten Willen nicht dienen, es gibt nämlich nur genau einen Pfad hinaus, besser gesagt hinauf, und der ist ebenso steil wie der Abstieg, führt aber zu einem herrlichen Aussichtspunkt, nämlich Park Head. Die Gegend wird immer wieder von heftigen Erdrutschen überrascht und so ist man besonders dazu angehalten, innerhalb der Begrenzungsposten zu bleiben. Plötzlich taucht wie aus dem Nichts ein weiterer Wanderer auf. Das ist an sich nichts Besonderes, aber dieser trägt außer einer Unterhose nichts, besonders keine Schuhe. Nachdem er unseren überraschten Blick wohl nicht mehr übersehen kann, bleibt er stehen und offenbart uns, dass sein ganzer Körper wunderbar dicht wäre und daher Regenkleidung wirklich nicht von Nöten sei. Ich erkläre ihm, dass wir eher über die fehlenden Schuhe bei diesem unebenen Gelände verwundert seien, aber jetzt ist er es, der uns verständnislos ansieht. Mit Schuhen würde er ja die wunderbaren Gegebenheiten der Natur nicht richtig spüren können. Aha, deshalb also.

Wo hier wohl der Weg geht?

Mir ist es nur recht, wenn mir dieses Wunder versagt bleibt, doch über die Sinnhaftigkeit von Regenkleidung ließe sich diskutieren, mittlerweile bin ich nämlich zumindest innerhalb der Jacke genauso nass wie außerhalb. Die Hände sind durch die Wanderstöcke pausenlos abgewinkelt und wenn ich sie dann kurz strecke, macht sich ein regelrechter Wasserfall von der Beuge des Ellbogens auf den Weg ins Freie. Wirklich angenehm ist etwas anderes, aber immer noch besser so, als waschelnass und fast nackt in der Gegend herumzulaufen. Zumindest für mich.

Nach etwa einer Stunde lässt der Regen langsam nach, doch der Himmel trägt immer noch sein tiefgraues Kleid. Das hat sich leider auch noch nicht geändert, als wir an den berühmten Bedruthan Steps ankommen. Hierbei handelt es sich um eine beeindruckende Klippenformation, die von mehreren freistehenden Felsen flankiert wird. Auf den ersten Blick sieht es ganz so aus, als würden diese Felsen den dahinterliegenden Küstenbereich schützen, fast wie Wächter. Die Legende hat dafür allerdings eine andere Erklärung, nämlich dass der Riese Bedruthan die großen Steine als seine höchstpersönlichen Treppen für eine Abkürzung ins Hinterland benutzte. Dieses Areal ist Teil des National Trust, wie so vieles entlang unseres Weges, und wird jährlich von vielen Cornwall-Reisenden besucht. Im Moment allerdings nur von vieren, nämlich uns zweien, die durch das nasse Gestrüpp zum Aussichtspunkt stapfen, und Susan und Angela, die dort lachend auf uns warten. „What took you so long?“, ruft uns Susan gutgelaunt entgegen. „We were waiting for ages!“ Ja, ja, die zwei Damen haben gut lachen mit ihrem Privatchauffeur. Gemeinsam schauen wir uns die sogenannte Sehenswürdigkeit an und versuchen, sie durch Angelas Augen zu sehen. Sie ist nämlich professionelle Fotografin und erklärt uns, worauf wir bei diesem schlechten Wetter zu achten hätten. Wir tun so, als würden wir ihre Tipps für sämtliche weitere Fotos beachten, aber still und heimlich sind Peter und ich uns einig: Unsere Kamera bleibt auf Automatik, für mehr haben wir weder die Zeit noch die Muße.

Da wir ein wenig unter Zeitdruck stehen, verabschieden wir uns recht bald und machen uns auf in Richtung Trenance Point und zur sandigen Bucht von Mawgan Porth. Weitläufige Flächen von Erika in allen Farben begleiten uns; vermutlich war dies ja einst der Vorgarten des Riesen Bedruthan, der sich damit ein wunderschönes Plätzchen zum Leben ausgesucht hatte. Dennoch würde ich jedem empfehlen, bei schönem Wetter und Ebbe hierher zu kommen, dann wirkt das Ganze bestimmt noch weitaus beeindruckender.

Von hier aus haben wir bereits das Tagesziel Newquay im Blick und während ich sonst wenig begeistert bin, wenn zu sehen ist, was noch auf uns zukommt, bin ich heute geradezu euphorisch, denn eines steht fest: Schwierig wird's nicht. Im Gegenteil, jetzt verdrängt endlich auch die Sonne die dicke Wolkendecke und es verspricht, wieder ein wunderschöner Tag zu werden. Gut gelaunt wandern wir weiter zur Watergate Bay, einem absoluten Surferhotspot. Hier geht's rund und die gut gebauten Surferboys sind wirklich nicht von schlechten Eltern. Meistens sind es Jungs und so bin ich heute die Einzige, die diesen Anblick genießen kann. Schauen darf man ja …

Mittlerweile meldet sich unser Bauch und gibt einen mehr als dezenten Hinweis darauf, dass er gerne gefüllt werden würde; daher beschließen wir, hier in der Wax Bar Station zu machen und uns mal ein richtiges Mittagessen zu gönnen. Bis jetzt haben wir eigentlich immer nur Mitgebrachtes gegessen, aber die Auswahl im Bay Shop in Porthcothan war in der Früh nicht wirklich berauschend. Sowohl Augen als auch Herz und Bauch lachen, als der Kellner uns eine der leckersten Mahlzeiten, die wir am gesamten Weg bekommen werden, serviert. Burger mit Chips und Zwiebelringen für Peter und einen Falafelsalat der Saison für mich, absolut empfehlenswert.

Von hier sind es nicht einmal mehr fünf Kilometer bis nach Newquay, die wie im Flug vergehen. Das Ende des heutigen Abschnitts liegt eigentlich am Hafen, aber da unser Hotel vorher zu erreichen ist, be-

Bedruthan Steps.

schließen wir, uns zuerst der Rucksäcke zu entledigen und dann erst den restlichen Weg zu gehen und zwar in so einer Runde, dass wir morgen nicht mehr zurück zum Hafen wandern müssen, sondern direkt zur Fähre gehen können.

Im Hotel werden wir herzlich empfangen und die Einführung in alle Annehmlichkeiten dauert ganze 15 Minuten. Obwohl das Haus bereits bessere Zeiten gesehen hat, ist es für Wanderer geradezu ideal. Es gibt eine eigene Küche mit riesigem Kühlschrank, eine Waschmaschine, einen Wäschetrockner, eine Lounge mit einem Getränkekühler und Eiswürfeln und einen großzügigen Außenbereich. Einen langen Urlaub würde ich hier nicht verbringen wollen, aber für heute ist es ganz wunderbar.

Wunderbar ist auch der restliche Weg, den ich ohne Gepäck, dafür mit einem Eis in der einen und einem Coke Zero in der anderen Hand beschreite. Immer wieder suchen unsere Blicke die Gegend ab, denn wir wissen, dass auch Karin und Helmut hier Station machen. Unglaublich, dass wir sie den ganzen Tag nicht getroffen haben. Auch jetzt bleibt uns dieses Vergnügen versagt.

Newquay ist eine verhältnismäßig große Stadt und das Mekka des Surfsports. Überall sehen wir Geschäfte, die Surfausrüstung zum Kauf oder zum Verleih anbieten, auch Neoprenanzüge in allen Größen – selbst in meiner – sind hier in jedem noch so kleinen Shop zu finden. Wir schlendern mehr durch die Stadt als wir wandern, aber wir sind im Urlaub.

Zum ersten und bei weitem nicht zum letzten Mal haben wir hier das Gefühl, eher wie Sandler als wie Touristen auszusehen. Unser Stadtoutfit ist wunderbar leicht zu tragen und wunderbar hässlich anzusehen. Meine weinroten Crocs passen genau gar nicht zu meinem hellblauen T-Shirt, das gleichzeitig mein Schlafleibchen ist – ich muss mir bei Gelegenheit echt noch ein Oberteil kaufen, das zumindest halbwegs tragbar ist. Heute verändern wir unseren Anblick allerdings nicht mehr, denn es ist schon ziemlich spät und die Geschäfte schließen bereits. Dafür ist in den Pubs und Restaurants Hochbetrieb. Plötzlich rauscht ein junger Mann mitten auf die Straße und beginnt sich auszuziehen. Der zweite fast nackte Mann heute – Korrektur, jener beschließt, auch bei der Untergatte nicht Halt zu machen und so läuft er splitterfasernackt die Straße entlang. Die spinnen, die Engländer …

Wir laufen dann lieber zum Abschluss noch in die entgegengesetzte Richtung und zwar zum großzügigen Fistral Beach. Hier werden bedeutende internationale Bewerbe abgehalten und ich muss zugeben, ich bin schon ziemlich beeindruckt vom Können der Surfer, die hier für sich die besten Bedingungen gefunden haben. Ich könnte das nicht, schon gar nicht hier in diesem eiskalten Wasser, wo die Zehen von alleine zurücklaufen, wenn sie eine Welle kommen sehen, aber schön wäre es schon, einmal in einer Sportart so richtig gut zu sein. In diesem Leben wird das allerdings nicht mehr passieren und so bleibt es wohl dabei, dass ich eine verhältnismäßig schlechte Wanderin mit einem verhältnismäßig guten Durchhaltevermögen bin.

Traumhafte Strecke nach Newquay.

„We kindly offer a shuttle." ~ *Hotelschild*

Tag 17

Strecke: Newquay nach Perranporth
17,5 km - 579 hm - 2,91 km/h
am Pfad: 325,7 km

Unterkunft: St. George's Country House Hotel, £ 100,-
☹ nicht empfehlenswert

sonnig

Wir wissen irgendwie nichts mit uns anzufangen. Eigentlich hätten wir endlich einmal ausschlafen können, denn die erste Fähre geht erst um 10.00 Uhr, aber natürlich waren wir wieder um halb sieben hellwach. Wir vertrödeln das Frühstück, wir vertrödeln das Zusammenpacken, wir schlendern in gemächlichem Tempo bis zur Anlegestelle und sind trotzdem noch immer viel zu früh dort. Theoretisch gibt es auch einen Fußgängerübergang, aber der liegt heute gut versteckt unter Wasser, denn derzeit hat sich die Flut breit gemacht und diese Möglichkeit ist im wahrsten Sinne des Wortes versunken. Wir haben ja fest damit gerechnet, Karin und Helmut hier anzutreffen, aber wie sie uns morgen erzählen werden, hatte ihnen niemand gesagt, dass „Tidal bridge" bedeutet, dass man die Brücke nur bei Ebbe überqueren kann. Daher sind sie ein paar Zusatzkilometer gewandert und kamen erst etwas später bei der „Gannel Ferry" an.

Die Fähre selbst stellt sich als kleines Motorboot heraus, in das gerade einmal fünf Leute hineinpassen. Mit uns fahren noch drei junge Leute mit riesigen Rucksäcken: ein Pärchen, bei dem das Mädchen wenig begeistert zu sein scheint, und ein junger, drahtiger Bursche, der hingegen top motiviert ist. Allen dreien werden wir in den kommenden Tagen immer wieder begegnen und das mag ich besonders an diesem Weg. Jetzt allerdings starten sie los, als würden sie vor dem MI5 fliehen müssen. Wir kommen beim besten Willen nicht nach. Was so ein paar junge Füße und ein paar (viele!) Kilo weniger am Leib so ausmachen!

Wir wandern zuerst durch ein großes Dünengebiet, bis wir schließlich zu den Klippen von Pentire Point gelangen. Der Weg ist auch heute wieder herrlich einfach und so dauert es auch nicht allzu lange, bis wir den beschaulichen Ort Holywell Bay erreichen. Viel gibt es hier nicht, aber in St. Pirans Inn verwöhnen wir uns selbst mit Heißer Schokolade, Kaffee und einem herrlichen Apple Crumble, selbstverständlich mit Vanilleeis.

Unsere täglichen Schafe gib uns heute.

Wir bleiben etwa eine Stunde, in der Hoffnung, Karin und Helmut würden hier auftauchen, aber morgen werden wir von den beiden erfahren, dass sie erst kurz vor dem Inn gewesen sind, als sie Peter und mich bereits auf der anderen Seite die Dünen raufmarschieren sahen.

Von hier aus führt der Weg um Penhale Point herum und wir wandern nun an einem ehemaligen Armeecamp vorbei, das so gar nicht in diese wunderschöne Landschaft passt. Links der hässliche Armeezaun, rechts das Meer, das geht so lange, bis wir von Ligger Point aus einen großartigen Panoramablick auf den Perran Beach genießen können. Kurz danach steigen wir auch hinab zu genau diesem Strand und was erwartet uns unten? Ein nackter Mann! Schön langsam fühle ich mich ein wenig verfolgt, ich hatte keine Ahnung, dass die Briten so freizügig sind. Wenig später bemerken wir, dass wir auf einem FKK-Strand gelandet sind. Mir soll es recht sein, obwohl ich im Vorfeld mal gelesen habe, dass solche Strandabschnitte normalerweise gekennzeichnet und die Besucher sogar extra gewarnt werden und ihnen eine alternative Route vorgeschlagen wird. Aber wir hätten deswegen ohnehin keinen Umweg gemacht und so passt das jetzt schon.

Heute ist der Strand einfach zu gehen und da die Sonne auch nicht so brütend heiß auf unsere Köpfe heruntersticht, können wir diesen Spaziergang sehr genießen.

Wir denken, in der Ferne Karin und Helmut gesehen zu haben und beschließen, uns auf der ersten Bank gleich hinter dem Restaurant hinzusetzen und auf sie zu warten, aber nach einer halben Stunde sind sie immer noch nicht hier. Vielleicht haben wir uns getäuscht. Morgen werden sie uns erzählen, dass sie extra ins Restaurant gegangen sind und dort nach uns gesucht haben, weil ich ihnen am ersten Tag erzählt hatte, dass ich mir gerne eine Heiße Schokolade gönne. Wen wir aber wieder sehen, das ist unser junger Wanderer von in der Früh. Wo um alles in der Welt war der, wenn er nach uns ankommt? Vermutlich ist er schon drei Stunden am Strand gesessen und hat auf den Horizont geschaut, anders lässt sich das nicht erklären.

Nachdem wir entschieden haben, dass Karin und Helmut wohl in der nächsten Zeit nicht kommen werden, beschließen wir, zuerst einkaufen zu gehen und dann, da unser Hotel eine knappe Meile bergauf liegt, den Bus zu nehmen. Wohlwissend, dass wir nicht mehr weit gehen müssen, genehmigen wir uns jede Menge zum Abendessen und nehmen auch gleich die Getränke und ein paar Müsliriegel für morgen mit. Der Rucksack fühlt sich jetzt an, als hätte er fünfzig Kilo, aber die Bushaltestelle liegt gegenüber. Angestellt an der Kassa sehen wir, wie unser Bus gerade zur Haltestelle fährt und beeilen uns extra. Der ist aber pünktlich! Normalerweise hören wir von anderen immer, wie unpünktlich die Busse hier sind, aber heute wohl nicht. Wir eilen also vollgepackt aus dem Supermarkt und können gerade noch sehen, wie unser Objekt der Begierde seine Türe schließt und davonfährt. Das darf ja wohl nicht wahr sein! Jetzt müssen wir tatsächlich auf den nächsten warten? Ein kurzer Blick auf die Abfahrtstafel zeigt allerdings, dass der nächste Bus erst in genau drei Stunden kommen wird. Da bleibt uns wohl nichts anderes übrig, als doch zu Fuß zu gehen. Strecken, die man gehen muss und auf die man nicht eingestellt ist, sind die schlimmsten und so wird jeder einzelne Schritt zur Qual. „Wie weit noch?", frage ich Peter laufend, der schön langsam die Geduld mit mir verliert. Aber der Rucksack ist einfach scheißschwer, anders kann man es nicht sagen. Und dann noch bergauf, da hört der Spaß wirklich auf. Die Strecke zieht sich ewig und wir sind absolut erleichtert, als wir endlich ankommen. Peter öffnet die Tür und die kleine Rezeption befindet sich keine fünf Schritte entfernt. Über dem Counter hängt ein großes Schild: „We kindly offer a complimentary shuttle to and from town." Was? Das B&B bietet einen kostenlosen Shuttledienst von und zur Stadt an? Ich werde nicht mehr! Das darf ja wohl nicht wahr sein! So etwas kann wirklich nur uns passieren!

Auf den ersten Blick sieht das Hotel auch in Ordnung aus, aber beim zweiten Blick stellt sich heraus, dass auch hier die Toilette komplett versifft ist. Bald habe ich keine Desinfektionstücher mehr und dass ich überhaupt welche brauche, ist mehr als nur ärgerlich.

Der anstrengende Abschluss des Tages hat uns ziemlich geschafft und so verlassen wir das Hotel nicht mehr – in unmittelbarer Nähe ist ohnehin außer Einöde nur Einöde zu finden. Ich checke meine Mails und stelle erfreut fest, dass die South West Coast Path Association bereits auf meine Beschwerde über das B&B in Porthcothan reagiert hat – zumindest nehmen mich die Mitglieder des Verbandes ernst. Sie bestätigen, dass meine Vermutung richtig ist, dass sie die Mitgliedsunterkünfte aus personaltechnischen Gründen nicht selbstständig checken können und daher auf die Hilfe der Wanderer angewiesen sind. Die können sie gerne haben – und wir werden noch weitaus öfter in Kontakt sein, als mir und vermutlich auch ihnen lieb ist.

Manche Wegweiser sind nicht zu übersehen.

„Wo zum Teufel bist du?" *~ Peter, Ehemann*

Tag 18

Strecke: Perranporth nach Portreath
19,7 km - 686 hm - 3,04 km/h
am Pfad: 345,4 km
Unterkunft: Portreath Arms, £ 105,- → akzeptabel
trüb, aber trocken

Der Himmel trägt mal wieder Grau und das soll sich laut Wettervorhersage heute auch nicht ändern. Die Temperaturen sind durchaus angenehm und so freuen wir uns auf den heutigen Tag, vor allem auch deshalb, weil wir spätestens am Abend auf Karin und Helmut treffen werden, denn heute wohnen wir im gleichen B&B und notfalls klopfe ich an jede Tür, wenn wir uns bis dahin nicht finden. Zuerst heißt es aber einmal ordentlich frühstücken. Wie meistens sind wir die ersten im Frühstücksraum, aber ziemlich bald darauf höre ich fröhliches Geschnatter, das mir seltsam bekannt vorkommt. Während ich noch überlege, woher ich das kenne, biegen Susan und Angela, unsere Ami-Damen, um die Ecke und es folgt ein großes Hallo. Wir freuen uns wirklich sehr über die unverhoffte Begegnung und vor allem Susan ist ganz aus dem Häuschen, denn seit vorgestern an den Bedruthan Steps quält sie das schlechte Gewissen, weil sie vergessen hat, meine Benefizwanderung zu unterstützen. Dankend übernehme ich eine nicht unbeachtliche Spende und freue mich wirklich sehr, dass es mir auch am Weg noch gelingt, Meilenpaten zu finden. Von zuhause höre ich über unsere SoWo-Buchhalterin regelmäßig von neuen Spendern und so könnte es durchaus klappen, dass ich mein selbst gesetztes Spendenziel von € 5.000,- erreiche, um den Jugendlichen des SoWos mit dieser Summe großartige Sportmomente zu ermöglichen.

Susan und Angela waren gestern natürlich wesentlich gescheiter als wir und wussten schon im Vorfeld von dem Shuttleservice. Den anstrengenden Anstieg haben sie also gekonnt ausgelassen. Aber das Gute an der Sache ist, dass wir heute direkt von hier starten können. Witzigerweise war uns nämlich nicht bewusst, dass die Straße streckengleich neben dem SWCP entlang geht. Die SWCP-Association sagt selbst, dass nicht immer jeder Meter direkt am Weg sein muss, um den Path als vollendet ansehen zu können; es reicht, eine ähnlich schwere und ebenso lange Strecke in der Nähe zu wandern. Oft geht das auch gar nicht anders, weil Teile des Weges wegen Klippenfällen unpassierbar sind, und manches Mal fehlen auch Markierungen und der Weg findet ohnehin nur in der Fantasie statt. Für uns passt es so und nach einem herzlichen Abschied von Susan und Angela starten wir am Cligga Head, einem Areal, das einst für den Zinnabbau sehr wichtig war. Heute sind nur mehr Reste der ehemaligen Anlage vorhanden, wo neben Zinn auch Wolfram abgebaut wurde. 1938 wurde die Cligga Wolfram and Tin Mines Ltd. gegründet, die die Ausbeutung der reichen Erzgänge vorantrieb. Vor allem Wolfram war zu dieser Zeit sehr wichtig, da es im Zweiten Weltkrieg für Panzerung und panzerbrechende Geschosse verwendet wurde.

Der Zinnabbau wird uns den ganzen Tag über begleiten, denn bereits kurze Zeit später erreichen wir das Tal von Trevellas, in dem die Bergbauindustrie unzählige Spuren hinterlassen hat. Dieses Gebiet ist auch unter dem Namen „Blue Hills" bekannt, weil hier sehr viel bläulicher Schiefer vorhanden ist. Der Bergbau hat in Cornwall eine lang zurückreichende Geschichte, denn bereits in der Bronzezeit wurde hier vor allem Zinn abgebaut. Dieser explodierte dann wortwörtlich, als Alfred Nobel 1866 das Dynamit erfand und der Abbau vorher ungeahnte Ausmaße annahm. Cornwall war zu der Zeit die Hochburg des Zinnabbaus und sogar bis in die 1930er-Jahre der größte Lieferant dieses silberweißen Schwermetalls. Mittlerweile bleibt von dieser Zeit aber nur noch die Erinnerung. 1998 wurde mit der South Crofty Mine, die sich einige Tagesmärsche von hier befindet, die letzte Zinnmine Europas geschlossen. Den Charme und das Interesse der Bevölkerung konnten sich diese Stätten allerdings erhalten und heute zählen die Minenruinen von Cornwall zu den beliebtesten Sehenswürdigkeiten.

Irgendwie schaffen Peter und ich es, uns hier zu verlieren. Ich bin vorgegangen, weil er die gut erhaltenen Schornsteine und die weniger gut erhaltenen Steinhäuser einer Fotostrecke unterziehen wollte, doch auch nach einer Viertelstunde ist er noch immer nicht zum Weg zurückgekehrt. Dafür kommt unser junges Pärchen, das wir in Newquay zum ersten Mal getroffen haben, des Weges. Heute ist auch der weibliche Teil des Paares gut gelaunt und erzählt, dass sie die ersten drei Tage dermaßen große Blasen hatte, dass jeder Schritt eine unheimliche Überwindung war. Heute gehe es ihr zum ersten Mal wieder einigermaßen gut und sie freue sich auf die Wanderung. Sie sind den gleichen Weg wie wir gekommen, haben aber Peter nirgends gesehen. Schön langsam mache ich mir Sorgen, denn auch auf Rufen reagiert niemand. Glücklicherweise habe ich ein kleines Stricherl Handysignal und versuche Peter telefonisch zu erreichen. Gott sei Dank läutete es, und nach kurzer Zeit höre ich ihn ins Telefon brüllen: „Wo zum Teufel bist du?“ Ich? Wo zum Teufel ist er? Es stellt sich heraus, dass er den falschen Weg genommen hat und nun direkt am Strand sitzt und sich wundert, warum ich nicht komme. Er beschließt dann, nicht zurückzugehen, sondern die Klippe mehr oder minder querfeldein fast senkrecht hochzulaufen. Ich halte ihn zwar für vollkommen verrückt, aber von dort aus hat er eine derart gute Aussicht, dass er von weitem Karin und Helmut entdeckt. Am Gipfel angekommen, zu dem ich mittlerweile auf der anderen Seite auch hochgewandert bin, machen wir also eine kleine Rast und warten auf die beiden. Endlich haben wir uns wieder! Schon komisch, wie sehr man sich über Menschen, die man eigentlich noch nicht wirklich kennt, freuen kann. Aber die zwei sind halt doch irgendwie ein Stück Heimat hier im fernen England.

Gemeinsam wandern wir nun einen malerischen Pfad entlang, der uns rund um Agnes Head führt, von wo aus wir wieder einen traumhaften Blick in die Küstenumgebung haben. St. Agnes ist im Besitz von National Trust – mal wieder – und das völlig zu Recht. Inmitten dieser bunten Pracht sitzt das bekannte Maschinenhaus von Towanroath, das vor allem im 19. Jahrhundert in Betrieb war. Der Weg führt durch offene Heide-

Die Ruinen von Towanroath.

Wiedervereint mit Karin und Helmut.

gebiete, die eine großartige Kombination von Farben und Aromen bieten. Ein leichter Duft nach Kokos setzt sich in meiner Nase fest, der von den flammend gelben Stechginsterblüten zu mir herüberweht. Diese liefern sich mit dem leuchtenden Gelb des Vogelfußkleeblatts, dem satten Weiß der Meereskräuter und dem tiefen Rosa der Grasnelke einen Wettbewerb darüber, wer wohl am schönsten strahlt. Dabei ist es gerade das Zusammenspiel der Pflanzen mit der unbeschreiblich faszinierenden Sicht auf die Klippen der Atlantikküste und die romantisch wirkenden Ruinen, das das Gebiet in ein wahres Wunderland verwandelt. Traumhaft. Schade nur, dass das Wetter nicht mitspielt und die Fotos den magischen Zauber dieses Ortes nicht einfangen können. Außerdem wäre es auch gar nicht möglich, ein Bild ohne Menschen zu ergattern, schließlich befinden wir uns mitten am Tag mitten im Sommer mitten in diesem Tourismusmagnetfeld.

Wir wandern weiter, allerdings nicht sehr lange, denn in der kleinen Bucht von Chapel Porth gibt es ein gleichnamiges Café, das uns zu einer Rast überredet. Hier gibt es die vor allem in Cornwall beliebte Hedgehog Icecream, also das Igel-Eis. Die Stacheln werden hier durch Haselnusssplitter nachempfunden, die Grundlage bildet, wie könnte es anders sein, Vanilleeis. Googelt man Hedgehog Icecream, dann kommt als erster Vorschlag genau dieses kleine Café in dieser lieblichen Bucht mit der besten Bewertung. Da leisten wir uns also DAS beste Igel-Eis überhaupt und zwar wirklich ‚leisten', denn billig ist etwas anderes, etwas ganz anderes.

Danach ist es mit der einfach zu bewältigenden, schönen Landschaft einmal vorbei. Es heißt wieder bergauf und bergab, immer entlang eines „ugly fence", wie in Helmuts Reiseführer zu lesen ist. Dieser Reiseführer ist zwar auf Englisch, aber wesentlich detailreicher als unsere deutsche Ausgabe der SWCP-Association. Hier sind sogar Stufen, Zaunübertritte und Bänke verzeichnet und so hält uns Helmut immer auf dem Laufenden, welches Terrain wir für den nächsten Kilometer zu erwarten haben. Die letzte Etappe hat es dann noch einmal wirklich in sich, Stufen bergab wechseln sich mit Stufen bergauf ab, links der hässliche Zaun, rechts das Meer, wir vier in der Mitte.

Gut, dass wir mittlerweile schon ein wenig fitter sind und trotz all der Anstrengung noch genügend Luft zum Tratschen haben, denn so vergehen Kilometer und Zeit wesentlich schneller. Nach knapp zwanzig Kilometern kommen wir in der kleinen Hafenstadt Portreath an. Einst war Portreath von großer Bedeutung für die Bergbauindustrie, doch aus dem Ort, von dessen geschäftigem Hafen aus früher Kupfer exportiert und Kohle importiert wurde, ist ein eher verschlafenes Nest geworden, das versucht, mehr schlecht als recht vom Tourismus zu leben.

Unser B&B ist heute endlich einmal wieder schön, aber um zum Zimmer zu gelangen, bedarf es einer gewissen Anstrengung. Wie meistens wohnen wir direkt unter dem Dach, was es notwendig macht, sehr steile Treppen hochzusteigen. Wir werden mehr als 30.000 Stufen entlang des SWCP wandern, aber keine davon werden so steil sein wie jene, die wir in den Unterkünften zu erklimmen haben.

Wir lassen den Abend gemütlich bei einem gemeinsamen Essen ausklingen und planen die morgige Tour, auf der fast 30 Kilometer auf uns warten. Dann sind wir allerdings in St. Ives, wo wir übermorgen unseren ersten Ruhetag geplant haben. Da der Reiseführer meint, dass lediglich 600 Höhenmeter zu bewältigen sind und die Wettervorhersage einen sonnigen Tag verspricht, können wir den morgigen Tag gar nicht mehr erwarten – vor allem, da wir von Beginn an Wanderpartner haben werden. Das gibt zusätzlich Energie!

„Der Weg wird dich finden." ~ *Karin, Österreich*

Tag 19

Strecke: Portreath nach St. Ives
28,9 km – 603 hm – 3,21 km/h
am Pfad: 365,3 km

Unterkunft: Storm in a Teacup, £ 120,– traumhaft schön

sehr sonnig

Verschlafen erscheinen wir zum Frühstück, so früh geht's normalerweise nicht los. Aber Helmut hat schon recht, wir haben einen langen Tag vor uns und daher sollten wir tatsächlich so schnell wie möglich starten. Ich bestelle Avocados auf Toast mit einem Ei und zum wiederholten Mal stelle ich fest, dass Köche hier offensichtlich nicht zählen können, denn wieder bekomme ich zwei Eier. Zukünftig muss ich wohl mit mehr Nachdruck bestellen, denn ich mag wirklich nicht so viel frühstücken, mit vollem Magen wandert es sich ziemlich schlecht. Aber natürlich esse ich brav auf, denn ich will ja wirklich nicht riskieren, dass meinetwegen das Wetter heute nicht schön wird.

Die Strecke beginnt kurz vor dem Battery Hill, wo süße Wildponys grasen. Immer wieder bin ich begeistert, wenn Tiere unseren Weg kreuzen. Klar, ich habe schon vorher Ponys und Kühe und Schafe gesehen, aber hier ist es irgendwie anders, irgendwie besonders. Auch heute sind zu allererst einmal einige Täler zu überwinden, aber mittlerweile beschert mir der Anblick des hügeligen Geländes keine Panikattacke mehr. Klar ist es anstrengend, aber mittlerweile weiß ich auch, dass es durchaus bewältigbar ist.

Der Frühnebel löst sich recht bald auf und es wird tatsächlich ein strahlend schöner Tag. Nach diversen Taldurchquerungen wandern wir bequem am Klippenpfad entlang der Reskajeague Downs bis wir schließlich beim Hell's Mouth ankommen. Von hier aus ist es nicht mehr weit bis zum Godrevy Point, einer weiteren großartigen Landschaftsstruktur, wo es sich nicht nur die Menschen gutgehen lassen, sondern eine durchaus sehenswerte Population an Robben. Von St. Ives aus werden Bootsausflüge genau hierher angeboten und ich bin wieder einmal begeistert, dass wir die Schönheit der Natur zu Fuß erkunden können und daher keine zusätzlichen Kosten auflaufen. Unser Gehtempo ist gerade richtig, damit das Gehirn verarbeiten kann, was das Auge aufnimmt, und das ist einfach nur

Langsam gewöhnen wir uns an die Hügellandschaft.

großartig. Abgesehen davon, dass wir Robben in ihrer natürlichen Umgebung beobachten können, bietet sich hier auch noch ein sehr bekannter Leuchtturm als großartiges Fotomotiv an. Angeblich soll er der Autorin Virgina Woolf als Inspiration für ihren Roman „Die Fahrt zum Leuchtturm" gedient haben, wobei ihre Geschichte eigentlich auf der Isle of Skye spielt. Virgina Woolf bezeichnet dieses Werk als „bei weitem das beste meiner Bücher", ihr Mann spricht gar von einem Meisterwerk. Gut, das wird jetzt eher dem Talent Woolfs zuzuschreiben sein, aber ich kann mir gut vorstellen, dass sich in dieser großartigen Landschaft viele wunderbare Ideen entwickeln lassen.

Angestachelt von dieser Legende, wollen auch wir uns künstlerisch betätigen und überlegen uns Handlungen für Rosamunde Pilcher Filme. Titel sind schnell gefunden: „Flug ins Glück", weil sich täglich viele Hubschrauber und Kleinflugzeuge unseren Weg aus der Vogelperspektive anschauen, oder „Das Haus in den Dünen", weil wir bereits zahlreiche Dünengebiete durchwandert sind, oder „Wiedersehen am Godrevy Point". Inhaltlich werden wir uns allerdings nicht so schnell einig. Den Männern reicht es, wenn sich die Protoagonisten begegnen, tief in die Augen schauen und für immer glücklich bleiben, aber Karin und ich sind hier die Expertinnen und wissen, eine gute Geschichte braucht zumindest ein uneheliches Kind, einen Autounfall, einen Gedächtnisverlust oder am besten alles zusammen. Helmut und Peter geben ob unseres massiven Wissens- und Fantasievorsprungs schließlich auf und verlagern sich auf

James Bond Filme, wohl wissend, dass sie hier die Nase vorn haben. Wobei, es bleibt die Frage, welcher Filmstoff hier realistischer ist: an der Küste nach zahlreichen Wirrungen die große Liebe zu finden oder am Himmel über uns einen desolaten Hubschrauber vor dem Absturz zu bewahren und gleichzeitig den feigen Terroristen, der Cornwall vernichten will, k. o. zu schlagen. Ich tippe auf Ersteres, auch wenn das schon schwierig werden könnte.

Ich bin auf alle Fälle wieder einmal ganz begeistert von dieser einzigartigen Landschaft, dem herrlichen Wetter und den großartigen Menschen, mit denen wir hier Zeit verbringen dürfen. Wer hatte nur die wunderbare Idee, diesen Küstenweg zu wandern? Das habe ich wirklich gut gemacht! Ich klopfe mir selbst auf die Schultern und beglückwünsche mich zu dieser Entscheidung. Die Anstrengungen der ersten zwei Wochen sind nur mehr eine schwache Erinnerung und ich genieße jeden Augenblick. Dieses Hochgefühl möchte ich natürlich gerne mit meinem Mann teilen, der dies aber nur mit einem schlichten „Jaja" quittiert. Schwer vorzustellen, dass er nicht genauso empfindet wie ich, aber er war noch nie sehr wortgewandt und daher beschließe ich, dass er innerlich ebenso entzückt ist und einfach nur schwer zugeben kann, dass er meine Idee ebenso großartig findet wie ich.

Nach Godrevy Point wartet ein ehemaliger Steinbruch auf uns und angeblich auch viele Schmugglerhöhlen, die von unserem Standpunkt aus aber leider nicht zu entdecken sind. Es würde sich auszahlen, diesen Abschnitt einmal mit dem Boot zu erkunden, ich entwickle nämlich ohnehin schon seit Tagen eine gewisse Affinität zu Kanus, wobei ich meine traumatische Erfahrung mit einem Doppelkanu scheinbar vergessen habe. – Wir hatten eine gemütliche Kanufahrt auf der Thaya im nördlichen Niederösterreich geplant. Während sich mein Mann mit unserer jüngeren Tochter Angelina ein Boot teilte, machte ich das gleiche mit Claudia, unserer älteren. Unsere Kanukenntnisse beschränkten sich auf Filmvorführungen und wir waren von den zahlreichen Stromschnellen massiv überfordert. Zum wiederholten Mal krachten wir daher auf einen der vielen Steine und während ich das Boot wieder befreite, beschloss Claudia, schon mal los zu starten. Mit einem Bein im Boot, mit dem anderen auf dem Stein, wurde mein Spagat immer größer, bis ich schließlich nicht mehr standhalten konnte, kopfüber im Wasser landete und mir den Kopf derart anschlug, dass wir schließlich abbrechen mussten. – Hier, im sanften England, sehe ich keine gefährlichen Stromschnellen weit und breit und denke daher, dass dies doch ein großartiges Erlebnis wäre. Mein Mann quittiert diesen

Vorschlag mit einem klaren „Sicher nicht!", aber das hat er schließlich vor dieser Wanderung auch gesagt, er ist also nicht sehr standhaft, was solche Aussagen betrifft. Schauen wir doch mal, was die Zukunft bringen wird.

Für heute allerdings heißt es weiterwandern; der lange Strand von Gwithian wartet auf uns. Da wir uns nicht ausreichend über die Gezeiten informiert haben, beschließen wir, besser oberhalb des Strandes in den Dünen zu wandern. Irgendwie schaffen wir es jedoch nicht, auch nur annähernd den richtigen Weg zu finden. Dr. Google kennt sich auch nicht aus und skizziert einen Weg, den es hier nicht gibt, also gehen wir einfach, wie wir denken – oder eher, wie Helmut denkt, denn er mutiert heute zu unserem Leitwolf. Karin meint, solange das Meer auf der rechten Seite liegt, können wir nicht wirklich falsch sein und sie hat in den letzten Tagen ohnehin die Erkenntnis gewonnen: „Nicht verzweifeln, der Weg wird dich finden!" Sie hat dies nicht einmal noch fertig ausgesprochen, da taucht auf einmal mitten aus dem Nirgendwo ein Wegweiser auf und wir sind wieder richtig.

Der Weg nach Hayle ist einfach zu bewältigen und es gibt viel zu sehen. Zuerst laufen wir entlang des Beachside Holiday Parks und danach durch den Riviere Sands Holiday Park, der einfach nur riesig ist. Diese Holiday Parks haben hier lange Tradition und sind während der Sommermonate

An der Schönheit kann man sich nie sattsehen.

meistens ausgebucht. Die Qualität ist genauso unterschiedlich wie die Landschaft. Von „Hier würde ich für kein Geld der Welt bleiben“, bis zu „Hier habe ich nicht genug Geld, um zu bleiben“, ist tatsächlich alles vorhanden. Die Stadt Hayle, deren Namen wie viele Orte in der Gegend auf die kornische Sprache zurückzuführen ist, streifen wir nur am Rande, da wir die Flussmündung des Hayle River entlanggehen müssen.

Die letzten Kilometer nach St. Ives sind dann weniger spektakulär und man könnte sie auch getrost auslassen, wenn man nur Teile wandern möchte. Sie verlaufen großteils durch städtisches Gebiet. Wir sind aber auch wirklich verwöhnt und sollten vielleicht nicht ganz so kritisch sein. Wir passieren den Pilgerweg „St. Michael's Way“, der in ein paar Tagen noch eine wesentliche Rolle auf unserer Wanderung spielen wird, das wissen wir jetzt aber noch nicht. Der erste Blick auf den Porthminster Beach ist dann wieder überwältigend und das Tagesziel ist knapp unterhalb des Bahnhofs von St. Ives erreicht. Wir müssen allerdings noch über einen Kilometer zu unserem B&B und natürlich liegt das wieder einmal bergauf. Wie könnte es auch anders sein? Wir wollen dennoch zuerst unsere Rucksäcke abgeben, bevor wir durch St. Ives schlendern. Auf diesen Kilometer kommt es auch nicht mehr an, wobei, den müssen wir dann hinunter und später wieder hinauf. Irgendwo habe ich beim Buchen etwas von einem Bus gelesen, wird eh Zeit, dass wir das endlich mal ausprobieren.

Wir erklimmen also die Ayr Terrace, um kurz darauf bei unserem B&B zu klingeln. Es öffnet uns Joby, ein absolut herzlicher Gastgeber, der uns mit einem kühlen Bier für Peter und frisch gepresstem Orangensaft für mich begrüßt. Das Zimmer ist ein absolutes Schmuckstück und wir fühlen uns sofort wohl. Es wird das beste B&B auf unserer ganzen Reise bleiben. Joby erklärt uns auch, wie das hier mit den Bussen läuft und so probieren wir das kurz darauf aus und sind ein paar Minuten später im Herzen von St. Ives. Wir waren vor ein paar Jahren schon einmal hier und wollten immer schon zurückkommen, daher genießen wir die Zeit doppelt und freuen uns schon auf unseren allerersten freien Tag morgen.

Der richtige Weg durch die Dünen ist nicht immer leicht zu finden.

„Everyone needs fudge."

Tag 20

Zero Day – St. Ives
strahlend sonnig

Ruhetag heißt nicht automatisch, keinen einzigen Schritt zu tun; denn allein die Tatsache, dass wir einen Kilometer von der Stadt entfernt wohnen, legt nahe, dass wir auch heute wieder ein paar Meter laufen werden. Der Bus hält zwar tatsächlich genau gegenüber des B&Bs, aber vor allem bergab ist die Strecke nicht wirklich schwierig und noch hat jeder von uns zwei gesunde Füße.

St. Ives ist ein wunderschönes kleines Hafenstädtchen, in das ich mich bereits vor Jahren auf den ersten Blick verliebt habe. Ursprünglich war es, wie fast alle Orte an der Küste, ein Fischerdorf, doch es hat sich in den letzten hundert Jahren enorm gewandelt und ist heute nicht nur bei Touristen beliebt, sondern auch als Künstlerkolonie bekannt. Sehr viele Maler und Bildhauer, aber auch Autoren haben sich hier niedergelassen, um sich von der zauberhaften Umgebung inspirieren zu lassen. Die Strände rund um St. Ives sind bereits mehrfach ausgezeichnet, wie so vieles in Großbritannien, denn „Award Winning" ist von Würstelständen über Hotels bis zu Ausflugsunternehmen überall zu lesen. Aber das ist auch durchaus nachvollziehbar, denn die Lage und der feinsandige Strand gehören wirklich zu den Perlen am South West Coast Path.

In genau diesen Sand schreibe ich aus gesammelten Steinen „Dani out on the SWCP 2018". Das verwende ich als Überschrift für meine Facebook-Gruppe. In der Gruppe halte ich tagtäglich Menschen, die es interessiert, über unseren Weg und unseren Fortschritt auf dem Laufenden. Aber auch bei Meilenpaten meiner Benefizwanderung bedanke ich mich und hoffe, dass deren Großzügigkeit auch auf andere überspringt. Mein wunderschön gestalteter Schriftzug hält leider nur genauso lange, bis die nächste Flut einsetzt, aber so ist das im Leben, alles ist vergänglich. Dennoch erinnert hier in einer Galerie ein treffender Comic von Snoopy und seinem Freund Charlie Brown daran, das Leben in vollen Zügen zu genießen. Charlie meint etwas resignierend: „Some day we will all die, Snoopy", aber der kleine Beagle antwortet treffend: „True, but on all the other days, we will not!" Ich denke, genauso sollte man es handhaben. Im Hier und Jetzt leben und den Augenblick so gut wie möglich genießen,

Erster Rasttag in St. Ives.

dann ist schon viel gewonnen. Wir befinden uns gerade in dieser Genussphase und schlendern Hand in Hand durch die schmalen Gassen von St. Ives. Kurz entschlossen besuche ich einen kleinen Shop, der verbilligte Shirts anbietet. Ich bin es leid, immer quasi mit meinem Pyjama in der Stadt herumzulaufen, und gönne mir nun offiziell ein Ausgehleiberl. Ein Quäntchen Luxus muss auch am Path sein.

Zu Mittag machen wir Halt am Hafen und werden Zeugen einer spektakulären Rettungsaktion. Gut, vielleicht nicht spektakulär, aber auf jeden Fall herzerwärmend. Zum ersten, aber leider nicht zum letzten Mal, beobachten wir, wie unglaublich aggressiv Möwen sein können. Im Hafenbecken versucht gerade ein ganz besonders gewalttätiges Exemplar, einen anderen Vogel zu Tode zu picken. Es ist furchtbar anzusehen, aber vom Pier aus gibt es keine Möglichkeit, das Leiden des tierischen Opfers zu beenden und es zu retten. Hilflos schauen etwa zwei Dutzend Augenpaare zu, wie die Möwe immer und immer wieder auf den Kopf ihrer Beute einhackt. Plötzlich kommt in rasantem Tempo ein Kajakfahrer dem schwachen, verletzten Vogel zu Hilfe. Die Angreiferin versucht noch, sich gegen den Retter zu wehren, gibt dann aber doch auf und lässt ihre Beute los. Der Vogel ist so schwach, dass er von allein nicht fliegen kann und so setzt ihn der Kanute auf sein Gefährt und bringt ihn sicher ans Ufer, wo er von einem Rettungsschwimmer übernommen wird. Hier ging das Ganze gut aus, aber wie ich später recherchieren werde, gibt es im Land zahlreiche Möwenattacken – das lässt mich zu dem Schluss kommen, dass Möwen ab heute meine Hitliste der am wenigsten gemochten Tiere anführen. Dass sie dieses Prädikat nicht umsonst verliehen bekommen haben, wird sich im Laufe der nächsten Woche noch deutlich zeigen.

Heute allerdings lassen wir uns davon nicht den Tag verderben und bestaunen weiterhin die Kunstwerke in den Auslagen, die sich mit Ramsch in Souvenirshops abwechseln. Auch Süßes gibt es hier in Hülle und Fülle, vor allem aber gibt es Fudge. „Everyone needs fudge…", steht in einer Auslage geschrieben, „…that's how God helps to cope." Tja, Gott hilft uns damit nicht persönlich, denn trotz mehrmaliger Versuche kann dieses klebrige Zeugs weder unseren Gaumen noch unsere Herzen erfreuen. Zum Glück gibt es hier auch jede Menge andere Leckereien geboten: Brownies, Buns, Scones, Muffins, Pies und vieles mehr lassen einem das Wasser im Mund zusammenlaufen. Auch die süße Küche unterscheidet sich hier in England wesentlich von der in Österreich und so bleibt mir leider gar nichts anderes übrig, als mich erst einmal durchzukosten. Man will ja schließlich auch verhindern, vom Fleisch zu fallen und wie geht das besser als mit einem wunderbar zimtigen Chelsea Bun?

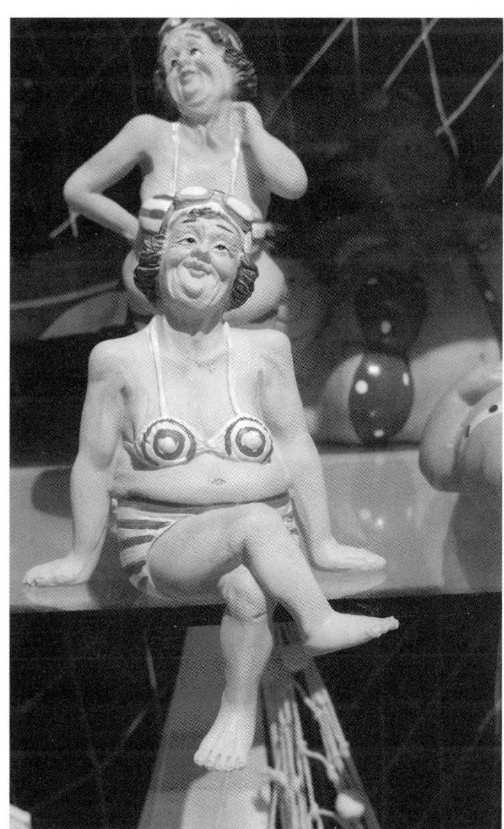

Windowshopping in St. Ives – mitnehmen können wir nichts.

Nachdem Haupt- und Nachspeise gefunden wurden, schlendern wir zurück zu unserem B&B, wo bereits unsere frisch gewaschene Wäsche auf uns wartet. Joby hat in der Früh angeboten, die „Laundry" für uns zu erledigen und hat sogar extra gut duftenden Weichspüler dafür verwendet. Vermutlich wollte er uns damit nur eine Freude machen, könnte aber auch sein, dass unsere Kleidung schon so dermaßen gestunken hat, dass ihm gar nichts anderes übrig blieb. Wir sind auf alle Fälle sehr, sehr dankbar, denn nichts geht über frisch Gewaschenes.

Nach einigen ruhigen Stunden im Zimmer geht es einmal noch hinunter nach St. Ives. Für den Abend haben wir uns mit Karin und Helmut verabredet, zuvor wollen wir aber noch einmal das Flair der Stadt genießen. Die Rettungsschwimmer wie bereits am Vormittag, eher gelangweilt aus und die meisten Strandbesucher sind bereits dabei, ihre Habseligkeiten zusammenzusuchen. Dieser Teil von St. Ives ist eine sogenannte Schutzzone, wo es zum Beispiel verboten ist, Alkohol auf der Straße zu trinken. Wer dagegen verstößt, muss mit einer Geldstrafe von bis zu 500,– £ rechnen. Aber es gibt ohnehin genug Pubs und Restaurants, wo man sein Bier gemütlicher trinken kann als auf der Straße. Hier herrscht auch am Abend das blühende Leben. Straßenmusikanten begeistern die Touristen, die allesamt Deutsch zu sprechen scheinen, und auch andere Künstler zeigen ihre mehr oder weniger vorhandenen Talente. Die Pizzeria, die Helmut für unser Abendessen ausgesucht hat, ist kurz nach unserem Eintreffen bereits bis auf den letzten Platz gefüllt und serviert auch wirklich großartige italienische Spezialitäten. Wir stoßen auf unseren letzten gemeinsamen Abend an, denn die beiden werden morgen mit dem Zug nach Penzance fahren, wo sie sich für eine Woche ein Häuschen gemietet haben. Es wird einige Tage dauern, bis wir dort vorbeikommen werden, wir versprechen aber, auf jeden Fall einen kurzen Stopp einzulegen und in der Zwischenzeit mittels WhatsApp in Kontakt zu bleiben. Auch wenn oft darüber geschimpft wird, aber diese technischen Errungenschaften erleichtern das Kontakthalten doch um einiges.

Fudge gibt's immer und überall.

Abends fährt natürlich kein Bus mehr zum B&B und so schieben wir uns mit gut gefüllten Bäuchen zum allerletzten Mal den Hügel hinauf. Morgen können wir gleich von oben starten, daher heißt es jetzt, „Goodbye St. Ives, we'll meet again one day!"

„Du siehst aus wie eine nasse Ratte.“ ~ *Peter, Ehemann*

Tag 21

Strecke: St. Ives nach Gurnard's Head
13,52 km - 448 hm - 2,39 km/h
am Pfad: 378,82 km

Unterkunft: The Gurnard's Head, £ 180,- inkl. Dinner ☹ „shabby chic“

regnerisch

„It's raining, it's raining“, aber ganz schön auch noch. Die Küstenroute wird noch dazu als besonders schwierig beschrieben, mit schroffen Felsen und sumpfigen Wiesen, die bei Regenwetter schwer zu überwinden und vor allem zu gefährlich wären. Ergo, dort heute zu wandern fällt aus, denn auf Risiko wollen wir echt nicht gehen, doch zum Glück gibt es eine Alternativroute im Inland, die zwar ein wenig weiter ist, aber bei diesen Endzeit-Wetterbedingungen wesentlich sicherer erscheint. Den ganzen Tag über werden wir zahlreiche SWCP-Wanderer treffen, die genau die gleiche Entscheidung getroffen haben, und wir klopfen uns gegenseitig auf die Schultern ob der weisen Voraussicht.

So packen wir unsere sieben Zwetschken und schmeißen uns in die Regenkluft, muss ja weitergehen. Joby verabschiedet uns mit warmen

Kleine Schätze gibt es überall zu finden.

Die unterschiedliche Flora am Pfad ist beeindruckend.

Croissants, die er extra noch für uns aufgebacken hat, damit wir am Weg nicht Hunger leiden müssen, denn erst in Gurnard's Head, unserem heutigen Etappenziel, wird es die nächste Möglichkeit geben, etwas zwischen die Zähne zu bekommen. Wir sind sehr dankbar, so können wir uns die Müsliriegel und Trockenfrüchte noch eine Weile aufheben; denn in Gurnard's Head gibt es genau ein Hotel und sonst weit und breit nichts und dort einzukaufen würde ein tiefes Loch in unser Geldbörserl reißen. Zum Glück haben wir das Abendessen bereits von zu Hause aus dazu gebucht und so ist zumindest gesichert, dass wir nach der langen Wanderung nicht Hunger leiden müssen.

Auch die Inland-Route hat ihre Tücken. Immer wieder müssen wir über hohe Steinstufen klettern, die einen halben Meter auseinanderliegen und trotz meiner mehr schlecht als recht durchgeführten Balanceübungen zu Hause wackle ich ganz schön dahin. Da ist es aber auch wirklich rutschig und so greife ich nicht nur einmal hilfesuchend nach Peters Unterarm. Es hat durchaus seine Vorteile, seinen liebenden Ehemann hier an seiner Seite zu haben, denn so lange mich niemand sieht, mache ich es mir einfach. Sobald allerdings von weitem andere Wanderer zu erkennen sind, erklimme ich todesmutig die glitschigen Stufen und tu so, als würde mich das Ganze gar nicht stören, während mir mein Herz im Inneren durch lautes Pochen zu verstehen gibt, dass so ein Imponiergehabe nicht förderlich ist.

Kilometerweit schlagen wir uns durch einen dichten Dschungel, der nur entfernt an Maisfelder erinnert. Lediglich ein kleiner Streifen ist für die Wanderer frei, doch über den hängen die langen Blätter der Maisstauden – ein Buschmesser wäre hier tatsächlich nicht verkehrt gewesen. Mit unserem kleinen Taschenmesser, das zur Notfallausrüstung eines jeden Wanderers gehört, kommen wir hier nicht weiter, da stehen wir morgen noch da. Plötzlich kommt mir eine großartige Idee: Mit den Wanderstöcken bahne ich mir gekonnt einen Weg durch das Dickicht. Beim Zurückschlagen der Blätter finden diese zielgenau ihren Weg in Peters Gesicht. Ups, dieser geniale Einfall hat wohl nur für mich funktioniert,

Peter ist weniger überzeugt. So führt er unsere kleine Wandergruppe von nun an an und ich folge ihm in einem gewissen Abstand. Wenn Gegenverkehr kommt, dann bleibt nichts anderes übrig, als dass einer zur Seite springen oder sich einen Ausweichplatz suchen muss. Das ist auf den Straßen hier überall so, warum sollte es also auf den Wanderwegen anders sein?

Am Ende der Maisfelder erwartet uns eine große Weide, auf der sich die Kühe wie die Touristen in St. Ives tummeln. Allerdings sind sie wesentlich unfreundlicher, denn sie denken nicht einmal daran, uns vorbei zu lassen. Stur beharren sie auf ihren Platz und starren uns kampfeslustig an. Wir gehen zwei Schritte auf sie zu, sie starren uns weiter unbeirrt an, wir versuchen es mit zwei weiteren Schritten; doch da sich die Kühe nicht einmal einen Millimeter nach links oder rechts beugen, müssen wir einsehen, dass wir hier heute wohl nicht mehr durchkommen. Die wissen wohl nicht, dass sie auf einem offiziellen Wanderweg stehen. „Wandern, Burschen, wandern, nicht nur dumm herumstehen", versuchen wir sie noch einmal weniger freundlich zum Abzug zu bewegen, aber ich glaube, mittlerweile amüsieren sie sich innerlich köstlich über uns und rühren natürlich keinen einzigen Huf. Gut, inoffizielle Umleitung also, etwas anderes bleibt uns nicht übrig und so suchen wir uns unseren Weg durch das Labyrinth aus Kühen und deren Exkrementen.

Gurnard's Head.

Kurze Zeit später sehen wir tatsächlich so etwas wie eine kleine Ortschaft. Hat es nicht geheißen, es gibt nichts auf diesem Weg? Das ist ja eine wunderbare Überraschung, die wir sofort nützen. „Du siehst aus wie eine nasse Ratte", meint Peter wenig galant, als ich mich im wirklich nicht trockenen Regengewand auf den ersten freien Platz im Tinner's Arms Café niederlasse. Zum Glück ist man hier nicht etepetete und so dürfen wir uns trotz zahlreicher Regentropfen auf der wasserabweisenden Wandergarnitur setzen. Wieder gönnen wir uns eine Heiße Schokolade und einen Café Latte, mittlerweile ist diese Bestellung wohl schon zur Routine geworden.

Während wir die willkommene Pause genießen, klart das Wetter draußen auf und die ersten Sonnenstrahlen trocknen Gras und Blätter. Daher entschließen wir uns, von hier aus wieder auf die Küstenvariante zu wechseln und die letzten 2,5 Meilen noch einmal in der Nähe des Meeres zu wandern. Die Regenklamotten lassen wir trotzdem lieber an und das ist gut so; denn auch wenn es nicht mehr regnet, so ist der Boden doch ziemlich aufgeweicht und der Schmutz lässt sich von diesen wesentlich leichter wieder abwaschen als von der Wanderhose; reicht eh schon, wenn die Schuhe in Mitleidenschaft gezogen werden. Der Weg ist von hier aus recht einfach zu bewältigen und so kommen wir bald darauf bei unserer heutigen Unterkunft an.

Das The Gurnard's Head wird im Michelin-Guide mit „shabby chic" beschrieben und zumindest das „shabby" können wir sofort bestätigen. Für satte 180 Pfund bekommen wir ein einfaches, aber zumindest sauberes Hotelzimmer ohne Fernseher. Zeit zum Fernsehen haben wir aber ohnehin nicht, denn das viergängige Abendmenü zieht sich unendlich in die Länge. Das ganze Haus ist ausgebucht und wir sind froh, hier rechtzeitig einen Tisch reserviert zu haben. Mit der Menükarte bin ich aber restlos überfordert. Ich erkläre der Kellnerin, dass ich bis heute dachte, nicht so schlecht Englisch zu sprechen, aber nunmehr sehr an mir zweifle, da ich keine einzige Mahlzeit entziffern kann. Da bleibt nur ein Wort: extravagant! Sie gibt sich große Mühe, uns alles zu erklären und schließlich finden wir auch etwas, das wir vermutlich mögen werden. Die Erwähnung im Michelin-Guide haben sie sich tatsächlich redlich verdient, denn das Menü schmeckt einfach traumhaft und das Dessert, eine Variation aus verschiedenen Schokoladen mit Beeren, ist derart verführerisch, dass ich mich vor Verzückung kaum zurückhalten kann. Es wird das Beste bleiben, das ich in den zwei Monaten verspeist habe.

„Hiking is just walking where it is okay to pee."

~ hiking quote

Tag 22

Strecke: Gurnard's Head nach St. Just
17,88 km - 430 hm - 2,97 km/h
am Pfad: 396,70 km
Unterkunft: The Commercial, £ 55,- → akzeptabel
bedeckt

Wie jeden Morgen beginnt unser Tag mit einem Blick auf die Wettervorhersage, was umso mehr verwunderlich ist, weil wir bereits wissen, dass man sich ohnehin nicht auf sie verlassen kann. So ist es auch heute, denn der versprochene strahlend sonnige Tag ist irgendwo anders, aber sicher nicht in Gurnard's Head. Zumindest regnet es nicht und da muss man nach gestern schon mehr als zufrieden sein. Ich freue mich vor allem auf den Vormittag, denn wir werden durch die Levant Ruinenanlage wandern, die ich schon das eine oder andere Mal im Fernsehen bestaunt habe. Warum genau kann ich nicht sagen, aber diese Landschaft der verlassenen Betriebsstätten und Häuser übt eine gewisse Faszination auf mich aus. Es ist der dramatische Kontrast zu den schroffen Felsen und dem oft aufge-

Pendeen Watch Lighthouse.

wühlten Meer, den ich besonders entdeckungswürdig finde. Mal schauen, ob das auch heute wieder bestätigt wird.

Vor unserer Unterkunft ist ein kleiner Laden liebevoll aufgebaut, der Snacks und Getränke für Wanderer und Besucher zur Entnahme gegen eine kleine Spende bereithält. Gestern habe ich mir hier schon ein kleines Stück Shortbread, ein Mürbteiggebäck, das in erster Linie in Schottland beheimatet ist, gegönnt. Da es wirklich sehr gut geschmeckt hat, nehme ich für heute gleich zwei Stücke mit und schmeiße zwei Pfund in die absolut verrostete, wenig vertrauensvoll wirkende Metallkassa. Jedes Mal, wenn ich solche kleinen Aufmerksamkeiten für Wanderer sehe, muss ich an unsere erste Woche und das ältere Ehepaar mit seinen 2 Pence zurückdenken. Immer noch halte ich das für eine absolute Unverschämtheit und zeige mich daher großzügig, aber ich denke, zwei Pfund sind fair.

Von hier aus müssen wir fast einen Kilometer zum Weg zurücklaufen, um dort zu starten, wo wir gestern aufgehört haben, nämlich der Old Mine Ruin, von der allerdings nicht mehr viel übrig ist. Zu übersehen ist sie trotzdem nicht und als Fotomotiv mehr als passend. Danach wandern wir weiter in Richtung Pendeen Watch; den Wegweiser, der auf eine bekannte Festung aus der Eisenzeit hinweist, lassen wir im wahrsten Sinne des Wortes links liegen. Für derartige Ausflüge abseits des Weges haben wir weder Zeit noch Muße, außerdem haben wir heute ein ganz anderes Ziel. Zuvor allerdings passieren wir noch das Pendeen Watch Lighthouse, das zu den bekanntesten in Cornwall zählt. Der 17 m hohe Leuchtturm wurde 1899 gebaut, um die Schifffahrt zwischen St. Ives und Cape Cornwall sicherer zu machen. Bis 1995 wurde er von drei Leuchtfeuerwärtern betrieben, die mit ihren Familien im eingeschossigen Anbau gewohnt haben. Heute kann man sich hier als Tourist in eine der umgestalteten Ferienwohnungen einquartieren. Der Leuchtturm ist immer noch in Betrieb.

Nicht mehr in Betrieb ist die Levant Mine, die wir kurze Zeit später erreichen. Ihr Ausmaß übertrifft meine Erwartungen und erst hier wird für mich wirklich deutlich, welchen großen Stellenwert der Kupfer- und Zinnabbau in Cornwall gehabt haben muss. In dieser Mine waren in den ertragreichen Jahren bis zu 500 Menschen angestellt, viele mehr lebten vom Abbau, der hier betrieben wurde und ebenso viele verloren ihre Existenzgrundlage, als eine Mine nach der anderen geschlossen werden musste. Diese hier war bis 1930 in Betrieb, dann waren die Vorräte erschöpft. Für einen neuerlichen Versuch in den frühen 60er-Jahren, weitere Erzlagerstätten zu finden, ließ man die Levant Mine noch einmal kurz aufleben, doch die Erzausbeute war enttäuschend gering und so wurde die

Beeindruckende Zeitzeugen lang vergangener Zeiten.

Mine gleich wieder geschlossen. Seit 1967 steht die gesamte Anlage unter dem Schutz des National Trust und wurde zu einem Museumsgelände mit Besucherzentrum umfunktioniert. Hier erfahren wir auch, dass die Mine 1919 Schauplatz eines dramatischen Grubenunglücks war, bei dem 31 Bergleute getötet wurden, nachdem ein Befestigungsbügel am Zentralhebel der Fahrkunst gebrochen war. Unweigerlich muss ich hier dann auch an das einzige Grubenunglück in Österreich denken, das ich persönlich mitbekommen habe, und wo mich tatsächlich Schockwellen überrollten: Lassing, dessen Unglücksjahr sich heuer zum 20. Mal jährt. Es gibt nur wenige globale Ereignisse im Leben, bei denen man sich wohl für immer erinnert, wo man gerade war, als man davon erfahren hat. Bei mir waren das – wie wohl bei den meisten – der 11. September 2001, der Tod von Lady Diana 1997, die Sonnenfinsternis 1999 und eben das Grubenunglück von Lassing, wo wir gerade auf der Baustelle für unser Häuschen im Grünen werkten. Wirklich dramatisch, Levant und Lassing sind aber nur zwei von vielen Orten, die Unglücke im Bergbau zu beklagen haben. Heutzutage sind die Volksrepublik China und die Türkei unrühmliche Hotspots für Grubenkatastrophen.

Wir schieben die trüben Gedanken wieder zur Seite und schauen uns weiter am Gelände um. Wir besuchen das Levant Beam Maschinenhaus, ein stillgelegtes Bergwerk mit einer immer noch funktionstüchti-gen Balancier-Dampfmaschine, das Dampfkesselhaus, das Pumpengebäude und das Kompressorhaus und werden nirgends mehr so viele Fotos schießen wie hier.

Von nun an ist der Weg etwas einfacher zu gehen, aber er ist dennoch nicht unanstrengend. Wir durchqueren das malerische Kenidjack Valley und als wir aus dem Tal wieder herauskommen, sehen wir von weitem bereits das unverkennbare Cape Cornwall, auf dessen Mitte ein Schornstein in den Himmel ragt. Bis zu den ersten Landvermessungen der Ordnance Survey vor etwa 200 Jahren hat man geglaubt, dass sich hier der westlichste Punkt Großbritanniens befindet. Heute ist klar, dass das sieben Kilometer entfernte Land's End diese Bezeichnung für sich beanspruchen kann. Cape Cornwall teilt den Atlantik in mehrere Gewässer auf. Im Norden beginnt hier der Bristolkanal sowie die Irische See und im Süden der Ärmelkanal.

Der Weg zum Schornstein an der Landspitze, der ein Denkmal für den Bergbau der Region darstellt, ist noch immens lang. Wir steigen über Mauern und gehen entlang von schmalen Pfaden hinunter in ein weiteres Tal, in dem uns plötzlich Esel begegnen und uns ein Stück weit begleiten. Das Tal hat einen besonderen Reiz, es ist dicht bewachsen, dunkelgrün, und es herrscht eine seltsame Ruhe, die nur manchmal von leisem Vogelgezwitscher unterbrochen wird. Hier würde es bereits links nach St. Just, unserem heutigen Tagesziel gehen, aber wir wandern rechts wieder die Klippe hoch und machen uns auf den letzten Kilometer nach Cape Cornwall. Dort angekommen, landen wir zuerst direkt am Parkplatz. Die Dame des National Trust vermutet, dass wir eine Toilette suchen, doch wir erklären ihr, dass uns ein Kaffee zuerst lieber wäre und verschweigen, dass wir „public urination" bereits perfektioniert haben. Einer meiner Facebook-Freunde hat mir kurz vor der Abreise einen Wanderspruch geschickt, an den ich hier oft denken muss: „Hiking is just walking where it is okay to pee" und tatsächlich scheuen wir uns nicht davor, den Weg nur wenig zu verlassen, um diesem natürlichen Bedürfnis nachzukommen. Angesprochen auf den Kaffee deutet die freundliche Kassiererin auf einen blau-weißen Caravan mit der witzigen Aufschrift „Little Wonder Café", bei dem es den besten Kaffee Cornwalls geben soll. Wir schlendern also dorthin und besetzen zwei der vier Klappsessel. Die beiden anderen Sitzgelegenheiten werden kurz darauf von einem niederländischen Bikerpärchen belegt und so bleiben für die weiteren Gäste nur mehr die lustigen Picknickdecken. Nach und nach entsteht ein bunter Kreis von Touristen, die genüsslich bei leckeren Torten und Kaffee, den man nicht einmal wohlwollend als gut bezeichnen kann, über diverse Erlebnisse in Cornwall erzählen. Alle haben wir eines gemeinsam, nämlich die fehlende Delfinsichtung. Selbst hier auf der Preistafel des Cafés steht zu lesen: „Chance of seeing a dolphin … free", aber diese offensichtliche Chance konnte noch niemand von uns nützen. Für uns sollte es die ganze Reise lang lediglich eine Chance bleiben, denn kein einziges dieser Meerestiere, die mich schon immer in helle Verzückung versetzt haben, erbarmt sich unser und zeigt sich. Schade.

Wir verquatschen uns ziemlich, müssen aber noch zwei Kilometer in die Stadt gehen, denn einen Bus gibt es hier nicht und mangels Handyempfang können wir auch kein Taxi rufen, also heißt es mal wieder unnötige Kilometer gehen. Eine Frau macht sich allerdings zur gleichen Zeit wie wir auf nach St. Just und so vergeht die halbe Stunde beim Plaudern recht schnell. Unser Hotel steht mitten am Hauptplatz – viel mehr gibt es hier auch nicht, aber der Ort ist hübsch und vor allem reichlich blumengeschmückt. Wir wollen gerade durch den Haupteingang, als plötzlich ein Taxi vorfährt, mit einigen Wanderinnen, die wir zuvor noch auf Cape Cornwall getroffen haben. Tja, Planung ist das halbe Leben, wir befinden uns derzeit offensichtlich in der anderen Hälfte. Schnell beeilen wir uns, dass wir wenigstens vor ihnen einchecken können und schaffen das gerade noch so. Der Supermarkt liegt genau gegenüber auf der linken Seite, die Ortskirche befindet sich rechts. Einmal im Kreis drehen und schon ist man mit dem Sightseeing fertig, aber nett ist es hier trotzdem. Passt schon!

Speisekarte des Little Wonder Cafés.

„What's wrong with you guys?" ~ *Rezeptionist im B&B*

Tag 23

Strecke: St. Just nach Sennen Cove
10,3 km –135 hm – 3,37 km/h
am Pfad: 411,2 km

Unterkunft: The Old Success Inn, £ 100,– → akzeptabel

sonnig, dann bewölkt, dann wieder sonnig

Die Entscheidung, aus zwei Etappen drei zu machen, schenkt uns heute einen sehr kurzen Tag von St. Just nach Sennen Cove, daher haben wir es gar nicht eilig, in der Früh loszukommen. Zehn moderate Kilometer und noch zwei zusätzliche bis zum Ausgangspunkt versprechen einen angenehmen Wandertag. Noch dazu ist das Wetter heute wieder sommerlich und so machen wir uns gut gelaunt auf den Weg, das Tagesziel mehr oder minder immer direkt vor Augen.

Auf dem Weg zum Ausgangspunkt entdecken wir, dass die hier vorherrschende Steinhausoptik gefakt ist. Die Häuser sind ganz normal aus Ziegel und Beton gebaut und anstatt eines Außenputzes kleben sie dann einfach Steinplatten darauf, womit das Haus tatsächlich aussieht, es ganz aus diesem massiven Material gebaut. Ich bin geschockt, einerseits, weil meine romantische Vorstellung vom Steinhaus nun flöten gegangen ist, andererseits aber auch, weil ich mich immer so leicht hinters Licht führen lasse. Mir kann man wirklich alles einreden! Skurril, aber hier offensichtlich gang und gäbe.

Das nächste skurrile Bild bietet sich bereits auf dem ersten Kilometer. Eine Kühlbox, eine Angel, ein Mann und ein Hund machen es sich auf einem Surfbrett bequem. Während der Mann angelnd auf der einen Seite des Surfbrettes auf der Kühlbox Platz genommen hat, bildet der Hund ihm gegenüber ein Gegengewicht. Geduldig und aufrecht sitzt er da und bewegt sich keinen Millimeter. Herrlich, das stille Einvernehmen der beiden finde ich herzerwärmend, es macht meinen Tag gleich noch viel schöner.

Der Weg ist angenehm zu gehen, die Auf- und Abstiege sind gut bewältigbar und wir kommen recht bald nach Mean Dower. Hier ist es wirklich idyllisch und es wäre der perfekte Ort für eine Rast, wären wir nicht gerade erst losgewandert. Die Blumen tragen wunderbare, abwechselnde Farben und ein kleiner Zufluss lässt das ganze Tal magisch erscheinen. Heute ist wirklich ein herrlicher Tag. Ein Pärchen, knapp älter als wir, hat es sich hier bereits bequem gemacht und bestätigt unser Staunen, indem es uns immer wieder auf kleine, ganz besondere Highlights hinweist. Ich bin ja der Meinung, dass man nicht durchgehend glücklich sein kann, sondern die Augenblicke des Glücks genießen soll, und einer dieser Augenblicke ist genau jetzt. Bei herrlichem Wetter in dieser wunderschönen Landschaft mit meinem Lieblingsmenschen wandern zu können, ist ein absolutes Geschenk, für das ich unendlich dankbar bin.

Trotz all der Magie machen wir uns nach kurzer Zeit wieder auf den Weg zur Bucht von Porth Nanven. Hier wartet eine kleine Kletterpartie auf uns. Hinaufklettern geht noch einigermaßen gut, aber auf der anderen Seite wieder hinunterzukommen, ist dann doch schwerer als gedacht. Mir ist das Ganze stehend ein wenig zu gefährlich, also beschließe ich, mich auf den Hintern zu setzen und vorsichtig hinunterzurutschen. Mein Hinterteil bietet genug Auflagefläche, die Wanderstöcke habe ich mit einem galanten Wurf in die Tiefe schon vorgeschickt und so komme ich nun langsam, aber stetig und vor allem sicher weiter. Zum Glück gibt es am Weg eher wenig zu klettern, denn damit hätte ich eindeutig mehr als nur ein kleines Problem.

Der weitere Pfad ist dann recht unspektakulär und wir kommen sehr gut voran. Da wir gerade Flut haben, ist die Whitesand Bay zweigeteilt, nämlich in den Gwynver Beach und den Sennen Cove Beach. Der Gwynver Beach ist vor allem bei Surfern sehr beliebt, während in Sennen Cove mehr gebadet wird. Der SWCP verläuft entlang der Dünen hinter dem Strand, bei Ebbe könnte man natürlich auch mal wieder am Strand entlanglaufen. In Sennen Cove angekommen begegnen wir zum ersten Mal bewusst dem „Hunde am Strand-Verbot“. Das ist eher seltsam, denn wir haben uns schon sehr an die Tiere gewöhnt und bis zum Ende der Wanderung werden wir uns sicher sein, jede mögliche und unmögliche Hunderasse gesehen zu haben. Fast entsteht der Wunsch, sich selbst so ein Tier zuzulegen, aber nur fast, denn aufgrund der Tatsache, dass wir sehr gerne viel und lang im Ausland unterwegs sind, wären wir schlechte Hundehalter, das wollen wir keinem dieser reizenden Wesen antun.

Blick zurück zu Cape Cornwall.

Es ist erst kurz nach Mittag und wir beschließen, uns im Strandcafé niederzulassen und einfach den Tag zu genießen, heute haben wir sonst nichts mehr zu tun. Das bunte Treiben am Strand wird allerdings bald darauf weniger, denn dicke Wolken ziehen auf und der schöne Sommertag ist mit einem Mal Geschichte. So machen auch wir uns lieber auf den Weg zu unserer Unterkunft, wieder mal ein „Pub with rooms", aber in großartiger Lage direkt am Meer. Als wir einchecken wollen, legt uns der Rezeptionist die Karte für unser Auto hin. Das ist uns bereits mehrere Male passiert und ich frage mich wirklich, wie es sein kann, dass wir offensichtlich nicht wie richtige Weitwanderer aussehen. Wir erklären dem guten Mann unser Vorhaben und er sieht uns entgeistert an. „What's wrong with you guys?", will er wissen. Er denkt also tatsächlich, wir haben nicht alle Tassen im Schrank. Ob wir wüssten, dass man Autos auch mieten kann, war seine Frage, und als wir ihm erklärten, dass diese Wanderung pure Absicht ist, weder einem kaputten Auto noch einem unvorhersehbaren Zufall geschuldet, schüttelt er nur den Kopf und packt seine Autoplakette wieder ein. Er kramt die Schlüssel hervor, erklärt uns den Weg zum Zimmer und als wir schon fast um die Ecke biegen, hören wir ihn zu einem anderen sagen: „These crazy guys are walking", gerade so, als hätte er noch nie Wanderer gesehen. Da das Dorf direkt am SWCP liegt, machen aber sicher viele freiwillige Geher hier Station, also kommt mir diese Reaktion recht ungewöhnlich vor. Offensichtlich haben wir mehr mit Außerirdischen gemein, als wir bis jetzt dachten. Skurril, wie schon so vieles am heutigen Tag.

Auf dem Zimmer checke ich zuerst einmal meine Mails. Heute ist leider eine traurige Nachricht dabei. Eine liebe Bekannte von mir, kaum älter als ich selbst und eine großzügige Meilensponsorin, ist an Brustkrebs erkrankt. Ich wusste zwar, dass sie sich schon längere Zeit im Krankenstand befindet, allerdings nicht, warum. Obwohl wir uns nicht wirklich gut kennen, fühle ich mich ihr auf seltsame Weise verbunden und möchte mir gerne etwas einfallen lassen, um ihre Meile zu einem besonderen Highlight werden zu lassen. Auch wenn ich aktuell noch keine Idee dazu habe, weiß ich, dass mir etwas einfallen wird, zwei Tage habe ich ja noch, bis ihre Strecke dran ist.

Nach dieser schlechten Nachricht kommt allerdings gleich eine gute, und zwar von Karin und Helmut. Sie wollen morgen von Land's End nach Lamorna Cove wandern, also genau die Strecke, die auch auf unserem Plan steht. Natürlich interpretiere ich in diese Nachricht eine tiefe Sehnsucht nach uns hinein und zögere daher keine Sekunde, als es um einen weiteren gemeinsamen Wandertag geht. Wir freuen uns schon irrsinnig darauf, die beiden wiederzusehen.

Abends versuchen wir mal wieder, unsere Töchter anzurufen. Je touristischer die Gegend wird, umso eher gibt es auch Handyempfang, und so nützen wir jede Gelegenheit, um zu Hause nach dem Rechten zu schauen, zumindest im übertragenen Sinn. Den beiden geht es gut und obwohl sie uns natürlich bestätigen, dass sie uns vermissen, ist es wohl eher so, dass sie wissen, dass wir das hören wollen, das eigentliche Gefühl mag durchs Telefon irgendwie nicht so gut durchkommen. Aber vielleicht ist auch nur die Verbindung schlecht. Die beiden sind zum ersten Mal so lange allein zu Hause, doch das ist gut so, denn in einem halben Jahr wollen sie in eine eigene Wohnung ziehen, nicht zusammen, aber zumindest ins gleiche Haus, und so können sie sich bereits bestens darauf vorbereiten. Irgendwie beschleicht mich das Gefühl, dass sich von ihrer Seite der Abschiedsschmerz in Grenzen halten wird, bei Peter und mir sieht das dann um Weihnachten herum vermutlich ein wenig anders aus. Aber schließlich haben wir sie zwei Jahrzehnte genau dazu erzogen, nämlich ihre Flügel auszubreiten und zu fliegen, wohlwissend, dass das Nest von Mama und Papa immer dableiben wird. Naja, zumindest so lange, bis wir ihre Zimmer umfunktioniert haben.

Den Abend verbringen wir auf zwei Klappstühlen auf der Promenade bei Fish and Chips und genießen den Sonnenuntergang. Viele wird es nicht mehr geben, denn bald biegen wir um die Ecke und da wird es dann eher Sonnenauf- statt -untergänge zu entdecken geben.

Manchmal muss auch ein wenig geklettert werden.

„SoWo – 999 miles" ~ *Land's End Wegweiser*

Tag 24

Strecke: Sennen Cove nach Lamorna
19,4 km – 891 hm – 3,6 km/h
am Pfad: 430,6 km

Unterkunft: Lamorna Cove Hotel, £ 110,– ☑ empfehlenswert

regnerisch

Die Freude über den heutigen Wandertag wird durch einen kurzen Blick aus dem Fenster getrübt – es regnet, gar nicht mal wenig. Beim Frühstück treffen wir wieder ein paar SWCP-Wanderer, die wir bereits gestern immer mal wieder gesehen haben, doch der Zusammenhalt ist hier weitaus geringer als jener im hohen Norden. Heute ist uns das aber ohnehin egal, denn in zwei Stunden werden wir Karin und Helmut von der Busstation in Land's End abholen und somit ist unsere Wanderbegleitung gesichert.

Mittlerweile werde sogar ich beim Zusammenpacken immer schneller. Mein Mann hatte da von Anfang an eine ziemlich effiziente Methode, aber ich bin auf Reisen eher der Messie-Typ, alles rauschmeißen, auseinandernehmen und nachdem ich gefunden habe, was ich gesucht hatte, nichts mehr einräumen. Meine Hälfte des Zimmers sieht immer aus wie nach einem Wirbelsturm, während auf Peters Seite nicht einmal ein laues Lüftchen durchweht. Aber ich bin da sehr nachsichtig und werfe ihm das nur selten vor, es kann halt nicht jeder so herrlich chaotisch sein wie ich und es ist tatsächlich nur so, wenn wir unterwegs sind. Zu Hause hat dieses Verhalten zum Glück noch nicht Einzug genommen. Warum ich allerdings zwei Plastiksackerl für Hygiene habe, werde selbst ich bis zum Ende nicht verstehen, denn so muss ich immer beide durchsuchen, weil ich mir nie merke, wo ich jenes oder welches hineingegeben habe.

Also wie gesagt, ich bin beim Packen schon recht schnell, und so düsen wir bald in Richtung Land's End. Wir wollen unter den Ersten sein, die dort das berühmte Foto am Wegweiser machen. Es dauert nicht lange, bis wir beim „First And Last Gift And Refreshment House In England" ankommen, wir sind sogar so früh dort, dass es noch gar nicht offen hat. Jetzt sind wir also tatsächlich auf der Landzunge, die den westlichsten Punkt des Festlandes Großbritanniens beheimatet, und dies wird mit der Union Jack auch sichtbar markiert. Das Gegenstück dazu ist Lowestoft, eine Stadt in der Grafschaft Suffolk, die den östlichsten Punkt bildet. Nördlich sagt man, dass es John o'Groats ist, was aber nicht ganz der Wahrheit entspricht, denn am nördlichsten ist Dunnet Head. Nichtsdestotrotz ist John o'Groats das Maß aller Dinge, wenn es um die gefühlt längste Strecke von einem zum anderen Ende Großbritanniens geht. Einmal durchs ganze Land ist gleichbedeutend mit "Von John o'Groats nach Land's End" und daher wird hier am Wegweiser auch die Entfernung zu dieser Ortschaft mit 874 Meilen, also 1.406 Kilometer, angegeben. Den nördlichsten und östlichsten Punkt werden wir auf dieser Reise nicht schaffen, wohl aber in einigen Tagen den südlichsten Punkt, nämlich Lizard Point. Der touristische Unterschied zwischen Land's End und Lizard Point wird uns mehr als nur verwundern, aber bleiben wir jetzt mal in Land's End, das viele als Touristenfalle bezeichnen – nicht ganz zu Unrecht. Beliebter Fotopunkt ist der oben bereits erwähnte Land's End Wegweiser, der von einem Fotografen betrieben wird, der richtig Geld dafür verlangt. 20 Pfund für ein Foto? Echt? Die möchte ich nicht zahlen, aber ein Foto will ich trotzdem und dazu muss man hinter die Absperrung. Also erkläre ich dem Fotomann umständlich, dass ich das Ganze für eine gute Sache mache und so ein teures Foto nicht bezahlen kann und dass es doch wunderbar wäre, wenn er unsere Kinder- und Jugendhilfeeinrichtung unterstützen könnte. Außerdem liegt das SoWo genau 999 Meilen von hier entfernt, diese Zahl würde sich doch eindrucksvoll auf dem Wegweiser machen, versuche ich ihn zu überzeugen. Ob er wirklich ein großes Herz hat oder er mich ein-

Unser SoWo ist genau 999 Meilen entfernt.

fach nur loswerden will, das vermag ich nicht zu sagen, aber schließlich macht er nicht nur mit unserem Fotoapparat ein paar Bilder, sondern legt auch noch ein professionelles Foto mit allem Drum und Dran inklusive Versand nach Österreich oben drauf. Danke.

Etwas weiter verschandelt ein riesiges Besucherzentrum die wunderschöne Landschaft. Ich lasse mir ja noch einreden, dass ein Café und vielleicht auch ein Souvenirgeschäft ganz nett sind, aber wer bitte braucht hier ein 4D-Kino oder möchte mit Shaun, dem Schaf, auf Entdeckungsreise gehen? Die Antwort kommt auf dem Fuß: Hunderte wollen das! Die Touristen werden mit großen Bussen hierher gekarrt und bei diversen Unterhaltungen wird ihnen so richtig das Geld aus der Hosentasche gezogen. Uns nicht, denn das meiste hat ohnehin noch nicht offen und von den anderen Ständen wenden wir uns gekonnt ab. Wir haben ja außerdem eine Verabredung – wir stehen kurz darauf an der Bushaltestelle und warten auf unsere Wiener, und warten und warten und warten. Mit einer immensen Verspätung kommt der grüne Doppeldeckerbus schließlich die lange Gerade entlang und unsere zwei Wanderfreunde sind unter den ersten, die den Bus verlassen. Glücklicherweise halten beide nicht viel vom Rummel rund um Land's End und so können wir immer noch verhältnismäßig früh starten. Wir haben ja schon ein paar Kilometer Vorsprung, aber es liegt doch noch ein recht langer Tag vor uns.

Kurz nach Land's End kommen wir an der Greeb Farm vorbei, die auch recht kommerzialisiert ist und sich dem Trubel rund um Land's End angepasst hat. Die Tiere sind dennoch vor allem für Familien sicher ein nettes Ausflugsziel. Einen Teil unserer heutigen Strecke können wir recht gut sehen, auch wenn es trüb ist. Der Regen hat nachgelassen und die Weitsicht ist gut. So dauert es auch nicht lange, bis wir die ersten Robben im Wasser entdecken können. „Chillen" ist ja ein Wort, das mich normalerweise wahnsinnig macht, vor allem wenn meine Kinder zu Hause oder die Jugendlichen in der Arbeit meinen: „Jetzt chill einmal", könnte ich direkt aus der Haut fahren, aber hier fällt mir einfach kein anderer Begriff ein. Die Robben chillen genüsslich im Wasser und lassen den lieben Gott einen guten Mann sein.

Mit jedem Schritt wird das Wetter ein bisschen besser und um die Mittagszeit befinden sich nur mehr ein paar Wolken am Himmel. Wir wandern so beschwingt, dass wir fast den Heiligen Brunnen von St. Levant versäumen. Das Wasser dieses Brunnens soll vor allem Augen- und Zahnkrankheiten heilen, die Heilungschancen steigen angeblich exorbitant, wenn man direkt im Brunnen schläft. Da uns zum Glück keine Schmerzen

Das erste und letzte Erfrischungshaus Englands.

plagen, machen wir hier keine Rast, sondern setzen unsere Wanderung bis ins nahe gelegene Porthcurno fort. Hier befindet sich das bekannte Freilichtmuseum Minack Theater, aber sogar für einen Blick von der Aussichtsplattform verlangen sie einen Pfund und wir sind alle nicht gewillt, den zu bezahlen. Für eine Besichtigung des Theaters an sich wollen wir uns keine Zeit nehmen, aber für einen Kaffee im nahegelegenen Shop schon. Hier herrscht Hochbetrieb durch deutsche Senioren, die den Mitarbeiter hinter der Theke in schiere Verzweiflung stürzen. Niemand spricht Englisch und deshalb versuchen sie, sich mit Händen und Füßen verständlich zu machen, was aber nicht so recht funktionieren mag. Irgendwann beschließe ich, mich einzumischen und Bestellungen in Deutsch quasi aufzunehmen und in Englisch direkt weiterzugeben, sonst stehen wir alle morgen noch hier.

Frisch gestärkt wandern wir weiter, der Küstenpfad verläuft auf der Rückseite des Strandes einen Steig hinauf zum Percella Point und etwas später erreichen wir die Landzunge Treen Head, wo sich eine Festungsanlage aus der Eisenzeit befindet; aber da der offizielle Weg diese Sehenswürdigkeit nicht miteinschließt, sehen wir sie leider nicht. Wir versuchen jetzt ein wenig Tempo zu machen und so sind kleine Umwege nicht mehr drin, vor allem, da es mittlerweile ziemlich anstrengend geworden ist und wir zu einer annehmbaren Zeit in Lamorna Cove sein möchten. Karin und

Helmut müssen nämlich dort den Bus erwischen und unter Zeitdruck wollen wir ungern kommen, da wandert es sich nicht mehr so angenehm. Kurz vor Lamorna Point müssen wir auch noch einen Abschnitt mit Steingeröll überqueren und kommen dadurch recht langsam voran. Plötzlich fällt der Weg steil ab und wir stehen mitten am Parkplatz von Lamorna Cove. Dummerweise liegt die Bushaltestelle aber noch 1,5 Kilometer landeinwärts und so lassen wir das Café links liegen – ein Fehler, wie sich später herausstellen wird – und gehen durch einen tiefgrünen Wald die Straße hinauf. Da sich unsere Unterkunft für den heutigen Tag etwa 800 m vor der Bushaltestelle befindet und ich schon ziemlich müde bin, begleiten wir Karin und Helmut nicht zum Bus, sondern verabschieden uns hier, allerdings nicht ohne uns für morgen bei ihnen zum Kaffee einzuladen. Unsere Strecke wird nämlich fast direkt durch den Vorgarten ihres gemieteten Hauses laufen.

Wieder allein, machen wir uns auf den Weg zum Apartment, doch niemand ist an der kleinen Rezeption. Natürlich gibt es mal wieder keinen Empfang und so können wir die angegebene Nummer auch nicht anrufen. Ich laufe durch das ganze Gebäude und entdecke, dass es hier nirgends etwas Essbares zu kaufen gibt. Nicht einmal ein Getränkeautomat ist irgendwo aufgestellt. Das heißt, wir müssen noch einmal zurück zum Café. Darauf habe ich absolut keine Lust und ich liebäugle irgendwie damit, dass Peter alleine geht. Er lässt sich erweichen, schließlich kann er den schweren Rucksack ja hier lassen, und währenddessen versuche ich, den Schlüssel für unser Zimmer zu ergattern. Endlich finde ich eine Putzfrau, die mich immer nach einem Code fragt, den ich aber nicht habe. Glücklicherweise habe ich alle Reservierungen auf meinem Tablet offline gespeichert und so zeige ich ihr die Buchung. Da steht zum Glück auch die Bezeichnung der gemieteten Wohnung. Immer noch nicht vollständig überzeugt, erklärt sie sich doch bereit, den Schlüssel zu holen, und nachdem Peter mit dem Abendessen zurückgekommen ist, können wir endlich unsere kleine Wohnung beziehen. So geht ein langer Tag zu Ende und die Tatsache, dass es kein WLAN gibt, stört nur wenig, denn ich falle ohnehin todmüde ins Bett. Good night, morgen habe ich etwas ganz Besonderes vor.

„La Pellegrina“

Tag 25

Strecke: Lamorna nach Marazion
15,1 km - 221 hm - 3,67 km/h
am Pfad: 445,7 km

Unterkunft: Victoria Inn, £ 100,- → alt, aber sauber

sonnig

Heute ist ein ganz besonderer Tag, denn aus einer Wanderin wird eine Pilgerin. Als ich vor kurzem erfuhr, dass meine liebe Bekannte Liane an Krebs erkrankt ist, war mir klar, dass ich ihre Meile zu etwas Einzigartigem machen musste, und da mir in einigen Tagen ohnehin die Meilenpaten ausgehen würden, beschloss ich, Liane einen ganzen Tag zu widmen. Dies kommt nicht von ungefähr, denn heute trifft der South West Coast Path auf den Pilgerweg St. Michael's Way, der am St. Michael's Mount endet. Der Weg wurde 1994 offiziell eröffnet, als die Erforschung alter Schiffsregister und historische als auch archäologische Beweise stark darauf hindeuteten, dass viele englische Pilger diese Route auf ihrem Weg nach Santiago de Compostela gewählt hatten. Die Pilger setzten von dieser

Mit meinem Engerl für Liane pilgern.

Stelle in Cornwall nach Spanien über und landeten meist in La Coruna, einer Hafenstadt im Nordwesten. Von hier aus startete der Camino Inglés, also der englische Jakobsweg, der über die am wenigsten begangene Route verfügt. Nun ist es aber so, dass von dort aus der Weg nach Santiago de Compostela nicht einmal 75 Kilometer lang ist und diese Strecke nicht ausreicht, um das offizielle Pilgerzertifikat zu erhalten. Seit 2016 darf der St. Michael's Way als Zubringerweg nun miteingerechnet werden und dadurch schaffen es auch die englischen Pilger auf der historischen Route, diese hoch begehrte Urkunde für sich zu beanspruchen. Wer mehr als 100 Kilometer in Spanien wandern mag, der kann den Camino Inglés auch auf der Alternativroute von Ferrol aus starten, wodurch die Distanz auf 120 Kilometer steigt – für einen Jakobsweg immer noch recht überschaubar.

Aber zurück zum St. Michael's Way, der uns heute nach Marazion und zur Gezeiteninsel St. Michael‘s Mount bringen wird. Diese liegt 366 m vor der Stadt und ist bei Niedrigwasser über einen schmalen Damm erreichbar. Sie wird auch als kleiner Bruder des französischen Mont-Saint-Michel bezeichnet, der als Vorbild für die Anlage diente. Nach der normannischen Eroberung wurde die Abtei nämlich den Benediktinermönchen des Mont-Saint-Michel übertragen und der Abt Bernard le Bec ließ die Kirche auf der Hügelspitze errichten. Die religiöse Bedeutung gründet sich auf die Überlieferung, dass im Jahr 495 der Erzengel Michael hier einem Fischer erschienen ist und so war die Insel ab dem 6. Jahrhundert ein religiöses Zentrum. Vor allem im Mittelalter wurde die Anziehungskraft dann durch zahlreiche Wunderheilungen noch deutlich vergrößert. Der Legende nach soll hier einmal der Riese Cormoran gelebt haben, der in den umliegenden Dörfern Kühe und Schafe stahl. Eines Nachts ruderte ein mutiger Junge auf die Insel und schaufelte eine tiefe Grube. Am Morgen stellte sich der Junge neben die Grube und blies ins Horn. Der erschrockene Riese fiel hinein und starb, was dem jungen Mann die Dankbarkeit der ganzen Region einbrachte.

Mir ist heute aber vor allem der Erzengel Michael wichtig, denn es wird ihm nachgesagt, dass er die innere Kraft und den Mut stärkt. Er gilt als Bezwinger alles Bösen und der Krankheit und wird daher meist mit Schwert und Rüstung dargestellt. Allerdings kämpft er nicht für uns, sondern mit uns und hilft uns, wenn wir den Himmel aus den Augen verloren haben. Ich denke daher, dass es keine bessere Zeit auf dem Weg geben wird, um für Liane zu wandern. Daher stecke ich meinen Schutzengel, den mir meine Kolleginnen geschenkt haben, in meine rechte Hosen-

Heute trifft der SWCP auf den Pilgerweg St. Michael's Way.

tasche und starte in aller Früh in unsere eintägige Pilgerreise. Heute bin ich „La Pellegrina".

Der westliche Teil bis Mousehole, das man völlig unverständlicherweise „mowzel" ausspricht, besticht mit einer üppigen Vegetation und einer recht anspruchsvollen Landschaft, deren Bewältigung mir nicht unbedingt liegt. Aber wir haben Zeit und auch die Sonne lacht bereits am frühen Morgen; der liebe Gott weiß, dass heute ein besonderer Tag ist und will es mir ein wenig leichter machen. Nach Mousehole allerdings bekommt der Weg einen immer städtischeren oder halbstädtischeren Charakter und wird auch einfacher zu gehen. Wir beschließen, eine Pause in Penzance einzulegen und verlassen dafür den Weg, um uns in der Stadt auf die Suche nach einem Café oder einer Bäckerei zu machen. Bereits beim ersten Shop lacht mich ein herrlich aussehender Chelsea Bun an, den ich mir mal als Appetitanreger, quasi als „Bun to go", gönnen möchte. Gesagt, getan, und so beiße ich mitten in der Fußgängerzone genüsslich in das süße Teil, als mich wie aus dem Nichts plötzlich eine Möwe attackiert. Sie landet auf meinem Kopf, krallt sich in meinen Haaren fest und versucht, mir mein zweites Frühstück zu stehlen, indem sie von oben immer wieder herunterhackt. Peter ist gerade für kleine Pilger und so stehe ich ganz allein fast versteinert vor der Bäckerei und weiß mir in meiner Panik nicht zu helfen. Glücklicherweise sieht ein Passant mein Dilemma, kommt zu mir gelaufen und vertreibt das Biest. Mein Herz klopft, und wäre es nicht ohnehin schon längst festgestanden, wüsste ich spätestens jetzt: „Möwen mag ich wirklich nicht."

Da mir der Appetit vergangen ist, beschließen wir, doch gleich in Richtung Marazion weiterzugehen, Peter allerdings amüsiert sich die nächsten Kilometer köstlich über meine Berichterstattung. „Dir wird das Lachen schon noch vergehen", prophezeie ich ihm etwas beleidigt und ich sollte recht behalten.

Die Strecke von Penzance nach Marazion beinhaltet ziemliche, unattraktive Kilometer, auch wenn wir die Gezeiteninsel immer im Blick haben. Der Weg zieht sich wie Kaugummi und als wir endlich ankommen, setzt gerade die Flut ein. Egal, Rucksack runter, Wanderschuhe rein, Crocs raus. Während wir uns für die Überquerung des Meeres per Fuß bereit machen, läutet plötzlich das Telefon. „Ihr geht also tatsächlich noch rüber?", fragt Helmut am anderen Ende der Leitung. Sie haben die Tour bereits am Vormittag gemacht und sitzen nun gemütlich oberhalb des Strandes und beobachten uns belustigt. Zum Plaudern haben wir keine Zeit, denn wir wissen, die Flut kommt hier ziemlich schnell und uns bleibt vielleicht eine Stunde, um auch wieder zurückzukommen. So beeilen wir uns und kommen noch verhältnismäßig trocken nach knapp zehn Minuten auf der Insel an. Dieser Teil gehört nicht mehr zum SWCP, aber er gehört zu Lianes Weg, denn die Kirche hier am kleinen Berg bildet den Abschluss des Pilgerweges. Die Kirche und die Abtei wurden im 12. Jahrhundert zu einem Schloss erweitert, und auch wenn sich dies heute alles in Privatbesitz befindet, kann das Areal besichtigt werden, gegen eine Gebühr versteht sich. Der Schlossgarten ist leider gesperrt und so steuern wir direkt auf den Hügel zu. Bewusst schweigen wir auf diesem Weg, damit zumindest mein Zwiegespräch mit dem lieben Gott nicht gestört wird. Ich bete natürlich für Liane und ich habe das Gefühl, dass ein Teil von ihr hier mit mir unterwegs ist. Dass dieses Gefühl nicht von irgendwoher kam, wird mir Liane später bestätigen, denn sie war in Gedanken den ganzen Tag mit uns unterwegs. Aber ich bedanke mich auch, dass bis jetzt alles so gut verlaufen ist und bitte um eine sichere Weiterreise, ebenso um Schutzengel für unsere Töchter zu Hause, von denen wir noch nie so lange getrennt waren.

Oben angekommen, bietet sich ein einmaliger Blick über die Küste, aber wirklich beeindrucken mich die bunten Kirchenfenster. Ich kann nicht sagen warum, aber ich habe ein Faible für dieses farbenfrohe Glas, das sich hier fast etwas widerspenstig von den ansonsten recht kalten Ge-

Die Möwe hält Ausschau nach Essbarem.

mäuern abhebt. Zum Stauen bleibt aber nicht viel Zeit, denn wir haben immer die Flut im Hinterkopf und so beeilen wir uns wieder den Berg hinunter. Mittlerweile ist das Wasser schon ziemlich hoch, doch es gibt noch Leute, die sich in die Fluten stürzen, warum also nicht auch wir? Wir überlegen zwar kurz, ob wir die kleine Fähre zurück nehmen sollen, doch das kommt mir irgendwie nicht richtig vor und so krempeln wir die Hose über die Knie und starten los. Schnell stellt sich heraus, wir hätten die Hose besser gleich ausgezogen. Wir waten immer tiefer ins Wasser und kümmern uns wenig um die wirklich kühlen Temperaturen, bis es schließlich fast unseren Rücken erreicht. Wirklich huschikalt! Just als wir überlegen, die Rucksäcke abzunehmen und auf dem Kopf zu tragen, wird es endlich wieder seichter und wir können aufatmen. Geschafft! Das Gute an Wanderhosen ist, dass sie sehr schnell wieder trocken werden, und so sind sie gerade mal feucht, als wir eine halbe Stunde später, nachdem wir eine Meile zurückwandern mussten, bei den Station House Cottages klopfen, um bei Karin und Helmut auf einen Kaffee vorbeizuschauen. Es ist wirklich schade, dass die zwei nun bereits am Ende ihrer Reise angelangt sind und in zwei Tagen wieder nach Hause fliegen werden. Wir werden zu diesem Zeitpunkt noch nicht einmal die Hälfte der Strecke geschafft haben. Als wir über den Midway Point in Porthallow sprechen und ich vermute, dass ich begeistert sein werde, wenn wir endlich davorstehen, meint Karin gelassen: „Naja, ich weiß ja nicht, aber ich glaube eher, das wird dir auf die Nerven gehen, weil dir bewusst wird, dass du dich der ganzen Herausforderung nun noch einmal genauso lang stellen musst." Puh, ich hoffe inständig, dass sie nicht recht behält, ihre Worte werden mich aber noch lange begleiten.

Eigentlich sollten wir uns jetzt auf den Weg machen. Es liegen noch knapp sechs Kilometer vor uns, denn wir schlafen heute nicht direkt in Marazion, sondern in dem kleinen Ort Perranuthnoe. Da sich vor den Old Station Cottages aber direkt eine Bushaltestelle befindet und der Bus knapp einen Kilometer vor unserer Unterkunft hält, beschließen wir kurzerhand, für heute Schluss zu machen und uns zum B&B chauffieren zu lassen. Gesagt, getan, und so müssen wir nun schweren Herzens Abschied von unseren Wanderfreunden nehmen. Wir versprechen einander allerdings, uns auf jeden Fall in Österreich wiederzusehen; so weit leben wir nun wirklich nicht voneinander entfernt. Mal sehen, ob das klappt, die Erfahrung zeigt ja, dass es eher schwierig ist, solche Bekanntschaften aufrecht zu erhalten.

Kurze Zeit später erinnert uns Google Maps, dass es nun Zeit ist, den Halteknopf im Bus zu drücken. Diese Erfindung macht uns hier das Leben wirklich wesentlich leichter. Wer auch immer auf diese geniale Idee gekommen ist: Danke! Wir springen also auf einer dicht befahrenen Hauptstraße aus dem Bus und steuern gut gelaunt das Victoria Inn an. Maria und Josef! Der liebe Gott will uns offensichtlich wirklich das Gefühl vom richtigen Pilgern vermitteln, denn das hier gleicht mehr einer Bruchbude. Obwohl es zumindest sauber ist, wollen wir uns hier doch nicht zu lange aufhalten und beschließen, nur mit einer Flasche Wasser in der Hand und etwas Geld in der Tasche, zurück bis nach Marazion zu wandern und von dort noch einmal den Bus nach Perranuthnoe zu nehmen, der hier zum Glück bis spät abends fährt. So schlagen wir zwei Fliegen mit einer Klappe: Wir müssen die Zeit nicht in dieser Bruchbude absitzen, denn ein Abend am durch die Flut nicht vorhandenen Strand scheint wenig reizvoll, und wir sparen uns morgen einige Kilometer. Der Weg zurück ist einfach und wunderschön, vor allem das Wandern ohne Rucksack ist eine glatte Erleichterung. Nun sehen wir den Mount Michael von der anderen Seite und auch in einem anderen Licht. Um diese Uhrzeit ist bereits alles ruhig und friedlich, nur ein paar Spaziergänger sind noch mit ihren Hunden unterwegs. Es ist wirklich ein großartiger Abschluss eines – wenn man die Möwenattacke außer Acht lässt – wertvollen Tages.

„Nur wo du zu Fuß warst, bist du wirklich gewesen!“ *~ Johann Wolfgang von Goethe*

Tag 26

Strecke: Marazion nach Porthleven
17,1 km - 584 hm - 2,43 km/h
am Pfad: 462,8 km
Unterkunft: Harbour Inn, £ 110,- sehr schön
traumhaft sommerlich

Ich liebe diese Tage, wenn man den Vorhang wegzieht und hinter dem Fenster befindet sich nichts außer strahlend blauer Himmel! Alles ist einfach doppelt so schön, wenn die Sonne scheint, wobei man bei unserer Unterkunft dazu doch ziemlich viel Fantasie braucht, um die Sonne hinter dem verschmutzten Glas zu erkennen. Aber egal, ich habe sogar recht gut geschlafen und das Frühstück war auch absolut in Ordnung, daher bin ich positiv gestimmt und freue mich auf den heutigen Tag.

Porthleven, ich komme! Ich bin schon so gespannt auf dieses Hafenstädtchen, das ich mal wieder aus den Rosamunde Pilcher Filmen kenne. Ganze zehn Mal wurde Porthleven schon als Drehort für eines dieser rührseligen Movies gewählt und die Bilder sind auch wirklich beeindruckend, daher bin ich tatsächlich schon ein wenig aufgeregt; etwa wie damals, als ich zum ersten Mal vor der Freiheitsstatue vor den Toren New Yorks stand. Der Path beginnt so, wie er gestern aufgehört hat, nämlich einfach zu gehen. Jetzt ist Ebbe und dort, wo gestern nichts als ein halber Meter Steingeröll zu sehen war, erstreckt sich heute ein riesiger, feinsandiger Strand. Wir beobachten einen Schwarm Schmetterlinge und als diese den Blick auf die Küste wieder frei geben, entdecken wir eine Robbe, die es sich auf einem kleinen Felsen, der wie ein Liegestuhl aus dem Meer ragt, gemütlich macht. Genauso soll das Leben sein und genauso sollte eine Küstenwanderung sein. Trotz der Schönheit der Landschaft spüre ich wieder die Druckstelle am rechten Fuß, die sich schon seit einigen Tagen ankündigt. Das muss ich mir am Abend noch einmal genauer ansehen, jetzt im Moment kann ich ohnehin nichts tun.

Um den Fuß ein wenig zu entlasten, machen wir in Praa Sands Halt und bewundern mal wieder die Lage und Größe der englischen Strände. Es ist ein absoluter Jammer, dass das Wasser hier so kalt ist, denn sonst wäre das auch für uns ein Platz, wo man jährlich seinen Sommerurlaub verbringen könnte. Dort, wo es schöne Strände gibt, ist es oft so, dass man sich vor Strandverkäufern kaum retten kann, doch hier in England gibt es das nicht und man kann sich entscheiden, ob man sich mitten im Trubel aufhalten oder ein paar hundert Meter weiter die absolute Ruhe genießen will. Aber die Wassertemperaturen verhindern, dass die Region für uns ernsthaft als Sommerdomizil in Frage kommt.

Gut gestärkt machen wir uns auf, um nun die anstrengende Strecke zu bewältigen. Wir wandern die Grasdünen hinauf und kommen bei einigen Holiday Cottages vorbei, die allerdings wenig einladend wirken. Grundsätzlich bin ich sehr enttäuscht über die Qualität der Unterkünfte. Hier bezahlt man für ein wenig ansprechendes Zimmer das, was ich bei meinem Studium in St. Pölten im Vier-Sterne-Hotel bezahlt habe. In Summe haben wir bis jetzt mehr schlechte als gute Unterkünfte gehabt und diese Statistik wird sich in den kommenden Wochen noch in die negative Richtung verschieben.

Wir erklimmen die Klippen bis zur Landzunge Rinsey Head und kommen dann an einem restaurierten Maschinenhaus, der Wheal Prosper Tin Mine, vorbei. Da sie direkt am Weg liegt, macht ein Foto Sinn, aber extra dafür hierher zu fahren, zahlt sich wirklich nicht aus, da gibt es einfach viel interessantere Zeitzeugen zu besichtigen. Da wir gut in der Zeit liegen, lassen wir uns auf ein kleines Schwätzchen mit einem älteren Wanderer ein. Er erklärt uns, dass wir in der Nähe von Lizard mit einer Umleitung rechnen müssen, ich messe dem aber keine große Bedeutung bei, denn bis jetzt waren die Umleitungen meist ganz nahe des Weges. In zwei Tagen werde ich mir wünschen, heute besser zugehört zu haben. Aber abgesehen von dieser Information, die mir derzeit nicht als besonders wichtig erscheint, handelt es sich wie immer um Wander-Small-Talk. Wetter, Beschaffenheit des Weges und gute Pubs sind in solchen Gesprächen eigentlich immer enthalten, genauso die Frage, woher wir kommen und wohin wir wollen. Ab Woche sechs wird meine Antwort auf den Satz: „Where do you want to go?“, immer „Home“ lauten, aber für heute soll es mal Porthleven sein, das wir etwas später, nachdem wir Trewavas Head und Nichols Cove passiert haben, auch tatsächlich erreichen.

Man erkennt die Stadt erst, wenn man die letzte Biegung erreicht hat, doch dann liegt er vor einem, der südlichste Hafen des britischen Festlandes. Er wurde ursprünglich entwickelt, um den Seefahrern einen Zufluchtsort zu bieten, denn lange schon war damals die Küste Cornwalls als große Gefahrenstelle bekannt und die Chancen, dass das eigene Schiff hier als Wrack sein Dasein fristen würde, standen ziemlich hoch. Daher wurde 1863 in diesem Städtchen auch ein Rettungsboot stationiert und dazu ein Bootshaus gebaut, von wo aus das Schiff mithilfe einer Kutsche ins Wasser gezogen werden konnte. Nachdem allerdings Ende der 1930er-Jahre in Lizard und Penlee Motorrettungsboote zum Einsatz kamen, wurde die Station geschlossen und in ein Museum, dem Shipwreck Centre Museum, umfunktioniert.

Am Hafen findet geschäftiges Treiben statt, zu Wasser und zu Land. Im Hafenbecken können Anfänger Stand Up Paddeling üben oder sich zum ersten Mal in ein Kajak setzen. Überall finden wir Fischernetze in teilweise sehr lustigen Farbkombinationen, oft fein säuberlich zusammengerollt, manchmal aber auch einfach achtlos in eine Ecke geschmissen. Das zu entwirren scheint mir eine Lebensaufgabe zu sein, aber vielleicht steckt hinter dem Kuddelmuddel ja auch ein Konzept, wer weiß? Ich erkenne viele Drehschauplätze, während wir von der einen Seite des Hafens auf die andere schlendern, vorbei an kleinen Marktständen, Galerien und Eisverkäufern. Ein kleines Schild in einem Shop fällt mir sofort auf: „Nur wo du zu Fuß warst, bist du wirklich gewesen!“ Wenn ich also eines behaupten kann, dann, dass ich an der Küste in Englands Südwesten gewesen bin – wirklich gewesen bin.

Wir beziehen unser Domizil im Harbour Inn, das direkt am Hafen liegt. Das Zimmer ist schön, doch das Fenster führt direkt hinaus zum Raucherhof, ein Umstand, der uns bis Mitternacht noch ganz schön auf Trab halten wird. Offensichtlich hat man sich beim Rauchen viel zu erzählen.

Täglich gibt es zahlreiche Zaunübertritte zu bewältigen.

Jetzt allerdings genießen wir die großartige Abendstimmung in Porthleven und sehen am Strand den begnadeten Surfern zu. Das geht einfach, denn der Hafen ist vom Strand nur durch einen Granitpfeiler getrennt und so kann man sich hier in der Mitte aufhalten und quasi das Beste aus beiden Welten genießen. Durch die

Porthleven ist ein typisch kornisches Fischerdorf.

Tatsache, dass die Wellen hier sehr stark sind und oft die Zwei-Meter-Grenze überschreiten, wird Porthleven als „Cornwalls bester Riffbruch" beschrieben und hat sich zu einem der angesehensten Surfspots in Großbritannien entwickelt. Damit den Surfern, Schwimmern, Paddlern und Kanuten nichts passiert, patrouillieren hier – wie an den meisten Stränden, an denen wir waren – die RNLI-Rettungsschwimmer. Oft können wir die Lifeguards beim Trainieren beobachten, aber einen Einsatz haben wir noch nicht erlebt und werden es auch nicht. Die Lifeguards werden sich leider auch nicht um meine unangenehme Druckstelle am Fuß kümmern und daher muss ich mich am Abend wieder selbst verarzten. Die Rasierklinge lasse ich heute besser eingesteckt und versuche mich an der Nagelfeile, die aber nicht das gewünschte Ergebnis zeigt. Ich muss zu Wickie, dem kleinen Seefahrer, werden und ganz bald eine Lösung für dieses Problem finden, denn so kann das unmöglich noch fast fünf Wochen bleiben. Das Nase-Rubbeln nützt allerdings nicht, noch nicht, denn mir wird tatsächlich eine gute Lösung einfallen … nur heute noch nicht.

„The paradise is elsewhere but definitely not here." ~ *Gary, England*

Tag 27

Strecke: Porthleven nach The Lizard
22,3 km - 735 hm - 3,16 km/h
am Pfad: 485,1 km

Unterkunft: The Top House Inn, £ 95,– sehr schön

bedeckt

Der Handywecker läutet eine Viertelstunde früher, denn ich muss mich noch einmal um die Druckstelle kümmern, bevor wir starten, auch wenn mir bewusst ist, dass dies nicht lange halten wird. Übermorgen werden wir einen Rasttag in einem Spa Hotel einlegen und dort habe ich gestern – vorausschauend wie ich bin – bereits einen Termin für eine Pediküre vereinbart. Man gönnt sich ja sonst nichts. Für heute muss meine kleine Fußpflege für arme Wanderer aber reichen.

Das wunderschöne Wetter von gestern versteckt sich heute hinter einem dunkelgrauen Vorhang, aber es war zu erwarten, dass es nicht täglich strahlenden Sonnenschein geben kann. Dummerweise steht uns aber ein langer Tag bevor und da wären ein paar wohlig warme Strahlen eine gute Motivation. Wie immer nützt es aber nichts und nach einem leckeren Frühstück gehen wir ein paar Meter zum hiesigen Supermarkt. Die Kassiererin begrüßt mich mit: „Good morning, Darling", einer Anrede, an die ich mich mittlerweile schon gewöhnt habe. Hier bin ich einfach „Everybody's Darling", und wenn nicht das, dann nennt man mich „Sweetheart" oder „Honey". Allerdings meint Lucy, meine Nummer-Eins-Ratgeberin, was den SWCP betrifft, dass ich erst wirklich in Cornwall aufgenommen bin, wenn mich jemand „my lover" nennt. Tja, leider werde ich ohne diesen Ritterschlag nach Österreich zurückkehren müssen.

Trotz Pediküre, Frühstück und Einkauf schaffen wir einen frühen Start in den Tag und kommen kurz auch gut voran. Plötzlich versperrt uns eine große Umleitungstafel den Weg, auf der Folgendes zu lesen ist: „This section of coast path ahead of you has been closed due to a major cliff fall." Ja, Umleitungen gibt es immer wieder, aber diese hier ist wirklich extrem. Obwohl der kaputte Abschnitt höchstens 100 Meter betrifft, ist der Weg, der drumherum gegangen werden muss, ganze 4,5 Kilometer lang! 4,5 Kilometer, die nun zu unserem Tagespensum von 22 Kilometern und

750 Höhenmetern dazugerechnet werden müssen. Der frühe Vogel fängt also hier heute keinen Wurm, denn die Stunde, die wir früher los sind, verlieren wir dadurch wieder – mindestens. Plötzlich fällt mir die Begegnung von vorgestern ein, wo uns ein liebenswürdiger Wanderer davor gewarnt hat, ich aber nur mit halbem Ohr hingehört habe. Das habe ich nun davon. Ich gebe es zu, das geht mir ganz schön auf die Nerven. So richtig aber! Wir treffen ein Ehepaar, das genauso begeistert ist wie wir und obwohl sie uns erklären, dass der männliche Teil der beiden mit starken Knieschmerzen zu kämpfen hat und heute sehr langsam unterwegs ist, schaffen wir es nicht annähernd, mit ihnen Schritt zu halten und bald schon sind sie aus unserem Blickfeld verschwunden. Wir sind echte Schnecken! Apropos Schnecken, die gibt es hier im Übermaß, aber zumindest die sind nur geringfügig schneller als wir und das, obwohl sie ihr Haus am Rücken tragen und wir nur einen lächerlichen Rucksack.

Die Umleitung zieht sich ewig in die Länge, aber zumindest ist es recht flach und wir kommen gut voran. Eigentlich ist es sogar ziemlich schön hier, denn den zweiten Teil der Strecke wandern wir entlang des Loe Pools, dem größten Süßwassersee Cornwalls. Hier hat der Legende nach der gute Sir Bediver, ein Ritter der runden Tafel des König Artus, das Schwert Excalibur ins Wasser geschmissen, um es der Herrin der See zurückzugeben, nachdem Artus in der Schlacht mit Modred zu Tode gekommen war. Angeblich soll es heute noch in den Tiefen des Loe Pools ruhen.

Leider ist die Sicht auf dieses legendenhafte Gewässer dermaßen schlecht, dass uns auch dieser Umstand nicht aufheitern kann. Endlich am anderen Ende der Umleitung angekommen, gönnen wir uns eine kurze Pause, die von einem Wanderer unterbrochen wird, der uns vor der bevorstehenden Umleitung warnen will. Zum Glück kommen wir gerade von dort und können uns jetzt endlich wieder auf den eigentlichen Weg machen; der nächste Zwischenstopp soll Mullion Cove werden, welcher allerdings noch fast zehn Kilometer entfernt liegt. Etwas miesepeterig wandern wir weiter, zuerst zur Gunwalloe Fishing Cove, dann nach Baulk Head und schließlich oberhalb der Halzephron Cove entlang. Alles nett, aber nicht nett genug, um unsere Stimmung nachhaltig zu verbessern.

Als wir endlich in Mullion Cove ankommen, fängt es leicht zu regnen an und wir entschließen uns, auf eine ausgiebige Pause zu verzichten, denn wir wollen um eine brauchbare Zeit beim Lizard Point sein und bis dahin sind es noch elf Kilometer. Wir wandern also beim Café vorbei auf einen Hügel hinauf und umrunden die Parc Bean Cove, den Lower Predannack und die Landzunge Vellan Head. Ich glaube, bei schönem Wetter und ohne

Umleitungen sind für Wanderer immer ein großes Ärgernis.

Rucksack könnte es hier wunderschön sein. Allerdings fällt uns den ganzen Tag über vermehrt auf, dass sehr viele Häuser zu verkaufen sind, und wir entschließen uns dazu, den Nächsten, den wir treffen, darauf anzusprechen. Wir müssen nicht lange auf einen netten, gesprächigen Wanderer warten, doch auf den Monolog, der auf unsere Frage folgt, sind wir nicht vorbereitet. Er erzählt uns, dass die Besucher immer so einen verklärten Blick von Cornwall haben, vor allem die Deutschen, die aufgrund irgendeiner kitschigen Liebesfilmreihe glauben, dass hier das Paradies liegt. „I tell you", sagt er uns, „the paradise is elsewhere but definitely not here." Ich gebe mein Wissen über die Pilcher-Filme jetzt besser nicht preis, denn Gary, so hat er sich uns vorgestellt, legt jetzt erst richtig los. Der Brexit sei das Schlimmste, was Cornwall je passieren konnte, meint er und möchte gleich darauf wissen, was diese Grafschaft mit Rumänien und Bulgarien gemeinsam hat. „Right!", ruft er, wobei wir noch nicht zur Antwort, die wir eh nicht wissen, angesetzt haben. Er erklärt uns, dass Cornwall wie die beiden ehemaligen Ostblockstaaten Sondermittel aus dem Sozialfonds der EU bekommt und tatsächlich das ärmste County Großbritanniens ist. Was wir schon vermutet haben, wird uns hier durch Gary bestätigt. Der schöne Schein trügt! Cornwall ist nicht nur das Land der Postkartenmotive und der großen Gefühle, sondern auch das der Armut und des Strukturwandels. Der Tourismus allein kann die wirtschaftliche Schieflage nicht ausgleichen, die der Niedergang der Minenindustrie und der Fischerei ausgelöst hat. Es wird zwar versucht, auf erneuerbare Energien oder Yachtbau zu setzen, aber das klappt nur bedingt. Dennoch gibt auch Gary zu, dass die Rosamunde-Pilcher-Filme viel für den Tourismus tun, auch wenn ihr Name hier so gut wie niemandem etwas sagt. Dies verhält sich in England wohl genauso wie in Österreich das Wissen oder besser gesagt das Nichtwissen über „The Sound of Music". Amerikaner und Asiaten stürmen Salzburg und die Drehorte des Films, aber kaum ein Österreicher hat ihn je gesehen. So interessant es ist, mit Gary zu plaudern, der sich wohl freut, seine Ansichten unverblümt an uns weitergeben zu können, müssen wir dennoch weiter.

Die kurze Pause hat meinen Füßen gut getan, aber plötzlich sticht es in meinem linken Schulterblatt. Naja, wenigstens sind die Seiten ausgeglichen. Nach einer weiteren Cove, dem Passieren eines Strandes und der Landzunge Old Lizard Head kommen wir dann doch recht bald beim Lizard Point an. Nun haben wir also nach dem westlichsten Punkt Land's End auch den südlichsten des britischen Festlandes erreicht. Wir sind überwältigt von der Stille hier. Gut, das Wetter ist nicht besonders schön, aber schließlich befinden wir uns am südlichsten Punkt und das scheint niemanden wirklich zu interessieren. Wir gönnen uns eine Heiße Schokolade im kleinen Wavecrest Café, in dem wir problemlos einen Tisch bekommen, und schmücken diese noch mit Schlagobers und Marshmallows; das haben wir uns heute wirklich verdient. Die Aussicht ist atemberaubend, kein Spielkomplex oder Hotel verbaut die Sicht. Im kleinen Besucherzentrum des National Trust erfahren wir, dass das Seegebiet vor Lizard Point einer der größten Schiffsfriedhöfe ist. Zuletzt war es 2004 der französische Fischkutter Bugaled Breith, der bei seinem Untergang fünf Seeleuten das Leben kostete. Vermutet wurde damals, dass eine Kollision mit einem U-Boot die Ursache gewesen sein könnte, dies wurde aber nie offiziell bestätigt. Irgendwie gruselig, wenn man bedenkt, wie viele Menschen hier mehr oder minder ihren Frieden gefunden haben.

Wir gehen noch hinüber zum nahegelegenen Leuchtturm, doch mittlerweile ist es ganz schön spät geworden und unser Hotel liegt noch einen Kilometer landeinwärts. Das Top House befindet sich mitten am Hauptplatz und jeder Besucher kann von dort direkt in unser Zimmer sehen, zum Glück sind es nicht viele. Wir sind es gar nicht gewohnt, ebenerdig zu wohnen, normalerweise steckt man uns immer in den obersten Stock und um den zu erreichen, müssen wir immer die steilsten Treppen überwinden, so ist das hier doch eine nette Abwechslung.

Wir fallen ziemlich müde ins Bett und zum Glück versäumen wir in diesem kleinen Ort, den manch einer auch als richtiges Kaff bezeichnen könnte, genau gar nichts. Morgen soll das Wetter wieder besser werden, vielleicht können wir unsere vierte Woche ja mit besserer Laune abschließen als die, die uns heute den ganzen Tag begleitet hat.

Am südlichsten Punkt Englands.

„Es gibt kein schlechtes Wetter, nur falsche Kleidung.“ *~ Sprichwort*

Tag 28

Strecke: The Lizard nach Coverack
17,1 km - 699 hm - 3,16 km/h
am Pfad: 502,2 km
Unterkunft: Fernleigh Coverack, £ 80,- → akzeptabel
sonnig, dann stürmisch und heftiger Regen

Tatsächlich starten wir heute bei sommerlichen Temperaturen mit einem Mix aus Wolken und Sonne und es scheint, ein wunderschöner Tag zu werden. Mittlerweile haben wir allerdings gelernt, dass der SWCP wettertechnisch selten das hält, was er verspricht.

Lizard ist wirklich eine Ortschaft, die man nicht gesehen haben muss; ich würde hier höchstens einen Tagesausflug empfehlen, es gibt sicher bessere Plätze zum Übernachten – sofern man ein Auto hat. Haben wir aber nicht und daher heißt es: Schuhe schnüren und dort beginnen, wo wir gestern aufgehört haben. Die zusätzlichen täglichen Kilometer stören mich nicht mehr so sehr wie zu Beginn, aber dass ich mich darüber freue, wäre dann auch zu viel des Guten.

Der SWCP schlängelt sich vom Parkplatz zum Leuchtturm und von hier aus hinunter zu einer Fußgängerbrücke, bevor es bergauf zu den Klippen geht. Der Weg führt vorbei am Bass Point, der deshalb so bekannt ist, weil er der landesweit erste Beobachtungsposten der National Coastwatch Institution (NCI) ist. Die NCI ist eine völlig freiwillige Organisation, die entlang der britischen Küsten zum Schutz und Erhalt des Lebens auf See und in Küstenregionen beiträgt. Derzeit werden 54 solcher Stationen betrieben, die gemeinsam über ein Freiwilligennetz von mehr als 2.400 Menschen verfügen. Allein 2018 wurden mit ihrer Hilfe 485 Vorfälle gemeldet und neue Freiwillige werden immer gesucht, das können wir auch hier am Beobachtungsposten in großen Lettern lesen. Mit uns werden sie allerdings nichts anfangen können, daher wandern wir hinter der Rettungsbootstation weiter zur Church Cove und gelangen nach mehreren Auf- und Abstiegen und zahlreichen Mauerübertritten zur Polgwidden Cove; von hier aus ist es nur mehr ein Katzensprung zur Höhle „Devil's Frying Pan“. Die „Bratpfanne des Teufels“ entstand, als das Dach der Höhle einstürzte und dieses große Loch mit seinem markanten, gewölbten Eingang gebildet wurde. Warum dieses Loch mit dem Teufel in Verbindung gebracht wird, offenbart sich erst an stürmischen Wintertagen, heute kann sich der gute Mann hier nicht einmal ein Spiegelei braten, so ruhig ist das Wasser derzeit.

In Cadgwith angekommen, manchen wir nicht ganz freiwillig Pause, denn ein riesiges Segelschiff versperrt die einzige Durchgangsstraße des Ortes. Acht Leute versuchen mühevoll, das Segelschiff auf einen Anhänger zu hieven, aber das scheint nicht klappen zu wollen. Engagierte Wanderer würden hier jetzt vielleicht ihre Hilfe anbieten, aber wir vermuten, dass wir eher im Weg wären, als tatsächlich eine helfende Hand reichen zu können, daher versüßen wir uns die Wartezeit mit Vanilleeis im Watch House. Von diesem „Beobachtungshaus" aus können wir dem angestrengten Treiben auf der Straße einmalig folgen und uns ein Händeklatschen nicht verkneifen, als das Boot endlich aufgeladen ist. Die fleißigen Arbeiter stimmen ein und zeigen uns spielerisch ihre Muskeln. Bevor sie sich vor lauter Imponiergehabe vielleicht auch noch das Shirt ausziehen, gehen wir lieber weiter. Mittlerweile brauen sich dunkle Wolken über uns zusammen. Wir können gerade noch unsere Regenhose anziehen, als es plötzlich wie aus Kübeln zu schütten beginnt und zwar so heftig, dass wir Schutz unter Bäumen suchen. Allerdings sind wir nicht die einzigen, die sich vor diesem Wolkenbruch verstecken, denn plötzlich kommen einige Wildponys zu unserem Unterstand und rücken dicht an dicht zusammen. Irgendwie ein surreales Bild, das uns aber besonders zu Herzen geht. Wir nutzen die Zeit, um uns richtig anzuziehen, kurz davor haben wir die Regenklamotten nur schnell über uns geschmissen. Wie heißt es so schön: „Es gibt kein schlechtes Wetter, nur die falsche Kleidung", und obwohl wir natürlich froh sind, das Zeug mitzuhaben, können wir dem Sprichwort gerade in diesem Moment nicht viel abgewinnen. Knapp zehn Minuten stehen wir hier zusammengekuschelt und hoffen auf besseres Wetter, das sich tatsächlich bald wieder blicken lässt. Schweren Herzens verabschieden wir uns von unserer neuen Wanderbekanntschaft und gehen

Die Bratpfanne des Teufels.

weiter nach Poltesco und Kennack Sands. Bei der Carrick Luz Landzunge begegnen wir einem Schatzsucher, der mit einem Metalldetektor sein Glück versucht. Er erzählt uns, dass hier in der Region bereits mehrere belgische Goldmünzen aus dem 14. Jahrhundert gefunden wurden. Es soll sich um Münzen mit der Bezeichnung Mouton d'or handeln, für die man etwa 1.000 Pfund bekommt. Mir sagt der Name nichts, allerdings kenne ich mich mit alten Münzen genau gar nicht aus. Mein Wissen beginnt bei der Tatsache, dass der Liberty Dollar von 1794 die wertvollste Münze der Welt ist und genau hier hört es dann auch schon wieder auf. Ehrlich gesagt finde ich den Aufwand auch ein wenig übertrieben, denn Rick, wie er sich uns vorstellt, sucht diese Gegend bereits seit Monaten erfolglos ab. Aufgeben kommt für ihn aber nicht in Frage, denn Experten vermuten, dass die bis jetzt gefundenen Goldstücke von einem lange zurück liegenden Schiffsunglück stammen und daher noch viele weitere Münzen vorhanden sein könnten. Taucher sind dieser Vermutung bereits in Scharen nachgegangen und konnten nichts entdecken, aber davon lässt sich Rick nicht beirren. Wir wünschen ihm alles Gute und werden die nächsten Kilometer ein wenig genauer schauen, ob vielleicht doch irgendwo etwas in der nicht vorhandenen Sonne glänzt.

Leider macht uns das Wetter aber tatsächlich sehr rasch einen Strich durch unsere Schatzsuche-Rechnung, denn es fängt wieder heftig zu regnen an. Absolut schlecht, wenn man bedenkt, dass nun die rutschigen Klippen von Chynhalls auf uns warten. Vor einigen Tagen hat mir John geschrieben, dass er und Sue massive Probleme beim Abstieg von der Klippe hatten und bei ihnen war der Weg trocken. Wir entschließen uns nach kurzer Beratschlagung, die Alternativroute landeinwärts zu nehmen. Diese geht vom höchsten Punkt der heutigen Etappe nicht steil hinunter, sondern verläuft auf einem breiten Weg durch Ginsterbüsche an einem Skulpturenpark vorbei. Die Skulpturen von Terence Coventry können nur auf der Inland-Route entdeckt werden und sind oft Teil von Rundwanderwegen. Der Eintritt ist ganzjährig kostenlos und wir hätten uns gerne länger hier aufgehalten, würde es nicht schon wieder heftig regnen. Der Weg hinter dem Hotel mündet in einen matschigen Pfad und ehe wir uns versehen, sind wir wieder am Küstenweg. Zehn Meter weiter begegnen wir einer schluchzenden Frau, die sich mit der rechten Hand ihren linken Arm hält. Natürlich sprechen wir sie an und fragen, was denn passiert ist. Nachdem sie sich einigermaßen gefangen hat, erzählt sie uns, dass sie auf den Chynhalls Cliffs, als sie sich ihren Weg durch die Felsvorsprünge bahnte, böse gestürzt ist. Wir bieten ihr an, den Notruf, der fix in unseren Handys eingespeichert ist, zu wählen, doch sie lehnt ab. Ihr Mann würde in Coverack auf sie warten und sie möchte niemandem Umstände bereiten. Da wir nicht abschätzen können, wie sehr sie tatsächlich verletzt ist, bestehen wir nicht auf den Rettungseinsatz, aber darauf, dass wir sie in den Ort begleiten. Wir wandern ohne viele Worte nebeneinander her und wir können sehen, dass sie ziemliche Schmerzen hat, sich das aber nicht anmerken lassen möchte. Zum Glück dauert es nicht lange, bis wir das Lifeboat House erreichen, wo zum Glück tatsächlich schon ihr Mann auf sie wartet. Als sie ihn sieht, kann sie ihre Tränen nicht mehr zurückhalten, und er kümmert sich wirklich liebevoll um seine Frau. Wir atmen einmal tief durch und sind froh, dass sie nun in guten Händen ist. Wir verabschieden uns und bekommen noch mit, wie er meint: „We are going to the hospital immediately!" – wo auch immer es hier in der Nähe ein Krankenhaus geben mag. Zum Glück ist nicht mehr passiert.

Wir kaufen noch Verpflegung im einzigen kleinen Shop des Ortes, bevor wir uns auf die Suche nach dem heutigen B&B machen. Dort werden wir herzlich von Ann begrüßt und wir fühlen uns sofort wohl. Vom Wintergarten aus hat man einen herrlichen Blick auf die halbe Ortschaft und das Meer und wir sind begeistert von der herrlichen Lage. Das Wetter lässt Erkundungen nicht zu und so plaudern wir eine ganze Weile mit Ann. Sie erzählt uns, dass Wetterbedingungen wie diese heute sie immer ein wenig an das letzte Jahr zurückdenken lassen. Heftige Regenfälle haben vor fast genau 12 Monaten eine Spur der Verwüstung durch Coverack gezogen. Straßen wurden überflutet, eine sogar weggerissen, Hubschrauber mussten Menschen von ihren Dächern retten und Hagelkörner zerstörten Autos und Fensterscheiben. Heute ist davon für Touristen nichts mehr zu erkennen, die Straße wurde wiederhergestellt und die betroffenen Häuser wiederaufgebaut, doch den Bewohnern sitzt der Schreck immer noch im Nacken, vom großen finanziellen Schaden durch die fehlenden Touristen ganz zu schweigen. Hier auf der Küste ist tatsächlich einiges los.

Zufällige Begegnungen mit Wildponys sind immer eine Freude.

„You have reached Midway Point!"

Tag 29

Strecke: Coverack nach Helford Passage
21,1 km - 668 hm - 2,88 km/h
am Pfad: 523,3 km

Unterkunft: Buddock Vean Hotel, £ 236,- Zimmer wunderschön, → Hotel weniger

regnerisch und kühl

Toc, toc, toc – es regnet also wieder! Das hat die Wettervorhersage zwar genau so versprochen, aber wir haben dennoch gehofft, dass sie sich mal wieder irrt und zwar dieses Mal zu unseren Gunsten. Egal, die Laune lassen wir uns nicht verderben, denn heute ist ein wichtiger Tag: Wir werden den Midway Point erreichen und damit etwa um die Mittagszeit genau die Hälfte des Weges zurückgelegt haben. Dennoch ist die Vorfreude nicht derart groß, dass wir uns sofort vom kuschelig warmen Bett trennen können; ein-, zweimal noch umdrehen muss drin sein. Schließlich lockt uns der herrliche Duft von frischem Kaffee ins Frühstückszimmer. Wir sind die ersten, doch bald kommen ein deutsches und ein österreichisches Pärchen und es entsteht ein reges Tischgespräch. Die Deutschen erzählen uns von ihrer gestrigen Odyssee, die ihnen 400 zusätzliche Fahrkilometer eingebracht hat. Sie haben nämlich ihre Route für die Mietwagenrundreise falsch gelesen und sind zum übernächsten Hotel gefahren. Erst als man sie im System zum angegebenen Datum nicht finden konnten, bemerkten sie ihren Irrtum und machten sich auf den weiten Weg hierher. Die Oberösterreicher, die erst gestern nach England gereist sind, berichten uns vom neuesten Politiktratsch zu Hause. Dort herrscht im Moment offenbar großes Entsetzen über unsere Sozialministerin, die behauptet, dass man für € 150,– im Monat locker leben könnte, wenn man die Wohnung bezahlt bekommt. Mir bleibt fast das Frühstücksei im Hals stecken! 150 Euro? Das muss sie mir zeigen! Als Sozialpädagogin und als Mensch mit Hausverstand denke ich, dass sich das nie ausgehen kann, und alle am Tisch sind meiner Meinung. Das Gespräch ist derart angenehm, dass wir beinahe die Zeit vergessen. Aber es liegen 21 regnerische Kilometer vor uns und nachdem ich der neuen Bekanntschaft noch ein paar Pfund für meine Benefizwanderung abgeknöpft habe, machen wir uns auf den Weg.

Manchmal ist das Wetter nicht ganz so schön.

Heute ist es tatsächlich richtig kalt und zum ersten Mal wandere ich mit Weste und Regenjacke. Je mehr ich anziehe, umso weniger muss ich tragen, das hat also auch etwas Gutes. Der Weg ist wenig spektakulär, allerdings etwas morastig. Wir passieren die Bergbaugrube Dean Quarry, wo der Abbau von Gabbro, einem magmatisches Gestein, das als Baumaterial für Innen- und Außenbereiche verwendet wird, der Region etwa 150 Millionen Pfund und 150 Arbeitsplätze bringen soll. Auf beides ist Cornwall derzeit massiv angewiesen, doch es gibt auch große Kritik von Umweltschützern, die die Pflanzen- und Tierwelt ebenso wie die Gesundheit der Menschen und den Tourismus bedroht sehen. Die Befürworter sehen das natürlich nicht so und weisen auf die zahlreichen Vorteile von Gezeitenlagunen hin, die unter anderem mit diesem Gestein gebaut werden sollen.

Wir lassen die riesige Anlage wortwörtlich links liegen und begeben uns ins Landesinnere. Der Wegweiser führt uns zwischen Feldern bergauf und bringt uns in das Dörfchen Rosenithon und von hier aus geht es zurück zur Küste und somit nach Porthoustock. Allerdings ist das nur ein kurzer Abstecher zum Meer, denn auch die nächste Etappe verläuft durch ländliches Hinterland und führt uns durch die idyllische Ortschaft Trenance, bevor wir endlich Porthallow erreichen. Die Idee, dass wir um die Mittagszeit hier sein werden, war mal wieder nur eine ungefähre

Möglichkeit, denn es ist schon früher Nachmittag, als es endlich heißt: „You have reached the Midway Point!“ Wir machen die obligatorischen Fotos, zum Glück regnet es gerade nicht und so können wir sogar die Regenhose ausziehen und die Kapuze hinunterklappen, um halbwegs zivilisiert auszusehen. Nach gefühlten hundert Bildern fällt uns plötzlich auf, dass sich auf der zum Meer geneigten Tafel tatsächlich ein Fehler befindet. Die 315 Meilen zwischen hier und Minehead auf der einen Seite und Poole auf der anderen Seite stimmen zwar, aber die Kilometerangabe ist mit 517 Kilometern falsch. Das würde nämlich bedeuten, dass der Weitwanderweg 1.034 Kilometer anstatt der veranschlagten 1.014 Kilometer betragen würde. Sehr komisch, da werde ich mal bei der Association nachfragen. Für Wanderer – vor allem für jene, die nicht in Meilen rechnen – ist dies ein wichtiger Etappenpunkt, da könnte man doch erwarten, dass die Angaben korrekt sind. Ich wäre schon neugierig, wer das verbockt hat, denn am Marker haben viele Leute mitgearbeitet. Der lokale Künstler Tom Leaper wurde von der Arts for Health Cornwall mit der Entwicklung des Designs beauftragt. Dafür hat er mit Stephen Hall, einem Schriftsteller, zusammengearbeitet und hat außerdem die Mitglieder der örtlichen Gemeinde in einem Workshop bekannte Phrasen und Wörter finden lassen, um die Stimmen von Porthallow zu repräsentieren. Diese sind auf der Seite, die ins Landesinnere schaut, eingraviert, darüber steht das Wort „Pralla“. Dies ist die lokale Aussprache von Porthallow und bedeutet „Hafen des Flusses“. Auf der Seite mit dem Kilometerfehler sind die Namen der lokalen Flora und Fauna eingraviert. Dies alles wussten wir nicht von vornherein, es wird uns hier und jetzt von einem Taxifahrer erzählt. Er spricht uns an, als wir die Fotos machen, vermutlich in der Hoffnung auf neue Fahrgäste, aber als er merkt, dass wir auf alle Fälle den Weg weiter zu Fuß gehen werden, erzählt er uns von den Gegebenheiten. Leider weiß auch er nichts über die falsche Zahl – später werde ich eine Antwort der South West Coast Path-Association bekommen, dass sie vom Fehler wissen, er aber aus kostentechnischen Gründen nicht behoben wird. Schade, aber wir können das ja auch in die Kategorie künstlerische Freiheit stecken.

Gut, die Hälfte ist also geschafft, doch die Hälfte des Tages noch nicht und wir müssen uns jetzt echt beeilen, denn wir müssen in Helford mit der Fähre ans andere Ufer, und abgesehen davon, dass wir nicht wissen, wann die offizielle Fährzeit endet, wissen wir auch nicht, ob die Fähre überhaupt fährt, denn der Taxler erzählt uns, dass sie bei Regenwetter oft ihren Dienst einstellt. Vielleicht ist dies aber auch nur Verkaufstaktik.

Wir wandern also die restliche Zeit ohne viel zu reden so dahin und kommen zum Glück auch gut voran. Die Höhenmeter fallen heute nicht so sehr auf und auch das Wetter wird wieder etwas besser. In Helford angelangt, rufen wir die Fähre, indem wir eine Tafel öffnen. Diese zeigt dem Fährmann, dass Gäste eine Überfahrt wünschen. Das Boot kommt auch sehr bald angeschippert und der Fährmann begrüßt uns überschwänglich. Seit 9.30 Uhr würde er auf Leute warten, die seine Dienste in Anspruch nehmen wollen, doch bis jetzt habe es gedauert, bis wir seinem Warten ein Ende setzten. Tatsächlich sind wir die ersten und vermutlich aufgrund der fortgeschrittenen Tageszeit auch die letzten Gäste des Tages. Unser Hotel hätte zwar eine eigene Schiffsanlegestelle, aber aufgrund der derzeit herrschenden Ebbe könne man dort nicht anlegen, erklärt uns der Fährmann und so müssen wir in Helford Passage an Land gehen und die eineinhalb Kilometer zum Hotel von hier aus zurücklegen. Amüsiert erzählt er uns, dass ihn heuer bereits einige Japaner gebeten haben, sie direkt mit dem Boot zum Hotel zu bringen, weil es schließlich auf einer Anhöhe liege und sie nicht bergauf gehen wollten. Kopfschüttelnd fragt er uns, ob wir das glauben können. Sie wollten tatsächlich, dass er sie mit dem Boot hundert Höhenmeter hinaufbringt, und waren dann beleidigt, als er die Bitte leider ablehnen musste, da er nur so weit fahren kann, wie es Wasser gibt, und er wüsste keinen Kanal, der tatsächlich bergauf gehen würde. Als wir uns verabschieden, lacht er immer noch und scheint sich köstlich mit sich

Genau die Hälfte des Weges ist geschafft.

selbst zu amüsieren. Ob die Geschichte wahr ist und ob vielleicht nicht mangelnde Intelligenz, sondern die Sprachbarriere der Auslöser für diese Bitte war, werden wir nicht mehr erfahren, aber zumindest konnten wir dem Fährmann den Tag erhellen und so passt das schon.

Der Weg zu unserem exklusiven Spa Hotel, das wir uns für die nächsten zwei Nächte gönnen wollen, zieht sich trotzdem, und wir sind wirklich froh, als wir endlich einchecken. Als wir der Rezeptionistin erklären, dass wir tatsächlich kein Auto haben und bis hierher zu Fuß gegangen sind, bittet sie uns an die Bar und spendiert uns zwei Café Latte. Wir sollen hier warten, meint sie und verschwindet um die Ecke. Keine zehn Minuten später ist sie wieder zurück und erklärt, dass der Hotelmanager zugestimmt hat, dass wir ein Upgrade auf unser Zimmer bekommen. Wir würden das beste Zimmer des Hauses zum günstigsten Preis erhalten, weil sie und ihr Chef unsere Benefizwanderung für eine tolle Sache halten und uns dafür ein bisschen belohnen wollen. Sie nimmt uns die zuvor bereits ausgehändigte Zimmerkarte wieder ab, gibt uns eine neue und begleitet uns zu unserem „Signature Room". Sie hat nicht zu viel versprochen, das Zimmer ist wirklich traumhaft, hier werden wir uns bestimmt wohlfühlen. Zum Abendessen dürfen wir aber trotzdem nicht ins Restaurant, denn auch wenn wir uns bemühen würden, den Dress Code können wir beim besten Willen nicht erfüllen. Daher wird für uns eine kleine Nische an der Bar hergerichtet, wo auch wir nach dem langen Tag etwas zwischen die Zähne bekommen und zwar etwas wirklich Leckeres. Echt nett, wie man sich hier um uns bemüht, daran könnte ich mich gewöhnen.

Erste Flugversuche.

„Golf is good for the soul."

Tag 30

Zero Day – Helford Passage
trüb

Helford Passage also – das ist unser Zwischenstopp für den zweiten Ruhetag, weniger, weil es hier so unglaublich interessant ist, sondern weil wir uns in einem Spa Hotel so richtig verwöhnen lassen wollen. Allerdings hatten wir völlig überzogene Vorstellungen, was ein Spa Hotel in England können muss, und werden hier schnell auf den Boden der Tatsachen zurückgeholt. Völlig entspannt packe ich die Wellnesstasche mit Handtüchern und Zeitschriften voll, als ich schließlich am Henkel das Wort „Recycling" lese. Ups, in diese Tasche gehört Papier, die hätte ich jetzt fast zweckentfremdet. Aber gut, soll nichts Schlimmeres passieren, doch leider passiert genau das, denn der Spa-Bereich ist ein einziger Witz. Was sich auf den Hotelfotos als wunderschöne Badelandschaft präsentiert, ist das genaue Gegenteil. Wir sind gelinde gesagt schockiert, denn es ist absolut schmutzig, die angepriesene Sauna ist eine kleine Hütte im Inneren, von jenen wir für den Hausgebrauch schon bessere gesehen haben, und in den Whirlpool im Außenbereich würde ich nicht einmal meine kleine Zehe stecken. Wir schwimmen zwar unsere Runden, weil wir es uns für den Tag vorgenommen haben, aber danach verschwinden wir ganz schnell wieder aufs Zimmer, denn keine einzige der Liegen war auch nur halbwegs annehmbar.

Von unterwegs habe ich bereits eine Pediküre gebucht, denn mittlerweile schmerzt mein rechter Fuß mit der zusätzlichen harten Haut schon sehr. Diese Fußbehandlung versöhnt mich wieder ein wenig, denn sie ist tatsächlich mehr als angenehm und meine Füße schauen wieder weniger aus wie Dinosaurierlatschen.

Ich persönlich hätte den Nachmittag danach auch einfach im Bett im Zimmer verbringen können und wäre mit den englischen Liebesfilmen mehr als nur zufrieden gewesen, aber im persönlichen Wörterbuch meines Mannes kann man den Begriff „Ruhe" nicht finden. „Gehen wir etwas an! Lass uns rausgehen! Ich will etwas machen!", nervt er unaufhörlich; und weil ich ihn mit seinen kläglichen Englischkenntnissen nicht alleine wegschicken möchte, beschließen wir, den Trebah Gardens, die nur etwas mehr als einen Kilometer entfernt liegen, einen Besuch abzustatten, auch wenn das Wetter damit droht, jeden Moment wieder Regentropfen in Richtung Erde zu schicken.

Großbritannien ist ja für seine Gärten berühmt und auch die Trebah Gardens beschreiben sich selbst als „Sub-tropical paradise with a stunning coastal backdrop“, obwohl sie es nicht unter die Top 20 der britischen Gärten geschafft haben. Die absolute Nummer 1 ist seit Jahren unangefochten das Eden-Projekt und gleich darauf folgen die Lost Gardens of Heligans. Beide Gärten sind hier in der Nähe, fußläufig aber dennoch nicht erreichbar, macht aber auch nichts, denn wir hatten bereits die Möglichkeit, beide Anlagen kennenzulernen und können gut nachvollziehen, warum diese das Ranking anführen. Dennoch: Wären wir jetzt einfache Touristen mit wenig Anbindung zur Natur, wären wir von der 11 Hektar großen Anlage bestimmt begeistert, aber da unsere Aufgabe im letzten Monat aus nichts anderem bestand, als durch die englische Natur zu wandern, entdecken wir hier trotz intensiver Detektivarbeit nichts Neues. Die wenigen subtropischen Pflanzen werden großteils von den einheimischen Gewächsen überlagert und auch wenn der Rhododendron hier in den schönsten Farben blüht, haben wir dies im Laufe unserer Wanderung bereits oft gesehen. Allerdings gelangen wir dadurch zu der Erkenntnis, dass wir offensichtlich durch den größten Garten Englands wandern und das noch dazu völlig kostenfrei. Wir können uns tatsächlich glücklich schätzen, hier zu sein, denn die vielen Strände mit ihrem glitzernden Sand und den subtropischen Pflanzen bilden eine einzigartige Vegetationsvielfalt und verfügen über eine schiere Fülle an Vogelarten, die zu beobachten uns eine wahre Freunde ist.

Wenn wir aber schon einmal da sind, wollen wir uns zumindest im dazugehörigen Café den Bauch vollschlagen. Dieses Vorhaben legen wir allerdings ganz schnell ad acta, als wir die Preise sehen. So bleibt es bei Kaffee und Fruit Scones und ich beschließe in diesem Augenblick, mir zu Hause jedes verfügbare Video über das Backen von Scones reinzuziehen. Ich muss wirklich lernen, wie man die bäckt. Das mag für viele keine große Sache sein, aber da ich in der Tat nicht mit einem großartigen Backtalent gesegnet bin, wird sich dies in den kommenden Monaten noch als eine ziemlich große Anstrengung darstellen.

Zurück im Hotel, beschließen wir, noch am Golfplatz auf Entdeckungsreise zu gehen. Darf man das? Keine Ahnung! Aber da der Küstenweg an sich oft über Golfplätze führt, denken wir, dass es hier wohl keine Strafen für Herumschlendern geben wird. Die Gefahr ist eher, dass uns ein Golfball trifft, aber wir stellen uns tapfer der Herausforderung. Neugier siegt!

Zweiter freier Tag in den Trebah Gardens.

Großbritannien zählt zu den fünf Ländern, in denen am meisten Golf gespielt wird, und in Europa ist es die unangefochtene Nummer eins. Nirgends gibt es derart viele Spieler und Golfplätze wie hier auf diesem Inselstaat. Eigentlich muss man fast England sagen, denn weder in Schottland noch in Wales oder in Nordirland kann man sich derart dafür begeistern, einen weißen Ball in ein weit entferntes Loch zu schupfen, wie hier. Wie bei vielen anderen Sportarten auch frage ich mich persönlich, worin genau der Sinn von Golf liegt, und plötzlich wird er mir an der Eingangstür zum hinteren Bereich offenbart. Golf ist nämlich gut für die Seele, genauer gesagt steht dort folgender Spruch: „Golf is good for the soul. You get so mad at yourself that you forget to hate all your enemies." Blöd nur für meine Feinde, dass ich kein Golf spiele, und daher die Chance, sie zu vergessen, gen null tendiert. Während ich mich noch köstlich über diesen Spruch amüsiere, sieht sich ein mittlerweile hinzugekommener Golfer dazu aufgefordert, mir die Vorzüge von Golf zu erläutern. Ich gebe zu, ich verstehe nicht alles aber dennoch beeindruckt mich seine Leidenschaft, mit der er Golf mit dem Leben vergleicht. Er meint, dass oft gute Möglichkeiten trotz der richtigen Strategie ins Leere laufen und auch tolle Ergebnisse trotz mangelhafter Ausführung entstehen können, wie eben beim Golf, wo man nie weiß, wohin der nächste Schlag geht: „But the most important thing is that you have to play the ball wherever it lies." Puh, mit einer philosophischen Diskussion hätte ich heute nicht mehr gerechnet, aber ich muss zugeben, dass ich dieser Erklärung tatsächlich etwas abgewinnen kann. Nicht genug, um Golf spielen zu wollen, aber genug, um die Spieler ein wenig besser zu verstehen. Es bestätigt sich also wieder, dass man sich tatsächlich zuerst mit etwas intensiv auseinandersetzen sollte, bevor man es schlecht macht. Würden dies mehrere Menschen berücksichtigen, wäre die Welt bestimmt um vieles besser.

„I just had to run." *~ Damian Hall, Rekordhalter*

Tag 31

Strecke: Helford Passage nach Falmouth
16,1 km - 426 hm - 3,14 km/h
am Pfad: 539,4 km

Unterkunft: The Lerryn, £ 100,- → passabel

sommerlich warm

Der 31. Tag und somit auch der letzte im Juli beginnt großartig. Die Wäsche duftet dank Waschmaschine und Trockner des Hotels frisch wie selten, die Wanderschuhe sitzen dank der gestrigen Pediküre wunderbar, die Sonne zeigt sich endlich wieder und der heutige Wandertag wird mit nur etwas mehr als 16 Kilometern und einer moderaten Streckenführung vermutlich auch recht angenehm werden. Was will man also mehr?

Gut, zugegeben, es ist der 31. Tag und in dieser Zeit hätte der Rekordhalter Damian Hall die ganze Strecke bereits dreimal bewältigt – wir sind gerade mal bei der Hälfte. Aber das wollen wir ja gar nicht und die Tatsache, dass wir körperlich nicht einmal annähernd dazu in der Lage wären, erwähne ich jetzt besser nicht. Der Ultra-Distance-Runner Damian Hall hält den Streckenrekord mit 10 Tagen, 15 Stunden und 18 Minuten. Noch einmal langsam: 10 Tage – 15 Stunden – 18 Minuten!!! Ich halte das für völlig unmenschlich und da bin ich nicht die einzige, denn Hall ist ebenfalls dieser Meinung. In dieser Zeit lief er täglich um die 100 Kilometer und 3.500 Höhenmeter und er bezweifelt heute noch, dass das je eine gute Idee war, die er nämlich nicht selbst, sondern sein Kollege Mark Townsend hatte. Sie starteten beide in Minehead, aber Townsend musste bei der Halbzeit aufgrund massiver Knieprobleme aufgeben bzw. musste er fast dazu gezwungen werden, denn er hielt einst die Bestzeit und wollte sie zurück. Als jedoch klar wurde, dass keiner von den beiden den Rekord brechen würde, wenn sie zusammenblieben, weil Townsend mit dem Tempo nicht mithalten konnte, entschlossen sich beide schweren Herzens, dass Hall von da an allein um die „fastest known time" läuft. Ohne Supportcrew ist das nicht möglich und Damian hält seinen Freund Tom für den wahren Helden, denn er war dafür verantwortlich, dass sie zu essen und zu schlafen hatten und dass Kleidung zum Wechseln da war, wenn der Geruch der Läufer die Nase beleidigte. Das alles meistens dadurch, dass er mit seinem VW Bus extrem schmale Straßen in unwegsamem Gelände, teilweise bei Regen und Sturm, fuhr, um zum Treffpunkt zu gelangen. „I just had to run", meinte Hall in einem Interview. Hier spricht er auch davon, dass das Ganze nur selten wirklich Spaß machte. Er schlief höchstens drei Stunden, die letzten beiden Tage nur zwei, und einmal ist er sogar mitten im Laufen eingeschlafen. Die Füße schmerzten, die Tränen der Anstrengung liefen über seine Wangen und Tag für Tag vermisste er seine Kinder mehr. Doch kein einziges Mal wollte er aufgeben – das haben wir gemeinsam. Aber nicht nur das, denn alles, was Damian Hall Positives am Weg erlebte, das erleben wir auch: die wunderschöne Landschaft, die großartige Flora, die tierischen Begegnungen und die Liebenswürdigkeit und Großzügigkeit der Menschen. Ein „Yipiee" auf die Menschen! Als Wichtigstes beschreibt Hall aber die Tatsache, dass du jeden Moment spürst, dass du am Leben bist – nicht nur emotional, sondern vor allem körperlich, auch das können wir uneingeschränkt bestätigen, hier am Weg bist du immer bei dir und deinem Körper, anders würde es nicht gehen. Aber während Hall bereits neue Rekorde gebrochen und weitere Strecken, darunter den vermutlich anstrengendsten Ultra-Trail du Mont-Blanc, gemeistert hat, sind wir uns bereits jetzt sicher,

Schöner kann's eigentlich nicht sein.

dass dies hier ein einmaliges Erlebnis bleiben wird und daher müssen wir tatsächlich versuchen, jeden Moment zu genießen. Also, lange Rede, kurzer Sinn: Auf geht's!

Ich glaube, Damian Hall hat uns Flügel verliehen, denn heute ist es tatsächlich von Anfang bis zum Schluss schön und selbst die zusätzliche Strecke bis zum Weg stört uns nicht. Eine kleine Fußgeherbrücke trennt uns vom Strand, den wir gestern bei den Trebah Gardens besuchen konnten, und diese verhindert, dass man ohne Bezahlen in die Gärten kommt – höchstens man springt hier hinunter, so tief ist das nicht, aber damit kein falscher Eindruck entsteht, sei hier gesagt: Natürlich ist das verboten! Außerdem brauchen die Engländer, wie wir bereits erfahren haben, ohnehin jeden Pfund.

Wir kommen sehr schnell nach Durgan, einem kleinen Weiler mit genau zehn Einwohnern, und bald darauf nach Maenporth, wo wir eine kleine Rast einlegen und ich mir selbst auf die Schultern klopfe ob der großartigen Idee, zur Pediküre zu gehen. Meinem Fuß geht es dadurch endlich wieder gut und die Schmerzen, die sich am linken Schulterblatt kurz melden, ignoriere ich gekonnt. Zu schön ist es heute, um sich Sorgen zu machen. Den ganzen Tag über genießen wir das leicht zu bewältigende Gelände. Die Hügel sind tatsächlich sanft, der Weg ist tatsächlich einfach zu gehen und der Ausblick ist tatsächlich einer der schönsten bisher. Die ganze Strecke liegt uns buchstäblich zu Füßen. Bereits zu Mittag sind wir in Swanpool. Dort begegnet uns ein höchst seltsamer Wegweiser des SWCP. Direkt an der Bushaltestelle unter dem Begriff „Swanpool Beach" finden wir die Eichel und den Schriftzug „South West Coast path", gleich einmal mit Rechtschreibfehler, denn auch „Path" wird hier großgeschrieben. Was will uns dieses Schild sagen? Etwa, dass wir hier in den Bus einsteigen und Falmouth nicht mehr per pedes erreichen sollen? Zu schön, um wahr zu sein, davon habe ich in keinem Führer gelesen und daher ist die Wahrscheinlichkeit, dass das so gemeint ist, ziemlich gering. Unsere Verwunderung sieht uns ein Lifeguard offensichtlich an und er erklärt uns, dass das bedeutet, dass man hier aussteigen muss, wenn man entweder zum Swanpool Beach oder zum SWCP möchte, schließlich gäbe es ja auch Section Hikers, also Wanderer, die immer nur einen kleinen Teil gehen. Damit ist die Erlaubnis zum Busfahren offiziell vom Tisch und wir bleiben halt beim Patschentaxi, ist ja eh nicht mehr weit.

Der Strand von Falmouth ist recht groß und gut besucht, in der Nähe scheint eine Segelschule zu sein, denn viele kleine Segelboote tummeln

Großer Hafen von Falmouth.

sich in der Bay. Vor allem Kinder sind hier unerschrocken und geben ihr Bestes, um mit ihrem Boot ein wenig weiter zu kommen als die anderen.

Die offizielle Route führt um eine der beeindruckendsten Landzungen, nämlich den Pendennis Point, herum, aber da unser Hotel bereits vorher erreichbar ist, beschließen wir, erst einmal dort einen Stopp zu machen und die letzten zwei Kilometer dann ohne Rucksack zu wandern. Das Hotel ist mal wieder nicht so der Renner, aber es gibt hier Getränke und Süßes zu kaufen, und zwar auf Vertrauensbasis. So etwas ist uns noch in keinem Hotel begegnet und die Preise sind auch wirklich in Ordnung. Ein absolutes Plus ist, dass wir uns nicht schon am Abend Getränke für morgen mitnehmen müssen. Eine halbe Stunde später sind wir wieder unterwegs zum Pendennis Point, der wirklich majestätisch vor den Toren Falmouths ins Meer ragt. Die Landzunge ist auch von historischer Bedeutung, denn um sich gegen mögliche Invasionen der Spanier und Franzosen zu wehren, ließ Heinrich VIII. hier und im benachbarten St. Mawes zwischen 1540 und 1545 Schlösser errichten, die allerdings mehr uneinnehmbare Festungen sein sollten. Gegen die Feinde aus dem Ausland hat das auch tatsächlich genützt, doch im englischen Bürgerkrieg waren die Burgen heiß umkämpft. St. Mawes gab man schnell auf, aber

Pendennis sollte die letzte Stellung der Royalisten bleiben. Fünf Monate lang dauerte die Belagerung und schließlich war der Hunger so groß, dass die 1.000 Männer, Frauen und Kinder die Burg aufgeben mussten. Heute gehört sie dem Staat und wird, wie die meisten Schlösser, vom English Heritage verwaltet. Interessante Geschichte, aber mir hat es vor allem die Aussicht angetan und die Tatsache, dass hier mehrere Gewässer zusammenfließen. Der Fal River, der Truro River und der Percuil River treffen auf die Carrick Roads und lassen erahnen, wie spektakulär das Gebiet aus der Vogelperspektive erscheinen mag. Tatsächlich sehen wir immer wieder Hubschrauber oder Kleinflugzeuge über uns schweben; ein Erlebnis, das wir uns für unseren nächsten Besuch aufheben werden.

Heute lassen wir den Tag lieber in der Stadt ausklingen, wir wollen uns noch informieren, welche der beiden Fähranlegestellen wir morgen ansteuern müssen und außerdem steht auch noch ein wenig Schaufenster-Shopping auf dem Programm. Natürlich können wir nichts kaufen, weil wir dies tragen müssten, aber Schauen wiegt ja nichts. Abgesehen von den Schönheiten Falmouths werden wir heute aber auch zum ersten Mal mit der Obdachlosigkeit konfrontiert. Ein Mann weckt gerade ein schlafendes Pärchen und überreicht ihnen Lebensmittel sowie Hundefutter für ihren Vierbeiner, sie nehmen es sehr dankbar an. Ich kann nicht umhin und spreche den Mann an, der dies nicht zum ersten Mal zu machen scheint. Er erklärt uns, dass er Sozialarbeiter ist und einmal in der Woche hierherkommt und versucht, immer unterschiedlichen Menschen zu helfen. Seit die Regierung 2010 einen harten Sparkurs eingeschlagen hat, hat sich die Obdachlosigkeit in Großbritannien verdreifacht; das vor einiger Zeit ins Leben gerufene Präventionsprogramm der Politik greift einfach nicht. Wir verabschieden uns und lassen das Thema für heute gut sein, aber tatsächlich wird es uns nicht nur hier in England, sondern später auch zu Hause noch lange beschäftigen.

„Boring path vs. life changing coffee" *~ Café Chandler*

Tag 32

Strecke: Falmouth nach Portloe
22 km - 807 hm - 3,03 km/h
am Pfad: 561,4 km

Unterkunft: Corfingle, £ 75,- ☹ nie wieder

sonnig

Der heutige Wandertag beginnt ganz entspannt, denn wir starten mit der Fähre, genauer gesagt mit zwei Fähren. Als einzige Gäste schippern wir um 9.00 Uhr morgens mit einem großen Fährboot über die Mündung des River Fal, der auch als Carrick Roads bezeichnet wird, und genießen den großartigen Blick in die Bucht, wo derzeit auch einige Militärschiffe ankern. Online könnte man sogar ganz genau nachvollziehen, welche Schiffe gerade im Hafen von Falmouth liegen, ebenso, welche erwartet werden und welche bald wieder in See stechen. So viel Interesse haben wir dann aber doch nicht. Etwa 20 Minuten dauert die Überfahrt nach St. Mawes und daher versäumen wir das zweite Fährschiff um genau fünf Minuten.

Auch Fähren gehören zum offiziellen Weg.

Ich unterstelle der Gesellschaft ja, dass die Zeitsetzung absichtlich so schlecht erfolgt ist, damit die Gäste ihre Wartezeit mit einem Besuch in dem einen oder anderen Kaffeehaus im Hafengebiet verkürzen. Da wir niemanden enttäuschen wollen, holen wir uns ein zweites Frühstück im Café Chandler, vor dessen Türe ein lustiger Wegweiser zu finden ist. Er fordert auf, sich zu entscheiden. Nach rechts würde es zum „Boring path" gehen, links allerdings zum „Life changing coffee". Da der langweilige Pfad derzeit ohnehin noch keine Option ist, entscheiden wir uns für den lebensverändernden Kaffee, und der ist überraschenderweise tatsächlich ausnehmend gut. Wenn wir nämlich bis jetzt eines gelernt haben, dann, dass die Engländer nichts vom Kaffeekochen verstehen. Selten haben wir über einen so langen Zeitraum so schlechten Kaffee getrunken wie hier, daher bestelle ich ja ohnehin meistens eine Heiße Schokolade, da kann man nicht so viel falsch machen.

45 Minuten später kommt dann schließlich auch die nächste Fähre, wobei „Fähre" ist hier das falsche Wort, „Boot" kommt eher hin, denn die höchste Passagierzahl liegt bei zwölf. Da wir aber ohnehin die ersten sind, ist dies kein Problem. Karin und Helmut, die vor ein paar Tagen bereits hier waren, waren allerdings Nr. 13 und 14 und mussten daher auf das nächste Boot warten. Kurz später legen wir in Place an und von hier aus geht der erste Weg hinauf zu einem Herrenhaus und zum Friedhof der St. Anthony Church. Der SWCP lässt auch wirklich keine einzige Landzunge aus und obwohl eigentlich ein „Bridle Way", also ein offizieller Reitweg, der oft als Verbindungsweg genutzt wird, direkt zum Path gegenüber führen würde, verlangt die Streckenführung ein Umrunden von St. Anthony Head. An dessen Spitze liegt ein strahlend weißer Leuchtturm, der einen der größten Naturhäfen der Welt bewacht. Ich muss zugeben, dass mich Leuchttürme nicht mehr so begeistern wie noch am Anfang dieser Reise. Wenn man etwas ganz oft sieht, dann verliert es doch seine Faszination und so geht es mir mit diesen Vorzeigebauten an der Küste. Insgesamt befinden sich um die fünfzig Leuchttürme auf dem Coast Path und ich glaube nicht, dass wir auch nur einen einzigen versäumt haben.

Die Wanderung bis nach Portscatho ist wieder einfach zu bewältigen, dann ist aber Schluss mit lustig und der Weg fährt wieder seine Krallen aus. Steile An- und Abstiege bringen uns zuerst zum Pendower Beach und danach zur Landzunge Nare Head und von hier aus geht es ins absolute Niemandsland; denn von Menschen und Häusern sind wir weit entfernt, nicht einmal Wanderer verirren sich hierher, offensichtlich gibt es nicht viele, die sich diese schwierige Strecke antun. Theoretisch weiß man, dass

St. Anthony Head.

die Zivilisation nicht weit weg sein kann, aber dennoch kommt uns dieser Abschnitt sehr verlassen vor; in den einsamen Buchten, die normalerweise zumindest einige Ruhesuchende anziehen, können wir keine Menschenseele entdecken. „Strange“, würden die Engländer hier sagen. Das erste Haus sehen wir dann erst wieder kurz vor dem Ziel in Broom Parc, das einsam und allein auf einer Klippe thront und mittlerweile als B&B betrieben wird. Die größte Anstrengung ist nach den Serpentinen, die wir gerade zurücklegen mussten, nun vorbei und wir gehen gemütlich bergab, rechts das Meer, links Felder mit zusammengerolltem Heu und über uns immer noch ein wunderschön blauer Himmel mit nur wenigen Schleierwolken. Die etwas mehr als 800 Höhenmeter auf 22 Kilometer haben wir gut bewältigt, aber da wir heute aufgrund der einsamen Landschaft keine wirkliche Mittagspause hatten, haben wir schon mächtig Hunger. Wir steigen die Stufen nach Portloe ab, das als eines der imposantesten Fischerdörfer Cornwalls beschrieben wird. Gut, das ist Ansichtssache, ich würde es eher als Kaff bezeichnen, in dem – wie am Weg – nichts los ist. Wir haben uns mal wieder an die Empfehlung der SWCP-Association gehalten und das Corfingle als Übernachtungsstelle gebucht. Die andere Möglichkeit wäre das einzige Hotel vor Ort gewesen, das aber mit fast dem dreifachen Preis für uns keine Alternative darstellte. Hätten wir allerdings gewusst, was uns hier erwartet, hätten wir es uns wohl überlegt, denn das Zimmer ist gelinde gesagt ein Witz. Es gibt nicht einmal eine Badezimmertüre und obwohl mein Mann und ich schon lange verheiratet sind, schauen wir uns gegenseitig eigentlich nicht zu, wenn wir am Klo sitzen. Abgesehen davon ist der Raum so schief, dass das Bett auf einer Seite quasi auf Stelzen steht. Und als wäre das noch nicht genug, muss ich im Badezimmer mal wieder meine Hygienetücher auspacken, aber nur sinnbildlich, denn wohlweislich stehen hier gleich sämtliche Putzmittel parat, die ich auch eines nach dem anderen verwende. Na, das kann ja noch heiter werden. Carol, die Wirtin, ist aber wieder einmal herzallerliebst und plaudert munter drauf los. Da man im Ort nichts kaufen kann, verspricht sie uns, da sie heute ohnehin noch einmal weg muss, prickelndes Mineralwasser für uns zu besorgen und uns morgen für die Wanderung mitzugeben. Sie erzählt uns auch, dass ein weiteres Paar heute hier schlafen wird, das aus den Niederlanden kommt, und das morgen um 7.00 Uhr frühstücken möchte, weil sie so langsam unterwegs sind. Das kennen wir! So früh wollen wir aber nicht starten, also muss sich Carol wohl noch ein zweites Mal die Arbeit antun.

Abendessen gibt es im einzigen Pub des Dorfes und da ist einiges los. Zwei Zwergentische sind noch frei und wir quetschen uns zu dem ganz im Eck. Kurz darauf kommt ein weiteres Pärchen, das nun den letzten Tisch nehmen muss. Der Mann ist sehr korpulent und findet keinen Platz. Durch Lauschen und Beobachten kommen wir zu dem Schluss, dass dies unser niederländisches Pärchen sein muss; da wir heute aber nicht in Plauderlaune sind, beschäftigen wir uns nur mit uns selbst und decken uns hier noch mit Chips und Schokolade ein. Von Mineralwasser allein können bzw. wollen wir morgen nicht leben.

Der Verdauungsspaziergang nach dem Essen dauert nicht lange, denn es gibt nicht viel zu sehen. Nachdem ich vor dem Abendessen bereits alles saubergemacht habe, kann man sich im B&B wenigstens etwas wohlfühlen und es dauert auch nicht lange, bis wir die Nachbarn heimkommen hören. Etwa eine Stunde später vernehme ich lautes Schnarchen und will schon ansetzen, um mit meinem Mann zu schimpfen, als mir klar wird, dass auch er hellwach ist und das Schnarchen vom Nebenzimmer kommt. Unglaublich, aber der sägt tatsächlich einen ganzen Wald um und es hört sich so an, als ob er direkt neben mir liegen würde. Zum Glück habe ich ohnehin immer Ohropax mit, aber ich bin mir nicht sicher, ob die hier helfen können. Das wird spannend …

„Here comes the rain again“ *~ Eurythmics*

Tag 33

Strecke: Portloe nach Mevagissey
19,8 km - 866 hm - 2,82 km/h
am Pfad: 581,2 km

Unterkunft: The little Cornish B&B, £ 83,25 ein Schmuckstück

regnerisch

Nein, heute mag ich wirklich nicht, aber so wirklich gar nicht. Das Wetter beschließt, mal wieder Trauer zu tragen, und eine Veränderung im Laufe des Tages ist nicht in Sicht. Dieses wettertechnische Jeopardy geht mir schön langsam auf die Nerven; die langen, sonnigen Perioden vom Beginn unserer Reise sind Geschichte und so müssen wir uns Tag für Tag neu einstellen. Noch dazu steht uns heute eine recht anstrengende Etappe bevor und ich merke, mich täglich neu zu motivieren, fällt mir mittlerweile ziemlich schwer. Tatsächlich habe ich mir im Vorfeld viele Motivationssprüche kopiert und immer wieder gelesen, aber, ehrlich, schön langsam wird es mühsam und auch das Heimweh lässt sich jetzt nicht mehr so einfach verdrängen wie noch vor vier Wochen. Aber schließlich kann ich

Caerhayes Castle.

selbst dieses trübsinnige Sinnieren nicht mehr ertragen und wuchte mich aus dem Bett. Von einem kurzfristigen Bewegungsdrang ergriffen, eile ich zum einzigen Fenster im Raum, in der Hoffnung, dass das BBC Wetter sich gestern geirrt hat, aber auch wenn die Hoffnung zuletzt stirbt, stirbt sie schließlich doch, zumindest heute, denn ich sehe keine zehn Meter weit. Tja, so kennt man England.

Carol erzählt uns wieder von den sonderbaren Niederländern, die bereits seit zwei Stunden unterwegs sind und heute auch nach Mevagissey wollen. Ich hingegen berichte von den nächtlichen Schnarchattacken, über die sie sich köstlich amüsiert, denn der männliche Part des Paares hat ihr gegenüber vorwurfsvoll erwähnt, dass er keine Minute geschlafen hätte in dem unbequemen Bett. Klar, es kann auch sein, dass die Frau so furchtbar schnarcht, aber das halte ich ob der körperlichen Statur der beiden dann eher für unwahrscheinlich. Nachdem wir uns die Bäuche mit Frühstück vollgeschlagen haben, bleibt aber auch uns nichts anderes übrig, als loszuwandern; im Gepäck haben wir lediglich das Wasser, das uns Carol noch mitgibt, und so ist klar, dass wir unbedingt etwas Essbares finden müssen. Wo, das steht allerdings noch in den Sternen, denn zumindest der erste Teil sieht mal wieder sehr nach „Pampa" aus.

Wir verlassen Portloe hinter der Kirche über einen steilen Anstieg und kommen bald darauf bei „The Flagstaff" vorbei, einem Beobachtungsposten der Küstenwache. Von hier aus geht es wellig, also rauf und runter, mit teilweise mühsamen Anstiegen weiter, bis wir drei Kilometer später bei East Portholland ein kleines flaches Stück erreichen. Das im Führer angekündigte saisonale Café gibt es aber nicht, zumindest können wir es nirgends entdecken; dies trägt nicht wirklich dazu bei, meine Stimmung zu verbessern. Wie kann man etwas versprechen, was man dann nicht hält? Gut, Hunger habe ich nach dem Frühstück eigentlich noch nicht, aber da geht es schließlich ums Prinzip. Leichte Panik, dass ich heute verhungern werde, steigt in mir auf. Das „Du spinnst doch" von meinem Mann hilft auch nicht, im Gegenteil, es macht mich noch einmal zusätzlich zornig. Wir Schokoholiker brauchen unsere tägliche Dosis Glücksinhaltsstoffe und hier habe ich sie mir verdammt noch einmal auch verdient, aber meine Argumentationslinie stößt irgendwie nicht auf Verständnis. Aber wehe, mein Mann würde am Abend nicht zu seinem Bierchen kommen, dann würde die Hölle ausbrechen.

Die Cottages am Ende der Bucht lassen wir rechts liegen und erklimmen den dahinterliegenden Pfad, der zu einem Feld führt. Es bleibt noch eine Weile recht eben; aber im Wissen, was noch vor uns liegt, erhellt das mein Gemüt nicht. Oft ist es nicht gut, die Höhenprofile schon im Vorfeld zu studieren. Nach einer Weile allerdings kommen wir zum etwas landeinwärts gelegenen Caerhayes Castle und – Trommelwirbel – am dazugehörigen Strand gibt es tatsächlich ein Café, und zwar mit Sitzmöglichkeiten im inneren Bereich. Die Welt ist doch gut zu mir. Gerade als wir eintreten, sehe ich von weitem das niederländische Pärchen den Weg hinaufgehen; wir sind etwas überrascht, dass sie nicht schon wesentlich weiter sind, vielleicht holen wir sie heute ja noch ein. Jetzt aber bestelle ich mir einmal eine Heiße Schokolade und gleich noch einen Schokokuchen dazu, zur Sicherheit. Irgendwie sieht das Schloss mit den dicken Nebelschichten etwas mystisch und geheimnisvoll aus. Die Anlage hier erfreut sich vieler Touristen und Naturliebhaber, denn sie besitzt die landesgrößte Sammlung an Magnolien und außerdem über 250 Arten von Rhododendren. Kann man sich das vorstellen? Ich kenne nicht mal 250 verschiedene Blumenarten und dabei gibt es allein von Rhododendren schon diese Anzahl. Botaniker müssen tatsächlich über ein immenses Wissen verfügen, ich ziehe meinen imaginären Hut vor ihnen. Das Schloss ist auch sehr herrschaftlich und es würde sich auf alle Fälle auszahlen, zu einem späteren Zeitpunkt hierher zurück zu kommen, aber heute müssen wir weiter, denn es liegt noch ein langer Weg vor uns.

Wie eine dreiviertel Stunde zuvor die Niederländer, gehen auch wir jetzt den steilen Weg irgendwie zwischen Feldern und Bäumen hinauf,

Geschwommen wird immer und überall bei jedem Wetter.

denn ein Pfad ist hier nicht erkennbar. Google Maps behauptet zwar, dass genau dort, wo wir stehen, einer ist, aber das stimmt nicht. Wir folgen dennoch der Karte am Handy und gehen halt mitten durch das Feld, bis wir schließlich den felsigen Grat bei Greeb Point überqueren. Von hier aus gelangen wir bergab zu einer Straße und kommen zum Hemmick Beach, wo wieder einmal der Beweis erbracht wird, dass die Engländer verrückt sind. Im allerbesten Fall haben wir heute 15 Grad Lufttemperatur und das Wasser hat ganz sicher noch weniger, außerdem regnet es leicht und die Sonne ist nicht einmal für eine Sekunde zu sehen. Aber am Hemmick Beach tummeln sich die Leute nicht nur am Strand, sondern tatsächlich auch im Wasser, und zwar nicht im Neoprenanzug, sondern in der Badehose. Unfassbar, die spinnen wirklich, die Engländer!

Wir sind so perplex, dass wir den Weg irgendwie nicht finden können. Der Führer sagt, wir sollen eine Brücke überqueren, aber hier ist keine. Ein Stück weiter gibt es allerdings einen Wegweiser mit „Footpath to Dodman Point. Link to Coast Path", und dem folgen wir dann, um nach einigen ebenen und steilen Abschnitten schließlich durch ein Tor in Richtung Dodman Point zu gelangen.. Hier stehen wir jetzt also auf der höchsten Landzunge Cornwalls – der Aufstieg war nicht wirklich so beschwerlich wie befürchtet. Auf ihrem seeseitigen Ende befindet sich ein großes Granitkreuz, das seit 1896 versucht, die Schifffahrer vor dieser oft gefährlichen Landzunge zu schützen. Im selben Jahr sind nämlich zwei Marinezerstörer genau hier zusammengestoßen und es gab schwere Verluste. Nur wenige Meter hinter dem Kreuz zwischen den wuchtigen Ginsterbüschen finden wir das Signal House, das auf einem 1588 gebauten Leuchtturm errichtet wurde. Das Uhrenhaus aus dem 18. Jahrhundert gehörte zu einer Kette von küstennahen Signalstationen, die während der Napoleonischen Kriege zum Ausschauhalten nach französischen Schiffen benutzt wurden.

Wir wagen einen Blick über den Rand der Klippen und sehen tatsächlich einige Boulderer, die hier ihr Glück versuchen. Auch ein interessanter Sport, der aber für mich wegen meiner Höhenangst nicht wirklich in Frage kommt. Dass mir auch die Fitness, die Fingerkraft und die Koordination dafür fehlen, ist dabei natürlich nur nebensächlich.

Auf leicht abschüssigem Gelände gehen wir nun zuerst in Richtung Gorran Haven, um dann oberhalb von Vault Beach den Maenease Point zu umrunden. Mittlerweile haben wir herausgefunden, dass es deutlich kürzere Strecken von A nach B geben würde, doch da sich der SWCP wirklich immer so nah wie möglich an der Küste entlangschlängelt, kommen gut und gerne drei bis fünf Kilometer mehr am Tag zusammen. Wir erreichen schließlich Gorran Haven, wo wir sehen, dass unsere Niederländer – ja, mittlerweile gehören sie schon uns – in das hiesige Pub einkehren. Beide sehen ziemlich fertig aus und haben sich die Rast bestimmt verdient, aber wir wollen weiter in die Stadt, denn wir wollen am späteren Nachmittag Mevagissey noch in Ruhe erkunden. 3,5 Meilen sowie einen großen und zwei kleinere Aufstiege später sind wir schließlich auch dort und das urtypische kornische Fischerdorf zieht uns sofort in seinen Bann. Dass der Tourismus mittlerweile die Fischerei als Haupteinnahmequelle überholt hat, sehen wir sofort, doch witzigerweise stört es hier nicht so sehr wie in anderen, ähnlichen Orten. Dank Google Maps finden wir unser kleines B&B sofort und sind von der ersten Sekunde an begeistert. „The little Cornish B&B" wird von Howie und seinem Partner Andy betrieben und ist ein absolutes Schmuckstück. Als wir das Haus betreten, kommen wir uns vor wie in den 20er-Jahren, Musik erklingt leise und die Dekoration ist absolut liebevoll, mit einem nicht zu übersehbaren Hang zu Kitsch. Das B&B ist derart klein, dass wir unsere Rucksäcke abnehmen müssen, um die Stufen zu unserem Zimmer, das ebenfalls winzig, aber urig und extrem sauber ist, bewältigen zu können. Ein wahres Highlight auf dieser Reise. Es sollte für lange Zeit bis auf ganz wenige Ausnahmen die letzte schöne Unterkunft bleiben.

Die Entdeckungstour durch Mevagissey fällt buchstäblich ins Wasser und damit auch der Besuch der Lost Gardens of Heligan, die von hier nur 3 Kilometer entfernt liegen. Wir wollten uns ein Taxi dorthin leisten, weil wir bei unserem ersten Besuch von diesem tollen Garten regelrecht entzückt waren. Er gehört zu den beliebtesten Ausflugszielen der Region, vor allem auch aufgrund der zwei überwachsenen Erdskulpturen der Künstlerin Susan Hill. The Mud Maid und The Giants Head nehmen Bezug auf die Mythologie, nur ist man sich zumindest im Internet nicht unbedingt einig, auf welche. Die der Kelten? Die der Afrikaner? Oder die Mythologie von einem ganz anderen Volk? Davon angeregt wollten wir uns hier auf Spurensuche begeben und ich bin durchaus traurig, dass daraus nichts wird.

Nach ein paar Cheesy Chips und einem Burger decken wir uns im lokalen Supermarkt noch mit lebensnotwendiger Schokolade samt Getränken für den morgigen Tag ein und wer steht vor uns an der Kassa? Unsere Niederländer! Ich frage mich, ob sie uns absichtlich ignorieren oder ob sie uns tatsächlich noch nicht als Wanderer auf der gleichen Strecke enttarnt haben. Ich bin mit dem Denken aber noch nicht fertig, da haben die beiden schon bezahlt und verschwinden in den engen Gassen von Mevagissey. Vielleicht morgen …

„Here comes the sun" *~ Beatles*

Tag 34

Strecke: Mevagissey nach Par
17,1 km - 742 hm - 2,57 km/h
am Pfad: 598,3 km

Unterkunft: Royal Inn, £ 70,- → akzeptabel

heiß

Das Wetterjeopardy geht in die nächste Runde, denn heute soll einer der heißesten Tage werden. Die einzelnen Wolken am Himmel versprechen aber zumindest ein wenig Schatten und es ist schon witzig, wie unterschiedlich man Wolken an unterschiedlichen Tagen bewertet. Gestern haben wir sie noch verteufelt und heute lieben wir sie, so schnell kann's gehen.

Der Tag startet aber erstmal mit einem leckeren Frühstück, für das Andy sich wirklich einen Stern verdient hätte. In diesem Ambiente zu speisen wird nur noch übertroffen von unseren französischen Mitgästen Ann-Marie und Patrice, die auf lockere und herzliche Art von ihren Abenteuern in England berichten. Sie vergleichen die Engländer mit den Franzosen und meinen, das einzige, das sie gemeinsam haben, sei der Küstenweg, der in Frankreich ebenso schwierig zu bewältigen sei wie hier. Beide sind auch sehr auf dem Benefizsektor engagiert, Patrice macht das vor allem mit Marathonläufen – so sieht er tatsächlich auch aus. Derzeit habe er aber nichts geplant, erzählt er und dadurch haben wir weitere Meilenpaten gefunden. Juhu! Spenden hier direkt vor Ort einzunehmen, ist deutlich einfacher als zu Hause, vor allem, weil Andy und Howie unser Gespräch belauscht haben und auch gleich noch für ein paar Pfund in die Tasche greifen. Schweren Herzens machen wir uns wieder auf den Weg und die beiden B&B-Besitzer verabschieden sich jeweils mit einem Küsschen – das ist neu, das haben wir hier so auch noch nicht erlebt. Süß!

Die Wanderung heute fällt nicht mehr unter die Kategorie „wellig" sondern wird gleich mal von mir persönlich upgegradet zu „Dauerwelle", denn die Strecke hat es in sich. Davon kann unser niederländisches Paar wohl auch ein Lied singen. Nachdem wir die ersten vier Kilometer beinahe ununterbrochen bergauf und bergab gewandert sind, sehen wir aus der Ferne zwei Wanderer, die jeweils ein paar Stufen bewältigen und dann wieder stehenbleiben. Je näher wir kommen, umso klarer wird es, dass es sich bei den beiden um „unsere zwei“ handelt und ich beschließe, dass ich sie ansprechen werde, sobald wir sie einholen können. Das dauert dann auch nicht mehr lange, wobei aus dem Ansprechen fast ein Erste-Hilfe-Einsatz wird, denn der männliche Teil des Paares, der sich als Henrik vorstellt, sieht ziemlich mitgenommen aus. Dass der Weg anstrengend für jemanden mit seiner Statur werden könnte, damit haben wir bereits gerechnet, aber dass er derartig belastet ist, hat uns dann doch überrascht. Die Hitze, die Tatsache, dass er Raucher ist, die Steigungen und das massive Übergewicht tragen dazu bei, dass er sich fast nicht mehr auf den Beinen halten kann. Er versucht es dennoch, denn er meint, wenn er sich jetzt niedersetzt, würde er vermutlich nicht mehr aufstehen. Die beiden kommen aus dem flachsten Teil der ohnehin schon flachen Niederlande und haben keinerlei Wandererfahrung. Trainiert haben sie auch nicht und daher bringt sie dieser Weg an ihre Grenzen bzw. darüber hinaus. Ich kann nur schwer nachvollziehen, wie ich mich ohne irgendeine Art von Vorbereitung auf diesen Wanderweg begeben kann. Wenn man bedenkt, wie gut wir vorbereitet waren und wie überrascht wir dennoch von der Anstrengung und der Herausforderung der Strecke sind, dann kommt das Nichtbeschäftigen mit so einem Vorhaben dem Irrsinn schon sehr nahe.

Für jetzt versuchen wir die beiden aber ein wenig abzulenken. Sie haben uns tatsächlich in den letzten beiden Tagen nicht als Mitwanderer

Penetwan besitzt einen großen Holidaypark.

erkannt und so erzählen wir kurz, wo wir uns überall über den Weg gelaufen sind. Wir fragen nach weiteren Reiseplänen und wer wann wie weit gehen möchte. Die gute Nachricht ist, dass die beiden heute nur bis Charlestown wandern wollen und nicht wie wir nach Par; aber die schlechte Nachricht ist, dass es bis dorthin immer noch acht Kilometer sind und die sind vom Terrain her ähnlich beschaffen.

Wir plaudern etwa eine Viertelstunde, aber da wir doppelt so weit gehen werden wie Henrik und Sonja, verabschieden wir uns schließlich von den beiden, nachdem wir sie die Nummer des hiesigen Rettungsdienstes in ihr Handy haben einspeichern lassen. Dann machen wir uns auf in Richtung Penetwan, dem ersten Ort des heutigen Tages. Es ist tatsächlich so, dass die Schönheit der Landschaft potenziell mit der Anstrengung steigt. Je mehr wir uns für die Bewältigung der Strecke verausgaben müssen, umso herrlicher ist die Küstenszenerie, und heute ist es wieder besonders schön.

In Penetwan sind wir dann mal wieder auf der Suche nach dem richtigen Weg und finden schließlich auch einen wirklich schlecht lesbaren Wegweiser, der uns zu einem Gebiet mit dem bezeichnenden Namen „The Quarry" führt, was so viel heißt wie Steinbruch. Hier wandern wir unzählige Stufen hinab, um dann sofort wieder bergauf zu laufen, wobei laufen hier wohl eine minimale Übertreibung ist. Danach geht es weiter zu einer ehemaligen Mühle, die heute ein perfekt restauriertes Luxusferienhaus beherbergt. Wer Abgeschiedenheit sucht und noch dazu ganz nah am Wasser sein will, der ist hier richtig. Der Strand besteht vor allem aus großen, groben Steinen. Neben dem Haus schlängelt sich ein Bach vorbei, der schließlich als Wasserfall ins Meer stürzt. Der Ausblick ist atemberaubend. Idyllischer geht es nicht und ich könnte mir tatsächlich vorstellen, hier einmal einige Zeit zu verbringen. Vielleicht stelle ich mir das Ganze aber auch viel romantischer vor, als es in Wirklichkeit ist – fast so, wie diesen Weg zu wandern. Vermutlich würde mir sehr bald sehr fad werden und möglicherweise käme ich dann auf die mehr als verrückte Idee, den Küstenweg noch einmal zu gehen. Wer weiß …

Aber jetzt heißt es tatsächlich wandern und wir kommen bald darauf zu den Klippen von Black Head, einem Ort, wo bereits in der Eisenzeit eine Festung stand; Festung und Eisenzeit gehören hier irgendwie zusammen. Heute allerdings ist Black Head vor allem für seinen Bezug zum kornischen Schriftsteller Arthur Leslie Rowse bekannt, der als erster Cornishman ein Universitätsstipendium gewann. Ein Granitdenkmal mit der Inschrift „This was the land of my content" erinnert heute an ihn.

Dank der Gedenktafel bin ich nun einigermaßen informiert, persönlich habe ich zuvor von Arthur Leslie Rowse bestimmt noch nie gehört.

Unser nächster Stopp ist ein kleines Café am Porthpean Beach. Hier genießen wir den Tag und unser Leben mit Cheesy Chips und kalten Getränken. Da das Beobachten der vielen sportbegeisterten Leute hier wirklich hungrig macht, gönnen wir uns auch noch ein großes Eis und schielen mit einem Auge immer in Richtung Weg, in der Hoffnung, dass Sonja und Henrik um die Ecke biegen. Es ist schon unglaublich, dass man sich Sorgen um Menschen macht, die man eigentlich nicht kennt; aber die beiden, oder eigentlich vor allem Henrik, sitzen echt in meinem Gehirn fest. Eine ganze Stunde warten wir, doch die zwei kommen nicht daher. Schließlich müssen wir doch aufbrechen, denn es liegen noch acht Kilometer vor uns und wir haben heute am Abend eine Verabredung, zu der wir pünktlich sein wollen. Jamie, ein weiterer Facebook-Kollege, den ich über die Gruppe kennengelernt habe, wird uns in unserem Hotel besuchen und ich würde davor gerne noch duschen, um mich halbwegs zivilisiert zu fühlen.

In Charlestown halten wir uns nur sehr kurz auf, auch wenn das kleine Städtchen dank vieler Filmproduktionen, wie „Alice in Wonderland" oder „Poldark", ziemlich berühmt ist. Es ist auch wirklich nett hier, aber die Zeit läuft und so laufen auch wir. Von jetzt an wird es einfacher und einen beachtlichen Teil der Strecke legen wir mal wieder entlang eines Golfplatzes zurück. Hier herrscht wirklich geschäftiges Treiben und plötzlich knallt ein Golfball etwa 30 cm vor mir auf die saftige Wiese. Puh, das war knapp! Leute, das ist ein offizieller Wanderweg! Eine andere Wanderin hat das aus der Ferne beobachtet und erzählt mir, wie glücklich ich mich schätzen kann, dass er mich nicht erwischt hat, denn vor einigen Monaten hatte sie nicht so viel Glück und musste tatsächlich am Kopf genäht werden. Während sie noch so erzählt, kommt ein älterer Mann auf der Suche nach seinem Ball des Weges. Ich biete ihm an, in meinen Haaren danach zu suchen, und er sieht mich verdutzt an. Es ist ihm nicht einmal aufgefallen, dass sein

Golfplatzwandern ist nichts Ungewöhnliches.

Hobby fast eine Wanderin auf dem Gewissen hätte. Etwas zerknirscht entschuldigt er sich bei mir und meint, dass er beim Golf eher talentfrei sei, schlägt dann aber von genau diesem Punkt ab und trifft mit einem Schlag ins Loch. Talentfrei sieht für mich anders aus.

Die letzten drei Kilometer nach Par lege ich unter dem Begriff „unnötig" ab. Je näher wir dem Stadtzentrum kommen, umso schmutziger wird es, „Industriegelände" steht in imaginären Buchstaben über Par! Das Strandbild ist von einer riesigen Anlage des Bergbaukonzerns „Imerys Minerals" geprägt und verschandelt damit das ganze Ambiente. Hier würde ich freiwillig nicht baden gehen, obwohl der Strand lang und feinsandig ist. Schade drum.

Nach einem Kurzbesuch beim Spar, wo wir uns mit allem Lebensnotwendigen versorgen, müssen wir noch fast einen Kilometer zu unserem Hotel laufen. Das Haus ist alt und abgewohnt und würde dringend ein paar Renovierungen vertragen, aber für eine Nacht ist es immerhin okay. Dennoch wundere ich mich über den schlechten Standard, den Unterkünfte hier haben.

Frisch geduscht und zurecht gemacht treffen wir uns eine Stunde später mit Jamie, der bereits einen Cocktail für uns bestellt hat. Sehr aufmerksam, und dankenswerterweise auch alkoholfrei, zumindest für mich. Jamie entpuppt sich als aufgeschlossener Mann, der sehr viel über den Wanderweg weiß. Er selbst plant, in zwei Jahren, wenn er in Pension ist, diesen Weg zu gehen, und zwar auch für den guten Zweck, und so haben wir uns viel zu erzählen. Er hat einen entscheidenden Vorteil, denn er ist aus der Gegend und kann daher hier trainieren, was ihm bestimmt zugutekommen wird. Jamie bietet uns an, unsere Kleidung zu waschen und am nächsten Tag wieder zu bringen, aber obwohl dies schon wieder notwendig wäre, ist mir nicht wohl beim Gedanken, dass er sich durch meine Unterwäsche wühlt, und außerdem möchte ich ihm nicht diese Umstände machen. Daher lehnen wir dankend ab und haben auch tatsächlich einen guten Grund, denn angeblich soll es im morgigen Hotel eine Waschmaschine mit Trockner geben. Die Stunden verfliegen nur so und ich bin sehr stolz auf meinen Mann, der sich mittlerweile schon sehr gut in Englisch unterhalten kann. Die viele Zeit und die vielen Gespräche mit Einheimischen hinterlassen tatsächlich schon Spuren. Uns bleiben noch dreieinhalb weitere Wochen zum Trainieren. Nur mehr 24 Tage, allerdings sollten es 24 lange Tage werden.

Mein Hab und Gut für zwei Monate.

Elfenwald in Somerset.

Wilde Steinböcke in der Lynton Region.

Lee Bay.

Jedem seine eigene Strandhütte.

Sonnenuntergang in Woolacombe.

Die berühmten schwarzen Schafe von Baggy Point.

Küste von North Devon.

Hartland Point.

Abendliches Robben-Chillen.

Dünenlandschaft der Hollyway Bay.

Küste bei Portreath.

Godrevy Lighthouse.

Geschäftiges St. Ives.

Blick zu St. Micheal's Mount.

Blick nach Cape Cornwall.

Minenruinen von Levant.

Mevagissey Bay.

Die kleine Kirche von St. Wynwallow in der Church Cove, Gunwallue.

Polperro – eines der vielen Fischerdörfer am Weg.

Teil des offiziellen Weges: die Überquerung des Emre Rivers.

Der rote Sandstein von Budleigh Salterton.

Ab und zu geht's auch flach dahin.

Backpacks for the Backpackers.

Einer der 436 Zaunübertritte am Pfad.

In einer der vielen lieblichen Buchten.

Küste soweit das Auge reicht.

Manchmal regnet's auch.

Stufen rauf und Stufen runter – eine Qual.

Typisch englisches Cottage.

Unterwegs am South West Coast Path.

Wegweiser in Richtung Cornborough Cliff.

Langer Strand vor Burton Mere.

Wegweiser in Hope Cove.

Wegweiser am Wembury Beach.

Nur zwei Kilometer bis genau gegenüber – River Bride.

Bergauf und bergab in Richtung Durdle Door.

Old Harry.

Endlich angekommen – SWCP Skultpur am Endpunkt in South Haven.

„Men are simpler than you imagine."

~ Daphne du Maurier

Tag 35

Strecke: Par nach Fowey
11,1 km - 345 hm - 3,14 km/h
am Pfad: 609,4 km

Unterkunft: The Well House, £ 90,- ritterlich

sommerlich mit angenehmen Temperaturen

Nicht einmal zwölf Kilometer bis Fowey, das wird heute ein recht angenehmer Tag werden. Normalerweise verschreie ich es mit einer solchen Aussage immer, aber dieses Mal nicht, denn es wird tatsächlich ein wunderschöner Wandertag.

Da wir keinen Stress haben, verlassen wir spät das Hotel und plaudern mal gemütlich mit ein paar Hundeausführern am Strand von Par. Wir erfahren, dass es 379 Hunderassen gibt, angefangen beim Affenpinscher bis hin zum Zwergspitz. Ich weiß es ganz genau, denn ich habe alle diese Rassen hier am Path gesehen. Doppelt und dreifach sogar.

Nach dieser angenehmen Schwätzerei starten wir dann wieder los, leider führt der Weg nicht direkt vom Strand auf die Klippen, sondern wir müssen einen Umweg über eine Fußgängerbrücke hinter einem riesengroßen Parkplatz machen, bevor wir endlich wieder bergauf gehen können. Recht gemütlich geht es dann zum kleinen Hafendorf Polkerris mit seiner lieblichen Bucht und dann in Serpentinen durch einen Wald nach oben. Serpentinen gibt es hier zum Schweinefüttern, aber zumindest ermöglichen sie einen verhältnismäßig leichten Aufstieg, auf jeden Fall besser, als hätten sie hier Stufen hineingeschlagen.

Gribbin Head.

Das Zwischenziel sieht man schon von weitem, nämlich den rot-weiß gestreiften Turm der Landspitze Gribbin Head, der, wie sich bei näherer Betrachtung herausstellt, kein Leuchtturm ist, sondern als Bake dient, also zur räumlichen bzw. geographischen

Orientierung der Seefahrer. Der Turm kann am Sonntag besichtigt werden; da heute allerdings nicht Sonntag ist, fällt das für uns flach. Rasten wollen wir aber schon, doch die einzige Bank ist von einer Familie besetzt, die keine Anstalten macht, bald aufzubrechen. Daher schmeißen wir uns zielsicher ins Gras und zehren von den Süßigkeiten, für die wir heute Morgen im Supermarkt ein kleines Vermögen ausgegeben haben. Der Ausblick ist traumhaft und wir können bereits Fowey von hier entdecken. Wir sehen auch einen toll angelegten Weg dorthin, doch unser Path ist das leider nicht, denn der Wegweiser zeigt in eine andere Richtung. Ein schmaler Weg führt in ein Waldstück und – wie könnte es anders sein – hier wäre auch eine gemütliche Bank für uns gewesen. Wieder einmal! Wir sind wirklich die allerschlechtesten Bankerlfinder der Welt! Wir gehen also rund einen Kilometer durch den Wald, um schließlich genau auf dem Weg herauszukommen, den wir bereits von oben erspäht haben und der etwa 100 Meter vom Turm entfernt liegt. Na, so ein Blödsinn aber auch! Manches Mal übertreiben sie es wirklich mit der Streckenführung nahe dem Wasser.

Nur kurze Zeit später gelangen wir zu einer wirklich malerischen Bucht mit dem klingenden Namen Poldridmouth, das ungefähr „pridmus" ausgesprochen wird. Hier wird die Autorin Daphne du Maurier in Ehren gehalten, die ihre Zeit in Cornwall und ihre Beziehung zu ihrem Vater in ihrem bekanntesten Werk, „Rebecca", verarbeitete. Der Roman wurde von Alfred Hitchcock erfolgreich verfilmt; bei uns in Österreich wurde er als Musical aufgeführt. Der Roman kreierte sogar einen neuen Begriff in der Psychoanalyse. Er beschreibt die Geschichte einer jungen Frau, die einen Witwer geheiratet hat, der sie, ebenso wie die Hausangestellten und Dorfbewohner, ständig mit seiner verstorbener Frau Rebecca vergleicht, was den Erfolg der neuen Beziehung nahezu unmöglich macht. Die ständige Wiederholung dieser Überhöhung gestaltet die Vorgängerin zum übermächtigen Mythos und gefährdet so die Beziehung ihrer Nachfolgerin. Daraus leitet sich das sogenannte Rebecca-Syndrom ab – die Erhöhung und Verklärung eines früheren Gruppenmitgliedes zu Lasten seines Nachfolgers. Wie im Buch die Vorgängerin in einer Liebesbeziehung, aber auch ein früherer Vorgesetzter am Arbeitsplatz oder ein ehemaliger Klassenlehrer: Sie werden im Rückblick derart erhöht, dass ein Nachfolger vor diesem Hintergrund keine realistische Anerkennung und Wertschätzung erfahren kann.

Ich muss schon sagen, wir werden hier noch richtig gebildet; jetzt bleibt nur zu hoffen, dass wir uns das alles, was wir hier auf Gedenktafeln lesen,

Blick nach Polruan.

auch wirklich merken, schließlich könnte das einmal die Millionenfrage bei einer Quizshow sein, an der wir vermutlich nie teilnehmen werden. Allerdings kann ich dadurch auch in der Arbeit punkten und mich als gelehrter hinstellen, als ich eigentlich bin. Das könnte durchaus in der einen oder anderen Situation von Vorteil sein.

Wir kommen auch mit einigen Aussagen aus dem Roman in Berührung. Viele drehen sich um die Liebe, um den Unterschied zwischen Mann und Frau und um falsche Erwartungen. Mein Mann allerdings kann einem ganz besonderen Spruch die meiste Wahrheit zusprechen: „Men are simpler than you imagine, my sweet child. But what goes on in the twisted, tortuous minds of women would baffle anyone." Er versucht mir immer zu erklären, dass Männer einfach gestrickt sind, und nur wir Frauen diese unberechenbaren, undurchschaubaren, zerstörerischen Geschöpfe Gottes sind. „Wenn ein Mann sagt, dass nichts ist, dann ist auch wirklich nichts; aber wenn eine Frau sagt, dass nichts ist, dann musst du um dein Leben laufen", erklärt er mir in einem oberlehrerhaften Ton. Natürlich dementiere ich das sofort aufs Schärfste, aber insgeheim, irgendwo in der hinteren Ecke meiner Gehirnwindungen, muss ich mir eingestehen, dass da wohl zumindest ein Fünkchen Wahrheit dahintersteckt.

Rebecca hin oder her, wir müssen trotzdem weiter und kommen bald darauf beim St. Catherine's Castle vorbei. Kurz überlegen wir, ob wir einen weiteren Stopp machen sollen, um unsere Kalorienbilanz deutlich zu erhöhen, entschließen uns aber dagegen, gehen einen felsigen Weg bergab und hinter der Readymoney Cove entlang, bevor wir direkt nach Fowey laufen. Hier endet oder beginnt auch der Saints' Way, der allerdings nicht, wie der Name vermuten lässt, ein Pilgerweg ist, sondern ein einfacher Weitwanderweg, der auf 46 Kilometern nach Padstow führt. 46 Kilometer von hier nach Padstow? Das ist in etwa zwei Tagen zu schaffen! Wir allerdings waren vor genau drei Wochen dort, haben also geringfügig länger gebraucht. Die Distanz von Padstow nach Fowey entlang des SWCP beträgt nämlich 344 Kilometer. Wir hätten es also irgendwie auch einfacher haben können, aber für Einfachheit sind wir nicht hier, sondern für Küste, Ausblick und Herausforderung; von all dem bekommen wir mehr als genug, heute allerdings ist auch die Einfachheit mit von der Partie.

Fowey ist ein nettes kleines Fischerdorf und ich habe uns in das älteste Haus des Ortes eingebucht. Daher spielen wir heute Burgfräulein und Ritter. Ich kann dem Charme des alten Hauses in unserem Tudor-Zimmer tatsächlich etwas Positives abgewinnen, mein Mann allerdings spricht schlichtweg von einem Verlies, in das er geworfen wurde. Gut, die schweren, leicht angekohlten Holzbalken, das Himmelbett ohne Himmel und der dicke, fette Kamin, der fast eine Seite des Raumes umspannt, sind schon etwas gewöhnungsbedürftig, aber so haben wir später wenigstens etwas zu erzählen. Leider entpuppt sich die Ankündigung der Waschmaschine und des Trockners als Fake News und so werden wir noch weiter diesen typischen Wandergeruch verströmen. Die Abwesenheit der Waschmaschine gibt uns aber die verloren geglaubte Möglichkeit, den Nachmittag nicht im Hotel verbringen zu müssen, sondern auf Entdeckungstour durch die Stadt gehen zu können. Am Dorfplatz gibt es gerade ein Gitarrenkonzert, dem wir für einige Zeit lauschen. Außerdem zieht eine weibliche A-Cappella-Gruppe durch die Straßen und erfreut die Passanten mit ganz besonderen Versionen von „Mr. Sandman", „Shut up and dance with me", oder „Country Roads". Dazu tragen sie Kostüme aus dem 17. Jahrhundert. Die ganze Szenerie passt irgendwie perfekt zu unserem Hotelzimmer.

Heute werden wir magisch von einem Fudge Shop angezogen und wir beschließen, den Karamellbonbons noch einmal eine allerletzte Chance zu geben. Fudge ist hier überall zu finden und die kleinen Geschäfte sind immer randvoll mit Kunden. Es hat besonders in Cornwall eine lange Tradition, denn offensichtlich gehört zu einem Tag am Strand unweigerlich auch eine Tüte Fudge. Es gibt dieses buttrige Zeugs in nahezu jeder Ge-

Auf den Spuren von Daphne du Maurier.

schmacksrichtung, gesalzen oder gezuckert, mit Schokolade überzogen, in Würfeln oder Tafeln – und wirklich nichts davon schmeckt uns. Das ändert sich auch heute nicht und wir sind uns einig, dass das unser letzter Ausflug in die Welt der Durchbeißer, wie sie bei uns genannt werden, war. Schade ums Geld, zumindest für uns.

Der Abend endet mit einem Besuch der hiesigen Kirche, besser gesagt dem, was wir erkunden können, denn die Kirche an sich ist verschlossen. Im Garten vor den dicken Steinmauern hat es sich ein junger Mann mit einem Buch gemütlich gemacht, ein paar Meter weiter hüpfen drei Mädchen Gummitwist, was mich auf eine kurze Reise in meine Kindheit lockt, und auf einer Bank vor dem Eingang sitzen zwei ältere Männer und diskutieren über Gott und die Welt. Irgendwie scheint das Ganze extra für uns choreographiert worden zu sein und passt zu diesem Tag mit seinen zauberhaften Elementen. Chapeau!

„If you get tired, learn to rest, not quit." *~ hiking quote*

Tag 36

Strecke: Fowey nach Looe
19,5 km - 827 hm - 2,56 km/h
am Pfad: 628,9 km
Unterkunft: Shooner Point, £ 100,- sehr schön
unangenehm heiß

Guten Morgen, liebe Sorgen, seid ihr auch schon alle da? Meine Sorge heute ist meine linke Schulter, die gestern Abend beschlossen hat, Schmerzsignale auszusenden. Dabei, die Schulter direkt ist es nicht, es ist irgendwo mitten im Schulterblatt an einer Stelle, die ich selbst mit der Hand nicht erreichen kann, und daher immer meinen Mann mit einem treuen Dani-Dackelblick anschmachten muss, um ein paar Sekunden Massage zu erhaschen. Bereits auf dem kurzen Weg zur Fähre wird klar, dass das kein angenehmer Tag werden wird. Kurz überlege ich, ob ich nicht gleich präventiv so 1000 mg Schmerzmittel einschmeißen soll, aber bekanntlich kommen nur die Harten durch, und meinen Dopingvorrat, den ich mit klopfendem Herzen ins Land geschmuggelt habe, muss ich weise einteilen.

Nach einer kurzen Überfahrt von Fowey nach Polruan starten wir in den heutigen Tag und der beginnt bergauf. Das ist mehr als logisch, denn wir sind auf Meeresniveau und da wir so gut wie nie direkt am Wasser gehen, liegt es auf der Hand, dass Höhenmeter zu machen sind, heute mal wieder an die 1.000. Juhu! Später werde ich mir die Fotos anschauen und gar nicht mehr verstehen, warum das alles so mühsam war. Dabei werde ich feststellen, dass Fotos einfach irrsinnig lügen. Nicht nur, dass sie mich immer viel unvorteilhafter darstellen, als ich meiner Meinung nach bin, also mit mehr Falten und noch viel mehr Leibesfülle, sondern dass sie nie die Wahrheit an Gefälle auch nur annähernd rüberbringen. Was auf Bildern wie ein herrlicher Spaziergang an der Küste aussieht, ist vor Ort eine schier unüberwindbare Plackerei. Und heute ist so ein Tag, die Sonne brennt herunter, die Schulter schmerzt und ich sehe nichts als Stufen, bergab und bergauf. Immer. Es ist der 36. Tag und ich mag nicht mehr. So einfach ist es: Ich mag nicht mehr. Irgendwann ist die Küste nur mehr Küste und das Meer nur mehr Meer und der Strand nur mehr Strand. All das, worauf ich mich so lange gefreut habe und worauf ich so lange hingearbeitet habe, interessiert mich irgendwie nicht mehr. Jeden Tag ist

Es sieht nie so steil aus, als es tatsächlich ist.

es das Gleiche: Gehen, Essen, Schlafen … und weil wir im digitalen Zeitalter leben, bediene ich natürlich auch noch jeden Tag die digitalen Medien, um meine Follower mit täglichen News und Bildern auf dem Laufenden zu halten; gerade so, als würden sie mit mir gemeinsam wandern – nur ohne die Anstrengung halt. Außerdem schreibe ich natürlich jeden Abend Tagebuch, um ja nichts zu vergessen, denn Fakt ist, wenn mich am Abend jemand fragt, wo wir gestern geschlafen haben oder morgen schlafen werden, weiß ich es in der Regel nicht. Einmal in der Woche schicke ich auch einen Bericht an unsere Lokalzeitung *NÖN*, die sich bereit erklärt hat, meine Benefizwanderung mit einem wöchentlichen Artikel zu unterstützen. So sehr ich es also auch wollen würde, ich bin eine Verpflichtung eingegangen, und kann nicht einfach aufhören. Heute würde ich am liebsten alles hinschmeißen – und dann doch wieder nicht, denn die eigentliche Verpflichtung bin ich mir gegenüber eingegangen und ich möchte es schaffen, also suche ich mir eine leichte Meeresbrise, die meine trüben Gedanken wegweht, und gehe weiter, Schritt für Schritt, besser gesagt, Stufe für Stufe.

Kurz vor Ende des Anstieges führt ein Pfad hinunter zum Lantic Beach, ein anderer verläuft weiter oberhalb hinter der Bay vorbei. Da es egal ist, welchen Weg wir nehmen, weil jede Route zum SWCP zählt, bleiben wir halblinks und gehen weiter hinauf, denn Abstieg würde irgendwann auch wieder Anstieg bedeuten und wenn wir gleich oben bleiben, ersparen wir uns vielleicht etwas; man muss es sich ja nicht schwerer machen, als es ist.

Selbst die Kühe fragen sich, was wir hier tun.

Allerdings geht es von hier aus kurze Zeit später auch wieder abschüssig zur Landspitze von Pencarrow Head, es stellt sich also heraus, dass es völlig egal gewesen ist. Der Reiseführer überschlägt sich vor Begeisterung über diese Etappe, aber die „eindrucksvolle Landspitze und das ehemalige malerische Lotsenhaus" sind mir heute ebenso egal wie die „hübschen und abgeschiedenen Buchten von Lansallos Wes und East Coombes". Nicht egal ist mir allerdings der Aufstieg zum Raphael Hill, der einfach nicht enden will. Linker Hand grasen Kühe, eine starrt mich ungläubig an! Ich sehe genau, wie sie ihre Stirn kräuselt, und habe das Gefühl, dass sie mich für völlig verrückt hält, dass ich mir das hier bei dieser Hitze (oder überhaupt) antue. Da sind wir schon zwei! Oberhalb sehe ich Leute, die tatsächlich warten, bis ich hochkomme. Wie schade, sie hätten auch herunterlaufen können und ich wäre wie selbstverständlich stehen geblieben und hätte sie vorbeigelassen. So aber fühle ich mich nun gezwungen, einen Zahn zuzulegen, obwohl ich mich viel lieber noch weiter in Selbstmitleid suhlen möchte. Ich quäle mich also hoch und einer der beiden meint, ich solle mir ruhig Zeit lassen, sie seien in „no rush". Ich hingegen erkläre ihnen, dass ich gerne unten auf sie gewartet hätte, wobei sie meinen, dass sie in all den Jahren, in denen sie wandern, gelernt haben, dass es nicht gut ist, beim Bergaufgehen stehen zu bleiben. Da sind wir irgendwie nicht einer Meinung, denn ich halte das teilweise für (über-)lebensnotwendig, aber ich habe keine Energie, mich auf Diskussionen oder auch nur Geplänkel einzulassen, und verabschiede mich daher freundlich. Zum Glück hat ein umsichtiger Mensch am Ende des Aufstieges eine Bank hingebaut und die ruft mir „Nimm mich!" schon von weitem zu. Da lasse ich mich doch nicht länger bitten, ich möchte ja nicht unhöflich sein. Die Bank offenbart mir außerdem die Weisheit des Tages, denn auf ihr – gewidmet einem gewissen Andrew James – ist folgender Spruch zu lesen: „If you get tired, learn to rest, not quit." Irgendwie scheint es so, als hätte hier jemand meine Gedanken gelesen und mir ein wenig Motivation geschickt. Danke dafür.

Nachdem mir die Rast und der Spruch ein wenig Energie zurückgegeben haben, ist der Weg nach Polperro um einiges einfacher. In dem kleinen Fischerdorf, das auch ich mit dem Prädikat „wertvoll" versehen würde, machen wir Mittagspause und schmeißen uns die nächsten Cheesy Chips in den Bauch. Diese Kalorienbombe würden wir zu Hause nie essen, aber hier ist das echt egal und so sündigen wir ohne schlechtes Gewissen. Danach schlendern wir noch ein wenig in der Stadt herum und entdecken überrascht, dass der österreichische Maler und Schriftsteller Oskar Kokoschka während des Zweiten Weltkrieges hier gelebt hat. Ich muss zugeben, dass ich nicht viel über ihn weiß, eigentlich nur das, was ich in der Biografie von Alma Mahler-Werfel gelesen habe, zu deren leidenschaftlichen Verehrern eben auch Kokoschka gehörte. Sie hat ihn zu einigen seiner berühmtesten Werke inspiriert, die heftige Liebe blieb aber letztlich unerfüllt – wie eigentlich alle Lieben, die sich rund um die männerverschlingende Alma Mahler-Werfel drehten.

Frisch gestärkt und mit einem weniger anstrengenden vor uns liegenden Höhenprofil machen wir uns auf, um die letzten acht Kilometer zu bewältigen. Ein Aufstieg noch und dann geht es nur mehr leicht wellig bis Hannafore, dem westlichen Stadtrand von Looe. Von hier aus folgen wir der unteren Promenade. Mittlerweile gleicht das Ganze wieder eher einem Spaziergang entlang der Mündung des gleichnamigen Flusses. Die Fähre läuft aufgrund des Gezeitenstandes im Moment nicht, aber das macht nichts, denn das Ufer ist angenehm zu laufen und so gehen wir einfach weiter bis West Looe, dem eigentlichen Zentrum der Stadt.

Idyllisches Polperro.

Unsere erste Station ist wie immer unsere Unterkunft. Das B&B ist nett, die Besitzer einfach nur großartig und so plaudern wir länger, als wir eigentlich wollen und übersehen dabei fast die Zeit. Ich muss mich sputen, denn ich brauche unbedingt noch eine wärmende Sportcreme aus der Apotheke. Irgendwie muss ich die Schmerzen in der Schulter in den Griff bekommen, bevor sie noch schlimmer werden. Aus irgendeinem unerfindlichen Grund haben wir unsere gut wirkende Thermo-Lotion zu Hause gelassen, aber offensichtlich dachten wir, dass wir die nicht nötig haben würden. Tja, was soll ich sagen: ein riesengroßer Irrtum!

Looe an sich ist eine nette, kleine Küstenstadt, die vom gleichnamigen Fluss in ein Ost- und ein Westufer geteilt ist. Außerdem liegt hier eine Hochburg für Hai-Angler. Vor der Küste treten vermehrt Blauhaie auf und das hat man sich zunutze gemacht. Man mag davon halten, was man will, aber für die Bewohner ist das eine zusätzliche Einnahmequelle – wir wissen mittlerweile, dass man in Cornwall auf jeden Pence angewiesen ist.

Apropos Pence, unsere verspielen wir im Amusement-Center der Stadt. Der Besuch dieser kleinen Spielhallen, die hier fast an jeder Ecke zu finden sind, hat sich fast schon zu einer abendlichen Tradition entwickelt, wobei wir nie mehr als zwei Pfund verspielen. Gewonnen haben wir eigentlich nie, denn die Tickets, die oft rauskommen, und um die man sich etwas aussuchen kann, verschenken wir immer an Kinder, damit diese ein besseres Souvenir bekommen. Da dies jedes Mal mit einem strahlenden Lächeln quittiert wird, haben wir so gesehen eigentlich doch gewonnen.

Einfach nur mal Touristin sein in Looe.

„Lady, give my Wi-Fi back! NOW!" *~ Al Capone Verschnitt*

Tag 37

Strecke: Looe nach Portwrinkle
12,2 km - 599 hm - 2,67 km/h
am Pfad: 641,1 km

Unterkunft: Whitsand Bay Hotel, £ 78,- ☹ gruselig

sommerlich warm

Mit einem „We hate to go" verabschieden wir uns schweren Herzens von unserem B&B, was aber nur wenig damit zu tun hat, dass wir uns hier absolut wohlgefühlt haben, sondern eher mit der Tatsache, dass unser heutiges Hotel in Portwrinkle eine „Bruchbude mit Charme" sein soll. Dies sagen zumindest sogenannte unabhängige Gästebewertungen auf diversen Internetplattformen und setzen mit Worten wie Schimmel, Staub und Mäusen noch eines drauf. Bei solchen Bewertungen muss man immer vorsichtig sein, aber grundsätzlich ist leicht zu erkennen, ob sie ernst zu nehmen sind oder eher ein überengagierter Gastgeber sich Bewertungen erschwindelt. Hier allerdings ist es so, dass die Briten wesentlich positiver bewerten als wir Österreicher oder die Deutschen und wir diskutieren immer mal wieder, woran das liegen mag. Ich habe zwei Vermutungen: Entweder sind sie den schlechten Standard hier schon gewöhnt und empfinden diesen als durchaus annehmbar oder sie wollen die wirklich immer herzlichen Gastgeber nicht in die Pfanne hauen. Anders lassen sich Bewertungen wie „absolutely awesome", „amazing" und „just wonderful" oft nicht erklären. Die Chancen, dass das Hotel für heute all diese Attribute zu Recht verdient, stehen denkbar schlecht, aber es geschehen immer wieder auch kleine, unerwartete Wunder; mit dieser Hoffnung verlassen wir das Stadtzentrum von Looe und wandern die Castle Street hinauf zu einem Fußweg, der oberhalb des Meeres verläuft. Dabei kommen wir bei einem „Award Winning Pasty Shop" vorbei und ich schüttle nur mehr den Kopf. Hier in England ist einfach alles „Award Winning" und es scheint so, als ob die Briten den ganzen Tag nichts anderes tun, als Preise zu verleihen, für Eis, für Kaffee, für Pastys und selbstverständlich für Cream Teas. Ich habe keine Ahnung, ob dies mehr Kundschaft dazu bringt, die Türschnalle des Eingangs nach unten zu drücken, aber mir persönlich kommt es „spanisch" vor, oder eben ganz „typisch englisch".

„Anstrengend mit moderaten Abschnitten" bereitet uns der Führer auf die heutige, kurze Etappe vor, mit knappen 700 Höhenmetern auf 12 Kilometern ist dies im Verhältnis tatsächlich nicht wenig, doch heute lernen wir, dass es einzig und allein auf die Beschaffenheit der Steigung ankommt. Bis Seaton geht es zwar tatsächlich laufend bergauf und bergab, aber derartig angenehm, dass uns die Höhenmeter gar nicht auffallen. Sie ergeben sich vor allem aus zwei langen, aber wenig steilen Aufstiegen und so kommt natürlich schnell mehr zusammen als bei stetigen, kurzen Auf und Abs.

Nur ein paar Meter vor Seaton kommen wir an einem kleinen Obst- und Gemüsestand vorbei. Unterschiedliche Sorten sind in kleine Sackerl verpackt und falls es möglich wäre, würde man sich hier über einen Pfund pro Packung freuen, aber wenn es nicht geht, dann ist es auch okay. Wir entscheiden uns für einen Mix aus Tomaten, Paprika, Erbsenschoten und Zwetschken, denn Gurken, Melonen und Zucchini überschreiten das Fassungsvermögen unseres Rucksacks, vor allem aber unseren Tragewillen. Diese kleinen Stände gibt es hier tatsächlich immer wieder und wir freuen uns jedes einzelne Mal darüber.

Der neu gewonnene Vorrat an gesunden Vitaminen muss aber dringend ausgeglichen werden und so machen wir Halt in „The Wave" und ich garniere meine heutige Heiße Schokolade noch mit Schlag und Marshmallows. Was beim ersten Gedanken wenig harmonierend wirken mag, schmeckt tatsächlich verboten gut und ich bin kurz versucht, meine Kalorienbilanz mit einer zweiten Portion aufzubessern. Mein innerer Teufel, der imaginär auf meiner rechten Schulter sitzt, flüstert mir leise zu: „Mach das, mach das", aber diese Runde geht überraschenderweise doch an den kleinen Engel zu meiner linken, der mich überzeugt, dass es besser wäre, ein paar Kalorien zu verbrennen, bevor ich wieder Feuerholz nachlege.

Damit legen wir dann auch sofort los, denn die Alternativroute entlang des Strandes ist durch den hohen Pegelstand unpassierbar und wir müssen die Straße hinauf nach Downberry laufen. Der nachfolgende Aufstieg zum Battern Cliff ist zwar lang, aber das „sehr steil" des Führers kann ich nicht bestätigen. Vielleicht haben wir mittlerweile allerdings doch einen gewissen Fitnesslevel erreicht und plötzlich sind die anstrengenden Etappen für uns gerade mal moderat, könnte ja sein. Vielleicht werden wir in den nächsten drei Wochen noch zu Hiking-Heroes, wobei ich mich insgeheim ohnehin jetzt schon als absolute Heldin betrachte, aber das verrate ich natürlich niemandem. Schließlich schaffe ich es tapfer, das schmerzhafte Stechen in meinem linken Schulterblatt nicht zu oft zu erwähnen, aber wenn das nicht bald besser wird, dann könnte sich das zu einem echten Problem entwickeln.

Wer etwas auf sich hält, braucht einen Award.

Kurz vor Portwrinkle begegnen wir der ersten und einzigen Wanderin des Tages und gleich danach hat sich ein nackter Sonnenhungriger die einzige Bank am Britain Point gesichert, von wo aus man einen herrlichen Ausblick auf das von weitem malerisch wirkende Portwrinkle genießen kann. Nackte Männer sind wir mittlerweile gewöhnt und so machen wir trotzdem hier Halt, denn es zieht uns einfach nichts zur nächsten Ortschaft hinunter, weil wir Angst vor dem haben, was uns dort erwartet. Dem Nackedei scheint das dann doch nicht ganz so angenehm zu sein und er verabschiedet sich mit einem kurzen Nicken. So haben wir die Bank für uns alleine und verbummeln hier unsere Zeit mit einer wahren Kunst, dem Einfachgarnichtstun, das ich für mich schon perfektioniert habe. Mein Mann braucht hier noch ein paar Übungseinheiten, um seine Hummeln im Hintern besser in den Griff zu bekommen, aber ich befürchte, das wird nicht so einfach werden.

Dank des Internets wissen wir, dass das Strandcafé, das die einzige Möglichkeit zum Einkaufen darstellt, um 16.00 Uhr schließen wird; und da wir nicht vorhaben, im Hotel zu essen, setzen wir unsere trägen Körper schließlich doch wieder in Bewegung und gehen das letzte Stück bergab zum Küstendorf am westlichen Ende der Whitesand Bay. Wir sind dann tatsächlich auch die letzten Gäste und nachdem man uns freundlich aber bestimmt hinauskomplimentiert hat, müssen wir uns nun der Wahrheit stellen und im Hotel einchecken. Hier werden unsere Befürchtungen nicht nur bestätigt – sie werden absolut übertroffen, denn das Zimmer ist, gelinde gesagt, der reinste Horror. Bei 20 fremden Haaren im Bett höre ich auf zu zählen und das Badezimmer behandle ich gleich präventiv mit desinfizierenden Tüchern. Spinnweben wechseln sich mit schwarzem Schimmel ab und ich frage mich ernsthaft, wie ich uns nur hier einbuchen konnte. Nachdem Bett und Bad gereinigt sind, flüchten wir aus dem Zimmer, in dem nicht einmal Internetempfang vorhanden ist. Wir suchen wenig motiviert den Wellnessbereich auf und sind überrascht, denn der schlechte Zustand des Hotels bestätigt sich hier nicht. Also eilen wir wieder hinauf ins Zimmer, holen unsere Badesachen und schwimmen und schwimmen und schwimmen, bis es Abend ist und uns bereits Schwimmhäute zwischen den Zehen gewachsen sind. Da hier auch die Duschen wesentlich angenehmer sind als unsere im Zimmer, erledigen wir hier alles bis auf Zähneputzen und wären eigentlich bettfertig. Dafür ist es dann aber doch noch zu früh und wir begeben uns auf die Jagd nach WLAN. In der Lobby auf der linken Seite kurz vor der Bar werden wir fündig und mein Göttergatte kann sich endlich mit dem Rest der Welt verbinden. Keine zwei Minuten später keift mich ein Mann, der aussieht wie Al Capone, an: „Lady, give my Wi-Fi back! Now!“ Abgesehen davon, dass ich schwerlich glauben kann, dass das WLAN ihm gehört, bin ich gar nicht online, weil ich gerade mein Tagesjournal schreibe. Das glaubt er erst, als ich ihm mein Offline-Symbol am Tablet zeige, und irgendwie befürchte ich, dass er gleich eine Waffe aus dem Halfter zieht. Schließlich hat Al Capone auch gesagt: „Wenn du wirklich etwas willst, dann musst du deinen Worten mit einer Waffe Nachdruck verleihen.“ Aber, obwohl mich die billige Gangsterkopie immer noch böse anfunkelt, habe ich nichts zu geben, das würde auch ein Revolver nicht ändern. Schließlich zieht er enttäuscht von dannen und ich atme tief durch. Dass man auch mit dem Handy das Internet nutzen kann und Peter genau damit gerade verbunden ist, scheint seiner Aufmerksamkeit entgangen zu sein, aber diese Tatsache verschweige ich lieber und sehe zu, wie er hinter der nächsten Ecke verschwindet. Vielleicht findet er ja dort, wonach er sucht.

Blick nach Portwrinkle.

„Come sit with us!" *~ Obdachlose*

Tag 38

Strecke: Portwrinkle nach Plymouth
21,4 km - 661 hm - 2,87 km/h
am Pfad: 662,5 km

Unterkunft: Edgcumbe Guest House, £ 75,- → in Ordnung

bewölkt, aber warm

„Go away, move", schnauzt uns eine sehr unfreundliche Dame im Frühstücksraum an. Als erste Gäste des Tages wollten wir es uns an einem der vielen Tische, die zum Meer, das man heute aufgrund der dicken Wolken gar nicht sieht, bequem machen; doch da scheint jemand etwas dagegen zu haben. Wir seien als Gäste „not important" erklärt uns die Servicekraft weiter und ich bin so perplex, dass ich gar nichts sagen kann. So etwas ist mir noch nie passiert und ich war schon in vielen Hotels der Welt unterwegs. Immer noch völlig verdattert nehmen wir den uns zugewiesenen Platz in der hintersten Ecke ein und bestellen Frühstück, als wir das gleiche Spiel bei einem anderen Paar, das kurz nach uns gekommen ist, beobachten. Wir sind dann die einzigen vier in diesem großen Speisesaal und die VIP-Plätze bleiben die ganze Zeit leer, aber zumindest die Dame im Service ist rundum mit sich zufrieden.

Wir müssen uns heute beeilen, denn es lässt sich nun auch mit teurem Parfüm nicht mehr verbergen, dass unsere Kleidung mittlerweile ziemlich an Geruch zugelegt hat, kurz: sie stinkt. In Plymouth soll es einen Waschsalon geben und der ist heute unser erklärtes Ziel. Das Gute an derart schlechtem Wetter, wo man nichts sieht, ist, dass wir nicht oft für Fotos stehenbleiben müssen und so kommen wir sehr gut voran. Nach einem Aufstieg geht die Wegführung mal wieder entlang eines Golfplatzes und danach zu den Schießständen an der ehemaligen Festung Tregantle Fort vorbei. Heute gibt es zum Glück keine Schießübungen und so dürfen wir den Privatweg durch das Gelände hindurchlaufen. Würde das Gelände genutzt werden, würde eine rote Flagge darauf hinweisen und es wäre die Alternativroute entlang der Straße zu nehmen, um das Trainingsgelände zu umgehen.

Der nächste markante Punkt auf unserer Route ist Rame Head, den wir nach einigen kräftigen Auf- und Abstiegen, die durch den sich angenehm schlängelnden Weg fast idyllisch anmuten, nach etwa sechs Kilometern erreichen. Es ist die südöstlichste Landspitze Cornwalls, auf deren höchstem Punkt die Michaelskapelle thront, die dem Erzengel Michael geweiht ist. Zugegeben, sie ist nicht ganz mit dem St. Michael's Mount zu vergleichen, aber sie verfügt über eine ebenso schöne Aussicht. Aus diesem Grund wurde sie in jedem der zahlreichen Kriege, die sie schon miterlebt hat, zu einem wichtigen strategischen Militärpunkt; in den Weltkriegen vor allem zur Abwehr von U-Booten. Heute wird sie von der freiwilligen Küstenwache genutzt, aber auch gerne zur Vogelbeobachtung, denn in den Klippen am Rame Head haben Bussarde, Falken, Seidenreiher und viele andere Wat- und Seevögel ihr Quartier aufgeschlagen. Auch wir bleiben ein paar Minuten stehen und bewundern die Fauna und Flora. Bei diesem diesigen Wetter erzeugt das ganze Szenario eine unwirkliche Atmosphäre, vor allem, weil am frühen Vormittag hier auch niemand unterwegs ist.

Der weitere Klippenpfad zum Penlee Point ist einfach zu wandern und von hier aus können wir den ersten Blick auf Plymouth erhaschen. Kurz darauf erreichen wir das urige Dorf Cawsand und gleich danach Kingsand, bevor wir in das Gelände des Mount Edgcumbe Country Park hineinlaufen. Nun sind wir tatsächlich im Zauberwald und ich erwarte fast, dass links und rechts die Elfen und Feen herausspringen und um uns herumtanzen. Genau hier müssen sie leben, das geht gar nicht anders, denn sie personifizieren in gewisser Weise die Naturkräfte und zeigen uns, dass man mit der Natur leben und mit ihr zusammenwirken kann. Dafür ist meiner Meinung nach hier der perfekte Platz; doch auch wenn ich noch so genau schaue, ich kann sie einfach nicht entdecken.

Allerdings entdecken wir zahlreiche Entenkinder, die sich im Teich vor dem Milton's Temple tummeln. Außerdem finden wir hier auch einen Wegweiser, der die für uns wichtigsten Informationen enthält, nämlich „South West Coast Path" und „Toilets". Es gibt tatsächlich immer wieder Diskussionen in den Internetforen mit dem Ziel, Wanderern das „Freiluft-Urinieren" zu verbieten. Ich bin nicht sicher, wie das funktionieren soll und wer das kontrollieren will, aber es regt ein wenig mein schlechtes Gewissen an und so halte ich tatsächlich immer Ausschau nach der nächsten möglichen Toilette.

Im Mount Edgcumbe Country Park gäbe es viel zu entdecken, aber uns drängt wie immer ein wenig die Zeit und wir machen uns direkt auf zur Fährstation, von wo aus wir nach Plymouth übersetzen. Auch diese Fähre ist Teil des offiziellen SWCP Abenteuers und zählt zu den großen Ausfertigungen. Tagestourismus dürfte hier großgeschrieben werden und so

Mount Edgcumbe Country Park.

teilen wir uns das Schiff mit vielen Gästen, darunter auch ein Power-Wanderpärchen: fit, schmutzig, mit riesigem Rucksack! Sie sehen so aus, als sei ein tägliches Pensum von 100 Kilometern gerade einmal gut genug für sie; es scheint so, als hätten sie auch heute noch eine lange Strecke vor sich, denn sie springen am schnellsten vom Boot und verpassen gleich mal den ersten Wegweiser. Wir nehmen uns Zeit für ein paar Fotos, denn hier ist ein großer Markierungspunkt am SWCP, allerdings mit einer völlig falschen Meilenangabe. 362 Meilen bis Minehead sagen sie, dabei haben wir schon 420 Meilen zurückgelegt. Betrüger! Wir freuen uns ja über diesen Fehler, aber wenn man von der anderen Seite kommt und glaubt, es fehlen weniger Meilen als man dachte, dann könnte man ziemlich enttäuscht werden. Plötzlich biegt das Powerpärchen wieder um die Ecke und sieht sich verzweifelt um, bevor sie schließlich fragen, ob wir wüssten, wie der Path weitergehen würde. Da wir genau unter dem Wegweiser stehen, ist die Beantwortung der Frage eine unserer leichtesten Übungen. In einer Sprache, die wir nicht verstehen, schimpft der Mann offensichtlich mit seiner Frau, aber einer muss ja schuld sein.

Für uns ist die offizielle Reise für heute zu Ende und wir wandern die zwei Kilometer hinauf zum Waschsalon. Überraschenderweise dürfen wir dort unsere Wäsche nicht selbst waschen, der Mitarbeiter meint, wir sollen alles dalassen und können es in zwei Stunden wieder abholen. Diese Aussage leitet einen komplizierten Umziehprozess ein. Gut, so kompliziert ist er eigentlich nicht: Wir ziehen uns einfach komplett aus und stehen in Unterwäsche in der Auslage des Waschsalons, denn ein Hinterzimmer gibt es hier nicht. Das einzige, das wir nicht waschen müssen bzw. ob der Funktionalität nicht dürfen, ist unsere Regenkleidung und so hüllen wir uns – draußen hat es mittlerweile wieder um die 28 Grad – in unsere angeblich atmungsaktive Schlechtwetterkleidung. Wir werden uns zu Tode schwitzen. Während also alle anderen in Shorts und Shirt in Plymouth herumlaufen, machen wir dies mit langer Hose und umschließender Jacke, schließlich haben wir drunter nichts an. Mit dem Rucksack am Rücken machen wir uns auf in die Stadt und kommen an der Church of St. Andrews vorbei. „Hello, come sit with us!", ruft man uns plötzlich entgegen. Auf den Stufen der Kirche haben es sich obdachlose Menschen bequem gemacht und deuten uns, zu ihnen zu kommen. Anfangs fühlen wir uns gar nicht angesprochen und sehen uns etwas verwirrt um. Da aber niemand anders als wir in der Gegend ist, realisieren wir, dass die tatsächlich uns meinen, und kurz darauf wird uns auch klar, warum. In unseren Regenklamotten und dem Rucksack sehen wir tatsächlich etwas befremdlich aus. Alles, was wir im Moment haben, tragen wir am Körper, so wie viele Obdachlose, und wenn der Unterscheidungsgrad zwischen Wanderern und Obdachlosen ohnehin schon schmal ist, so ist er jetzt faktisch gar nicht vorhanden. Die Gruppe denkt sich sicher, es sind neue Leute in der Community und empfangen uns herzlich. Irgendwie haben wir aber trotzdem Berührungsängste, daher winken wir nur freundlich zurück und rufen ihnen von der gegenüberliegenden Straßenseite zu, dass wir auf dem Weg in die Stadt seien. Mit einem „Come back whenever you want" winken auch sie uns zu und wir verschwinden hinter der nächsten Ecke. Ein seltsames und dennoch herzliches Erlebnis, von dem wir noch lange sprechen werden, soviel ist sicher.

Absolut falscher Meilenstein.

Plymouth Sound.

Die Wartezeit auf unsere Kleidung vertreiben wir uns in der hintersten Ecke des Costa Cafés mit Internetsurfen. Nachdem wir uns dann ein weiteres Mal im Waschsalon komplett umgezogen haben, laufen wir durch den recht großen Hoe Park zu unserem B&B, das zwar direkt am SWCP liegt, aber von der eigentlichen Stadt doch ein Stückchen entfernt ist. Mittlerweile haben sich die Wolken fast komplett verzogen und Plymouth ist in ein wunderschönes Abendlicht getaucht. Diese Hafenstadt liegt in South Devon. Ohne es bewusst wahrzunehmen, haben wir also heute Cornwall verlassen und sind wieder zurück in Devon. Plymouth zählt zu den größeren Städten auf unserer Reise und es ist fast schade, dass wir hier keinen freien Tag eingeplant haben. Es gäbe viele Sehenswürdigkeiten zu entdecken und die Stadt besitzt mit dem Stützpunkt Devonport den größten Marinehafen Westeuropas. Da der Weg morgen allerdings ohnehin entlang des großen Hafens führen wird, begnügen wir uns heute mit dem Gelände rund um die Madeira Road. Hier drehe ich ein kurzes Video zum 60. Geburtstag meiner Mama, den ich leider versäume, um so wenigstens ein paar Glückwünsche überbringen zu können. Heute fällt uns auch zum ersten Mal auf, dass wir trotz der 27 Kilometer und der knapp 700 Höhenmeter, die wir gelaufen sind, immer noch genug Kraft und Energie haben, um abends die Stadt zu erkunden. Es scheint also, als wären wir tatsächlich schon fitter als zu Beginn. Auch nicht schlecht!

„Es sind die Begegnungen mit Menschen, die das Leben lebenswert machen.“ ~ *Guy de Maupassant*

Tag 39

Strecke: Plymouth nach Noss Mayo
23,8 km - 525 hm - 3,34 km/h
am Pfad: 686,3 km
Unterkunft: Spooner B&B, £ 100,- ☹ unfassbar grauslich
angenehm warm

„Der frühe Vogel fängt den Wurm“, denken wir uns auch heute wieder und sind – wie meistens – die allerersten beim Frühstück. Was ich an B&Bs mittlerweile wirklich zu schätzen weiß, ist die familiäre Atmosphäre, die oft herrscht und die auch jetzt deutlich spürbar ist. Obwohl wir nun bereits über einen Monat in dieser Gegend unterwegs sind, bin ich immer noch überwältigt von der Herzlichkeit, dem Interesse und der Aufmerksamkeit der Briten. Vermutlich kommt das nicht von ungefähr, denn gerade der Teil Österreichs, in dem ich lebe, wird gemeinsam mit der Hauptstadt Wien als die personifizierte Unfreundlichkeit beschrieben und so sind wir wohl von jeder Art der Zuwendung überrascht. Wir Ostösterreicher halten uns ja selbst per se nicht für unfreundlich, obwohl sich natürlich die typischen Phrasen wie „Eierschädel“, „Schleich di“ oder „Wos is?“ durchaus in unserem gängigen Wortschatz befinden, aber hier in England könnte ich fast zur Auffassung kommen, dass wir vielleicht eine getrübte Selbstwahrnehmung haben. Erst langsam finden wir uns mit der anscheinenden Distanzlosigkeit der Menschen zurecht und lassen uns auf längere Plaudereien ein. Meistens enden diese dann auch damit, dass mir jemand ein paar Pfund für die Benefizwanderung in die Hand drückt und gleich noch eine herzliche Umarmung hinterher schießt. Die anfängliche Befremdlichkeit und das Überfordertsein in solchen Situationen hat nunmehr den Gefühlen von Dankbarkeit und Freude Platz gemacht. Es sind tatsächlich die Begegnungen mit Menschen, die das Leben lebenswert machen, wusste bereits Guy de Maupassant im 19. Jahrhundert, und dem kann ich nur zustimmen. Hier heißt es, die einzelnen Situationen positiv aufzunehmen und diese in den Rucksack der Erlebnisse zu packen, um noch lange davon zu profitieren. Vielleicht verändert es sogar unser eigentliches, unfreundliches ostösterreichisches Wesen, denn so kämen noch viele weitere Menschen zu diesem Profit.

Wie jeden Tag in der Früh müssen wir uns dann aber doch alsbald verabschieden, denn auch wenn heute eine sehr einfache Strecke vor uns liegt, ist sie doch über 20 Kilometer lang und die springen wir trotz täglichem Training nicht so einfach auf einem Bein ab. Wir könnten ein wenig schummeln und gleich mit der Fähre nach Mount Batten übersetzen und uns damit 12 Kilometer sparen, das würde niemand wissen. Niemand, außer wir, und daher kommt das auch heute nicht in Frage! Wir lassen den Fährterminal rechter Hand liegen und wandern die Uferpromenade entlang, auf der dank vieler Informationstafeln einiges über die Stadt und ihre Kultur zu erfahren ist. Ein großer Teil dieser Strecke ist mit weißen Bändern, Fußwegmarkierungen und roten Metallschildern ausgewiesen. Am Ende werden wir weit über 50 unterschiedliche Wegweiser gesehen und fotografiert haben.

Nachdem wir zur äußersten Ecke der Ufermauer im Royal Walliam Yard gelangt sind, steigen wir die Stufen, die mit „Eric Wallis Memorial Steps“ sogar einen eigenen Namen lukriert haben, zum Devil's Point Park hinauf. Von hier aus genießen wir den großartigen Blick über Plymouth Sound und Drake's Island. Die erste Hälfte ist heute ein richtiger City Walk, denn wir wandern auf brennend heißem Asphalt durch reins-

Kajakfahren wäre auch mal interessant.

tes Industriegebiet, durch viele Stadtviertel hindurch und an noch mehr Gedenkstatuen vorbei. Schließlich müssen wir uns wieder entscheiden, welche Route des SWCP wir nehmen wollen. Immer diese Entscheidungen! Wir beschließen, dem Waterfront Walk eine Chance zu geben, denn auch wenn wir nun schon sehr lange das Wasser meist direkt rechts neben uns haben und dies nichts Ungewöhnliches mehr ist, kann es die magische Faszination, die es auf uns ausübt, immer noch aufrechterhalten. Wir möchten einfach so nah wie möglich am Wasser gehen und dies scheint auf dieser Route am wahrscheinlichsten zu sein. Lagerhäuser, Werften und Hafenkais prägen nun für viele Kilometer das Erscheinungsbild, bevor wir zu einem See, dem Radford Lake, kommen. Hier beginnen auch der 25 km lange Erme-Plym Trail und der 165 km lange Two Moors Way, die beide in Richtung Nordküste von Devon laufen. Diese Wege vermeiden wir tunlichst, denn von dort kommen wir und dort wollen wir bestimmt nicht mehr hin – zumindest nicht auf dieser Reise. Wir überqueren den See lieber über den Damm mit seinen schlossähnlichen Türmen und gehen an einigen markanten Punkten vorbei immer in Richtung Mount Batten.

Mount Batten ist ein nur 24 Meter hoher Felsvorsprung auf einer Halbinsel im Plymouth Sound und eine der wenigen Stationen, die aufgrund ihrer Ruinen und Anlagen eine weit größere geschichtliche Bedeutung vermuten lassen, als sie tatsächlich haben. Lange Zeit war hier ein Stützpunkt der Luftfahrt, auf den viele Denkmäler, Straßennamen und sogar zwei Hangars hinweisen. Heute ist Mount Batten vor allem bei Wassersportlern beliebt … und bei Küstenwegwanderern, denn die müssen unweigerlich hier durch, wenn sie zum Jenny Cliff wollen. Im Moment ist hier buntes Treiben. Die Parkplätze sind voll, die Fähre karrt massenweise Passagiere, die sich den besten Platz sichern wollen, über den River Plym und die Kaffee- und Eiswägen haben ihren umsatzstärksten Tag, denn es ist der Tag der British Fireworks Champignonships. Wir beobachten fasziniert die Vorbereitungsarbeiten und ich kann nicht fassen, dass wir einen Tag zu spät für dieses Spektakel sind. Leider schlafen wir heute genau dort, wo es keine öffentlichen Verbindungen gibt, und für ein Taxi zurück sind wir zu knauserig; wir geben hier ohnehin viel zu viel Geld aus, vor allem für schlechte Unterkünfte. Schade, da wäre ich gerne dabei gewesen.

Während ich noch ein wenig an der verpassten Möglichkeit kiefle, biegen unsere Powerhiker von gestern um die Ecke. Was? Ich dachte, die seien schon über alle Berge! Sie schmeißen sich ins Gras, ohne vorher den Rucksack von den Schultern zu nehmen und ziehen sich die Schuhe aus.

Unterwegs die Schuhe auszuziehen ist tatsächlich meistens ein großer Fehler, aber hier kann ich es verstehen, denn die Füße der Wanderin sind über und über mit Blasen versehen. Da wir einen halben Medizinschrank mit uns tragen, sprechen wir die zwei an, vielleicht können wir ja helfen. Sie sind erst drei Tage unterwegs und überlegen nun, wie es weitergehen kann. Dafür habe ich nur eine Antwort: „Gar nicht!" Aus eigener Erfahrung kenne ich Blasen in allen Größen und Formen, aber so etwas habe ich noch nie gesehen, die ganze Fußsohle ist überzogen mit vielen sich auflösenden Hautschichten an unterschiedlichen Stellen, die sich teilweise schon entzündet haben; ich mag mir gar nicht vorstellen, welche Schmerzen diese junge Frau beim Gehen ertragen muss. Jetzt weiterzugehen wäre meiner Meinung nach unverantwortlich und nach vielem Hin und Her merken auch die beiden, dass hier „Zähne zusammenbeißen" wohl nicht ausreichen wird, um weiter gut voranzukommen. Sie entschließen sich, noch eine Weile hier sitzen zu bleiben und dann die Fähre zurück nach Plymouth zu nehmen, um sich auf die Suche nach einem Arzt zu machen. Warum sie nicht gestern schon dort waren, ist mir ein großes Rätsel; das behalte ich aber für mich, ich will nicht noch Öl ins Feuer gießen. Zumindest können die zwei heute das Feuerwerk genießen, etwas, das uns verwehrt bleiben wird. Allerdings versäume ich lieber dieses Highlight und habe blasenfreie Treterchen als umgekehrt. So schnell können sich Wünsche und Perspektiven also ändern.

Mittlerweile ist es später, als es eigentlich sein sollte, und wir müssen uns ziemlich sputen, denn um 15.30 Uhr schippert zum letzten Mal die Fähre nach Noss Mayo. Wir beeilen uns also und das einfach zu gehende Terrain unterstützt unser Vorhaben ideal. So dauert es nicht lange, bis wir zum Wembury Beach kommen; von hier aus sind es nur mehr etwas mehr als zwei Kilometer zum Warren Point, wo die Fähre bestimmt schon sehnsüchtig auf uns wartet. Dort angekommen, klappen wir das weiße Signal um, das den Startschuss für den Fährmann auf der anderen Flussseite gibt. Er springt in sein Boot und winkt uns bereits von weitem zu. Er scheint sich über Gäste zu freuen und sofort, nachdem wir an Bord gegangen sind, beginnt er, uns auszufragen. In den zwei Minuten Fährzeit will er gefühlt alles über Österreich wissen und er berichtet uns auch, dass er in diesem Jahr bereits 18 Österreicher über den River Yealm gefahren hat. Darüber führe er Buch, erzählt er uns stolz und mit uns beiden habe er nun den österreichischen Rekord gebrochen, denn 19 österreichische Passagiere in einem Jahr seien bis jetzt seine Höchstzahl gewesen. „I'm completely over the moon", grinst er uns an. Schön, dass wir jemanden so eine Freude bereiten konnten, es sind tatsächlich die kleinen Dinge im Leben, die vieles zu etwas Besonderem machen.

Bald werden auch wir aus dem Häuschen sein, aber nicht im positiven Sinn, eigentlich würden wir am liebsten wortwörtlich aus dem Häuschen sein, denn was uns hier in Noss Mayo bei unserer Unterkunft erwartet, schlägt dem Fass den Boden aus. Zuerst finden wir gleich gar nicht hin und müssen anrufen, um uns dorthin lotsen zu lassen. Um Empfang zu finden, stapfen wir etwa einen halben Kilometer weit zurück zur Küste. Schließlich betreten wir ein Haus, das kurz vor dem Verfall steht. Sofort setzt sich ein modriger Geruch in unseren Nasen fest und unsere Augen erkennen schnell, dass keines der Sitzmöbel über eine intakte Polsterung verfügt. Die alte Dame, die uns empfängt und mit der wir auch telefoniert haben, stellt sich als Schwester der Besitzerin vor. Sie kann sich nicht bewegen, weil sie sich den Fuß gebrochen hat, und will uns ständig überreden, uns hinzusetzen, aber mir graust so dermaßen, dass ich sämtliche Ausreden parat habe. Sie lotst uns zu einem alten Schrank, in dessen erster Lade unter zahlreichem Krimskrams der Schlüssel für das Gartenhaus zu finden ist. Gartenhaus? Ich schöpfe leise Hoffnung. Wir begeben uns auf die Suche und müssen dafür durch einen wunderschön angelegten Garten. Unglaublich! Dieses Gruselhaus steht tatsächlich in einem Zaubergarten, kontrastreicher könnte das Bild nicht sein. Die leise Hoffnung wird allerdings sofort im Keim erstickt, als wir das Gartenhaus entdecken. Obwohl es geringfügig besser als das Haus ist, ist es immer noch grottenschlecht. Mäusefallen im ganzen Gartenhaus zeigen, dass wohl auch mit tierischen Besuchern zu rechnen ist. Hier kann ich unmöglich bleiben. Was sollen wir tun? Die nächste Ortschaft ist über zwei Kilometer entfernt und auch da ist nicht sicher, ob es überhaupt eine Unterkunft gibt, und wenn ja, ob ein Bett zu bekommen ist. Wir legen die Rucksäcke ab und beschließen, beim nächsten Hotel anzurufen. Vielleicht haben sie ein Zimmer für uns, dann rufen wir uns ein Taxi und fahren dorthin. Anrufen kann man allerdings nur mit Empfang und so gehen wir zu der Stelle zurück, von der aus wir vorher hier angerufen haben, die liegt allerdings einen halben Kilometer entfernt, was meine Stimmung weiter trübt. Ganz vorbei ist es dann, als das nächste Hotel leider komplett ausgebucht ist und uns kein Zimmer für die Nacht anbieten kann. So ist nun klar: Wir sitzen hier fest und, ohne es kontrollieren zu können, laufen mir die Tränen über die Wangen. So habe ich mir das nicht vorgestellt, ich will nicht mit Mäusen und sonstigem Getier die Nacht verbringen. Wirklich nicht! Aber es bleibt uns einfach nichts anderes übrig. Ohne Verbindung zur Außen-

Auf der Fähre nach Noss Mayo.

welt, da es weder Telefonnetz noch WLAN gibt, und ohne Fernseher oder Radio sind wir nun also gezwungen, uns mit uns selbst zu beschäftigen. Wir vertreiben uns – nachdem wir das notwendigste Inventar geputzt haben – die Zeit mit Kartenspielen. Karten sind das einzige, das wir hier zur Unterhaltung finden können. Am Abend kommt Sue, die Besitzerin, und bringt das Frühstück, für das wir morgen selbst sorgen müssen. Dass wir hier etwas essen werden, das wage ich zu bezweifeln, aber gut. Wir bitten sie, dass wir gleich die Unterkunft bezahlen können, denn wir müssten morgen sehr früh weg und ehe wir es uns versehen, sind wir um ganze 100 Pfund ärmer. Mein Mann bekommt fast einen Herzinfarkt bei der Summe, aber es zahlt sich nicht aus, jetzt Diskussionen anzufangen. Zur Schlafenszeit ziehe ich zum ersten Mal meine Leggins an, die ich eigentlich für kühle Tage als Unterwäsche mitgenommen habe, vermeide es, die Socken auszuziehen und krame im Rucksack nach meiner Weste. Schade, dass ich nicht auch noch Handschuhe mithabe. Auf das Kopfpolster lege ich mein bis dato unbenutztes Handtuch, wenigstens habe ich es nicht umsonst mitgenommen. Zum ersten Mal freue ich mich nicht aufs Zubettgehen, hoffentlich ist die Nacht bald vorbei … und dass bis morgen früh keine Maus in einer der zahlreichen Fallen ihr Dasein beenden muss … Pfui gack!

Once in a Lifetime Adventure

Tag 40

Strecke: Noss Mayo nach Bigbury-on-Sea
21,8 km - 747 hm - 2,89 km/h
am Pfad: 708,10 km

Unterkunft: The Henley Hotel, £ 95,- sehr gut

sonnig und warm

Fluchtartig verlassen wir um 6.30 Uhr das schrecklichste B&B, in dem wir je waren. Die Nacht war lang und hat sich endlos gezogen und ich denke, dass ich nicht mehr als drei Stunden Schlaf bekommen habe – wenn überhaupt. Der ganze Körper juckt und beißt und ich bin mir sicher, dass wir mit hunderten von Bettwanzen und anderem Getier gehaust haben. So kann das nicht weitergehen, in Sachen Unterkunft müssen wir uns schleunigst etwas überlegen; schlicht und einfach ist die eine Sache, versifft und ekelerregend die andere. Ich möchte mich nicht unbedingt als verwöhnt bezeichnen, aber normalerweise buche ich Hotels ab vier Sternen aufwärts und finde dort immer noch den einen oder anderen Mangel. Die jahrelange Tätigkeit als Hoteltesterin für diverse Internetplattformen hat mein Auge geschult, doch nur selten wurde dabei auch meine Nase derart beleidigt wie diese Nacht. Vermutlich kann es nicht mehr schlechter werden, allerdings denken wir uns dies auf dieser Reise nicht zum ersten Mal, also traue ich mich gar nicht, das laut auszusprechen.

Ein Gutes hat das Ganze aber dann trotzdem, denn wir sind auf jeden Fall rechtzeitig unterwegs, um den River Erme zur Low Tide zu erwischen. Das ist deshalb so wichtig, weil der SWCP offiziell durch diesen Fluss führt, doch der ist nur eine Stunde vor und eine Stunde nach der Ebbe gefahrlos zu überqueren, das heißt an vier von 24 Stunden. Wir haben fest damit gerechnet, hier ein Taxi nehmen zu müssen, aber das bleibt uns nun erspart.

Zuerst wandern wir auf einem ehemaligen Kutschenweg durch ein Waldgebiet, das um diese frühe Stunde noch ganz ruhig und verlassen vor uns liegt. Die Stille wird nur von dem einen oder anderen Vogelgezwitscher unterbrochen, doch so richtig genießen können wir das alles nicht, zu sehr steckt uns noch die vergangene Nacht in den Knochen.

Etwa eine Stunde wandern wir dahin, ohne ein Wort zu wechseln. Da die Strecke zum Glück nicht sehr anspruchsvoll ist, hängen wir unseren

Der frühe Vogel fängt den Wurm.

Gedanken nach und setzen monoton einen Schritt vor den anderen. Mich plagt richtiges Heimweh – die Tatsache, dass es noch drei Wochen dauern wird, bis ich meine Familie wiedersehe, sowie die schlechten Unterkünfte, die immer wieder schmerzende linke Schulter, die weniger aufregende Landschaft und das wechselhafte, kühlere Wetter lassen meine Stimmung auf den tiefsten Tiefpunkt der bisherigen Reise sinken. Heute gebe ich mir selbst ein Versprechen, an das ich gedenke, mich unbedingt zu halten: „So etwas mache ich nie wieder!“ Das wird ein Once-in-a-Lifetime-Adventure bleiben. Da lege ich mir gleich selbst die Hand aufs Herz. Es ist tatsächlich so, dass ich nicht mehr mag. Mir geht alles auf die Nerven und die vielen Nachrichten, die mich auf die eine oder andere Weise von zu Hause erreichen, schaffen es nicht mehr, mich zu motivieren. Die Leute haben eine ganz falsche Vorstellung von dem, was wir hier machen, denn sie denken, dass wir die einzigartige Möglichkeit haben, unseren Traum zu leben; ich kann jedoch mit Gewissheit sagen: „Das tun wir nicht.“ Klar gibt es sie, diese herrlichen, wunderschönen Wandertage, an denen einfach alles passt, aber rückblickend auf die letzten 40 Tage gesehen, waren sie die Ausnahme. Ich bin also heute tatsächlich deprimiert.

Meine Stimmung bessert sich allerdings recht schnell, als wir aus dem Wald kommen und die englische Küste in ihrer ganzen Pracht wieder kilometerweit vor uns liegt. Diese Aussicht, diese Weite, dieses Gelände ist es, worauf wir uns ein Jahr lang gefreut haben, worauf wir uns ein Jahr lang vorbereitet haben. Deshalb sind wir hier! Also weitergehen, einfach weitergehen!

Beim Beacon Hill erwartet uns der steilste Abstieg überhaupt, doch bevor wir den in Angriff nehmen, müssen wir noch unsere sozialen Kompetenzen hervorkramen. Okay, ich krame, denn mein Mann ignoriert die junge Frau, die schluchzend auf einem Stein sitzt, gekonnt. Es ist ziemlich klar, dass sie sich nicht weh getan hat und unsere Hilfe auch nicht wirklich braucht, denn sie könnte sich gut verständlich machen, aber ich käme mir trotzdem schäbig vor, wenn ich weiter ginge, ohne nachzufragen, ob es irgendetwas gibt, womit ich ihr behilflich sein könnte. Mit einem freundlichen „Are you okay?“ signalisiere ich also Interesse und Hilfsbereitschaft. Ein schiefes Grinsen kommt zurück, gefolgt von einem „Yes, just boys“, das mich zu einem „Okay, I know that kind of pain“ verleitet. Klar, wer kennt sie nicht, die vielen Tränen, die „frau“ wegen Männern vergießt? Ich wünsche ihr also noch „positive energy“ und „strength“, winke freundlich und mache mich nun an meine persönliche Herausforderung. Der Hügel hat es in sich und ich würde mich gerne an dem verlaufenden Zaun anhalten, doch leider hat jemand beschlossen, den vor wenig risikofreudigen Wanderinnen zu schützen und sicherheitshalber gleich einmal einen Stacheldraht herumgewickelt. Es dauert eine gefühlte Ewigkeit, bis ich die Talsohle erreiche, nur um genau auf der anderen Seite wieder hinaufzuwandern, allerdings zum Glück nicht mehr ganz so steil. Als ich so an der Hälfte des Hügels bin, drehe ich mich um und sehe, dass die junge Frau mittlerweile auch das Meeresniveau erreicht hat. Plötzlich beginnt sie den Hügel mit all seiner Steilheit hinaufzusprinten. Was? Echt? Ich bin sprachlos und bewundere die Frau für ihre Fitness und ihr Durchhaltevermögen. Respekt!

Kurz darauf kommen wir genau zum richtigen Zeitpunkt am Erme an. Wir tauschen unsere Wanderschuhe gegen äußerst schicke Crocs, krempeln die Hosenbeine hoch und schmeißen uns in die Fluten. Das macht wirklich Spaß und mittlerweile sind die trüben Gedanken vom Morgen nur mehr eine schwache Erinnerung. Drei Minuten und schon sind wir auf der anderen Seite. Zum ersten Mal packt nun auch mein Mann sein mitgebrachtes Wanderhandtuch aus, denn wir müssen unsere Füße ganz trocken bekommen, bevor wir sie wieder in unsere heißgeliebten 1.000-Mile-Socks stecken und die Wanderschuhe darüberstülpen. Trockene Füße sind hier nämlich das A und O, wirklich nichts geht über trockene Füße.

Die letzten acht Kilometer haben es dann wieder in sich. Wir wandern oberhalb der Klippen entlang, die sich wie bei einer Berg- und Talfahrt bis zum Ferienpark in Challaborough winden. Je weiter wir kommen, umso imposanter werden die Wohnwagenanlagen, zumeist gleichen sie einem Dorf, teilweise fast einer Stadt, und es scheint eine ganz eigene Art von Urlaub zu sein, hier sprichwörtlich seine Zelte aufzuschlagen.

Kurz darauf sind wir dann auch schon in Bigbury-on-Sea, das vor allem durch seine vorgelagerte Insel, Burg Island, bekannt ist. Dort befinden sich auch sehr exklusive Hotels – nur wohnen wir da leider nicht. Allerdings werden wir in unserem B&B bereits erwartet und Martyn begrüßt uns aufs Herzlichste. Er nimmt uns die Rucksäcke ab, trägt sie ins Haus und serviert uns Tee und Gebäck. Unsere Verzweiflung gestern habe er derart gespürt, dass er sich geschworen hat, uns einen großartigen

Abend und eine noch bessere Nacht zu bieten. Daher hat er uns gleich umquartiert und wir dürfen jetzt im besten und modernsten Zimmer des Hauses residieren. Ja, damit sind wir einverstanden! Einverstanden sind wir auch mit dem vorgeschlagenen Abendessen, denn außer in einem kleinen Laden am Strand gibt es hier weit und breit nichts Trink- oder Essbares. Dort decken wir uns vor allem mit Schokolade und Wasser ein. Eine ältere Dame lässt an der Theke ihre Geldbörse liegen und ich sprinte ihr nach, um sie ihr zu geben. Sie allerdings bestreitet vehement, ihren Beutel vergessen zu haben, und verunsichert mich dadurch ziemlich. Als ich ihr das Portmonee allerdings direkt vor die Nase halte, erkennt sie es doch und bedankt sich schuldbewusst tausendmal.

Den Abend genießen wir mit der großartigen Aussicht über den River Avon hinüber zum Bantham Beach. Vor allem aber plaudern wir mit Martyns Frau Petra, einer Deutschen, die sich freut, endlich mal wieder mit Gästen in ihrer Muttersprache sprechen zu können. Sie ist vor 25 Jahren der Liebe wegen nach Bigbury-on-Sea gezogen und genauso lange wünscht sie sich, eines Tages wieder zurück in die Heimat ziehen zu können. Es gäbe so viel, was sie an Deutschland vermisst und ihr Rentnerdasein möchte sie auf keinen Fall in Großbritannien fristen. Muss nur noch Martyn mitspielen, aber das scheint noch nicht in trockene Tücher gepackt zu sein. Wir hingegen werden bald wieder in unserer Heimat sein können, freuen uns jetzt aber einmal auf den morgigen Tag, denn wir müssen nur schlappe, moderate 10 Kilometer nach Hope Cove wandern. Das wird ein Klacks … vielleicht!

Traumhafter Blick aus unserem Hotelzimmer.

„Nach Hause telefonieren“ ~ *E.T.*

Tag 41

Strecke: Bigbury-on-Sea nach Hope Cove
9,2 km – 367 hm – 2,90 km/h
am Pfad: 717,3 km
Unterkunft: Hope & Anchor, £ 120,– → gut
wechselhaft

Diese Nacht war gleich noch kürzer als die letzte, denn mein Mann ist zwischen Bett und Toilette hin- und hergewandert. Durch die leichte und vor allem durchgehende Matratze erschien mir jede Drehung wie ein Höllenritt auf stürmischer See. Auch am Morgen sieht das Gesicht meines Liebsten bleich und zerknautscht aus, irgendetwas stimmt also eindeutig nicht. Nach einem Frühstück, das mit Tee, Brotscheiben und einer Banane eher einer Schonkost gleicht, kommt endlich wieder ein wenig Farbe in sein Gesicht und er schlägt meinen großzügigen Vorschlag, ihm ein Taxi zu bestellen, mit einem „Wird schon gehen“ bestimmt, aber etwas unvernünftig, sofort aus.

Ein bisschen ausruhen kann er sich noch, denn die Fähre, die wir heute nehmen müssen, geht nur von 10.00 Uhr bis 11.00 Uhr und dann noch einmal von 15.00 Uhr bis 16.00 Uhr. Wer dieses Zeitfenster versäumt, hat Pech gehabt. Wir sind also pünktlich an der Ablegestelle und dort steht auf einer rostigen Anschlagtafel geschrieben, dass wir uns mit „waving the arms“ beim Fährmann bemerkbar machen müssen. Also winken wir und winken und winken! Ich komme mir schon vor wie Tinky Winky von den Teletubbies – ahohooo – aber es tut sich nichts. Wir winken weiter und sind schon leicht genervt. Auf der Tafel steht zwar auch eine Telefonnummer, die man notfalls verwenden kann, doch leider gibt es mal wieder kein Netz, sodass dies nur eine theoretische Möglichkeit ist und keine reelle Chance darstellt. Da Ebbe ist, versuchen wir, durch das Flussbett zu waten, doch kurz vor der anderen Uferseite ist Schluss, an ein Weiterkommen ist nicht mehr zu denken. Wäre auch zu schön gewesen. Jetzt sind wir allerdings in Schreidistanz und unglaublicherweise schaffen wir es tatsächlich, uns bemerkbar zu machen. Der Fährmann hat es nicht eilig uns abzuholen; als er dann doch mit seiner Nussschale bei uns ankommt, lässt er eine Schimpftirade los. „Are you not aware of reading?“, fragt er uns böse. „You need to wave on the other side!“ Ich bin kurz davor

Fähre, wo bist du?

zurückzuschimpfen, habe aber Angst, dass er wieder umdreht und uns unverrichteter Dinge stehen lässt, also bedanke ich mich höflich, dass er uns abholt und spule meine eigentliche Antwort still und leise im Kopf ab. Wir steigen ein, doch die Überfahrt setzt Peter ziemlich zu. Während ich kurz darauf an einem kleinen Strand Wasser für den Tag kaufe, hängt er kopfüber an einer Bank. „Ich ruhe mich nur kurz aus", meldet er sich mit brüchiger Stimme, als ich zu ihm komme. Dieses Spiel wird sich auf den nächsten zehn Kilometern etwa zehn Mal wiederholen.

Wir haben wirklich Glück, dass die heutige Etappe einfach zu gehen ist, und würde ich nicht so sehr mit Peter mitleiden, würde sie mich auch absolut begeistern. Bei einer Rast in Thurlestone bin ich kurz davor, doch ein Taxi oder besser noch einen Krankenwagen zu holen, doch Peter weigert sich auch dieses Mal wieder. Wir finden eine Bank mit Tisch, auf den er seinen müden Kopf betten kann, und machen eine längere Pause. Während mein Mann also sein Bestes gibt, um sich irgendwie zu erholen, beobachte ich fasziniert die Kitesurfer vor dem bekannten Turlestone Rock, der dem kleinen Dorf seinen Namen gab. Die Kulisse ist einfach perfekt und auch der Wellengang scheint gut zu passen, denn es tummeln sich unglaublich viele Sportler im frischen Nass. Das Zusammenspiel von Wellen und dem Zug des Drachen lässt großartige Sprünge und Tricks entstehen und ich bin tatsächlich voller Bewunderung, wohlwissend, dass ich das nie lernen werde.

„Los geht's", meldet sich Peter voller Tatendrang, doch ich sehe, dass er tatsächlich mit der ständig aufkeimenden Übelkeit zu kämpfen hat und nur mehr schnell ankommen möchte. Zum Glück liegen nur noch drei Kilometer vor uns und die schleppen wir uns zuerst an einem Golfplatz entlang und dann über eine lange Fußgängerbrücke, die uns zu niedrigen Klippen führt, auf denen wir nach Outer Hope und schließlich nach Inner Hope kommen.

Unsere Unterkunft liegt direkt am Weg, doch auch dort werden wir sehr mürrisch empfangen. Was haben die Leute heute nur? Wir seien viel zu früh und die Zimmer seien längst noch nicht fertig. Ich erkläre dem unfreundlichen Barmann, dass wir so bald wie möglich ein Zimmer brauchen, weil mein Mann krank ist, doch das scheint ihn nicht zu kümmern. Allerdings schickt er mich zumindest in den Dorfladen, denn dort könne ich Medizin holen, die seien gut sortiert. Wenigstens etwas! Während sich Peter also in die hinterste Ecke des Pubs setzt, marschiere ich in den Shop und versuche, aus den vielen Medikamenten schlau zu werden. Ich schaffe es aber nicht ganz und bitte eine Verkäuferin, mir zu helfen. Die ist zum Glück mitfühlend und bemüht und so spaziere ich mit Tabletten gegen Übelkeit und sicherheitshalber auch noch gleich gegen Durchfall und Fieber wieder zurück ins Pub. Dort dauert es noch eine weitere Stunde, bis wir endlich unser Zimmer beziehen können und dann ist es nicht einmal sauber. Nachdem ich mal wieder Unmengen an Hygienetüchern verbraucht habe, kann sich Peter endlich hinlegen und er schläft auch innerhalb kürzester Zeit ein. Leise stehle ich mich aus dem Zimmer und wandere im Dorf herum, in der Hoffnung, Handyempfang zu finden. Meine Mama feiert heute ihren 60. Geburtstag und wenn ich schon nicht da sein kann, dann möchte ich mich wenigstens telefonisch melden. Mit den Kindern telefonieren wir immer mal wieder über WhatsApp, aber ansonsten haben wir noch niemanden angerufen. Das soll sich heute ändern. Ich laufe kreuz und quer, doch immer steht „no service" am Handy. Wie der runzelige Außerirdische E.T. habe ich nur einen Wunsch: „Nach Hause telefonieren."

Kurz nach der Ortsgrenze von Hope Cove habe ich dann endlich Glück; das Handy zeigt zwei Striche, das muss reichen. Sofort erreiche ich auch meine Mama, die allerdings eher wenig Zeit hat, da im Hintergrund bereits die Party in vollem Gange ist. Obwohl offiziell erst in einigen Tagen gefeiert wird, haben es sich bestimmte Personen nicht nehmen lassen, be-

Traumhafter Rastplatz.

reits heute im wahrsten Sinne des Wortes anzutanzen. So reicht sie das Telefon bald an meinen Vater weiter und dem erzähle ich von unseren bisherigen Abenteuern, verschweige aber Peters Gesundheitszustand, damit sich niemand Sorgen machen muss. Sie können uns ja ohnehin nicht helfen, daher sollen sie die lustige Zeit einfach genießen und wir erzählen es ihnen einfach später, oder gar nicht.

Nachdem ich noch ein wenig durch das wirklich sehr kleine Dorf geschlendert bin, verbringe ich meinen Abend als Krankenpflegerin. Zu der Übelkeit ist nun tatsächlich auch noch Durchfall hinzugekommen und bevor das mögliche Fieber auch noch um sich greift, nimmt Peter präventiv auch gleich noch ein Mittel dagegen. Wenn das so weitergeht, dann werde ich Peter morgen ohne zu fragen ins Taxi setzen und allein weiterwandern, egal, ob er das will oder nicht. Die morgige Etappe wird nämlich als anstrengend beschrieben, wenngleich sie nicht viel länger ist als heute; aber noch einmal möchte ich mir das nicht geben, die Gesundheit hat eindeutig Vorrang. Bevor ich das allerdings meinem Mann verdeutlichen kann, ist er schon wieder friedlich ins Schlummerland entschwunden – wobei friedlich ist eigentlich das komplett falsche Wort, denn er sägt gerade einen halben Regenwald um und wenn er krank ist, kann ich weder in seine Richtung treten noch hinüberschlagen. So verbringe ich also die

Nacht mit einem kranken, schnarchenden Mann, der einmal in der Stunde den Weg ins Badezimmer sucht, sich zweimal mitten in der Nacht duscht und einmal das Bett komplett abzieht. Neben aufrichtiger Anteilnahme bete ich zum lieben Gott, dass dieser Virus die unsichtbare Grenze zur linken Betthälfte kennt und nicht auf mich überspringt. Das kann ich jetzt wirklich nicht gebrauchen. Die Vergangenheit hat aber gezeigt, dass ich meist immun gegen sämtliche Krankheitserreger bin, und darauf hoffe ich jetzt einfach auch einmal.

Um vier Uhr morgens ist es auf einmal totenstill im Zimmer, so still, dass mir ganz anders wird. Mit klopfendem Herzen checke ich Peters Puls, dann sicherheitshalber noch seine Atmung, aber alles scheint gut zu sein. Er schläft nun tatsächlich friedlich, sein Körper ist auf Normaltemperatur und auch das Schnarchen hat schließlich ein Ende gefunden. So falle auch ich endlich in einen tiefen Schlaf und werde erst viele Stunden später durch Peters Rumoren im Zimmer geweckt.

Kitesurfen müsste man können.

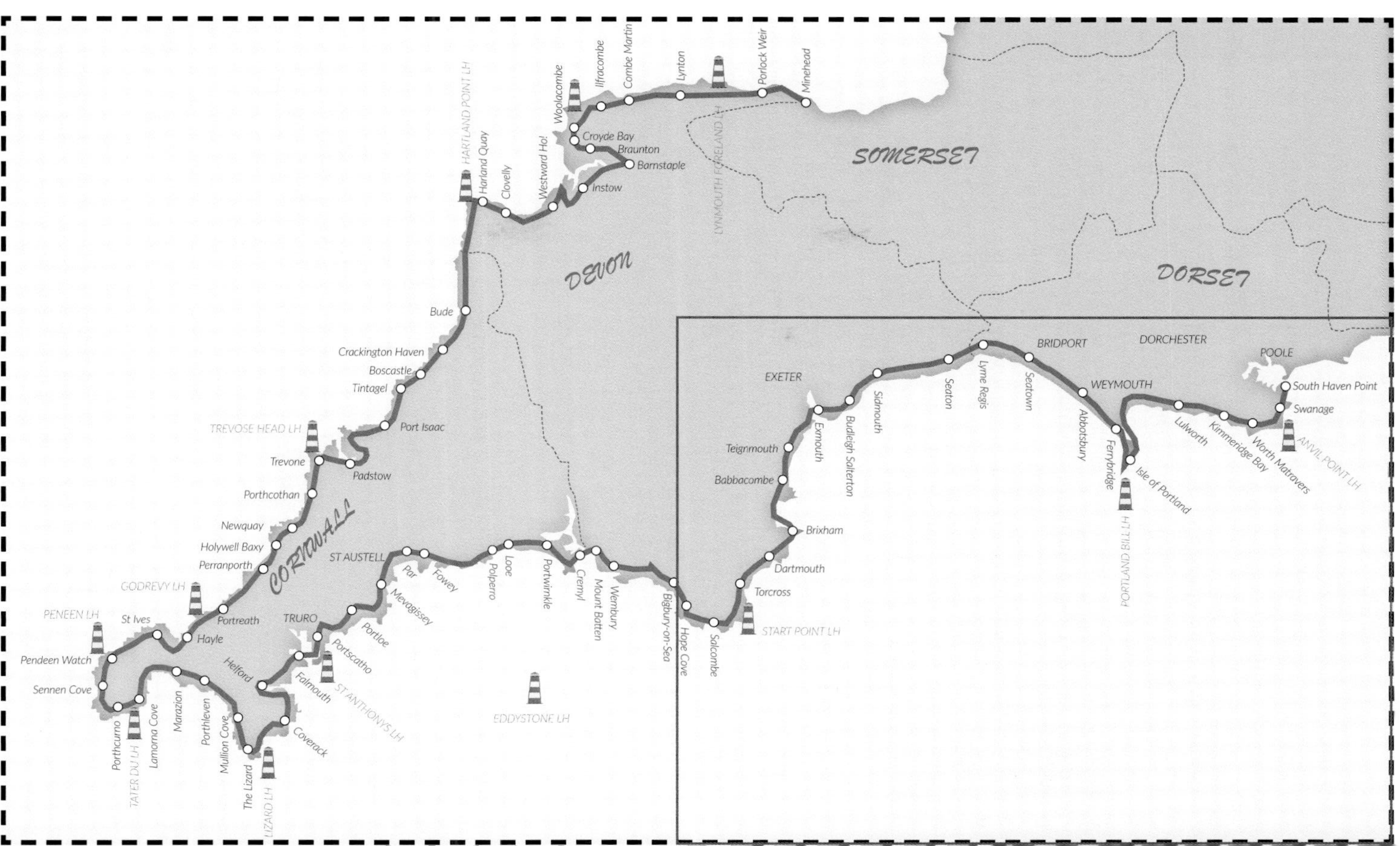
SOMERSET
DEVON
DORSET
CORNWALL
HARTLAND POINT LH
Harland Quay
Clovelly
Westward Ho!
Woolacombe
Ilfracombe
Combe Martin
Lynton
LYNMOUTH FORELAND LH
Porlock Weir
Minehead
Croyde Bay
Braunton
Barnstaple
Instow
Bude
Crackington Haven
Boscastle
Tintagel
Port Isaac
TREVOSE HEAD LH
Trevone
Padstow
Porthcothan
Newquay
Holywell Baxy
Perranporth
GODREVY LH
PENEEN LH
St Ives
Portreath
Hayle
TRURO
ST AUSTELL
Pendeen Watch
Sennen Cove
Porthcurno
TATER DU LH
Lamorna Cove
Marazion
Porthleven
Mullion Cove
The Lizard
LIZARD LH
Helford
Coverack
Falmouth
ST ANTHONYS LH
Portscatho
Portloe
Mevagissey
Par
Fowey
Polperro
Looe
Portwinkle
Cremyl
Mount Batten
Wembury
Bigbury-on-Sea
Hope Cove
Salcombe
START POINT LH
EDDYSTONE LH
Torcross
Dartmouth
Brixham
Babbacombe
Teignmouth
EXETER
Exmouth
Budleigh Salterton
Sidmouth
Seaton
Lyme Regis
Seatown
BRIDPORT
Abbotsbury
DORCHESTER
WEYMOUTH
Ferrybridge
PORTLAND BILL LH
Isle of Portland
Lulworth
Kimmeridge Bay
Worth Matravers
ANVIL POINT LH
POOLE
South Haven Point
Swanage

„50 Shades of Cornwall"

Tag 42

Strecke: Hope Cove nach Salcombe
12,9 km – 459 hm – 2,76 km/h
am Pfad: 730,2 km

Unterkunft: The Fortescue Inn, £ 130,– ✠✠ wunderwunderschön

regnerisch und windig

Von der Ferne dringt geschäftiges Treiben an meinen schlafenden Körper und langsam öffne ich ein Auge, dann das zweite. Draußen ist es finster und ich höre schon den Regen an das Fenster klopfen, bevor ich noch im Vollbesitz meiner sämtlichen Sinne bin. Meine müden Knochen wollen mich überreden, einfach liegenzublieben, aber dieser eigentlich gute Plan wird von meinem Mann sofort durchbrochen. Seltsam frisch und gut gelaunt schmeißt er mich mit den Worten: „Wir sind schon spät dran, geh weiter!", aus den Federn. Die Medikamente, die ich ihm gestern verabreicht habe, dürften neben der Bekämpfung der Krankheitserreger auch noch eine heftige Portion Motivationsschub verarbeitet gehabt haben, denn die schwierige Nacht ist ihm nicht anzumerken. Mir schon. Ich bin erledigt und mag mich nicht bewegen. Gut, zum Frühstück könnte ich mich hinbewegen, aber weiter nicht. Für Peter habe ich gestern bereits Taxiverbindungen herausgesucht, aber heute sieht es eher so aus, als würden die für mich wesentlich besser passen. Ich bin müde, ich habe Heimweh, ich mag mich nicht mehr anstrengen und noch viel weniger mag ich diesen Regen, der die ganze Bucht in tiefstes Grau taucht. Aber wie immer nützen diese trüben Gedanken nichts und nach einem sicherheitshalber immer noch spartanischen Frühstück machen wir uns auf den Weg in Richtung Salcombe.

Wir wandern an der alten Rettungsbootstation vorbei, während der Regen unaufhörlich auf uns herunter prasselt. Der Aufstieg gleich nach Hope Cove ist noch einigermaßen bewältigbar, aber der Abstieg zur Soar Mill Cove ist weniger lustig, eigentlich ganz und gar nicht lustig. Wenn wir nicht rutschen, stecken wir im Gatsch und es braucht ewig, bis wir endlich in der Bucht ankommen. Ob diese Bucht tatsächlich so lieblich und prachtvoll ist, wie unser Reiseführer sie beschreibt, können wir beim besten Willen nicht bestätigen, denn wir sehen nichts. Aber zum Glück sehen wir auch den heftigen Aufstieg nicht, der direkt vor uns liegt. Schritt für Schritt, begleitet von mehreren unanständigen Wörtern, die in der Öffentlichkeit heftigen Ärger verursachen würden, quälen wir uns hinauf. Habe ich schon erwähnt, dass ich Regen hasse? Aber zum Glück halten unsere Regenjacken ihr Versprechen und lassen keine Nässe durch. Da es nebenbei auch nicht warm ist, schwitzen wir auch wenig und so bleiben wir verhältnismäßig trocken – zumindest am Oberkörper. Die Hosen, die wir vor Jahren einmal irgendwo gekauft haben, und das ganz bestimmt nicht in einem hochwertigen Outdoor-Geschäft, sind da nicht ganz so zuverlässig, aber irgendwie geht es schon. Tatsächlich ist die richtige Kleidung ganz wesentlich bei Weitwanderungen, vor allem, wenn die Sonne vergessen hat, ihr Licht einzuschalten. Heute ist wirklich alles grau in grau.

Nach diesem Anstieg lässt man uns endlich wieder ein wenig Zeit zum Durchatmen, denn ein langer recht einfach zu gehender Weg oberhalb der Klippen wartet auf uns. Bis wir zur Landspitze von Bolt Head kommen, müssen wir einige Tore passieren und Übertritte überwinden, doch schließlich wartet hier die gleiche Aussicht auf uns wie in der Soar Mill Cove, nämlich absolut keine. Es mag Menschen geben, die dieser Wetterlage und Stimmung etwas Positives abgewinnen können, doch ich gehöre eindeutig nicht dazu. Wenn schon Tropfen im Gesicht, dann lieber Schweißtropfen, die sich durch wunderschönes Wetter, gepaart mit Anstrengung bilden. Aber in Wahrheit müssen wir absolut dankbar sein für die wettertechnischen Bedingungen, die uns bis jetzt begegneten, denn das ist in diesen Breiten mehr als abnormal. Abgesehen von heute, heute passt es super zu England. Aber selbst dieses Wissen macht's irgendwie nicht besser. Ich hoffe wirklich, dass uns dieses Abenteuer nicht die Freude am Wandern für immer verdirbt. Das wäre nicht unser Ziel gewesen. Später werde ich wissen, dass Woche sechs die emotional schwierigste Zeit der ganzen Wanderung war und ab morgen alles besser werden wird, aber heute fehlt mir diese Sicherheit und so stapfe ich deprimiert weiter bis zum nächsten steilen Abstieg, der zu einer weiteren Landzunge führt. Heute nervt es mich tierisch, dass der Weg wirklich jede blöde Ausbuchtung mitnimmt.

Es kann nicht jeden Tag die Sonne scheinen.

Bolt Head ist berühmt, wenn auch nicht durch ein

positiv besetztes Erlebnis. Es war Schauplatz von Devons schlimmstem Rettungsbootunglück, als 1916 die „William & Emma“ kenterte, als sie von einem Rettungsversuch zurückruderte und in einen Sturm geriet. Dabei wäre es gar nicht nötig gewesen, auszurücken, denn ein anderes Schiff hatte die zu rettende Crew der Plymouth Schooner, die hier auf Grund gelaufen war, bereits sicher ans Ufer gebracht. Auf der Rückfahrt wurde die 15-köpfige Crew der „William & Emma“ von zwei heftigen Wellen über Bord gespült und nur zwei Mitglieder konnten in letzter Sekunde gerettet werden. Bestimmt schwirren die Geister der übrigen 13 Rettungsleute noch irgendwo hier herum und der Nebel und der Regen tragen das ihre bei, um eine ganz besonders mystische Stimmung zu erzeugen. Mein ungutes Gefühl im Bauch treibt mich weiter die Klippen entlang um die Storehole Bay herum. Hier sollen rund um das 10. Jahrhundert immer wieder Wikinger gelandet sein und die Gegend mit ihren berüchtigten Raubzügen in Angst und Schrecken versetzt haben. Irgendwie wollen die Gruselgeschichten auf dem Weg kein Ende nehmen und ich bin schließlich sehr froh, den Courtenay Walk zu erreichen, der von hier aus über eine Straße nach Salcombe führt. Alternativ könnte man auch eine Fähre nutzen, aber auf die paar Meter kommt es jetzt auch nicht mehr an; so wandern wir zielstrebig in die belebte Stadt, der offensichtlich auch das schlechte Wetter nichts anhaben kann. So viele Menschen auf einem Ort bei derartig nasskalten Bedingungen habe ich noch nie gesehen, doch die Verwunderung weicht schnell einer Erkenntnis. Hier finden dieses Wochenende wichtige Segelregatten statt, eigentlich eine ganze Woche lang, und ich bin froh, bereits eine Unterkunft gebucht zu haben, sonst hätten wir sicher nicht die geringste Chance.

Salcombe war ursprünglich, wie viele andere Städte auch, ein kleines Fischerdorf, doch mittlerweile ist es mit seinen tiefen Gewässern gleich neben einer lebendigen Uferpromenade zu einem Zentrum für maritime Aktivitäten mutiert. Es erlangte früh Wohlstand durch hochwertigen Schiffsbau und in seiner Blütezeit waren hier mehr als 200 Werften zu Hause. Zusätzlich wurde die Bevölkerung durch das warme Klima angezogen, denn die Stadt gilt als der wärmste Ort an der Südwestküste, wo sogar Orangen, Zitronen und Aloe blühen. Tja, dieses Gesicht bleibt uns heute verborgen, aber das bunte Gewusel durch die engen Gassen weckt dennoch unsere Lebensgeister, auch wenn es immer noch regnet.

Unsere heutige Unterkunft finden wir sofort, denn sie liegt am Ende der Fußgängerzone. Das urige Pub passt genau hierher, aber die klebrigen Glasränder auf den Tischen und das abgenutzte Mobiliar lassen nichts

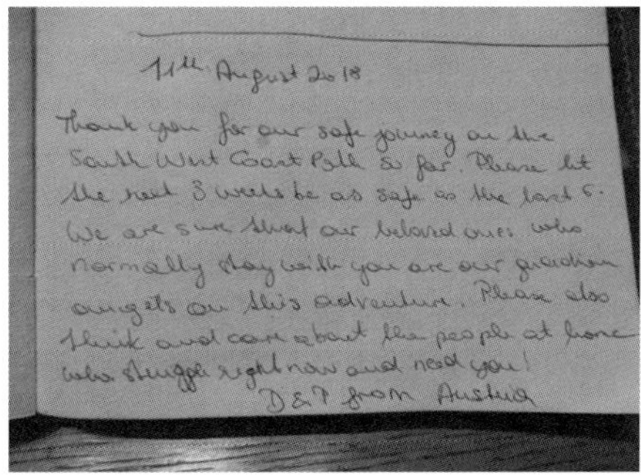

Dankesworte in der Kirche von Salcombe.

Gutes vermuten. Auweh, nicht schon wieder. Offiziell fasse ich nun den Beschluss, die gebuchten Zimmer in den nächsten Orten zu stornieren, uns in ein gutes Hotel in Dartmouth einzubuchen und von dort mit dem Bus hin- und herzufahren. Da unser Zimmer noch nicht fertig ist, setze ich diese Idee bei einer Heißen Schokolade sofort in die Tat um. Dank Booking.com ist die Stornierung denkbar einfach und im „Darts Marina Hotel“, das sich mit vier Sternen schmücken darf, finde ich auch eine geeignete Unterkunft. Diese wurde sogar von deutschsprachigen Gästen als durchgehend positiv bewertet, und obwohl sie mehr als doppelt so viel kostet wie die stornierten Unterkünfte, buche ich es sofort und beglückwünsche mich zu dieser Entscheidung. Viel zu oft habe ich hier bei Unterkünften aus kostentechnischen Gründen schon sehr schlechte Entscheidungen getroffen, aber dieses Mal bin ich zuversichtlich. Weniger zuversichtlich bin ich, als David, der Besitzer, uns mitteilt, dass unser Zimmer nun fertig sei. Über eine schmale, fleckige Holztreppe führt er uns unters Dach, öffnet die Zimmertür und augenblicklich stockt mir der Atem. Das Zimmer ist einfach traumhaft schön, bestimmt das modernste und eleganteste, das wir bisher hatten. Man sollte wirklich nicht immer alles nach dem Äußeren beurteilten, aber damit hatte ich nun wirklich nicht gerechnet. Alles ist perfekt. Danke, lieber Gott, dass du diesem anstrengenden Tag zu einem glorreichen Ende verholfen hast.

Wir springen ins Bett und sehen mal eine Stunde fern, während unsere Regenkleidung auf Bügeln über dem Handtuchtrockner nach und nach an Nässe verliert. Da es mittlerweile auch nicht mehr regnet, beschließen wir, noch einmal in die Stadt zu gehen und in der hiesigen Kirche eine Kerze anzuzünden, um uns für das sichere Geleit an diesem wandermäßig gesehen schwierigen Tag zu bedanken. Danach decken wir uns noch massenweise mit Süßigkeiten ein, die wir uns heute mehr als verdient haben; und sollten wir bis morgen nicht an einem Zuckerschock sterben, werden wir mit frischer Motivation in die 7. Woche starten.

„Sei glücklich, wenn es regnet, denn wenn du nicht glücklich bist, regnet es trotzdem!

~ Wolfgang, Österreich

Tag 43

Strecke: Salcombe nach Strete
25,7 km – 624 hm – 2,75 km/h
am Pfad: 755,9 km

Unterkunft: Dart Marina Hotel & Spa, £ 190,– klasse

regnerisch und windig

Der Vorteil, oberhalb von Pubs zu schlafen, ist, dass es kostentechnisch eine verhältnismäßig gute Alternative zu Hotels darstellt. Der Nachteil allerdings liegt klar auf der Hand: Ein Pub hat Gäste und in einem Pub wird Alkohol getrunken – viel Alkohol. Beides zusammen lässt dann eine irrsinnige Geräuschkulisse entstehen, die ihresgleichen sucht. Die Ohropax am Nachttisch waren tatsächlich mehr als notwendig, um auch nur ansatzweise etwas von dem dringend benötigten Schlaf zu bekommen.

Der Wettergott mag uns auch heute nicht, denn der Tag beginnt genauso, wie er letzten Abend aufgehört hat: grau, dunkelgrau! Wir sind dennoch die Ersten beim Frühstück, denn wir haben heute einiges vor. Abgesehen davon, dass es ein langer, anstrengender Wandertag werden wird, müssen wir von Torcross aus auch noch irgendein Verkehrsmittel nach Dartmouth erwischen, wo unser Vier-Sterne-Haus auf uns wartet. Ich habe es satt, mich den ganzen Tag vor schlechten Unterkünften zu fürchten. Da allerdings ein Sturm die direkte Verbindung zwischen Torcross und Strete zerstört hat, entschlossen wir uns gestern, bis Strete durchzugehen, denn zu Fuß ist dies möglich, um von dort aus den Bus nach Dartmouth zu nehmen. Theoretisch ist das von Montag bis Samstag eine geniale Idee, aber heute ist Sonntag und da fährt selbst im Sommer kein Bus. Daher bleibt uns nichts anderes übrig, als uns ein Taxi zu suchen. Während ich am Frühstückstisch die Nummern aller vier möglichen Taxiunternehmen herausschreibe, klopft es plötzlich an der Glasscheibe meines Platzes. Ein kleiner Junge steht draußen und grinst mich an. Dann legt er zuerst die linke, dann die rechte Hand ans Fenster und nachdem er sicher ist, dass auch alle zehn Fingerabdrücke fest am Glas verankert sind, lehnt er sich auch noch mit der Stirn dagegen und zeigt mir frech die Zunge. Keine zwei Sekunden später kommt die Mutter gelaufen, zerrt den Buben vom Fenster weg und schickt

Unser erster Cream Tea.

entschuldigende Gesten in meine Richtung. Natürlich darf man das nicht, da hat die Mama ganz recht, aber als Sozialpädagogin bringt so etwas mein Blut ganz sicher nicht in Wallungen, da habe ich schon viel Schlimmeres erlebt. Es gibt bestimmt wenige Schimpfnamen, die noch nicht verbal in meine Richtung geschleudert wurden, aber meistens warnen sich die Kids untereinander vor mir. „Pass auf, die kann Wing Tsun", zischeln sie sich oft zu; so blieb ich bis jetzt vor körperlichen Attacken verschont. Okay, einer spritzte mich mal bei meinem ersten Praktikum von oben bis unten mit einem Schlauch ab, aber Schlimmeres ist noch nicht passiert. Diese Wing Tsun-Masche zieht und solange die Kids nicht dahinterkommen, dass ich in dieser Kampfsportart tatsächlich wenig talentiert bin, obwohl ich sie schon sieben Jahre betreibe, bin ich auf der sicheren Seite. Dieser kleine Bengel kann den Jugendlichen, mit denen ich in meiner Arbeit zu tun habe, nicht einmal annähernd das Wasser reichen und so winke ich der Mutter lächelnd zu, bevor sie sich mit ihrem Kind am Kragen umdreht und im dichten Nebel verschwindet.

Kurz darauf nehmen wir die erste Fähre und sind schnell in East Portlemouth. Pünktlich zum Start fängt es gleich einmal zu regnen an. Zum Glück haben wir unsere Regenkleidung präventiv angezogen und so sind wir gut gerüstet. Ein Freund hat mir bei der Abreise den Rat gegeben, glücklich über Regen zu sein, denn wenn ich nicht glücklich bin, regnet es trotzdem, und das versuche ich, mir heute als Motto zu nehmen. Dann regnet's halt wieder, was soll's? Wir wandern auf einer recht geschäftigen Straße an der Flussmündung entlang und kommen zum Strand von Mill Bay, der um diese Zeit und bei diesem Wetter tatsächlich menschenleer ist. So etwas kommt uns wirklich nur selten unter und wir sind fast ein wenig ergriffen ob der Ruhe hier. Es dauert dann auch nicht lange, bis wir, nachdem wir Gara Rock passiert haben, zur Landzunge Prawle Point kommen. Übersetzt heißt Prawle so viel wie Aussichtsberg; hier ist die südlichste Spitze Devons, aber mit der Aussicht kann sich Devon heute nicht rühmen. Zumindest hat es zu regnen aufgehört. Die Regenwolken hängen allerdings immer noch bedrohlich tief am Himmel und warten wohl nur, bis sich eine bessere Gelegenheit bietet.

Wenig später zwingen uns eingestürzte Klippen zu einem Umweg, bevor wir den Lannacombe Beach erreichen. Ein paar Leutchen haben sich auf den Strand verirrt, aber das Wasser kann heute auch die Hartgesottenen nicht wirklich anlocken. Dass ich das noch erleben darf hier im Südwesten. Bis jetzt hatte ich tatsächlich den Eindruck, dass sich die Engländer bei Wind und Wetter in die Fluten schmeißen, aber ganz so scheint es dann doch nicht zu sein.

Der weitere Weg ist beeindruckend: Er verläuft einen dramatisch wirkenden Felskamm entlang bis zum Leuchtturm von Start Point. Auf dem Weg dorthin treffen wir wieder auf einen Wegweiser, der uns verrät, dass wir bereits 462 Meilen von Minehead entfernt sind. Das ist eine Zahl, die mir doch ein kleines Hochgefühl verleiht, denn nicht mal mehr 170 Meilen trennen uns vom Ziel. Es geht dahin, jetzt dauert's echt nicht mehr lange! Rückblickend glaube ich, dass es genau dieser Moment war, der mich die schwierige sechste Woche vergessen ließ und mich wieder voller Freude und Zuversicht weiterwandern ließ. Nur mehr 168 Meilen bis zum Ziel!

Für heute heißt das nächste Ziel allerdings Hallsands und um dorthin zu gelangen, müssen wir uns wieder richtig anstrengen, denn es geht rauf und runter und runter und rauf, allerdings nie wirklich lange, und so schaffen wir das schon irgendwie. Das Dorf ist immer wieder Anlass für heftige Diskussionen zwischen Befürwortern und Gegnern des Bergbaus gewesen – von Hallsands ist nämlich nicht mehr viel übrig. In den frühen 1890er-Jahren war es ein kleines, beschauliches Fischerdorf, das durch einen Strand aus Sand und Kies vom Meer geschützt war. Dann begann 1897 eine große Baggeroperation unweit des Dorfes. Innerhalb weniger Jahre sank das Niveau des Strandes um etwa drei Meter, und das Dorf war den direkten Einflüssen von Flut und östlichen Winden ausgesetzt. Ein großer Sturm im Januar 1917 verursachte eine derartige Verwüstung, dass das Dorf, das damals 159 Einwohner zählte, verlassen wurde. Noch heute werden zahlreiche Bücher über das „Lost Village" veröffentlicht und Hallsands gibt immer noch Anlass zu Spekulationen und immer neueren Forschungen, die aufzeigen wollen, wie die Leute des kleinen Dorfes damals von mächtigen Firmenbossen hintergangen und betrogen wurden – eine Geschichte, die auch 100 Jahre später immer noch berührt, wie ich finde.

Das Wetter beschließt, eine gute Gelegenheit gefunden zu haben, um die Schleusen der Regenwolken erneut zu öffnen, und so gehen wir den Weg bis Torcross schweigend hintereinander her. Erst jetzt fällt uns auf, dass wir heute noch keinen einzigen Wanderer gesehen haben, und gerade, als diese Erkenntnis fertig gedacht ist, kommt ein Paar mit vier Hunden – jeder in einer anderen Rasse und Farbe – des Weges. Auch sie scheinen sich zu freuen, jemandem zu begegnen und wir bleiben trotz Regen für ein kurzes Pläuschchen stehen. Sie sind interessiert an uns und unserer Wanderung und bei der Verabschiedung zieht der Mann eine Handvoll Münzen aus der Hosentasche und übergibt sie mir mit den Worten: „That's all I have." Keine Ahnung, warum man so viele Münzen mit sich trägt, aber dadurch hat er ganze 9,04 Pfund für meine Benefizwanderung gespendet. Das Witzige daran ist, dass dieser Betrag haarscharf zehn Euro ergibt, und so werde ich am Abend die zehn Euro an unsere Buchhaltung überweisen und die Münzen hier für den Einkauf nutzen … oder für das Amusement-Center.

In Torcross angekommen, trennen uns immer noch fünf Kilometer von Strete, aber fünf Kilometer mit so gut wie keinem Höhenmeter, und so rechnen wir aus, dass wir uns ein Taxi für 16.30 Uhr bestellen können. Kurz überlegen wir, ob wir in Torcross einkaufen sollen, denn wir sind irrsinnig hungrig, aber andererseits wollen wir auch endlich ankommen; wir beschließen hier nur unter einem trockenen Vordach irgendeines öffentlichen Gebäudes stehen zu bleiben, das Taxi zu buchen und in ein paar Minuten weiterzugehen. Der Gedanke ist auch wirklich gut, aber an der Durchführung scheitert es, denn beim ersten Taxiunternehmen erklärt uns ein Tonband, dass heute geschlossen sei, das zweite ist bis 20.00 Uhr ausgebucht und beim dritten hebt gleich gar niemand ab. Ich bin schon wirklich verzweifelt und mein Mann schlägt vor, doch eine kleine Straftat zu begehen, dann würde uns vielleicht die Polizei nach Dartmouth bringen. Netter Gedanke, aber ich habe nicht vor, in England im Gefängnis zu sitzen, keine Ahnung, wie die mit Streunern, wie wir welche sind, um-

Kunstwerk auf dem Weg in die Stadt.

gehen. Noch bleibt eine Nummer und die wähle ich jetzt mit zitternden Händen. Sofort hebt eine freundliche Dame ab und nachdem ich ihr mein Anliegen erklärt habe, meint sie: „Don't worry, honey, I'll be there and bring you whereever you want to go!" Danke! Mittlerweile geht sich halb fünf aber nicht mehr aus; wir vereinbaren die Bushaltestelle in Strete als Treffpunkt um 17.00 Uhr.

Nachdem wir an der für Autos nach einer Flutwelle unpassierbaren A379 entlang gewandert sind, kommen wir tatsächlich knapp vor der Zeit in Strete an und Lou, wie sich die Taxlerin vorstellt, wartet bereits auf uns. Während der Fahrt nach Dartmouth redet sie unaufhörlich auf uns ein und als sie uns schließlich vor dem Dart Marina absetzt, zeigt das Taxometer knapp über 20 Pfund. Gerade als ich zahlen will, winkt Lou ab und meint, wir sollen das Geld behalten und für meine Benefizwanderung spenden. Die Leute hier sind echt unglaublich; aus der anfänglichen Verzweiflung, dass wir heute gar nicht mehr nach Dartmouth kommen, ist pure Freude über die Freundlichkeit der Menschen, denen wir täglich begegnen, geworden.

Trotzdem bin ich immer noch ein wenig traurig, dass ich es nicht geschafft habe, für jede einzelne Meile eine Patin oder einen Paten zu finden – nach knapp fünf Wochen war damit leider Schluss. Somit kann ich zwar nicht durchgehend auf Benefizmeilen wandern, aber wenn sich dann doch wieder jemand findet, dann wird gleich am nächsten Tag die höchstpersönliche Meile in Angriff genommen. Morgen früh wandere ich also die erste Meile für Lou, die uns jetzt direkt vor unserer Unterkunft für die nächsten zwei Tage absetzt.

Das Hotel ist dann tatsächlich so gut wie erwartet und wir gönnen uns einen entspannten Abend im dazugehörigen Wellnesscenter mit Whirlpool, Sauna und Fitnessraum. Letzteren sehen wir allerdings nur von weitem, denn obwohl ich Fitnessräume in Hotels wirklich liebe und Häuser tatsächlich auch nach dem Vorhandensein von eigenen Gyms buche, wäre das hier dann doch zu viel des Guten. Übertreiben wollen wir ja wirklich nicht. So genieße ich das Schwimmen im angenehm langen Pool und gleite dann lässig in den Jacuzzi, als ich bemerke, dass mein Badeanzug grau ist. Das wäre an sich nichts Besonderes, wäre er nicht vorher lila gewesen. Keine Ahnung, welche Chemiemischung hier verwendet wird, aber es ist auf alle Fälle eine, die Badeanzüge umfärbt. Egal, soll nichts Schlimmeres sein. Normalerweise würde ich mich vermutlich beschweren, aber heute bin ich so glücklich über dieses wunderschöne Haus, da stört mich nicht einmal das. Gibt Schlimmeres.

„Am Montag ist alles ganz anders“ *~ Christine Nöstlinger*

Tag 44

Strecke: Strete nach Dartmouth
11,5 km - 517 hm - 3,84 km/h
am Pfad: 767,4 km
Unterkunft: Dart Marina Hotel & Spa, £ 190,- immer noch klasse
sonnig mit ein paar harmlosen Wolken

„Am Montag ist alles ganz anders“, heißt mein Lieblingsbuch der österreichischen Autorin Christine Nöstlinger, das neben „Das kleine Ich bin Ich“ von Mira Lobe als eines von zwei Kinderbüchern einen Ehrenplatz in meinem Bücherregel einnimmt, weil sie es vor gefühlten hundert Jahren persönlich für mich signiert hat. Auch wenn der Inhalt des Buches so gar nichts mit dem heutigen Tag zu tun hat, so passt der Titel wie die Faust aufs Auge, denn heute ist wirklich wieder alles ganz anders.

In unserem traumhaft schönen Hotel haben wir herrlich geschlafen, das Frühstück war ein Gaumenschmaus und zum ersten Mal starten wir mit leichtem Gepäck, denn wir können die meisten unserer Habseligkeiten getrost dort lassen, wo wir am Abend wieder sein werden. Klar, der erste

Traumhafter Tag auf dem Weg nach Dartmouth.

mögliche Bus fährt uns wieder direkt vor der Nase davon, aber der zweite kommt 15 Minuten später und so genießen wir am Morgen bei strahlendem Sonnenschein am Ufer des Darts das Leben. Nichts ist mehr von der Weltuntergangsstimmung gestern zu spüren und unsere Stimmung passt sich jener des Wetters an. Heute geht es uns so richtig gut und wir sind froh und dankbar, hier zu sein!

Mit einem fröhlichen „Good morning“ begrüßt uns der Busfahrer in seinem zweistöckigen Gefährt und da die Fahrt zurück nach Strete doch einige Zeit dauern wird, nehmen wir am oberen Rang Platz. Der Busfahrer hat uns zuvor versprochen, uns rechtzeitig bei der Busstation Strete rauszuschmeißen, denn wir haben natürlich keine Ahnung, wo das liegt und können so den Halteknopf nicht drücken, Anzeigen oder Busfahrpläne sucht man hier natürlich vergebens. In England ist es wichtig zu wissen, dass man Busstation nicht mit „bus station“ übersetzen darf. Karin und Helmut haben so einen Busfahrer fast an den Rand der Verzweiflung gebracht, weil sie felsenfest behauptet haben, dass am gewünschten Punkt eine „bus station“ sei, doch der Busfahrer konnte sich beim besten Willen nicht erinnern, dass dort überhaupt jemals eine gewesen wäre. Was die beiden zum damaligen Zeitpunkt nicht wussten ist, dass „station“ hier der Busbahnhof ist und nicht die Haltestelle. Eine Haltestelle wird „bus stop“ genannt und der befand sich dann tatsächlich genau dort, wo Karin und Helmut hinwollten. Dieses Erlebnis hat bestimmt dazu geführt, dass weder die beiden noch wir zwei jemals wieder das falsche Wort für Bushaltestelle verwenden werden. Wir werden tatsächlich immer schlauer hier in England.

Unsere heutige Busfahrt führt uns den Weeke Hill hinauf und bietet einen fantastischen Ausblick über die Küste und die Strecke, die wir heute wandern werden. Mit einem „Austrian guys, come down“ signalisiert uns der Busfahrer wenig später, dass es für uns Zeit ist, auszusteigen, und so springen wir in Strete fast genau dort, wo uns gestern das Taxi holte, aus dem Bus. Heute präsentiert sich das kleine Dorf in einem ganz anderen Licht als gestern; es zeigt bei strahlendem Sonnenschein aber auch, dass es gleich einmal bergauf geht. Oben wandern wir kurz parallel zur Küste, was für mich eigentlich die Lieblingswegführung ist. Der Weg ist einfach zu gehen und wenn es so schön ist wie heute, sieht man soweit das Auge reicht – allerdings auch gleich das nächste tiefe Tal. Puh, da geht's ganz schön runter und das ohne Stufen, so wird mir erst bewusst, dass die vielen zehntausend Treppengebilde am Weg durchaus ihre Berechtigung haben. Auf der anderen Seite geht es nicht minder steil bergauf, aber für

Über 302 Brücken musst du gehen …

mich ist es doch wesentlich leichter, hinauf anstatt hinunter zu gehen, und heute mit dem Fliegengewicht-Rucksack noch einmal doppelt einfacher.

Wir machen einen kleinen Zwischenstopp am Strand von Blackpool Sands, der zu den schönsten und saubersten in England zählt, was durch das Gütezeichen „Blue Flag“ nochmals direkt unterstrichen wird. Allerdings ist dies nicht der erste unserer Blaue-Flagge-Strände; die Region, die wir bewandern, verfügt über mehr als 20 „blue flag beaches“ und über jeden oder neben jedem einzelnen führt der SWCP. Dennoch ist Blackpool Sands schon etwas Besonders unter den Besonderen und daher machen wir hier Rast, obwohl wir noch nicht einmal annähernd müde sind.

Danach geht es ein Stück durch den Wald. Kurz darauf schlängelt sich der Weg in das Dorf Stoke Fleming, wo wir einige Zeit auf der Straße laufen, bevor wir über einen Klippenpfad das Dartmouth Castle erreichen. Was? Wir sind schon da? Das können wir fast nicht glauben und so entscheiden wir uns, hier gleich noch einmal Rast zu machen, denn in die Stadt sind es nur mehr zweieinhalb Kilometer. Wir gönnen uns ein Eis im Schlosscafé und lauschen den Ausführungen zweier deutscher Wohnmobilfahrer, die sich über die nicht vorhandenen breiten englischen Straßen beschweren. Vor einigen Jahren waren wir hier schon einmal mit

Dartmouth.

einem Leihauto unterwegs und machten damals schon Bekanntschaft mit der einen oder anderen Hecke oder Begrenzungsmauer, was wir dem Vermieter gegenüber natürlich nicht extra erwähnten. Ich kann mir also lebhaft vorstellen, wie schwierig das für Wohnmobile sein muss und kann den Ärger der deutschen Männer gut nachvollziehen. Nachdem wir unser Eis fertig gegessen haben, überlegen wir kurz, ob wir das Schloss besichtigen sollen – okay, ich überlegte eher, ob ich eine zweite Eisportion bestellen sollte – aber da es nichts wirklich Interessantes zu bieten hat, beschließen wir, gleich zum Hotel zurückzugehen und unsere Kleidung zu holen. Dartmouth verfügt nämlich über eine Laundry, also einen Waschsalon, daher ist heute großer Waschtag angesagt. Wir freuen uns über jede einzelne Gelegenheit, die uns die mühsamen Handwaschrituale abnimmt.

Wir suchen unser Kleingeld und sämtliche Kleidungsstücke zusammen und machen uns auf in Richtung Stadt. In einer engen Hintergasse finden wir dank Google Maps auch sofort die richtige Adresse. Zum Glück gibt es hier Waschpulver in Portionsgrößen und auf einer der Waschmaschinen steht auch ein Weichspüler. Wir sind nicht ganz sicher, ob der zur freien Entnahme ist, aber wer lange fragt, geht weit irr und so gönnen wir unserer Wäsche eine Kappe, denn sie hat es dringend nötig. 30 Minuten dauert das Waschen, 20 das Trocknen und während Peter in seiner langen Badehose, mit nacktem Oberkörper und Crocs beim nächsten Costa Coffee versucht, zwei Latte Macchiato für uns zu ergattern, versuche ich, unter den Zeitschriften, die hier herumliegen, eine möglichst aktuelle zu finden. Dies stellt sich aber als eine „Mission Impossible" heraus, denn die jüngste Zeitschrift berichtet gerade, dass Prinz Harry möglicherweise ein Techtelmechtel mit der Schauspielerin Meghan Markle hat. Da die beiden vor drei Monaten geheiratet haben, kann man wohl nicht mehr von brandaktuellen Informationen sprechen. Deutlich mehr Erfolg als ich hatte allerdings Peter, denn er kommt mit zwei heißen Kaffees zurück. Offensichtlich hat niemand Anstoß an seiner spärlichen Kleidung genommen; solange man das flüssige Gold – okay, bei einem Latte wohl eher Weißgold – bezahlen kann, ist alles gut.

Wir sind die Einzigen, die im Waschsalon warten, andere kommen und gehen regelmäßig, die sind auf spannende neue Lektüre also nicht angewiesen. So poste ich Bilder von Waschmaschinen in verschiedene Whats-App-Gruppen nach Hause, damit jeder sieht, wie aufregend schön unser Urlaub ist. Das ist der fade Teil des Ganzen, aber auch einer der wichtigsten, denn man weiß saubere Wäsche nur zu schätzen, wenn man keine mehr hat.

Mit herrlich duftenden Tesco Tragetaschen gehen wir wieder zurück ins Hotel und dann gleich wieder in die Stadt. Da das Dart Marina am Stadtende liegt, legen wir heute ganz schön viele zusätzliche Kilometer zurück, aber das merken wir gar nicht. Den Abend verbringen wir in einem Park, in dem zahlreiche Straßenkünstler auftreten, und das Ganze fühlt sich mal wieder wie richtiger Urlaub an. Da nun mein Badeanzug eh schon entfärbt ist, kann ich auch heute getrost noch meine Runden im Pool schwimmen, Peter hingegen ersetzt das Schwimmen gleich durch Knotzen im Whirlpool. Ein wirklich traumhaft schöner Tag, der uns Kraft schöpfen lässt für eine der anstrengendsten Etappen, die morgen auf dem Plan steht. Aber daran müssen wir ja jetzt noch nicht denken.

„Kleine Sünden straft Gott sofort."

Tag 45

Strecke: Dartmouth nach Brixham
17,3 km - 912 hm - 2,65 km/h
am Pfad: 784,7 km

Unterkunft: Smugglers Haunt Guest House, £ 95,- → in Ordnung

sommerlich heiß

Heute Morgen hatte ich mal richtig Zeit, meine Knie und Knöchel zu tapen. Meine Physiotherapeutin Tanja hat mich zu Hause gut angelernt im richtigen Anwenden der Kinesio-Tapes und mittlerweile halte ich mich ehrlich gesagt schon für einen ziemlichen Profi. Ich bin gut, wirklich gut ... okay, sagen wir, es reicht zumindest für ein weitgehend schmerzfreies Wandern, und das ist ja die Hauptsache. Allerdings verwende ich heute die letzten bunten Streifen und muss mir wohl noch eine Packung kaufen, sofern dies hier überhaupt möglich ist. Wehmütig verlassen wir unser Hotel und starten unsere anstrengende Tour mit einer wenig anstrengenden Flussüberquerung nach Kingswear. Nachdem wir uns noch kurz die Bahnstation der Dampfeisenbahn angesehen haben, machen wir uns auf den Weg hinaus aus der Stadt, natürlich bergauf. Und genau so soll das heute auch bleiben, es wartet mal wieder eine Rollercoaster-Section auf uns. Aber ist eh gut, zu viele flache Stellen würden möglicherweise ein falsches Bild von der Strecke vermitteln und wir würden am Ende denken, dass es so schlimm ja gar nicht gewesen sei. Nein, das wollen wir dann ja doch nicht.

Etwas versteckt zwischen den Bäumen von Kingswear entdecken wir einen quadratischen Artillerieturm aus dem 15. Jahrhundert, der tatsächlich als Urlaubsunterkunft gemietet werden kann. Der Weg verläuft ziemlich steil durch einen Wald zu den inzwischen nicht mehr genützten Geschützgruppengebäuden am Froward Point. Von hier aus finden wir den Pfad nicht gleich, was dazu führt, dass wir uns querfeldein hinunter zum alten Beobachtungsposten hanteln müssen. Natürlich nehmen wir auch heute jede Landzunge mit, die die Gegend so zu bieten hat und passieren nebenbei einige imposante Gebäude und Gärten, die allesamt vom National Trust verwaltet werden. Der Weg zu Scabbocombe Sands und zu Man Sands sowie über das Southdown Cliff zum Shark Point hat es in sich, doch das fällt uns zumindest anfangs gar nicht so auf, denn wir haben in

Richard und Jozef nette Wanderpartner aus Irland und Tschechien aufgegabelt. Die beiden reden ununterbrochen und ich habe das Gefühl, nach zwei Stunden die ganze Lebensgeschichte der beiden zu kennen. Sie lernten sich bei einem Auslandsjahr in Schweden vor über 40 Jahren kennen und seitdem treffen sie sich einmal im Jahr zum Wandern. Sie waren schon überall auf der Welt unterwegs und heuer ist es eben Großbritannien. Die beiden sind knapp 60 und durchaus fit, wobei Jozef an der einen oder anderen Stelle doch etwas schwächelt. Somit verabschieden wir uns schließlich am Shark Point, wo die beiden eine längere Pause einlegen wollen. Eigentlich mag ich auch Pause machen, aber ehrlich gesagt mag ich auch wieder ein wenig Ruhe von den durchdringenden Stimmen der beiden Freunde haben und so verabschieden wir uns herzlich und bedanken uns für die großzügige Spende, die sie uns noch für meine Benefizwanderung mit auf den Weg gegeben haben. Da ist mir fast schon wieder leid, dass wir nicht doch noch ein Weilchen zusammenbleiben.

Heute ist es wieder besonders heiß und wir haben nicht mehr viel Wasser. Kurz überlegen wir, ob wir bei der großen Feriensiedlung, an der wir gerade vorbeilaufen, einen Abstecher ins Gelände machen sollen, beschließen dann aber doch, noch bis zum Plateau von Berry Head weiterzuwandern, da wir von meiner Freundin Nadège wissen, dass es dort ein fantastisches Café gibt. Brixham und alles drumherum ist einer ihrer Lieblingsplätze. Seit mittlerweile 20 Jahren sind Nadège und ich altmodische Brieffreunde und als sie begonnen hat, mit mir zu schreiben, begann sie gleichzeitig auch eine Brieffreundschaft mit Carleton, der damals in einem Hotel im Eurodisney Paris arbeitete. Als er dort seine Anstellung verlor, wollte Carleton zurück in seine Heimat Großbritannien ziehen, und Nadège ist ihm schwer verliebt gefolgt und hat Frankreich den Rücken gekehrt. Wir haben uns das erste Mal 2005 in Florida getroffen, wo

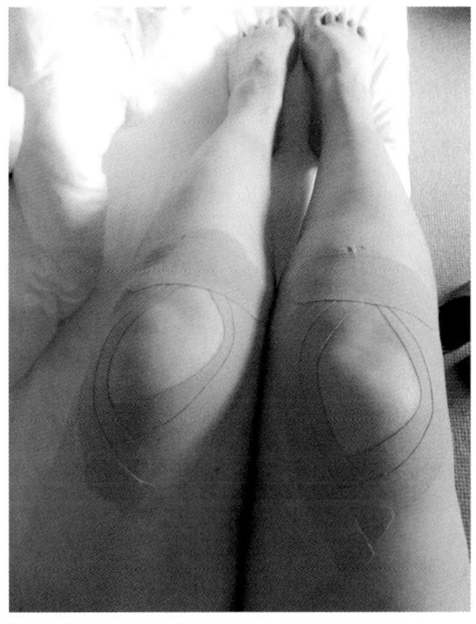

Kinesio-Tapes müssen sein.

die beiden an einem Tag vier Stunden von Miami nach Orlando und wieder vier Stunden zurück gefahren sind, nur um mit uns in unserem Hotel zu Abend zu essen. Etwas Ähnliches werden sie in einigen Tagen wieder machen, denn wir haben uns in Lulworth Cove verabredet. Damit ich Nadège beim traditionellen WhatsApp-Schreiben am Abend also nicht enttäusche, wollen wir einen Stopp in ihrem Lieblingscafé einlegen; der Weg dorthin zieht sich aber unendlicher als unendlich. Schließlich kommen wir doch an und sobald ich sitze, merke ich, dass ich hundemüde bin. Auch die sofort bestellte Heiße Schokolade kann dieses Gefühl nicht verbessern und so versuche ich es auch noch mit einem Vanilleeisbecher mit Früchten. Die Müdigkeit bleibt trotzdem und ich würde mir am liebsten ein Taxi rufen.

Die letzten zwei Kilometer in die Stadt kommen mir wie eine Ewigkeit vor und dann müssen wir auch noch unser Hotel suchen, weil wir es nicht auf Anhieb finden. Das Smugglers Haunt Guest House sieht dann auch tatsächlich so aus, als ob da der eine oder andere Geist herumschwirrt. Alles wirkt ein wenig verlassen, die dazugehörige Bar wurde bereits vor einiger Zeit aufgelassen und unser Zimmer liegt im allerletzten Eck. Fast logisch, dass es dort keine gute WLAN-Verbindung gibt, doch wir sind natürlich sehr einfallsreich und beschließen, den Router, der am Anfang des Gangs in einer Steckdose steckt, einfach ein wenig näher an unser Zimmer zu versetzen. Peter ist sich nicht sicher, ob er verantworten kann, dass wir den anderen Gästen das WLAN stehlen, also nehme ich die Sache in die Hand. Ich stecke den Router ab, doch irgendwie bekomme ich ihn nicht in die Steckdose in der Nähe unseres Zimmers. Peter will mir beherzt zur Hilfe eilen und in diesem Moment passiert's: Die Tür fällt ins Schloss und sowohl die Schlüssel als auch mein Handy liegen im Zimmer, während wir nun völlig verdattert am engen Gang des B&Bs stehen. Der Besitzer erklärte uns bereits zuvor, dass wir als letzte eingecheckt haben und er sich jetzt auf den Weg nach Hause mache. Wir sind absolut ratlos. Sofort höre ich die Stimme meiner Oma in meinem Ohr: „Kleine Sünden straft Gott sofort". Aber wir haben's doch nicht bös gemeint, wollten nur mit unseren Kindern kommunizieren. Jetzt allerdings müssen wir schauen, wie wir mit dem Besitzer kommunizieren können, denn sonst verbringen wir die Nacht am Gang. Peters Handy hat noch gerade 7 % Akku und an der Türe finden wir zum Glück eine Notfallnummer. Peinlich berührt rufe ich an und nachdem sich Mark gemeldet hat, erkläre ich ihm umständlich unser Dilemma. Zum Glück ist er noch in der Nähe und kommt zurück, um uns zu helfen. Selten habe ich eine

Flach ist anders.

derartige Erleichterung verspürt wie in diesem Moment. Natürlich erzählen wir nichts von unserem Diebstahl-Vorhaben, sondern von einem Missverständnis, bei dem jeder dachte, der jeweils andere habe den Schlüssel eingesteckt, und Mark hat uns das auch sofort geglaubt. Mit dem Generalschlüssel lässt er uns wieder ins Zimmer und fragt noch freundlich, ob er sonst noch etwas für uns tun könne. Natürlich nicht, er habe ohnehin schon so viel für uns gemacht. Als wir sicher sind, dass er durch die Tür wieder nach draußen gegangen ist, klauen wir das Modem trotzdem und werden es erst am nächsten Morgen zurückbringen.

Peter möchte am Abend noch in die Stadt und so schleppe ich mich ihm zuliebe noch einmal die Stufen hinunter, obwohl ich viel lieber im Bett geblieben wäre und irgendeinen Film auf Netflix angesehen hätte. Wieder einmal lobe ich mir die geniale Idee, ein Tablet für die Reise gekauft zu haben, das zusätzliche Kilo erleichtert das Wanderleben um ein Vielfaches. Aber noch wird mein Fernsehwunsch durch Peters eindringliches Bitten vereitelt und so sehen wir uns in Brixham um. Diese historische Stadt wurde rund um ein Kai erbaut und beherbergt viele typische Tourismusläden. Sie ist Heimat des Schleppnetzfischens und sie hatte früher eine der größten Flotten der Welt. Die Statue von William of

Orange am Brixham Quay erinnert daran, dass 1688 über 20.000 Mann hier landeten und die Stadt besetzten. Hier befindet sich eine Rekonstruktion von Sir Francis Drakes Schiff, der Golden Hind; im Moment allerdings ist der Kai vor allem von kleinen und großen Krabbenfischern bevölkert, die allesamt versuchen, ein paar dieser Tierchen aus dem Meer zu locken. Obwohl sich die Fischer wie Perlen an eine Kette reihen, scheinen sie doch alle mehr oder weniger erfolgreich zu sein. Keine Ahnung, was sie dann damit machen, aber für uns ist es zumindest interessant, zuzusehen.

Schließlich kann ich meinen Mann doch überzeugen, dass es Zeit wird, zur Unterkunft zurückzugehen, bevor um Mitternacht die Geisterjagd beginnt. Der Weg morgen nach Torquay wird wieder ein wenig einfacher werden. Zum Glück, denn heute brennen die Fußsohlen wie wenn wir über glühende Kohlen gelaufen wären. Eigentlich sollte man vermuten, dass wir mittlerweile bereits ein gewisses Fitnesslevel erlangt hätten – haben wir nicht!

Brixham.

„That calls for a little drink." *~ Rezeptionistin im Hotel*

Tag 46

Strecke: Brixham nach Torquay
12,9 km - 401 hm - 3,95 km/h
am Pfad: 797,6 km

Unterkunft: Belgrave Sands Hotel & Spa, £ 150,- sehr schön

kühl und bewölkt

„Es herbstelt", würde man bei uns sagen, denn das Wetter heute erinnert eher an einen kühlen Oktobertag als an den spätsommerlichen August, den wir hier eigentlich haben sollten. Wenn ich eines am SWCP gelernt habe, dann, dass das Wetter ein tägliches Lotteriespiel ist und trotzdem: Obwohl wir noch zwei Wochen vor uns haben, können wir jetzt schon sagen, wir hatten so etwas wie einen Lottosechser, denn normalerweise hat man hier wettertechnisch bei weitem nicht so viele stabile, regenfreie Tage. Regnen ist auch heute Mangelware, aber Regenwolken, die halt gerade nicht regnen, gibt es in Hülle und Fülle am Himmel.

Nachdem wir heimlich, still und leise den WLAN-Router wieder an die ursprüngliche Stelle gesteckt haben, starten wir mit Shirt, Weste und Regenjacke in den Morgen. Wir wandern am Fischmarkt vorbei, doch wo gestern noch geschäftiges Fischfangtreiben war, ist es heute beinahe totenstill. So früh wagen sich wohl nur unerschrockene Wanderer aus dem Haus. Zumindest denken wir das so lange, bis wir nach einer üppig grünen Gartenanlage in die Churston Cove kommen. Hier schwimmt nämlich seelenruhig und splitterfasernackt ein älterer Herr und singt aus Leibeskräften wohl so etwas wie ein Volkslied, zumindest kann ich es nicht besser einordnen. Es hört sich aber wie eines dieser Lieder an, die in Filmen immer in Pubs gesungen werden, vielleicht ist es daher eher ein Trinklied und weniger eines vom Volk, möglicherweise aber auch beides. Als er uns entdeckt, winkt er uns freudestrahlend zu und ruft: „Isn't this a wonderful morning?" – „It is indeed", antworten wir; die Aufforderung, doch eine Runde mit ihm zu schwimmen, lehnen wir dann allerdings dankend ab. Auf dieser Wanderung habe ich schon mehr nackte Männer gesehen als in den letzten Jahren zusammengenommen. Das stört mich zwar nicht, aber schwimmen muss ich dann doch nicht mit ihnen und schon gar nicht, wenn die Außentemperatur und die des Wassers annähernd gleich sind.

Nach einem schnellen „Goodbye" machen wir uns dann weiter auf den Weg, rechter Hand das Meer, linker Hand ein Golfplatz, also eigentlich alles wie gewohnt. Bevor wir durch städtisches Gebiet müssen, gelangen wir noch zur kleinen Bucht von Elberry und dort werden wir von einer Robbe empfangen, die im Wasser hin- und herschwimmt und offensichtlich versucht, ein paar Kunststücke zu machen. Diese Show hat sie ganz bestimmt allein für uns einstudiert. Natürlich sind wir begeisterte Zuschauer, kurz darauf gesellen sich auch noch zwei Kajakfahrer dazu und die Robbe schwimmt nun zwischen den Kajaks hin und her und stößt ihre Nase immer wieder an das Boot. Sie scheint sich ihres Lebens und über die ungeplanten Gäste zu freuen. Die Kajakfahrer stellen sich als Tim und Jerry vor und sie weisen uns gleich darauf hin, dass sie nicht „Tom und Jerry" heißen, wenn doch, dann wäre Jerry eher die faule Katze. Etwa zehn Minuten albern sie eher mit sich als mit uns herum und stürzen sich danach wieder in die Fluten. Sobald die Kajaks im Wasser sind, ist auch die Robbe wieder da und begleitet die beiden ins offene Meer. Wirklich herzallerliebst, diese Tiere und obwohl wir mittlerweile schon viele von ihnen gesehen haben, freuen wir uns wirklich über jede einzelne Sichtung.

Der Pfad führt nun entlang einer Bahntrasse, die uns zur Promenade von Goodrington und zu den wunderschönen Ziergärten in der Nähe des Paignton Harbour führt. Von hier aus gelangen wir innerhalb kürzester Zeit zum Pier, der trotz schlechten Wetters gut besucht ist. Ein großer Vergnügungspark hat sich im Sommer am gegenüberliegenden Gelände des Geoplay Parks breit gemacht und wird vor allem von den kleinen Gästen gut genützt. Da uns kalt ist, wollen wir uns mit einer Heißen Schokolade aufwärmen, doch es ist entlang der ganzen Promenade kein freier Tisch zu finden. So setzen wir uns zu einem Vater und seinem Sohn, die uns aber nach dem Austausch von ein paar Höflichkeitsfloskeln bald verlassen und durch eine Familie mit vier Kindern ersetzt werden. Sofort beginnt ein richtiges Gewusel am Tisch und während die Mutter versucht, die Kleinen zu bändigen, begibt sich der Vater auf die Suche nach Essbarem. Einige Minuten später ist der Tisch mit Pommes, kleinen Würstchen und Hamburgern voll gedeckt und wieder einige Minuten darauf ist der ganze Tisch wie leergefegt – allerdings nicht, weil die Kinder so schnell gegessen haben, sondern weil sich eine Möwe nach der anderen das Mittagessen der Familie geschnappt hat. Das sind wirklich richtige Biester und ich kann den Ärger der Familie gut verstehen. Ortskundig dürfte sie aber nicht sein, denn, wie wir nach über sechs Wochen hier an der Küste wissen, sollte man Lebensmittel nie in der Nähe von Möwen verspeisen.

Die Steam Train entlang der Englischen Riviera.

Die heißen Getränke waren nicht wirklich gut dazu geeignet, unsere Körper auf Betriebstemperatur zu halten, und so marschieren wir wieder los. Unser heutiges Ziel liegt eigentlich seit der Früh immer vor unseren Augen und weit ist Torquay nun tatsächlich nicht mehr entfernt. Es gäbe auch die Möglichkeit, mit der Steam Train zu fahren; für normale Touristen ist dies bestimmt auch eine gute Alternative, aber wir sind halt nicht normal, wir gehen alles zu Fuß. Der Streckenabschnitt hier wird auch die englische Riviera genannt; bestimmt ist er bei strahlendem Sonnenschein doppelt so schön, aber auch jetzt zeigt sich der Weg einerseits elegant und andererseits auch ein wenig verrucht. Mich wundert es nicht, dass hier zahlreiche Romane entstanden sind, die sich ziemlich jedes Genres bedienen, das es gibt. Viele davon stammen aus der Feder von Agatha Christie, die hier 1890 geboren wurde. Morgen, an unserem letzten Ruhetag, werden wir uns auf Spurensuche rund um den Hafen in Torquay begeben, aber jetzt suchen wir lieber mal unser Hotel, denn die nicht regnenden Wolken haben es sich doch anders überlegt und schicken kühles Nass in Richtung Erde.

Die nette Rezeptionistin unseres Vier-Sterne-Spa-Hotels ist ziemlich verblüfft über unseren Auftritt. Zuerst sieht sie uns skeptisch an, weil wir uns so gar nicht an die informelle Kleiderordnung halten – und auch nicht halten können – und als wir ihr dann auch noch mitteilen, dass wir kein Auto haben und zu Fuß unterwegs sind, ist sie vollkommen aus dem Häuschen. Sie sei noch nie jemandem begegnet, der mehrere Tage am Stück wandert, erklärt sie uns, und als wir noch dazu ein „It is our 46th day" quasi als Draufgabe überreichen, setzt sie sich auf ihren Hocker und schüttelt nur mehr den Kopf. Sie bittet uns, eine Sekunde zu warten, und kommt anschließend mit drei Gläsern Prosecco zurück. „That calls for a little drink", erklärt sie uns und überreicht uns je ein Glas. Kurzerhand stoßen wir an und während sie an ihrem nur nippt, leeren Peter und ich das prickelnde Gold fast mit einem Schluck. Danach beziehen wir unser Zimmer. Das Wetter bleibt grau in grau, das Schwimmbad ist irgendwie zwei Stockwerke zu weit weg und das Bett ist derart kuschelig, dass wir im Grunde nur Internet, Handy oder TV schauen. Morgen ist schließlich auch noch ein Tag.

Werbung für den englischen Kaffee.

„Buy 3 for the price of 3“

Tag 47

Zero Day – Torquay
kühl und bewölkt

Die Krux mit dem Theoretisch-Ausschlafen-Können ist, dass es sich praktisch nicht ganz so leicht umsetzen lässt. Daher checke ich seit halb sieben Uhr morgens etwa im gefühlten Stundentakt die Uhrzeitanzeige meines Handys, nur um festzustellen, dass gerade einmal fünf Minuten vergangen sind. Die Augen wollen mir einfach nicht mehr zufallen und so entschließe ich mich, mir die Zeit damit zu vertreiben, alle möglichen und unmöglichen Wanderbilder an alle möglichen und unmöglichen Bekannten zu schicken. Früher oder später wird der Klingelton der Antworten dann hoffentlich meinen Mann wecken und ich kann meine Hände quasi in Unschuld waschen. Gesagt, getan – tatsächlich kommen laufend Antworten und gute Wünsche zurück, doch dem tiefen Schlaf meines Göttergatten kann das keinen Abbruch tun. Nachdem ich meine Wortfindemöglichkeiten beim Online-Scrabble trainiert, das Allgemeinwissen bei der Millionenshow verbessert und einen neuen Artikel an die *NÖN* geschickt habe, wird es mir zu bunt und ich wecke Peter auf. Mittlerweile ist es tatsächlich neun Uhr und mein Bauch meldet unüberhörbar, dass es Zeit für Frühstück ist. Frühstück ist auch das Zauberwort, das Peter dazu verleitet, schnell fix und fertig bei der Ausgangstür zu stehen.

Wenn jemand im eleganten Frühstücksraum auffällt, dann sind das wir. Zwar haben wir uns für lange Hosen entschieden, aber dennoch sehen wir abgehalftert und schmuddelig aus. Mein Tipp an alle Weitwanderer: Schaut, dass zumindest eure Ausgehkleidung farblich einigermaßen zusammenpasst und ihr nicht von vornherein den Eindruck vermittelt, dass ihr auf Almosen angewiesen seid. Das kommt nicht gut. Wir verstecken uns also im hintersten Teil des Raumes und verhalten uns so unauffällig wie möglich, dennoch interpretiere ich in die fragenden Blicke der anderen Gäste hinein, dass man vermutet, dass wir uns vielleicht heimlich zum Buffet geschlichen haben. Es wirkt wohl unwahrscheinlich, dass wir uns eine Nacht in diesem Hotel überhaupt leisten können. Tatsächlich ein etwas komisches Gefühl.

In dem gleichen Aufzug machen wir uns dann auch auf den Weg in die Stadt. Torquay liegt am nördlichen Ende der Tor Bay und hier wurde 1890 die Königin der Kriminalromane geboren. Beschreibungen von Agatha Christie beinhalten unweigerlich Superlative, denn sie ist die meistverkaufte und -übersetzte Krimiautorin aller Zeiten. Ihr zu Ehren wurde die „Agatha Christie Mile“ konzipiert, die an zehn Sehenswürdigkeiten vorbeiführt, die alle irgendetwas mit der Autorin zu tun haben. An acht von ihnen gibt es Hinweise, die zu einem Rätsel gehören. Dessen Lösung ergibt den Namen einer mit den Büchern der geadelten Dame Agatha verknüpften Figur; mal sehen, ob wir das Rätsel knacken können. Eher nicht, denn im Gegensatz zu meinem Vater, der Bücherregale voll mit Christies Romanen hat, ist mein Wissen über diese Frau und ihre Werke sehr begrenzt.

Wir beginnen am Hafen und machen von hier aus gleich ein paar Höhenmeter, denn gleich am Anfang befindet sich der Beacon Hill, wo das Imperial Hotel liegt, Schauplatz einiger ihrer Bücher, sowie die Beacon Cove, der beliebte Badeplatz von Christie. Der Spaziergang führt auch ins Torquay Museum, das das Leben der Autorin in einer permanenten Ausstellung Revue passieren lässt und sie mit einer Bronzebüste ehrt. Prinzess Pier, wo sie ihrer Leidenschaft für das Skaten frönte, und die Torre Abbey aus dem 12. Jahrhundert liegen ebenso auf der Route wie das Grand Hotel, wo Christie mit ihrem ersten Mann die Flitterwochen verbrachte. Peinlicherweise schaffen wir es nicht, das Rätsel zu lösen, doch wir erfahren, dass Agatha Christie selbst für eines der größten ungelösten Rätsel der damaligen Zeit sorgte. Nach einem Streit mit ihrem ersten Ehemann, der sie bereits lange Zeit betrog, verließ die Gekränkte das gemeinsame Haus, angeblich, um nach Yorkshire zu fahren. Ihr Auto wurde später über einem Kalksteinbruch mit einem abgelaufenen Führerschein und zahlreichen Kleidern gefunden. Ihr Verschwinden beschäftigte das Innenministerium, die Polizei und 15.000 freiwillige Helfer tagelang. Gefunden wurde sie zehn Tage später in einem Hotel, wo sie mit dem Nachnamen der Geliebten ihres Mannes eingecheckt hatte. Laut eigenen Aussagen litt sie an Amnesie und hat danach nie wieder Stellung zu ihrem Verschwinden genommen. Die Öffentlichkeit prangerte das Verhalten Christies zum großen Teil an, weil man ihr unterstellte, sie wollte entweder ihrem Mann oder dessen Lebensgefährtin einen Mord unterschieben. Andere vermuteten einen Werbegag oder einen schlechten Scherz. Welche Motive und welche Wahrheit schließlich tatsächlich hinter diesem Mysterium stecken, hat Agatha Christie mit ins Grab genommen.

Nach einer ausgedehnten Mittagspause mit Pizza und Cheesy Chips wagen wir uns in die Einkaufsstraße, denn ich möchte am Abend den Pool des Hotels nutzen, brauche dazu aber einen herzeigbaren Badeanzug. Ich suche diverse Geschäfte nach Strandkleidung und ähnlichem ab, fühle mich aber in jedem Shop wie Julia Roberts in Pretty Women – nein, nicht so schön wie sie, sondern so ungewollt wie sie, als sie die High Class Boutiquen nach einem Abendkleid durchstreifte. Ich habe den kaum zurückhaltbaren Drang, jeder Verkäuferin zu sagen, dass ich tatsächlich und wirklich Geld habe. Meine Visa-Card ist in Gold gehalten und sieht unheimlich edel aus, vielleicht sollte ich sie als deutlichen Hinweis direkt in der Hand halten. Schließlich lockt uns ein kleines Geschäft mit einer unglaublich wirksamen Werbung an. „Buy 3 for the price of 3" steht in der Auslage geschrieben. Ich amüsiere mich köstlich, werde tatsächlich auch fündig und kaufe einen Badeanzug zum Preis von einem. Alles richtig gemacht und so besitze ich nun einen 13 Pfund billigen, himmelblauen Badeanzug, den ich genau heute und, wie sich später herausstellen wird, danach nie wieder, tragen werde.

Torquay an sich ist eine recht nette Stadt, aber ob es sich tatsächlich auszahlt, hier länger Urlaub zu machen, ist fraglich. Interessant ist vor allem, dass sie auf 40 Hügeln erbaut ist; das wird bei der Stadtbesichtigung auch spürbar, es geht nämlich laufend rauf und runter, fast so wie am Küstenpfad, nur mit weniger Erde unter den Füßen.

Da wir das Gefühl haben, dass uns das Glück heute hold sein könnte, steuern wir wieder das Amusement-Center der Stadt an und tatsächlich, wir gewinnen ganze vier Pfund und zahlreiche Tickets, die in kleine Geschenke umgetauscht werden können. Wie bereits erwähnt haben wir es uns zur Tradition gemacht, dass wir die immer unter den Kindern aufteilen, die an anderen Spielautomaten ihr Glück versuchen. So können wir unsere beginnende Spielsucht hinter strahlenden Kinderaugen verstecken. Die gewonnenen vier Pfund erhöhen wir auf zehn, stecken sie dann auf dem Weg zum Hotel einem Obdachlosen zu und plaudern ein paar Worte über das Wetter und die Schönheit der Stadt mit ihm. Irgendwie fühlen wir uns sonderbar verbunden und gleichzeitig dankbar, dass wir diese Nacht in einem Vier-Sterne-Hotel verbringen dürfen. Wie-

An der Englischen Riviera hat jede Stadt ihren eigenen Vergnügungspark.

Auf den Spuren von Agatha Christie.

der einmal realisieren wir, dass wir es unendlich gut haben in dieser Welt; das Vagabundenleben, das wir derzeit führen, ist nur oberflächlich, denn wir haben täglich ein warmes, wenn auch nicht immer sauberes, Bett – im Gegensatz zu unserem neuen Freund hier, der sich in diesem Augenblick von uns verabschiedet und beginnt, sich sein Plätzchen für die Nacht auf der Straße zu richten. Er breitet eine löchrige Decke in der Ecke vor dem Tourismusbüro aus, streift die Falten aus, legt seinen Seesack feinsäuberlich als Polster bereit und schlüpft, nachdem er seine abgetretenen Schuhe ausgezogen hat, unter eine leichte Plane, die früher einmal ein Schlafsack gewesen sein könnte. Dieses offensichtlich abendliche Ritual vermittelt vielleicht eine gewisse Struktur und Ordnung, die das Leben ein wenig erträglicher machen. Wir beschließen in diesem Augenblick, ihm das Leben morgen noch ein Stück weit mehr erträglich machen zu wollen, indem wir ihm Frühstück bringen. Frühstück ans Bett quasi.

„Zum Meer und zurück"

Tag 48

Strecke: Torquay nach Teignmouth
17,9 km - 900 hm - 3,05 km/h
am Pfad: 815,5 km
Unterkunft: Cliffden Hotel, £ 110,- ☹ furchtbar
kalt und trüb

Ab heute heißt es also: „Durchgehen bis zum Schluss." Weitere Ruhetage sind nicht geplant; wenn es gar nicht anders geht, hätten wir zwar noch einen Tag Spielraum, aber wir wollen ankommen, das steht fest. Würden wir die Zielflagge bereits heute wehen sehen, dann wäre uns das nur recht. Aber noch trennen uns mehr als 200 Kilometer davon und die erledigen sich nicht von allein, also starten wir mit unseren zwei Rucksäcken auf den Schultern und einer Tasche voll mit Leckereien für unseren Freund vor dem Tourismusbüro. Die warmen Croissants haben wir vom Frühstücksbuffet mitgehen lassen, aber schlechtes Gewissen haben wir keines, es ist schließlich für einen guten Zweck. Auf dem Weg zum Strand holen wir noch schnell einen großen Coffee-to-go, damit das Frühstück auch vollständig ist. Zwei Minuten später stehen wir quasi im Schlafzimmer des Mannes, der etwa in unserem Alter ist, doch davon ist nichts mehr zu erkennen. Alles ist wieder feinsäuberlich in den Taschen verstaut, die Schuhe sind wieder angezogen und heute trägt er noch eine zusätzliche Jacke, denn es ist richtig frisch, vor allem, wenn man sich nicht viel bewegt. Unsere Überraschung gelingt vorzüglich und wir servieren unserem kurzzeitigen Freund ein kleines Deluxe-Frühstück. Er freut sich sichtlich, was mich darauf schließen lässt, dass er selten mehr als nur ein paar Bissen zwischen die Zähne bekommt. Plaudern können wir nicht mehr viel, denn für den Mann zählt jetzt in erster Linie, seinen Bauch zu vollzuschlagen, und so verabschieden wir uns herzlich mit den besten Wünschen für die Zukunft. Einer mehr, der uns die Daumen drückt, dass alles gut geht bei unserer Wanderung.

Das Schwierigste an diesem Weitwanderweg ist, aus den Städten hinaus zu finden und das gelingt uns auch heute nicht auf Anhieb. Wir stehen am Ende einer Sackgasse und das innere Navi flüstert uns „Bitte wenden" ins Ohr. Also, umdrehen und weitersuchen, doch wir finden nichts, also müssen wir nun das tatsächliche Navi in Form von Google Maps um Hilfe bitten und das zeigt uns an, dass wir Stufen hinauf zum Thatcher's Point nehmen müssen. Die Stufen sind da, ein Wegweiser nicht, aber wir vertrauen der Technik und wenig später sind wir wieder dort, wo wir hingehören. Von hier aus haben wir einen herrlichen Blick auf Hope's Nose – ein geologisch wirklich interessanter Abschnitt, denn der Kalkstein, der hier zu bestaunen ist, ist sage und schreibe 350 Millionen Jahre alt. Dies ist auch ein beliebter Ort für Fossiliensucher, denn es soll fast unmöglich sein, keine Spuren davon zu finden, aber für derartige Zwischenabenteuer fehlt uns leider die Zeit.

Nächster Stopp ist Babbacombe und dort begegnen wir einer weiteren Sehenswürdigkeit, der Oddicombe Cliff Railway. Die Klippenbahn erspart seit 1926 Einheimischen und Touristen den beschwerlichen Weg in die weit oberhalb des Strandes gelegene Stadt. Mit dem Slogan „Zum Meer und zurück" befördert sie seit fast 100 Jahren Mensch, Tier und jede Menge Strandutensilien. In all den Jahren gab es lediglich einen Zwischenfall, der die Evakuierung sämtlicher Passagiere nach sich zog; verletzt wurde jedoch niemand. Wir würden der Bahn auch uneingeschränkt vertrauen, doch leider führt sie genau dorthin, wo wir nicht hinmüssen. So wandern wir einen Teil neben ihr bergauf, bevor wir uns in einer Rechtskurve verabschieden und nach einer wahrlichen Dschungelprüfung durch sämtliches Gestrüpp endlich auf eine Straße gelangen, die – wenig überraschend – zu einem Golfplatz führt. Wäre unser Morgengebet: „Unseren täglichen Golfplatz gibt uns heute", dann würde dieses tatsächlich fast jeden Tag erhört werden. Wir wandern weiter die Babbacombe Bay entlang und stehen vor der nächsten Hürde. Ein riesiger Baum liegt quer über dem Weg, links geht es steil bergauf, rechts steil hinunter, und so werden wir kurzer Hand zu Holzarbeitern. Wir versuchen, durch Abbrechen oder Niedertreten von Ästen so etwas wie einen Weg zu schaffen und es gelingt uns gar nicht schlecht. Am Abend werde ich mal wieder an Emily von der Association schreiben und sie bitten, hier einen Ranger vorbeizuschicken. Kurz darauf gibt uns eine Kuriosität Rätsel auf und trotz intensiver späterer Recherche in unterschiedlichen sozialen Netzwerken werden wir keine Antwort finden. Mitten am Weg sehen wir einen Busch geschmückt mit Schuhen: Wanderschuhe, Ballerinas, Flip-Flops; alles, was das Frauenherz begehrt, ist hier zu finden. Warum, das lässt sich aber einfach nicht herausfinden. Spekulationen gibt es viele und die meisten drehen sich um Hexen, Elfen oder Geister. Vielleicht stimmt aber auch die Erklärung, die uns eine Person gibt, die wir am Weg treffen: „I would say, it's simply garbage." Gut, vermutlich steckt hinter dem „Müll" schon

Traumhafter Ausblick.

eine Bedeutung, vielleicht wird mein Horizont ja eines Tages durch eine passende Erklärung erweitert.

Heute erweitere ich allerdings nur meine zurückgelegten Kilometer, denn am Ende der Babbacombe Bay erwartet uns die Stadt Shaldon mit einer weiteren Fährüberfahrt. Der Fußweg wäre höchstens zwei Kilometer länger, aber da die Fähre zum offiziellen Weg gehört, fällt uns die Entscheidung zwischen Schippern oder Wandern erwartungsgemäß leicht. Da wir nicht die Einzigen sind, die per Schiff nach Teignmouth übersetzen wollen, ist die Wartezeit recht lang, bis wir endlich auch zum anderen Ufer kommen. Teignmouth bezeichnet sich selbst als „moderner Ferienort an der Englischen Riviera", aber dazu kann ich nur eines sagen: „Echt nicht." Wenn man es positiv beschreiben möchte, dann würde ich von einem „ergrauten Charme vergangener Zeiten" sprechen, aber die Wahrheit ist, dass der Pier und seine Vergnügungslandschaft sanierungsbedürftig sind und das Traditionskino „Riviera", das sich in einem denkmalgeschützten Gebäude befindet, musste schon vor Jahren geschlossen werden. Leider spiegelt sich der desolate Zustand der Stadt auch in unserem Hotel wieder. Wir wohnen in einem Haus, das sich als top Hotel für Menschen ohne Augenlicht versteht und tatsächlich auch viele sehschwache oder blinde Gäste verzeichnet. Das Konzept beinhaltet vermutlich auch, dass Sauberkeit nur peripher wichtig ist, da ohnehin niemand sieht, ob es schmutzig ist oder nicht – niemand außer wir. Wir flüchten also schnell wieder und wollen uns für das Abendessen und den morgigen Tag versorgen. Der Weg zum Supermarkt bestätigt nur den Gesamteindruck bzw. erweitert ihn um die Tatsache, dass es auch hier eine Vielzahl an obdachlosen Menschen gibt. Auf diese furchtbare Wahrheit hinter der Idylle der romantischen Filme und Landschaftsdokumentationen war ich nicht vorbereitet. Großbritannien kommt mit dem Bau von Obdachloseneinrichtungen nicht nach, denn die Zahl der Menschen ohne ein Zuhause hat sich in den letzten Jahren mehr als verdoppelt und besonders leidet die Region, in der wir hier unterwegs sind, darunter. Erschreckend ist vor allem, dass irrsinnig viele junge Erwachsene davon betroffen sind. Einer der Gründe dürfte sein, dass sie oft in die Selbstständigkeit entlassen werden, bevor sie noch dazu bereit sind, und über kein tragfähiges soziales Netz verfügen. Das kommt mir mehr als nur bekannt vor, denn das ist immer wieder Thema in unserem SoWo und wir kämpfen seit Jahren darum, diese Bedingungen zu verändern. Doch die Mühlen in Österreich mahlen langsam. Aber solange sie mahlen, gibt es Hoffnung, und ich bete, dass sich auch für die Menschen hier noch irgendwo ein Fünkchen Hoffnung finden lässt. Wirklich erschreckend, dass wir den Tag mit Obdachlosigkeit beginnen und ebenso beenden, und so landet wieder das eine oder andere mehr in unserem Einkaufskorb, das wir beim Zurückgehen unter einer Gruppe von Männern verteilen. Zumindest für heute ist deren Hunger gestillt, so gern wir auch wollten, mehr können wir zum jetzigen Zeitpunkt nicht tun.

Hürdenlauf.

„That's life, don't take it too serious!"

~ betrunkene Tänzerin

Tag 49

Strecke: Teignmouth nach Exmouth
12,7 km - 149 hm - 3,35 km/h
am Pfad: 828,20 km

Unterkunft: The Dolphin Hotel, £ 75,- ☹ furchtbar

kalt und trüb

Es regnet! Wie sehr wünsche ich mir das wunderbare Sommerwetter vom Beginn unserer Reise zurück, aber hier in England ist der Sommer offensichtlich schon vorbei. Zum Glück allerdings haben wir heute eine mit knapp 13 Kilometern kurze und vor allem sehr einfache Strecke vor uns. Das Frühstück im Hotel ist überraschenderweise sehr gut, aber dennoch wollen wir hier so schnell wie möglich raus. In einem schönen Wohlfühl-Hotel würden wir jetzt normalerweise den Vormittag noch in Ruhe genießen, da es theoretisch reichen würde, wenn wir erst mittags starten, aber hier geht das einfach nicht und so stecken wir uns in die Regenkleidung und los geht's.

Dummerweise haben wir die Gezeiten nicht gecheckt und bei der heutigen Route gibt es eine Variation für Ebbe und eine für Flut. Unser geschultes Auge sieht sofort, dass nicht mehr wirklich Ebbe ist, aber auch noch nicht wirklich Flut, und da der Weg bei niedrigem Wasserstand um einiges kürzer ist als die Alternative, beschließen wir, unser Glück zu wagen. Wenn wir uns täuschen, dann ist der Weg durch das Umkehren-Müssen zwar deutlich länger, aber dieses Risiko gehen wir ein.

Wir starten an der Promenade, wo heute großer Übungstag für zukünftige Rettungsschwimmer ist. Hier werden Truck-Reifen umgedreht, Wettschwimmen veranstaltet, Seile in gegensätzliche Richtungen gezogen und versucht, halbnackten Dummies durch richtige Druckmassage und Beatmung wieder Leben einzuhauchen. Die jungen, durchtrainierten Männer sind in der Tat ein netter Anblick, die Damen stecken allerdings zum Großteil in Neoprenanzügen, daher ist das mehr ein interessantes Schauspiel für mich als für meinen Mann. Durch das Beobachten der angehenden Lifeguards fällt uns allerdings auch auf, dass das Meer immer steigt, daher müssen wir jetzt einen Zahn zulegen. Im Laufschritt legen wir die Kilometer auf der Promenade zwischen Eisenbahnstrecke und Meer unterhalb von herrlich roten Klippen zurück und kommen gerade noch rechtzeitig zur Unterführung, die in die Smugglers Lane führt. Die letzte Stufe liegt bereits im Wasser, aber die springen wir wie Gazellen hinüber. Möglicherweise sieht es für Außenstehende eher wie ein schwerfälliger Elefantensprung aus, aber egal, drüben ist drüben.

Nach einer kurzen Strecke auf Asphalt biegen wir rechts ein und erklimmen einen Hügel, von dem aus sich selbst bei diesem Wetter noch ein annehmbarer Ausblick über die Englische Riviera bietet. Auf dem Hügel selbst ist ein Park angelegt und auf den meisten der Sitzbänke, die im ganzen Land normalerweise jemandem gewidmet sind, liegen Blumen. Uns ist das schon des Öfteren aufgefallen und während wir noch überlegen, warum gerade hier und heute so viele Sträuße platziert sind, begrüßt uns ein älterer Mann und startet eine Small-Talk-Attacke. Da es immer noch regnet, flüchten wir uns gemeinsam unter einen baufälligen Unterstand und plaudern gut und gerne eine halbe Stunde, heute haben wir Zeit und müssen Gespräche nicht von vornherein im Keim ersticken. Daher fragen wir auch nach dem Grund des Blumenschmucks und ob vielleicht heute ein besonderer Tag ist, etwa so wie bei uns Allerseelen. „Nein, ist es nicht", erklärt uns der Mann, der jahrelang in der Nähe von Köln gearbeitet hat, in recht passablem Deutsch. Also nicht, aber warum dann? Eine Idee dazu, warum hier derart viele Sträuße liegen, hat er auch nicht, aber er meint im Allgemeinen, dass es viele Engländer als ihre Pflicht erachten, die Verstorbenen so oft wie möglich zu ehren, und Blumen sind hierfür ein Ausdrucksmittel. Angeblich pilgern die Menschen lieber zu gewidmeten Bänken als zum Friedhof. Nun gut, für uns ist das eher ein komischer Gedanke, aber jedem das Seine. Wenn die Briten im Allgemeinen und die Engländer hier im Besonderen damit besser mit ihrer Trauer umgehen können, dann soll es mir recht sein. Gerade Trauer ist so ein persönliches Thema, bei dem es kein Richtig oder Falsch gibt, auch wenn sich Teile der Gesellschaft oft ein Urteil erlauben. Aber wer sind wir, um bewerten oder bestimmen zu können, wie jemand um eine Person trauert? Bevor wir nun auch noch zu philosophieren

Rettungsschwimmertraining.

beginnen, verabschieden wir uns von dem netten Mann und setzen unsere Reise fort.

Exmouth.

Nach einer Zeit oberhalb des Meeres kommen wir zu einer Fußgängerbrücke, die uns schließlich zurück zur Ufermauer führt. Von hier aus geht es nur mehr flach weiter, die heutigen Höhenmeter sind erklommen, die Zwischenstadt Dawlish erreicht. Offensichtlich hat es sich hier jede noch so kleine Stadt zur Aufgabe gemacht, einen Vergnügungspark für seine Gäste bereitzustellen, da macht auch Dawlish keine Ausnahme. Da der Dauerregen mittlerweile einzelnen, unregelmäßigen Tropfen gewichen ist, ist hier sogar einiges los. Auch vor den Badehütten werden langsam wieder Klappsessel und Tischchen aufgestellt und das hier so beliebte Beachlife erwacht schön langsam wieder aus seinem Dornröschenschlaf. So kennen wir England.

Direkt vor dem Vergnügungspark überqueren wir die Schienen; von gar nicht weit weg hören wir das Horn der Dampflokomotive, das uns quasi einlädt, doch einen Teil der Strecke mit ihr zurückzulegen, aber wie immer bleiben wir standhaft. Es ist auch tatsächlich nicht mehr weit bis nach Exmouth. Der SWCP führt nicht um die große, in die Mündung des Exe hineinragende Sandbank bei Dawlish Warren oder das dahinterliegende Marschland herum, was eigentlich eine ziemliche Überraschung ist. Normalerweise nehmen wir jede noch so kleine Ausbuchtung mit, aber vielleicht versucht man auf diese Art und Weise, die doch ziemlich sensible Natur ein wenig zu schützen. Die Betonung liegt allerdings auf „ein wenig", denn es führen mehrere Spazierwege hindurch. Unser Pfad allerdings nicht und so laufen wir weiter am Gehsteig an der Warren Road entlang und nehmen gegenüber vom Eingang zum Dawlish Warren Sandy Park den Radweg zum Hafen von Cockwood. Eine weitere Flussüberquerung steht an, wenn wir nicht einen Umweg von sieben Kilometern machen wollen, der nicht zum offiziellen Weg zählt – wollen wir natürlich nicht.

Exmouth ist eine verhältnismäßig große Stadt und eigentlich hatten wir geplant, hier schwimmen zu gehen, da das Wasser im Sommer durch den Golfstrom bis zu 25 Grad warm ist. Da die Lufttemperaturen aber deutlich unter den Wassertemperaturen liegen, wird das heute nichts und wir begraben die Hoffnung, tatsächlich auf dieser Reise noch im Meer zu plantschen. Dafür bin ich einfach viel zu sehr Memme, als dass ich mir das antun würde. Das Nass des Meeres tauschen wir stattdessen mit dem Nass der Waschmaschine und verbringen die nächste Stunde damit, unsere Wäsche wieder in einen duftenden, okay, zumindest in einen sauberen Zustand zu bringen. Mittlerweile sind wir fast schon so etwas wie die Könige der Waschsalons, wir haben uns eine Struktur und einen Ablauf erarbeitet, damit uns beides wie von selbst von der Hand geht. Wir haben uns daran gewöhnt.

Woran wir uns allerdings nicht gewöhnt haben, sind die schäbigen Hotels hier und auch heute haben wir mal wieder einen Griff ins Klo gemacht. Die Bezeichnung „Hotel" lässt fälschlicherweise einen höheren Standard als in B&Bs oder Pubs erwarten, aber in Summe gesehen waren die Hotels bis jetzt schlechter als die Privatunterkünfte. Aus diesem Grund setze ich mich gleich hin und buche einige der noch vor uns liegenden Hotels um. Außerdem beschließen wir, weitere Tage zusammenzulegen und wieder mit dem Bus hin und her zu fahren. Eigentlich klappt das ganz gut, bis auf die letzten beiden Tage, die wir gerne in Swanage verbringen möchten. Wir haben einen Feiertag übersehen, der für Engländer gleichbedeutend ist mit: „Raus aus der Stadt, runter zum Strand." Ich sende 15 Mails hinaus und kurze Zeit später sind bereits die Hälfte mit einer Absage wieder zurück. Allerdings stirbt die Hoffnung zuletzt und so storniere ich unsere bereits gebuchten Tschumsn noch nicht und hoffe auf das Beste.

Den Abend verbringen wir in der Stadt, da das Wetter ein wenig besser geworden ist. Exmouth hat tatsächlich mit seiner hochgotischen Kathedrale und einer astronomischen Uhr aus dem 14. Jahrhundert so etwas wie Sehenswürdigkeiten und auch die Uferpromenade ist sehr nett. Wir kommen gerade noch dazu, als ein Rockfestival in den letzten Tönen seiner Darbietungen liegt. Ein paar Unermüdliche tanzen noch immer zur Musik oder besser gesagt sie torkeln und taumeln, denn offensichtlich war für den Festivalbesuch Alkoholgenuss zwingend notwendig. Plötzlich fällt eine Frau vor unseren Augen einfach um, doch bevor wir noch bei ihr sind, um zu helfen, steht sie mehr oder weniger galant wieder auf. „That's life, don't take it too serious", ruft sie uns lachend zu. Ja, so wird es wohl sein, bestimmt nehmen wir vieles im Leben viel zu ernst und wir sollten jede Menge lustige Erfahrungen machen. Mitten im Gatsch auf einem kleinen Festivalgelände sturzbetrunken umzufallen, gehört für mich allerdings nicht unbedingt dazu. Aber dazu hat wohl jeder seine eigene Meinung.

„Welcome to the Jurassic Coast“

Tag 50

Strecke: Exmouth nach Sidmouth
21 km – 536 hm – 3,95 km/h
am Pfad: 849,20 km

Unterkunft: Dukes, £ 130,– → in Ordnung

regnerisch und kalt mit ein paar Sonnenstrahlen

Es regnet. Moment! Hatten wir das nicht schon? Genau, im Moment sieht es tatsächlich nach „Und täglich grüßt das Murmeltier“ aus, doch die Wettervorhersage verspricht im Laufe des Tages Besserung.

Wir starten bereits vor 9.00 Uhr, aber wie schon so oft wollen wir einfach nur raus aus dem Hotel und wir sind schon gespannt, allerdings nicht unbedingt positiv aufgeregt, welche Unterkunft uns heute Abend in Sidmouth erwarten wird. Den Bewertungen auf diversen Onlineplattformen glaube ich schon lange nicht mehr, aber heute könnten wir vielleicht wieder einmal Glück haben.

Positive Erwartungen hegen wir allerdings für den heutigen Tag, denn wir werden endlich die berühmte Jurassic Coast betreten; wenn wir diesen Küstenstreifen wieder verlassen, werden wir in Swanage sein, nur einen Tag vom Ziel entfernt, so beginnt heute quasi der letzte Abschnitt unserer Reise.

Die Jurassic Coast beginnt kurz nach Exmouth oberhalb der Klippen am Orcombe Point. 2001 wurde ihr die Ehre zuteil, als erste Naturlandschaft Englands in die Liste des UNESCO Weltnaturerbes aufgenommen zu werden. Neben den beeindruckenden Küsten- und Felsformationen ist sie vor allem seit über 200 Jahren als Fossilienfundstätte bekannt. 1810 hat hier nämlich ein kleines Mädchen in den Felsen einen „Drachen“ entdeckt. Dabei handelte es sich allerdings nicht um das feuerspeiende Getier, sondern um einen vollständigen fossilen Abdruck eines Ichthyosaurus, was damals einen richtiggehenden Hype auslöste. Aus dem kleinen Mädchen Mary Anning wurde später eine der bedeutendsten Fossiliensammlerinnen und eine der wichtigsten und außergewöhnlichsten Figuren der frühen Paläontologie. Auch heute treten immer noch zahlreiche neue Funde zutage, da sich die felsige Landschaft durch stetige Erosion in einem atemberaubenden Tempo verändert. Im UNESCO Führer ist dazu zu lesen: „Ein Spaziergang am Strand oder im Hinterland wird unweigerlich

Willkommen an der Jurassic Coast.

zu einer Entdeckungsreise durch die verschiedenen Stadien der Evolution und der Erdgeschichte."

Wir werden diese Entdeckungsreise heute entlang der roten Küste beginnen, deren Sandsteinfelsen aus der Triaszeit – vor 251 bis 200 Millionen Jahren – stammen. Auch wenn ich mit Geologie nicht so viel am Hut habe, ist diese Tatsache dann doch überwältigend; sämtliche Besonderheiten an Buchten, Dünen und Halbinseln, die dieser Abschnitt hier zu bieten hat, werden wir wandernd erobern. Ich freue mich darauf und selbst das triste, frühherbstliche Wetter kann mir dieses Gefühl nicht nehmen.

Gleich nach der Markierung „Welcome to the oldest part of the Jurassic Coast World Heritage Site" gelangen wir zum Devon Cliffs Campingplatz. Wir haben schon Campingplätze in allen Variationen gesehen, doch dieser hier ist an Lage, Größe und Ausstattung schwer zu toppen. Immer wieder versuchen wir, einen Blick in die einzelnen mobilen Häuser zu erhaschen und überlegen mal wieder, ob das nicht auch für uns eine Möglichkeit für einen angenehmen Urlaub an der englischen Küste wäre. Je mehr Wohnwagenparks wir durchwandern, umso größer wird die Lust, das einmal auszuprobieren. Vielleicht, irgendwann. Es dauert eine gefühlte Ewigkeit, bis wir hier durch sind, und als nächstes Zwischenziel gilt ein Schießplatz auf der einen Seite und ein – wie könnte es anders sein – Golfplatz auf der anderen Seite. Da wir aber dazwischen durchlaufen müssen, bieten sich nur selten Blicke auf das Meer. Dafür zeigt sich am Himmel ab und zu ein blaues Fleckchen, das auch auf ein paar Sonnenstrahlen hoffen lässt. Bald darauf kommen wir in das charmante, traditionelle Städtchen Budleigh Salterton. Hier gefällt es uns so gut, dass wir einen Zwischenstopp im „Cosy Cafe" einlegen. Leider ist hier der Name nicht Programm und der angepriesene Erdbeerbecher besteht aus lieblos aufeinander geklatschten Erdbeereiskugeln, der dazugehörige „fresh strawberry shake" hat frische Früchte bestimmt nicht einmal von weitem gesehen. Schade drum.

Auch wenn das kulinarische Angebot mehr schlecht als recht ist, macht die Lage des Cafés das Ganze wieder wett und es dauert eine ziemliche Weile, bis wir uns aufraffen können, weiterzugehen. Der SWCP führt die Promenade entlang zu einem am östlichen Ende gelegenen Parkplatz. Von weitem können wir bereits erkennen, dass der Weg auf einen kleinen Hügel hinaufgeht, doch obwohl es von der Ferne ob der kurzen Entfernung verlockend aussieht, einfach östlich weiterzulaufen, schickt uns der Weg ins Hinterland. Der Fluss Otter, an dessen Mündung sich unglaublicherweise keine Brücke befindet, versperrt uns den Weg und so müssen wir über einen Kilometer landeinwärts laufen, bis wir über eine Straßenbrücke ans andere Ufer gelangen.

Je weiter wir kommen, umso größer werden die Holiday Parks.

Wir hätten diese einfache Wanderung ein wenig mehr genießen sollen, denn kurz danach wird es ziemlich anstrengend. Wir wandern hinauf zum nächsten Campingplatz, dieses Mal an der Ladram Bay, danach wieder hinunter und dann hinauf in den Wald, der die Klippe High Peak überzieht. Hier machen wir eine kleine Pause und dabei auch die Beobachtung einer eigentlich lustigen Situation, aus der man viel fürs Leben mitnehmen kann. Ein kleiner Hund, Rasse unbekannt, versucht mit aller Macht, einen Ast, der viermal so groß ist wie er selbst, den Berg hinauf zu bewegen. Immer wieder fällt er ihm hinunter, immer wieder muss er eine Rast einlegen, einmal rollt er sogar wieder eine Teilstrecke zurück, doch in akribischer Kleinarbeit und ungebrochener Motivation schafft er es schließlich doch, den Ast vor die Füße seines Herrchens zu legen. Dieser kleine Hund ist für mich der Inbegriff von Durchhaltevermögen. Die meisten – egal, ob Hund, Katz oder Mensch – hätten in dieser schier aussichtslos wirkenden Situation bestimmt aufgegeben, aber nicht dieser kleine Kerl. Er hat durch Versuch und Irrtum alle Möglichkeiten ausgelotet und ist mit eiserner Willenskraft ans Ziel gekommen. Bewundernswert.

Unsere Motivation heute ist nicht ganz so bewundernswert, aber dennoch kommen wir gut voran. Zum Glück müssen wir nicht zum High Peak hinauf, denn der Weg verläuft hinter dem höchsten Punkt vorbei und in Wellen zum offenen Gelände der Peak Hills. Nach einem weiteren, kurzen Waldstück kommen wir zunächst auf eine alte Straße und dann auf eine große Wiese. Hier führt ein serpentinenförmiger Weg in die im Regency Stil erbaute Stadt Sidmouth. Regency bedeutet, dass hier vor allem viel Gusseisen zu finden ist, aber auch ein absoluter Stilmix, der auf die großen politischen, sozialen und stilistischen Veränderungen der damaligen Zeit zurückzuführen ist. Uns gefällt's.

Außerdem gefällt uns heute auch unser Hotel. Okay, gefallen ist jetzt vielleicht übertrieben, aber zumindest ist es wesentlich besser als jene der letzten Tage und es liegt direkt an der Promenade. Noch dazu ist im Weltkulturerbe-Gebiet auch ein kleines Weltwunder geschehen, denn zum ersten Mal haben wir die Strecke in kürzerer Zeit bewältigt, als der Führer veranschlagt hat. Es wird, es wird …

„The one that got away."

Tag 51

Strecke: Sidmouth nach Seaton
16,7 km – 734 hm – 2,97 km/h
am Pfad: 865,90 km

Unterkunft: Baytree House, £ 95,– sehr schön

kühl, aber beständig

„Sehr schwierig" als Angabe für die Bewältigbarkeit der Strecke in unserem Reiseführer bringt uns nur mehr kurzzeitig aus dem Konzept, denn mittlerweile wissen wir: Auch das werden wir schaffen. Die Wetterfee ist uns hold und wir tauschen heute den roten Sandstein gegen weißen Kalkstein um.

Wir starten wieder früh an der Esplanade von Sidmouth, doch während die Abenddämmerung der Stadt gestern einen charmanten Glanz verliehen hat, zeigt das helle Tageslicht heute die ungeschminkte Wahrheit. Auch Sidmouth ist wie Exmouth, Teignmouth oder Brixham bereits in die Jahre gekommen und die Farbbeschichtung blättert in breiten Streifen

Promenade von Sidmouth.

von diversen Fassaden ab. Je weiter östlich wir kommen, umso ärmlicher scheint die Gegend zu werden.

Wir erreichen das Ende der Promenade an einer Fußgängerbrücke, die uns über den Fluss Sid führt. Hier müssen wir mal wieder einen Umweg gehen, weil einige Klippen abgerutscht sind und dieser führt uns vorbei an einigen Wohnhäusern, bis wir wieder oben am Klippenkamm angekommen sind. Einem steilen Anstieg hinauf auf den Salcombe Hill folgt ein nicht minder steiler Abstieg und gleich wieder ein Anstieg durch das Tal Salcombe Regis. Die gestrige Erkenntnis, dass wir wohl schon „besser beinand" sind, als wir dachten, platzt wie eine Seifenblase in der Luft. Das hier ist ganz schön anstrengend. Irgendwann kommen wir doch in Branscombe Beach an, wo uns das Sea Shanty Beach Café eine Rast nahezu aufdrängt. Wir sind nicht die einzigen Wanderer, die sich erschöpft auf den Steinhockern ausruhen und auf neue Energie hoffen. Ich verschaffe mir die in Form einer Heißen Schokolade, denn ich freue mich auf den vor uns liegenden Teilabschnitt. Wir machen uns nämlich auf den Weg ins sagenumwobene Schmugglerparadies. Die Höhlen rund um Beer Head dienten als riesige Lagerflächen von diversen Waren, die vor der Steuer versteckt werden sollten. Der bekannteste Schmuggler Großbritanniens stammt von hier – Jack Rattenbury, der auch der Rob Roy des Westens genannt wird. Rattenbury war wohl das, was man einen ehrlichen Schurken nennt. Er war weder grausam noch ungerecht und wurde ob seiner Menschlichkeit überall geschätzt. Dass er nebenbei ganze Heerscharen an Tabak, Alkohol, edle Stoffe, Edelsteine und aller Wahrscheinlichkeit nach auch Spione geschmuggelt hat, gilt eher als Detail am Rande. Sein gutes Verhältnis zu den Adelskreisen ebenso wie sein Einfallsreichtum haben ihn immer vor längeren Gefängnisstrafen bewahrt und er versuchte sich mit seinen „Memories of a Smuggler" sogar als Autor. Rattenbury ging wohl als einziger Schmuggler der englischen Geschichte Anfang des 19. Jahrhunderts in Pension, mit einer finanziellen Unterstützung von einem Shilling pro Woche und einem Dankeschön für geleistete Dienste. Passend wurde er als „The one who got away" bekannt und hat sogar einen eigenen Gedenktag am sechsten Freitag nach dem ersten Montag im August.

Die Gegend hier ist aber auch für ihren Stein über die Grenzen hinweg bekannt. Der cremefarbige Stein der Beer-Höhlen ist ein beliebtes Material für Schnitzer und Baumeister. Meisterwerke daraus haben es sogar bis nach London in die Westminster Abbey und die St. Paul's Cathedral geschafft.

Wir laufen direkt um den am weitesten westlich gelegenen Kreidefelsen Englands herum und bestaunen die verschiedenen Gebilde. Eine eigenständige Höhlenexploration zum Auffinden etwaiger vergessener Schmuggelware trauen wir uns dann doch nicht zu und für eine geführte Entdeckungstour fehlt uns leider die Zeit. Spannend wäre es aber schon gewesen. Spannend ist auch die Tatsache, die mir hier meine Walking App Runtastic offenbart, nämlich, dass ich mit dem heutigen Tag sage und schreibe 1.014 Kilometer hinter mich gebracht habe. Am Beer Head habe ich also das eigentliche Kilometerziel dieser Wanderung erreicht. Heißt das, dass ich fertig bin? Mitnichten! Ein gutes Gefühl ist es trotzdem und ich könnte mir eigentlich keinen besseren Platz für diesen Meilenstein vorstellen als genau hier und genau jetzt.

Beer Head – 1.014 Kilometer wären geschafft.

Genau jetzt müssen wir allerdings auch weiter und die unberührte Natur wird bald abgelöst von städtischem Flair. Zuvor schlendern wir noch am oberhalb von Beer gelegenen Campingplatz entlang, auf dem geschäftiges Treiben herrscht. Die Wetterbesserung bringt die Leute wieder in Massen ins Freie und die Stimmung ist ausgelassen. Wir kommen uns fast wie im Urlaub vor, vor allem, als wir dann auch noch einen Zwischenstopp im hübschen, kleinen Fischerdorf Beer machen. Der Name „Beer" entstand nicht in Verbindung mit der bei uns so beliebten Hopfen-Malz-Mischung, sondern geht auf ein altes Wort für Waldgebiet oder Höhle zurück, wo wir wieder bei den Schmugglern wären.

Bei Ebbe kann man den Weg bis nach Seaton am Strand entlang gehen, aber derzeit herrscht Flut und so werden wir ins Hinterland geschickt. 2012 rutschte aufgrund von extremen Wetterkapriolen eine Klippe ab und hinterließ ein riesiges, klaffendes Loch auf dem SWCP, sodass dieser Abschnitt dauerhaft gesperrt werden musste. Daher wurde der Wegverlauf etwa 200 Meter ins Landesinnere versetzt. Dieser Pfad bringt uns durch eine Schlucht zur Promenade und dann weiter nach Seaton. Die Stadt zeichnet sich durch ihren breiten Kiesstrand aus und hat auch einen kleinen Hafen, der als solcher allerdings nur schwer zu erkennen ist. Dennoch war er zur Römerzeit von großer Bedeutung für die Schifffahrt und während wir heute keine Möglichkeit zur Schatzsuche haben, erging es dem englischen Baumeister Laurence Egerton vor einigen Jahren ganz anders. Sein größtes Hobby war das Aufspüren von kleinen Schätzen mit seinem Metalldetektor, doch was er 2013 in Seaton fand, war so nicht zu erwarten. Was mit zwei daumennagelgroßen Eisenstücken begann, endete mit dem sensationellsten Fund der englischen Geschichte: 22.000 römische Münzen, die mittlerweile als „Seaton Down Hoard" bekannt sind, landeten auf der Schaufel des Schatzsuchers. Obwohl Egerton berechtigt gewesen wäre, die Hälfte des mit mehreren zehntausend Euro bezifferten Fundes für sich zu beanspruchen, bat er lediglich um eine Münze zur Erinnerung an seinen spannenden Fund, der heute im British Museum ausgestellt ist.

Unsere Spannung beschränkt sich heute auf den Weg zu unserem frisch umgebuchten B&B. Dieses Mal haben wir Glück und unsere Unterkunft ist tatsächlich kuschelig und großteils sauber. Wie viel Glück wir tatsächlich haben, wird sich eine Stunde später herausstellen, als wir zufällig am ursprünglich gebuchten B&B vorbeispazieren. Diese Unterkunft ist ein baufälliges Haus mit einem Loch im Dach, das provisorisch mit einer Plane abgedeckt wurde. Danke, Gott, danke, Booking.com!

„Of all the paths you take in life, make sure some of them are dirt!" ~ *John Muir*

Tag 52

Strecke: Seaton nach Eype
25,3 km - 803 hm - 3,21 km/h
am Pfad: 891,20 km

Unterkunft: Eype's Mouth Country Hotel, £ 95,- → geht so

kühl aber teilweise sonnig

Guten Morgen, lieber Regen, bist du auch schon wieder da? So recht mögen wir uns an dieses Mieselwetter nicht gewöhnen. Es wäre schon mal schön, wieder einen Teil der Stecke ohne Regenkleidung wandern zu können, und heute stehen die Chancen gar nicht mal so schlecht.

Ein langer Tag liegt vor uns, weil ich aus übertriebener Zuversicht heraus die vorgeschlagene Strecke gleich mal um vier Kilometer verlängert habe. Was habe ich mir nur dabei gedacht? Aber es sieht halt alles so einleuchtend aus, wenn man zu Hause am Computer die Route plant und so gar keine Ahnung hat, was auf einen zukommt – und, wie sich heute herausstellen wird, Umleitungen komplett ignoriert. Wir müssen uns selbst überzeugen, dass es Sinn macht, in die Gänge zu kommen, und zum Eingewöhnen in den Tag ist nicht viel Zeit, denn die ebene Strandpromenade endet abrupt. Wir umrunden den kleinen Hafen und stehen dann auf ihr, der ältesten Betonbrücke Englands. Hier in Axmouth sind sie darauf besonders stolz, aber was soll ich sagen? Eine Brücke halt.

Wir queren also die Flussmündung, bevor es eine Straße steil bergauf geht. Auf einem Masten ist eine Geschwindigkeitsbegrenzung von 5 mph montiert. „Bremsen, Peter, bremsen!", rufe ich meinem Mann lachend zu, denn natürlich wandern wir viel zu schnell und so schleichen wir die Straße hoch, die beim Axe Cliff Golf Club endet. Von hier aus verläuft der Pfad mitten durch den Golfplatz und Männer älteren Semesters versuchen bereits fleißig, das kleine runde Ding, so gut es geht, den Hügel hinauf zu schlagen. Dass sie allesamt ein Golfkart neben sich stehen haben, ist ob des Terrains nicht weiter verwunderlich und wir schlagen einem Golfer im Spaß vor, doch für ihn sein Kart nach oben zu bringen. Entgeistert sieht er uns an, so als haben wir ihm gerade den Weltuntergang vorausgesagt. Selbst unsere Versicherung, dass das nicht unser Ernst war, lässt ihn noch ein paar Sekunden in seiner Schockstarre verharren. Ein anderer Golfer mischt sich ein, schlägt ihm auf die Schulter und meint: „Don't worry, they like walking." Ja, eh, wir mögen wandern, aber wir mögen auch Golfkart fahren. Endlich löst sich die Stimmung und wir plaudern ein paar Sätze, bis wir uns wieder verabschieden und ohne Fahrgelegenheit den Hügel hinaufstapfen.

Von den Haven Cliffs gibt es einen herrlichen Rundum-Blick – es wird der letzte für die kommenden zehn Kilometer bleiben, denn wir bereiten uns auf die nächste Dschungelprüfung vor: Das Axmouth to Lyme Regis Undercliff National Nature Reserve liegt vor uns. Eine Warntafel informiert uns darüber, dass wir etwa drei Stunden brauchen werden, bis wir in Lyme Regis sind und dass es auf dieser Strecke weder Zugang zum Meer noch zur Straße gibt. Wir seien auf uns alleine gestellt und der Weg sei „arduous", was mir Google mit „beschwerlich" übersetzt. Die ganze Reise ist schon beschwerlich, da kommt es auf die paar Kilometer auch nicht mehr an; wir steigen die ersten Treppen hinab in den dichten Urwald. Das Wetter der letzten Tage hat den Weg gatschig und rutschig gemacht, statt uns von Liane zu Liane zu schwingen, halten wir uns eher krampfhaft an Lianen fest, um nicht bäuchlings im Matsch zu landen. Aber wie sagte John Muir mal so schön: „Of all the paths you take in life, make sure some of them are dirt." Da der SWCP die einzige Möglichkeit ist, dieses Naturreservat zu begehen, stehen auch überall Informationstafeln, allerdings dienen die eher als Angstmacher, damit man den Weg ja nicht verlässt. So erfahren wir, dass genau zu Weihnachten im Jahr 1839 15 Hektar des Terrains mit einem Gewicht von etwa acht Millionen Tonnen von der Klippe rutschten und einen 60 Meter tiefen und 800 Meter breiten Abgrund bildeten. Das Riff verschwand, aber den abgelösten Block, der später als Goat Island bekannt wurde, bedeckte immer noch ein ganzes Weizenfeld. Dieses seltsame Phänomen zog Tausende von Besuchern an, darunter auch Queen Victoria. Die ohnmächtigen Bauern, die den Großteil ihrer Ernte verloren hatten, verrechneten sechs Pence für den Eintritt. Die Weizenernte des übrig gebliebenen Feldes im August war ein großes Spektakel. Auch wenn dies der größte Erdrutsch der Geschichte war, so gibt es jährlich mehrere kleinere davon. Die ständige Bewegung des Undercliffs führt dazu, dass sich zwischen den hinteren Klippen und dem Meer tiefe Risse bilden, die leicht übersehen werden können. Ist ja gut, wir bleiben am Weg, kein Problem.

Um heute die Goat Island zu erreichen, erklimmen wir die Stufen aus dem Abgrund und steigen quasi eine geneigte Tischplatte aus Kreidewiese hinauf. Im Frühling wetteifern hier die unterschiedlichsten Orchideenarten um den Titel der schönsten Krone, doch jetzt haben sie ihre Blüte leider bereits beendet; zu finden sind nur noch ihre robusten Stängel mit geriffelten, zylindrischen Samenkörnern, die irgendwie Minizähnen ähneln. Ein seltsamer Anblick, aber schön seltsam.

Der einzige Aussichtsplatz der Strecke ist von einer Familie mit zwei Jungs besetzt. Die Kinder jammern, was das Zeug hält. Die Eltern sind offensichtlich genervt und fragen uns: „Will you take them with you?“ Klar können sie mitkommen, kein Problem, es gibt eh nur einen Weg. Luca und Stevie heißen die beiden Quälgeister, die schnell ihre Pausenbrote einpacken und sich tatsächlich bereit machen, mit uns loszustürmen. Die Eltern zweifeln allerdings ein wenig an unserer Zuverlässigkeit oder unserem pädagogischen Können und entschließen sich dazu, uns doch auch zu begleiten. So wandern wir zu sechst die letzten Kilometer bis nach Lyme Regis. Die Zeit vertreiben wir uns mit Singen und da ich nur ein einziges Kinderlied auf Englisch kenne, fällt die Auswahl sehr leicht. „Incy, wincy spider is climbing up the spout“ also, aber natürlich leise, denn wir wollen die vielen Tiere nicht unnötig erschrecken. Dass ich auch noch die passen-

Promenade von Seaton.

den kinästhetischen Übungen dazu kenne, qualifiziert mich zur Heldin des Tages und das Jammern der Jungs ist vergessen. Ich bin also in der Tat eine hochbegabte Sozialpädagogin – zumindest heute.

Wir passieren eine „Welcome to Dorset"-Markierung, womit wir nun in der letzten Grafschaft unserer Wanderung angekommen sind. Immer öfter finden wir nun kleine Hinweise, dass unsere Reise tatsächlich bald zu Ende sein wird und das Kribbeln im Bauch vor Vorfreude wird immer stärker.

In Lyme Regis bedanken sich die Eltern mit einer finanziellen Spende für meine Benefizwanderung für die Begleitung und wir verabschieden uns recht schnell, denn hier wartet eine Umleitung auf uns, die notwendig wurde, als nach einem der zahlreichen Klippenrutsche der Pfad in diesem Abschnitt komplett wegbrach. Umleitungen mag ich nicht, weil sie immer länger dauern als der eigentliche Weg. Wir müssen auch noch Wasser nachkaufen; und so ist es bereits weit nach Mittag und wir haben noch mindestens 15 Kilometer vor uns, weil irgendjemand diese wenig geniale Idee hatte, nicht in Seaton, sondern in Eype eine Übernachtung zu organisieren. Wer das wohl war? Nun, mein Göttergatte nicht und daher trage ich die Entscheidung wie ein Mann und erkläre, wie wunderbar es doch sei, die schöne Architektur in Lyme Regis und Charmouth bestaunen zu können. Ob dieser Argumentationsstrang überzeugend war, kann ich nicht sagen, aber zumindest gibt es keinen Aufstand. Wir wandern zuerst entlang der berühmten Hafenmauer „The Cobb" in Lyme Regis und danach nach Charmouth, wo wir auf den Monarch's Way treffen. Mit diesem insgesamt 990 km langen Weitwanderweg teilen wir uns heute unseren SWCP und lernen so auch einiges über diesen Pfad, der allerdings nicht zu den National Trails gehört. Er folgt der Fluchtroute von König Charles II. nach der blutigen Niederlage in Worcester. Hier besiegte die Armee von Oliver Cromwell jene von Charles II., womit der englische Bürgerkrieg sein Ende fand. Demzufolge startet der Weg in Worcester und verläuft quer durch 11 Grafschaften bis Shoreham by Sea, von wo aus Charles in die Normandie übersetzte. Auf diesem Weg lernen wir auch, dass die verstorbene Diana, Prinzessin von Wales, und die Herzogin von Cornwall und zukünftige Königin Englands, Camilla, einen gemeinsamen Vorfahren haben, nämlich genau diesen Charles II.

Bis jetzt war das Wandern eigentlich nicht so anstrengend, aber das ändert sich mit dem Aufstieg zum Golden Cap, dem höchsten Punkt der englischen Südküste. Oben werden wir mit einer spektakulären Aussicht belohnt und wir können bereits die gesamte Insel von Portland erkennen,

Warnschild vor dem nächsten Abschnitt.

die wir in ein paar Tagen erkunden werden. Und irgendwo dahinter liegt dann das Ziel, ich kann's schon förmlich riechen.

Wie so oft erwartet uns nach dem steilen Aufstieg ein nicht minder steiler Abstieg, der sich unendlich in die Länge zieht, der Magen knurrt und die Uhr zeigt an, dass später Nachmittag schon vorbei ist. Wir machen einen kurzen Zwischenstopp im winzig kleinen Boat House Kiosk in Seatown, bevor wir uns aufmachen, den letzten Hügel des Tages zu erklimmen, um ins immer noch 3,5 Kilometer entfernte Eype zu gelangen. Als wir kurz nach 18.00 Uhr ankommen – so spät wie schon lange nicht mehr – sind die meisten Badegäste bereits beim Packen, doch zum Glück hat der Strandkiosk noch geöffnet und wir decken uns mit dem Notwendigsten ein. Nachdem wir uns versichert haben, dass er morgen früh rechtzeitig zu unserem Start öffnet, gehen wir nun ins Hotel des Tages, das in die Kategorie „mittelprächtig" fällt; nicht komplett schlecht, aber bei weitem auch nicht komplett schön. Schön allerdings ist die Aussicht, die wir von hier genießen. Wir verbringen den Abend auf der Terrasse und sehen am gegenüberliegenden Hügel Hasen beim Spielen zu. Idylle pur – so lässt es sich leben und weil da jemand die geniale Idee hatte, bereits heute bis Eype zu wandern, liegt morgen ein sehr moderater und vor allem verkürzter Weg bis Abbotsbury vor uns. Wer das wohl war?

„Some People Feel the Rain. Others Just Get Wet.“ ~ *Bob Marley*

Tag 53

Strecke: Eype nach Abbotsbury
16,50 km - 362 hm - 3,46 km/h
am Pfad: 907,7 km

Unterkunft: Somerset House Hotel, £ 120,- wunderschön

regnerisch

Am frühen Morgen wartet die einzige Herausforderung des Tages: ein Hügel, der Eype von West Bay trennt. Darauf ist eine Wohnwagensiedlung gebaut und beim Vorbeigehen riecht es verführerisch nach Kaffee. Da muss der Wind wohl besonders günstig wehen. Vielleicht weht er so günstig, dass er die vielen Wolken am Himmel wegbläst, aber das wird heute nur Wunschdenken bleiben – es wird ein regnerischer Tag werden.

Während uns diese kleinen Hügel tatsächlich nur mehr wenig anhaben können – haben wir ja schon gefühlte eintausend und wohl tatsächliche 999 überquert – keucht am Gipfel oben eine Frau in ihr Handy und berichtet vom „massive mountain“, den sie gerade erklommen hat. Ich erinnere mich an die Zeit zurück, wo auch für mich die Bewältigung dieser Klippe eine schier unlösbare Aufgabe dargestellt hätte; und dass ich mir so etwas nicht nur freiwillig antue, sondern sogar noch Spaß daran habe, damit war damals wirklich nicht zu rechnen. Natürlich freue ich mich über meine neu gewonnene Fitness und jedes einzelne Kilo, das ich in den letzten Jahren verloren habe, aber immer noch ärgere ich mich über mich selbst, dass ich es überhaupt jemals soweit kommen lassen habe. Trotz des Gewichtsverlustes und einigen Wiederherstellungsoperationen danach trägt mein Körper ganz deutliche Spuren dieser, im wahrsten Sinne des Wortes, schweren Zeit. Ich weiß nicht, ob ich es ändern hätte können, hätte ich damals von meinem schlechten Hautbild und den kaputten Knien gewusst – vermutlich nicht. Das ist so eine Sache mit der Sucht; ich bin bekennende Schokoholikerin und weiß, dass dies ein lebenslanger Prozess ist. Auch wenn ich die überdimensionalen Fressattacken derzeit gut im Griff habe, weiß ich, dass ich jederzeit in nur einer Millisekunde wieder in die alten Muster zurückfallen kann, und es wird immer ein Kampf bleiben. Aber es gibt Kämpfe, die lohnen sich, wie eben meine Diät oder die Bewältigung

Gewohnter Anblick – Path und Golfplatz.

dieses langen Küstenweges. Noch sieben Mal wandern und dann haben wir es geschafft, ich kann es schon gar nicht mehr erwarten.

Von diesem Hügel aus sehen wir nicht nur nach West Bay hinunter, sondern wir sehen auch, dass ein wirklich steiler Hügel wieder aus dem Tal herausführt. Warum? Es hat doch geheißen, nur eine einzige Herausforderung. Naja, vielleicht haben sie im Wanderführer die beiden Klippen als eine beschrieben, aber ich muss sagen, die Steilheit der nächsten Klippe überrascht mich doch sehr. Noch überraschender ist, dass es keine Stufen gibt, sondern nur in die Erde hineingeschlagene Löcher. Das erinnert doch sehr an meinen Zusammenbruch in der zweiten Woche, aber mittlerweile ist viel Zeit vergangen und ich bin weiser geworden. Ich befestige meine Stöcke am Rucksack und klettere auf allen vieren den Hügel hoch. Das klappt ganz gut, wir sind schneller als erwartet oben und stehen dort mal wieder vor einem Golfplatz. Dieses Mal trennt man uns gemeine Wanderer allerdings von den elitären Golfspielern durch einen Stacheldrahtzaun. Sehr befremdlich; was glauben die, was wir mit ihnen anstellen würden?

Oben führt der Weg nun in einfach zu bewältigenden Wellen bis nach Burten Freshwater, wo wir zwischen Campingplatz auf der einen und Strand auf der anderen Seite durchlaufen, ehe wir zum Codgen Beach kommen. Obwohl es flach ist, sind die großen, rollenden Steine des Strandes nicht einfach zu meistern. Daher beschließen wir, dass wir den Strand eher meiden und die Alternativroute hinter dem Sumpfgebiet Burten Mere nach West Bexington nehmen wollen. Obwohl wir nun schon viel auf unserer Reise entdecken konnten, so ist der Abschnitt hier wieder eine neue Besonderheit. Es sieht fast wie in einer Wüste aus, die allerdings von wunderschönen Pflanzengruppen unterbrochen wird. Die Schilfgärten und Seeblumen von Burton Mere ziehen sich bis zum Naturschutzgebiet in West Bexington und hier scheint ein wahres Paradies für Kleintiere zu sein. Grashüpfer, Schmetterlinge, Schnepfen, Murmeltiere und Wasserläufer sind die Regel und nicht die Ausnahme.

Wir kommen gut voran und sind recht bald im historischen Städtchen Abbotsbury. Ursprünglich hatten wir geplant, hier zu schlafen, aber aufgrund der schlechten Erfahrungen in letzter Zeit habe ich den Plan vor einigen Tagen umgewandelt und uns im 20 Kilometer entfernten Weymouth einquartiert. Dort werden wir drei Tage Station machen und mit dem Bus hin- und herfahren. Leider konnten wir nicht für alle drei Tage ein Hotel finden und so werden wir die erste Nacht an einem Ende der Promenade schlafen und die zweite und dritte Nacht am entgegengesetzten Ende. Das verhindert leider auch, dass wir uns die Sehenswürdigkeiten von Abbotsbury ansehen können, darunter die Abbey, die weit über die Landesgrenzen bekannt ist.

Der Bus sollte in zehn Minuten kommen, doch nach einer halben Stunde ist er immer noch nicht zu sehen. So ist das hier. Der Bus kommt nur dann pünktlich, wenn du im Begriff bist, ihn zu versäumen. Schließlich tuckert das zweistöckige Gefährt doch um die Kurve und wir kaufen eine Wochenkarte, da wir uns zuvor ausgerechnet haben, dass uns das beim laufenden Hin- und Herfahren wesentlich günstiger kommt. Mit dem Aufwand, der hier für diese Karte betrieben wird, haben wir allerdings nicht gerechnet. Zuerst wird der Bon gedruckt, dann die Karte, dann kommt das Ganze in eine Art Papierrahmen und wird noch mit durchsichtiger Folie wind- und wasserdicht gemacht. Die ganze Prozedur dauert fast zehn Minuten, aber das scheint hier niemanden zu stören. Wenigstens erklären sich so die laufenden Verspätungen der Busse.

Schließlich schafft es die nette Chauffeurin doch, loszudüsen, und knapp eine halbe Stunde später sind wir in Weymouth, der letzten großen Stadt vor dem Ziel, die zusammen mit der angrenzenden Insel Portland mehr als 65.000 Einwohner hat. Unter anderem hat sie aber auch mehrere Waschsalons und einen davon wollen wir heute nutzen. Zuerst aber steuern wir das Pub an, über dem heute unser Zimmer für die Nacht liegt. Das Somerset House liegt gegenüber vom Bahnhof und nur eine Querstraße von der Promenade entfernt. Wir erwarten uns nicht zu viel, damit wir nicht enttäuscht werden können, aber das wäre hier nicht notwendig gewesen, denn das Zimmer ist ein Traum. Es stinkt zwar ziemlich nach Chlor, aber das kann ja nur bedeuten, dass es sauber ist. Es ist tatsächlich auch blitzblank, modern und wunderschön. Morgen um diese Zeit werden wir uns genau hierher zurücksehnen.

Viel Zeit haben wir nicht, denn wir müssen Wäsche waschen. Wir stopfen also sämtliche Schmutzwäsche in einen Rucksack und machen uns auf den Weg zum Salon, doch hier werden wir sehr unfreundlich empfangen. Selbst waschen sei nicht möglich und sie hätten Aufträge bis übermorgen, wir sollen wieder gehen. Behandelt man so Kunden? Na gut, nützt nichts, zumindest hat uns der Wäscher noch die Adresse eines anderen Waschsalons gegeben und den steuern wir jetzt an. Dort öffnet eine freundliche Dame und auch, wenn selbst waschen theoretisch möglich ist, möchte sie dies doch für uns erledigen. So lassen wir alles dort und machen uns wieder in Regenklamotten auf in die Stadt. Heute geben wir gar kein so ungewöhnliches Bild ab wie damals in Plymouth, denn unsere Kleidung ist dem Wetter angemessen. Wir vertreiben uns die Zeit im

Alle Arten von Stränden gibt es am Path zu finden.

örtlichen Amusement-Center und verlieren mal wieder einige Pfund, gewinnen dafür aber wieder jede Menge Geschenktickets, mit denen wir den Kindern in der Spielhalle wie immer eine große Freude bereiten können. Vor dem Amusement-Center allerdings liegen unter Regenplanen mehrere Obdachlose und es sollte sich in den nächsten Tagen herausstellen, dass Weymouth wohl die Hochburg der Obdachlosigkeit ist. Im Südwesten gibt es laut der Initiative Shelter über 11.000 Obdachlose, doch nirgends ist sie so offensichtlich bedrückend wie hier. Am Abend sehen wir dazu den Bürgermeister Gill Taylor in einer TV-Sendung sprechen: „Die Anzahl der Menschen, die in Weymouth und Portland unruhig schlafen, ist inakzeptabel.“ Penny Walster von Shelter hat ebenfalls eine Meinung: „Es ist unverzeihlich, dass Tausende von Menschen im Südwesten von der Immobilienkrise mitgerissen wurden und jetzt keinen Ort mehr haben, den sie Zuhause nennen können.“

Wir können das hier und heute allerdings nicht verändern und machen uns daher wieder auf den Weg, unsere Wäsche abzuholen, Abendessen zu kaufen und dann in unserem kuscheligen Bett über dem Pub den Abend ausklingen zu lassen – etwas, das für viele hundert Menschen in Weymouth heute nicht möglich sein wird.

Cottages versprühen einen eigenen Charme.

„Not far to the pub now!" ~ *englischer Soldat*

Tag 54

Strecke: Abbotsbury nach Weymouth
17,5 km - 291 hm - 3,74 km/h
am Pfad: 925,20 km

Unterkunft: Bourneville Hotel, £ 115,- ☹ nicht empfehlenswert

trüb, dann sonnig

Kurz überlegen wir am Morgen, der sich wieder in dichten Regenwolkenroben präsentiert, ob wir zumindest einen Rucksack ins andere Hotel bringen sollen, entscheiden uns dann aber doch dagegen, die Zeit in der Früh zu verplempern. Jetzt sind wir schon so lange mit diesem Gewicht am Rücken gewandert, da kommt es auf heute auch nicht mehr an. Morgen können wir dann ja eh alles, was wir nicht brauchen, auf dem Zimmer lassen.

Viel zu früh stehen wir an der Bushaltestelle, aber wir wollen den Bus auf keinen Fall verpassen, weil der nächste erst in einer Stunde fährt. Weymouth verfügt über einen großen Busbahnhof. 13 Busse unterschiedlicher Anbieter lassen die Station bei der King's Statue direkt an der Promenade zu einem bunten, geschäftigen Umschlagplatz für Touristen und Einheimische werden. Unsere Wochenkarte gilt für die Busse der First-Line und so müssen wir aufpassen, dass wir auch tatsächlich den Richtigen erwischen, was sich durch die Übersichtlichkeit hier als recht einfaches Unterfangen herausstellt. Pünktlich auf die Minute fährt unser X53 vor und bringt uns in einer halben Stunde genau dorthin, wo wir gestern in den Bus eingestiegen sind, nämlich nach Abbotsbury.

Als wir aussteigen, suchen sich die ersten Sonnenstrahlen ihren Weg durch die Wolken und die Chancen steigen, dass wir endlich mal wieder richtig Sonne tanken können, sonnenhungrig genug wären wir. Abbotsbury ist auch heute für uns nur ein Mittel zum Zweck und wir nehmen uns wieder nicht die Zeit, bei der bekannten Swannery vorbeizuschauen und obwohl wir fast direkt an der Abbey vorbeilaufen, würdigen wir sie nur eines kurzen Blickes von der Ferne. Man muss sich ja auch noch etwas fürs Wiederkommen aufheben. Für uns gilt auch heute: Kilometer fressen. Allerdings sollen es überraschend einfache Kilometer werden.

Wir wandern durch Abbotsbury hindurch und müssen uns gleich entscheiden, ob wir entlang der steinreichen, aber flachen Chesil-Beach-

Route wandern oder dem etwas hügeligeren Weg am Festland. Der Chesil Beach, ein außergewöhnlicher, natürlicher Kamm aus Kieselsteinen erstreckt sich über insgesamt 27 Kilometer von West Bay bis Portland und soll zwischen 4000 und 7000 Jahre alt sein. Viele Schiffe wurden entlang dieses Küstenabschnitts verloren, sodass er schließlich vom hier ansässigen Schriftsteller Thomas Hardy in „Dead Man's Cove" umbenannt wurde. Da man den Chesil Beach aber erst nach etwa 15 Kilometern in der Ortschaft Ferry Bridge wieder verlassen kann und der steinige Weg durchaus anstrengend anmutet, entschließen wir uns für das Hinterland. Man muss es sich ja nicht zusätzlich schwer machen. Anfangs stapfen wir auch wortwörtlich durch das Hinterland, recht weit weg vom Meer durch den Wyke Wood, schön ist's aber trotzdem, wenngleich man sich unter „Wald" bei uns dann doch etwas anderes vorstellt.

Wirklich schön wird's aber erst, als wir zur Fleet-Lagoon kommen. Hier ist was los. Zahlreiche Wasser- und Watvögel schnattern und piepsen vor einer traumhaft schönen Kulisse fröhlich vor sich hin. Wir sind jetzt nicht unbedingt vogelaffin und können daher die vielen Tiere nicht benennen, ehrlich gesagt nicht einmal treffend unterscheiden, aber der Anblick allein ist großartig und Informationstafeln sprechen von Schwänen, Gänsen, Reihern und allem möglichen anderen Getier. Sogar die Boote, die hier vermutlich seit Jahren ihr Dasein fristen und wohl auch hier ihre letzte Ruhe im Zustand der Zersetzung finden werden, und der fast verrottete Steg strahlen eine seltsame Idylle aus. Das Ganze hat aber auch eine negative Seite: Es stinkt, und zwar fürchterlich.

Der Wasserstand der Fleet ist gezeitenabhängig und wird zweimal täglich durch Ebbe und Flut des Meeres gefüllt und dann wieder geleert. Die Lagune wird jedoch auch von Süßwasserabflüssen, Bächen und Gräben gespeist, weshalb das Wasser der Flotte brackig ist, weder frisch noch so salzig wie das Meer. Zusammengenommen mit den vielen Algen- und Fischarten, die hier zu Hause sind, verursacht das wohl diese übelriechende Luft.

An eine gemütliche Pause ist hier nicht zu denken und so flüchten wir durch ein Militärgelände hindurch. Zum Glück weht keine rote Fahne und wir müssen heute einmal keinen Umweg in Kauf nehmen. Wenn nämlich Truppenübungen angesetzt sind, ist dieser Bereich gesperrt und man muss das ganze Areal umlaufen, aber jetzt im Sommer ist meist nicht viel los. Ein weiterer Pluspunkt, der für eine Wanderung des SWCP im Sommer spricht. Kurz darauf begegnen wir zwei Soldaten, die von uns durch eine hohe Mauer getrennt sind, dahinter befindet sich ein Militärstützpunkt.

Ein vielleicht nicht mehr ganz funktionstüchtiger Steg.

„Not far to the pub now!“, rufen sie uns zu, ganz so, als ob sie erkennen würden, dass wir schon reif für eine Verschnaufpause sind. Es dauert tatsächlich nicht mehr lange, bis wir in Wyke Regis, einem Vorort von Weymouth ankommen. Eigentlich wäre der Weg hier für heute zu Ende, aber wir beschließen, noch zu Fuß nach Weymouth zu gehen, dann ersparen wir uns das morgen. Die 3,5 Kilometer bis zur Stadt folgt der SWCP dem Rodwell Trail entlang der ehemaligen Route der Weymouth-Portland-Eisenbahn. Wir steuern den Hafen von Portland an, der bis 1995 von der Royal Navy genutzt, danach privatisiert und zu einem Fischerei- und Freizeithafen ausgebaut wurde; er war auch der Heimathafen der HM Prison Weare, dem letzten einer langen Geschichte britischer Gefängnisschiffe.

In der Ferne wacht das Sandsfoot Castle über uns, wieder ein Grund, zurückzukommen, denn es sieht tatsächlich sehr interessant aus. Es ist erst seit 2012 für Gäste geöffnet und wird es wohl auch noch länger bleiben, da müssen wir uns mit einem Besuch nicht beeilen.

Mittlerweile trübt kein Wölkchen mehr den Himmel, wir genießen den Rückweg in vollen Zügen und holen uns zur Belohnung eine Heiße Schokolade, einen Café Latte sowie Früchtescones bei der einzig wirklichen Pause des Tages. Wir sehen dem bunten Treiben am großen Stadtstrand in Weymouth zu, der fast fünf Kilometer lang ist und selbst noch über genügend Fläche verfügt, wenn die Flut eingesetzt hat. Hier kann man sogar Rollstühle für den Strand mieten und sonst auch so ziemlich alles, was das Herz der kleinen und großen Wasserratten begehrt.

Unser Herz würde jetzt eine schöne Unterkunft begehren, aber leider hat uns heute das Glück wieder verlassen. Das Hotel an der Esplanade hat zwar eine wunderschöne Aussicht zu bieten, mehr aber nicht. Dabei haben wir hierher schon umgebucht und trotzdem einen Griff ins Klo gemacht. Dem Zimmer und dem Bad würde eine Komplettrenovierung mehr als nur guttun, aber das wird nicht innerhalb der nächsten zwei Tage passieren und so versuchen wir, uns so gut wie möglich einzurichten. Nützt ja nichts. Den Abend wollten wir eigentlich in der Fußgängerzone verbringen, aber hier wird um 18.00 Uhr alles dichtgemacht. In Österreich wäre das nichts Besonderes, aber in England ist in den Touristengebieten eigentlich immer länger geöffnet. So setzen wir uns zum ersten Mal auf dieser Reise in einen Mc Donald's und schlemmen, was das Herz begehrt. Okay, Peter schlemmt, für mich als Vegetarierin bleiben gerade mal Pommes und Salat. Und ein Eis. Und ein Donut. Man gönnt sich ja sonst nichts.

Stadtstrand von Weymouth.

„Shut up, bitch!“ *~ Nächtlicher Unruhestifter*

Tag 55

Strecke: Isle of Portland
21,3 km – 339 hm – 3,69 km/h
am Pfad: 946,5 km

Unterkunft: Bourneville Hotel, £ 115,– ☹ nicht empfehlenswert

bewölkt und sehr kalt

Mein Herz klopft, mein Puls rast, irgendjemand liefert sich direkt neben meinem Bett einen Boxkampf! Es dauert einige Sekunden, bis ich mich orientieren kann. Es ist mitten in der Nacht, drei Uhr früh, und auf der Straße gibt es heftiges Geschrei. Da die Fenster des Hotels besonders undicht sind, könnte man theoretisch alles verstehen, würden sich die Stimmen der Streithähne nicht dermaßen überschlagen. Rücksichtnahme ist hier wohl ein Fremdwort. Ich stürme also zum Fenster und sehe draußen zwei Männer und eine Frau, die wild gestikulierend in ein Wortgefecht verwickelt sind. Einer stößt den anderen immer wieder an der linken Schulter, ich warte nur mehr drauf, dass er sich wehrt. Was ist da los? Beziehungsdrama? Schiefgegangener Drogendeal? Familienzwist? Da ein Ende der Streitereien nicht in Sicht ist und mittlerweile auch mein Mann schon genervt nach den Verursachern dieses Lärms fragt, reiße ich das Fenster auf und schreie ebenso laut: „Some people want to sleep here!“ Da ruft einer der beiden Männer doch glatt: „Shut up, bitch!“ zurück. Na, spinnt der? „So nicht, Freundchen“, denke ich mir und keife zurück: „Okay, then I am going to call the police now!“ Die wissen ja nicht, dass ich die Nummer nicht weiß, aber als sie sehen, dass ich mein Handy in der Hand halte, ziehen sie dann doch ab, schimpfend zwar, aber zumindest sind sie weg.

„Meine Heldin“, murmelt mein Mann, zeigt mir danach aber gleich wieder die kalte Schulter und beginnt in der Sekunde zu schnarchen. Diesen Lärm werde ich jetzt nicht so einfach los, da wird mir wohl auch die Polizei keine große Hilfe sein. Dementsprechend kurz ist die Nacht und ich wache ziemlich gerädert um 7.00 Uhr auf. Frühstück gibt es frühestens um 8.30 Uhr und so kralle ich mir meinen Laptop und sehe mir „Chesapeake Shore“ auf Netflix an. Auch wenn die Serie nicht wirklich tiefgründig ist, so lohnt es sich doch, denn Jesse Metcalfe ist immer wieder schön anzusehen. Ja, klar, ich bin verheiratet, aber eine Hochzeit macht einen nicht automatisch blind und ich halte es immer für ein wenig seltsam, wenn Frauen behaupten, dass sie nach der Hochzeit keinen anderen Mann mehr auch nur anschauen. Vermutlich stimmt das nicht, aber sollte es doch wahr sein, dann kann ich nur sagen: „Selbst schuld!" Meine Oma, eine wirklich weise Frau, hat immer gesagt: „Gusto holen kann man sich ja, aber gegessen wird zu Hause", und so halte ich das seit über 25 Jahren. Was ich auch schon seit Jahren so halte, ist, Serien auf Englisch mit englischen Untertiteln anzusehen, denn wenn ich es akustisch nicht verstehe, dann besteht noch die Chance, dass ich es „erlese", und auf diese Art und Weise kann ich mein Englisch kontinuierlich verbessern. Also, Kopfhörer rein, damit ich meinen Mann nicht störe, oder besser gesagt, damit er mich mit seinem Schnarchen nicht beim Anschmachten stört.

Nach zwei Episoden beginnt auch Peter, sich von rechts nach links zu drehen, ein sicheres Zeichen, dass er sich endlich auch zu den Lebenden gesellt. Frühstück, wir kommen! Da der Hunger allerdings vor einer Stunde schon schier unerträglich war, habe ich mir bereits ein B-Ready gegönnt. Na gut, zwei! Dieses leckere Gebäck, gefüllt mit noch viel leckererem Nutella, habe ich hier lieben gelernt; wird schwierig werden, zu Hause wieder die Finger davon zu lassen. Hier ist das egal, den Gürtel habe ich mittlerweile um vier Löcher enger gestellt und Peter hält seine Hose nur noch mit dem Rucksackgurt zusammen; dass wir abgenommen haben, ist offensichtlich, die spannende Frage, wieviel, werden wir erst zu Hause beantworten können. Da wir uns aber hier um Kalorien keine Sorgen machen, genießen wir ausgiebig das Frühstück, bevor wir uns wieder auf den Weg zur Bushaltestelle machen. Während wir noch, wie es sich für brave Touristen gehört, vor der roten Ampel auf das Los-Signal warten, fährt er auch schon weg, unser Bus, der uns zur Insel von Portland hätte bringen sollen. Natürlich, warum auch nicht? Es würde ja die Tradition brechen, würde uns der Bus nicht direkt vor der Nase wegfahren, das kennen wir schon. Der nächste kommt zwar in zehn Minuten, aber von der falschen Busgesellschaft und so heißt es wieder mal warten. Zum Glück haben wir heute keinen Stress, denn die Tatsache, dass wir bereits einen Teil der Strecke gestern gegangen sind, verkürzt unsere heutige Etappe um knapp vier Kilometer. Wir verkürzen sie dann gleich auch noch einmal um einen Kilometer, nämlich um genau den, den wir doppelt gehen müssten, um wieder von der Insel runterzukommen.

Der Jurassic Coaster 501 zum Portland Bill gabelt uns schließlich auf und bringt uns zum Beginn der Portland Beach Road. Ein kleines Stück müssen wir noch einmal gehen, weil der Bus knapp oberhalb der

Skulpturenpark in Portland.

Route hält, zu der wir gestern eingebogen sind, aber das passt schon. Was weniger passt, ist das Wetter. Heute ist es wirklich huschikalt. Es regnet zwar nicht, dafür gibt der Wind aber eine ganz besonders intensive Vorstellung. Am Anfang lässt es sich noch leicht wandern, doch sobald wir auf der Insel sind, heißt es wieder bergauf; und zwar ganz schön weit bergauf, die High Street macht hier ihrem Namen alle Ehre. Die Anstrengung wird allerdings sofort belohnt, als wir an den Heights ankommen. Der Blick auf den Chesil Beach und die Fleet sind großartig und trotz des wolkenverhangenen Himmels ist die Sicht hervorragend.

Spätestens hier wird klar: Portland ist anders. Anders als der Rest von Dorset und sogar anders als alles, was wir bis jetzt am SWCP gesehen haben. Unglaublich, dass es auch nach so vielen Tagen immer noch etwas Neues zu entdecken gibt. Vielleicht ist es die Sicht, vielleicht ist es das Wetter, vielleicht ist es die eher raue statt schöne Natur, aber hier herrscht ein ganz besonderes Flair.

Unser erstes Fotomotiv ist eine Steinfigur der fünf olympischen Ringe, die an die 2012 in Weymouth und Portland ausgetragenen olympischen Segelveranstaltungen erinnert. Gegenüber ist ein Steinkreis zu finden, dessen Bedeutung sich uns allerdings nicht erschließt. Zu Beginn des Weges erwartet uns eines der Highlights des heutigen Tages, der Portland Skulpturenpark. Hier wurden unterschiedliche Figuren in oder aus dem über die Grenzen bekannten Portland Kalkstein, der auch heute noch abgebaut wird, gestaltet. Außerdem erfahren wird, dass hier „Kaninchen" ein allseits anerkanntes Unwort ist, das nicht ausgesprochen werden darf. Kaninchen, also „rabbits", gelten seit Jahrhunderten als Unglücksboten und es entwickelte sich sogar ein regelrechtes Sprachtabu. Hier darf man nur von „furry thing", also „Pelzding", oder „unterirdischem Hammel" sprechen. Die Angst vor der Verwendung dieses Wortes scheint auf die

Arbeiter in den hiesigen Steinbrüchen zurückzugehen. Da vor einem Steinschlag die Kaninchen ihren Bau verließen, wurden diese als Unglücksboten der teilweise tödlichen Steinschläge betrachtet. Außerdem kam vor hundert Jahren ein Kranfahrer ums Leben, als der Boden wegen der zahlreichen Kaninchenbaue nachgab. Sobald die Tiere in den Steinbrüchen gesehen wurden, legten die Beschäftigten ihre Arbeit nieder, und zwar so lange, bis die Gegend wieder als sicher galt. Kollektive Furcht auf Portland, damit hätten wir tatsächlich nicht gerechnet.

Die nächsten fünf Kilometer bis zur Landspitze und zu einem der bekanntesten Leuchttürme Großbritanniens, dem Portland Bill, vergehen recht ereignislos, was daran liegen mag, dass wir nur darauf konzentriert sind, uns auf den Beinen zu halten und nicht die Klippen hinunterzustürzen. Der Wind ähnelt einem Sturm und verlangt eine unerwartete Kraftanstrengung von uns. Außerdem macht er die Luft noch kälter und ich wünsche mir zum ersten Mal, doch Handschuhe eingepackt zu haben. Je näher wir dem Portland Bill kommen, umso mehr beruhigt sich das Wetter, und als wir am Ende der Insel ankommen, ist es plötzlich windstill. Der Jurassic Coaster bringt die Touristen bis hierher und dementsprechend ist hier einiges los. Der Ort ist aber tatsächlich sehr touristisch angelegt mit vielen Informationstafeln und einem großen zugänglichen Areal. Der sich im Moment in Betrieb befindliche Leuchtturm ist einer von dreien, genutzt wird aber nur mehr dieser, einer der beiden anderen wurde mittlerweile zu einem Ferienhaus umgebaut und der zweite dient als Vogelobservatorium. Das rot-weiße 41 Meter hohe Portland Bill Lighthouse, das während der Sommermonate auch besichtigt werden kann, ist beliebt bei Fotografen, auch bei uns, und wir lichten es von allen Seiten mehrmals ab. Zufrieden mit unserer Ausbeute wollen wir uns nun die mehr als verdiente Heiße Schokolade im Café holen, doch aufgrund des kalten Wetters flüchten die meisten Leute ins Warme und es ist kein einziger Platz frei. Beleidigt verlassen wir das Kaffeehaus und, um meinem Unmut Nachdruck zu verleihen, schmeiße ich mich wie ein trotziges Kind auf den Boden und rufe: „Ich will meinen Kakao, ich will meinen Kakao!" Während mich die umstehenden Leute entweder erschrocken oder belustigt anschauen, kommt von links hinten ein schwarzes Etwas auf mich zugelaufen und stupst mich am Kopf, scheinbar, um mich wieder zum Leben zu erwecken. Kurz darauf kommt ein blaues Etwas auf mich zugestürmt, der Besitzer, der den Hund an die Leine nimmt, und sich vielfach entschuldigt. Das Tier sei ein ausgebildeter Rettungshund und war wohl tatsächlich der Auffassung, dass ich gerettet werden müsse. Muss ich eh,

Portland Bill.

ich brauche meine Heiße Schokolade, aber die wird mir der beherzte Einsatz des pflichtbewussten Hundes leider auch nicht verschaffen können. Mir ist die Aktion mittlerweile ziemlich peinlich und wir verabschieden uns schnell, bevor wir uns im Laufschritt vom Portland Bill entfernen. Peter hingegen findet das recht lustig und er wird es in den kommenden Tagen jedem erzählen, egal, ob er es hören will oder nicht.

Auf halber Strecke am Rückweg kommen wir bei den Überresten des Rufus Castle und dem Durdle Pier vorbei, nehmen uns aber nicht die Zeit, hier auf Entdeckungsreise zu gehen. Bei der East Weare Rifle Range nimmt der Pfad dann einen ungewöhnlichen Verlauf, er führt nämlich ins Inselinnere und bleibt nicht an der Küste, obwohl es hier eine asphaltierte Küstenstraße gibt. Wir halten uns aber natürlich an die Wegweiser und kommen so in die kleine Stadt Castletown, in der ich endlich im Royal Portland Arms meine Heiße Schokolade bekomme. Peter meint, mit mir heute unterwegs zu sein, erfordert eigentlich einen Schnaps, bestellt dann aber doch seinen obligatorischen Latte. Das Pub ist schon ziemlich in die Jahre gekommen, man könnte es auch als schmuddelig bezeichnen, aber für eine Pause, um die Lebensgeister wieder zurückzurufen, ist es perfekt geeignet. Hier hängen auch überall Bilder von der Region, auch von den beiden immer noch in Betrieb befindlichen Gefängnissen, einem für erwachsene und einem für jugendliche Männer. Am Abend werde ich lesen, dass beide Gefängnisse laufend ob ihrer schlechten hygienischen Zustände, vorherrschenden Rattenplagen und ihres modrigen Geruchs kritisiert werden und wenig geeignet für die Unterbringung von Menschen sind. Doch obwohl Menschenrechtsorganisationen und nationale Aufsichtspersonen bereits seit nahezu zwanzig Jahren Amok laufen, wurden nur kleine Fortschritte in der Verbesserung der Haftbedingungen erzielt. Damit hätte die österreichische Volksanwaltschaft ihre Freude, die bei uns für die Einhaltung der Qualitätskriterien zuständig ist; die hat mit einem schief montierten WC-Deckel schon erhebliche Probleme.

Aufgrund der Wegführung versäumen wir leider einen Teil der Küste Portlands, aber es tut uns nicht leid genug, um den Weg zusätzlich zu gehen. So warten wir nach der Stärkung im Royal Portland Arms beim Heights Hotel auf den Jurassic Coaster, denn bis hierher sind wir den Weg schon gegangen und doppelt ist nicht nötig, daher lassen wir uns von – keine Ahnung wie vielen – Rädern gemütlich nach Weymouth zurückbringen. Den späten Nachmittag verbringen wir damit, die Strandpromenade von der einen bis zur anderen Seite komplett durchzugehen und am Rückweg überrascht uns Weymouth noch mit einem kostenlosen Gartenkonzert. Obwohl wir den Gesängen gerne länger lauschen würden, hat sich die Temperatur des Tages bis zum Abend nicht verändert und die Kälte kriecht unaufhörlich in die Knochen, wenn wir uns nicht bewegen. Der Sommer ist offenbar vorüber, unsere Reise auch bald.

Gartenkonzert in Weymouth.

„She believed she could, so she did" ~ *R.S. Grey*

Tag 56

Strecke: Weymouth nach Lulworth Cove
22,7 km - 727 hm - 3,02 km/h
am Pfad: 969,20 km

Unterkunft: Lulworth Lodge, £ 110,- sehr schön

kalt aber sonnig

Heute müssen wir das Frühstück spritzen, denn wir starten bereits um 6.30 Uhr morgens. Ein langer Tag zur Lulworth Cove liegt vor uns und wir müssen Gas geben, denn um 15.00 Uhr möchten wir dort meine langjährige Brieffreundin Nadège und ihre Familie treffen. Nadège setzt sich ins Auto und fährt Stunden, nur um uns zu sehen, und da wollen wir zumindest pünktlich sein.

Diese Route ist der erste fertiggestellte Abschnitt des England Coast Path. Da dieser exakt 4.500 Kilometer lang sein wird, habe ich das sichere Gefühl, dass wir den nicht laufen werden, auch wenn wir die ersten 1.000 Kilometer schon abhaken könnten. Ab hier gibt es auf alle Fälle schon eine andere Beschriftung und aus dem South West Coast Path wird nunmehr lediglich der Coast Path, wobei „lediglich" wohl eher das falsche Wort ist. Der Anfang ist schnell erledigt, die Promenade kennen wir bereits von gestern und bis Osmington Mills kommen wir gut voran, obwohl der Weg zahlreiche kleinere Umwege nach Klippenstürzen erfordert. Dann aber ist es mit dem gemütlichen Wandern vorbei und bis zum Durdle Door müssen wir ein paar ziemliche anstrengende Steigungen überwinden. Ich komme nur langsam voran, weil mir das Gelände einfach zu steil ist, aber Peter läuft wie ein Gamsbock hinauf und hinunter, ich kann ihm gar nicht zuschauen. Diese Trittsicherheit hätte ich gerne, aber das ist wohl auch mit intensiver Physiotherapie nicht mehr zu erreichen, ich bin einfach zu ängstlich durch die zahlreichen mehr oder weniger spektakulären Stürze

Durdle Door.

in der Vergangenheit. Dass ich mich hier noch nicht auf den Po gesetzt habe, gleicht einem Wunder; vielleicht ist uns Gott hier näher als manch einem Pilger auf einem der vielen Jakobswege. Auf mich scheint auf alle Fälle jemand aufzupassen.

Es dauert ziemlich lange, bis wir uns endlich dem Durdle Door nähern, aber was uns dort erwartet, das ist Massentourismus pur. Wie die Lemminge marschieren sie Schritt für Schritt die Stufen zum Strand hinunter, um dem wohl bekanntesten Steinbogen Großbritanniens, vielleicht sogar der Welt, so nahe wie möglich zu kommen. „Wie die Lemminge" ist allerdings ein geflügelter Satzteil, dessen Richtigkeit jeder Grundlage entbehrt, wie Wissenschaftler mittlerweile eingehend nachgewiesen haben. Legenden über Lemminge gibt es etliche. Kriege sollen sie ankündigen und in Massen nach Westen marschieren, auf der Suche nach Atlantis. Und während ihrer Wanderung, so glauben heute noch viele Menschen, stürzen sie sich in Massen von Klippen ins Wasser – in selbstmörderischer Absicht. Als zentral für die Verbreitung der Lemming-Legenden gilt ein Disney-Tierfilm aus den 60er-Jahren, bei dem Bilder von angeblichen Massenwanderungen eindeutig gestellt worden sind. Der angebliche Massensuizid hat so nicht stattgefunden, die Filmer warfen die Nager für spektakuläre Bilder einfach ins Meer hinunter. Trotz allem ist „Lemminge" das erste Wort, das mir hier einfällt.

Die weißen Klippen von Dorset.

Mit Nadège in der Lulworth Cove.

Das Durdle Door, eine natürliche Felsbrücke aus Stein, ist das Wahrzeichen der Region und verzeichnet jährlich 200.000 Besucher. Die Hälfte davon ist offensichtlich heute hier. Wir versuchen, irgendwie Bilder ohne Menschen zu knipsen, doch das erweist sich als nahezu unmögliches Unterfangen; fast überall ist der eine oder andere Fotocrasher zu sehen – oder zehn. Trotz der vielen Leute machen wir hier eine Pause und ergattern sogar einen Klappsessel vor dem kleinen Foodtruck-Café. Wir sind schneller als erwartet unterwegs und können uns ein wenig Zeit lassen, bevor wir die letzte Klippe des Tages erklimmen. Während wir so dem Gewusel der meist asiatischen Touristen zuschauen, reißt mich das Klingeln meines Telefons aus den Gedanken. Ich kenne den Klingelton schon fast gar nicht mehr, so lange hat mich schon keiner mehr angerufen. Nadège meldet sich am anderen Ende der Leitung und sagt, dass sie sich um mindestens eine Stunde verspäten werden, denn sie stehen 200 Kilometer vor dem Ziel im Stau und es gibt kein Weiterkommen. Der Bank Holiday Feiertagsverkehr ist also in vollem Gange, wir nützen die gewonnene Zeit für eine Ausdehnung der Pause und kaufen uns gleich auch noch etwas zu essen. Eine Stunde später sind wir dann in der wunderschönen Lulworth Cove und beziehen unser gemütliches Zimmer in der Lulworth Lodge. Yes! Ein Abrufen meiner Mails zeigt, dass wir tatsächlich auch ein schönes B&B in Swanage gefunden haben und so storniere ich noch schnell die bereits gebuchten Unterkünfte und bestelle ein Taxi morgen für 18.00 Uhr nach Worth Matravers, denn morgen fährt hier kein Bus. Meine Rechnung war: Der Reiseführer sagt sieben Stunden für sehr schwierige 22 Kilometer. Für eine Pause und eine Verzögerung gebe ich noch eineinhalb Stunden Polster dazu, das muss sich dann locker ausgehen, wenn wir um 9.30 Uhr morgens starten. Wie haarscharf sich das morgen ausgehen wird, davon ahne ich heute noch nichts.

Mittlerweile ist es nach 17.00 Uhr und Nadège ist immer noch nicht da. Per WhatsApp hält sie mich auf dem Laufenden und so wie es jetzt aussieht, werden sie es in etwa einer halben Stunde schaffen. Wäre das abzusehen gewesen, dann hätten wir auch frühstücken können. Endlich läutet das Telefon: „Finally – we are here", vermeldet meine Freundin und wir treffen uns direkt vor der Lodge, deren Restaurant mittlerweile bis auf den letzten Platz gefüllt ist. Wir machen uns auf zum Strand und Jack, Nadèges 10-jähriger Sohn, und sein Freund Daniel ziehen sich bis auf die Unterhose aus und stürzen sich in die Fluten, während wir anderen mit langer Hose und Jacke am Strand sitzen, ihnen zuwinken und über uns die Militärflugzeuge ihre Bahnen fliegen. Es ist bereits zwei Jahre her, seit wir die Rutters bei ihnen zu Hause in Solihull besucht haben, doch es ist, als hätten wir uns erst letzte Woche getroffen. Es gibt viel zu erzählen und während sich Peter und Carleton um einen Platz fürs Abendessen in einem der wenigen Lokale bemühen, erklimmen Nadège, ihre Tochter Isabelle und ich den Hügel oberhalb der Bucht. Wir stoppen bei einem Stacheldrahtzaun mit der eindeutigen Warnung, nicht weiterzugehen, da die Natur hier sehr sensibel ist und die Klippen sehr instabil sind. Für uns ist es eine Selbstverständlichkeit, dieses Schild zu beachten – im Gegensatz zu etwa zwanzig anderen Personen, die über den bereits niedergetretenen Zaun gestiegen und bis an die äußerste Spitze gestürmt sind. Man soll ja niemandem etwas Schlechtes wünschen, aber manches Mal wäre es schon angebracht, dass so eine Respektlosigkeit direkte Konsequenzen hätte. Wir können das nicht verstehen und begeben uns daher wieder auf den Rückweg, vor allem auch, um die mittlerweile vor Kälte bibbernden Jungs aus dem Wasser zu holen. Unsere Männer haben im Lulworth Cove Inn einen Platz reserviert und so machen wir uns auf, um unsere Bäuche mit leckerem Essen zu füllen. Während wir auf Burger in allen Variationen, meiner vegetarisch gehalten, und Chips warten, fragt mich Nadège, ob ich denn schon die Wettervorhersage für morgen gesehen hätte. Habe ich nicht. „I guess you don't wanna know", meint sie dann, aber jetzt wollte ich es erst recht wissen. „Heavy storm with lots of rain and cold temperatures“, steht da weiß auf blau beim BBC Weather; aber gut, die Wettervorhersagen haben bis jetzt so gut wie nie gestimmt, warum soll es dann morgen auf einmal passen.

Nach dem Abendessen müssen sich unsere Freunde leider schon wieder verabschieden, denn in der Jugendherberge, in der sie sich eingebucht haben, kann man nur bis 21.00 Uhr einchecken, und sie ist noch ein gutes Stück entfernt. Zum Abschied überreicht mir Nadège eine wunderschöne Silberkette auf der „She believed she could, so she did“ zu lesen ist. Sie hätte diesen Spruch gesehen und sofort an mich gedacht, erläutert Nadège dazu. Es ist so schade, dass wir so weit voneinander entfernt wohnen, Nadège ist eine bessere Freundin als viele, die ich ganz in meiner Nähe habe. Aber so ist das halt.

Den Abend lassen wir in unserem Hotelzimmer gemütlich ausklingen. Sicherheitshalber checke ich noch einmal die Wettervorhersage, aber die hat sich noch nicht verändert. Wirklich Sorgen mache ich mir trotzdem nicht, vor allem, weil im Moment kein Wölkchen den blauen Himmel stört. So schlimm wird es schon nicht werden – morgen werde ich bestätigen können, dass es tatsächlich nicht so schlimm wurde, sondern noch viel schlimmer.

Traumhafte Buchten am Weg.

„Good luck, so help you God.“ *~ Rezeptionistin im Hotel*

Tag 57

Strecke: Lulworth Cove nach Worth Matravers
20,1 km – 933 hm – 2,32 km/h
am Pfad: 989,30 km
Unterkunft: Taunton House B&B, £ 95,– wunderschön
stürmisch, regnerisch, kalt

„Der Wind, der Wind, das himmlische Kind“, fällt mir spontan ein, als ich durch die Ohropax hindurch höre, wie er den Regen nur so an die Fensterscheibe peitscht. „Shit“, ist dann mein nächster Gedanke, als ich auf Zehenspitzen zum Fenster gehe und vorsichtig den Vorhang zur Seite schiebe. Vielleicht schlafe ich ja noch und das alles ist nur ein schlimmer Traum, allerdings fühlt es sich doch verdammt echt an. Aus einem späten Frühstück erst um 9.00 Uhr wird nichts, ich wecke Peter und sage, dass wir früher losmüssen, wenn wir rechtzeitig in Worth Matravers sein wollen, um unser Taxi zu erwischen. Bei Fried Eggs und Baked Beans überlegen wir, was wir nun tun sollten. „You don't plan to walk today, do you?“, fragt uns die nette Kellnerin, so als hätte sie sich gerade in unseren Gedankengängen umgesehen. Knapp nach 10.00 Uhr würde ein Bus gehen, der uns direkt nach Swanage bringen könnte, erklärt sie uns weiter. Wir sind tatsächlich etwas ratlos und sehen uns die Route, die bereits bei Schönwetter als „killer section“ beschrieben wird, auf dem Tablet an. Sollen wir? Sollen wir nicht? Niemand würde wissen, wenn wir einfach in den Bus steigen und uns chauffieren lassen. Doch, wir würden es wissen. Drei Wanderungen vor Schluss aufzugeben und einen Teil der Strecke nicht zu gehen, ist eigentlich keine Option, wenn man bedenkt, dass wir es bis hierher geschafft haben. Also Frühstück beenden, warm und wasserdicht anziehen und kurz nach 8.00 Uhr losgehen. „You are absolutely crazy“, schüttelt die Kellnerin von vorher nun als Rezeptionistin den Kopf, als wir das Zimmer bezahlen. „Good luck, so help you God.“ Ja, ich habe auch irgendwie das Gefühl, dass wir Gottes Beistand heute gut gebrauchen können.

Wir öffnen die Tür der Lodge und der Wind bläst uns fast wieder zurück hinein. Es ist 9.00 Uhr und wir haben jetzt ganze neun Stunden Zeit, um unser Etappenziel zu erreichen. Es werden die neun furchtbarsten Stunden der ganzen Reise werden. Peters Regenjacke hat keinen guten Gummizug und so bläst ihm der anhaltende Sturm immer wieder die

Kapuze hinunter und lässt Wasser eindringen. Der Regen kommt mit einer derartigen Wucht, dass er sich auf den Wangen wie tausend kleine Nadelstiche anfühlt. Es ist zum Schreien! Zum Glück beginnen wir nicht auf einem gatschigen Pfad, denn der ursprüngliche SWCP ist vor einigen Jahren durch schwere Stürme vollständig zerstört worden. Schwer vorstellbar, dass es hier mal stürmisch sein kann. Der Galgenhumor tröstet mich zumindest die nächste halbe Stunde ein wenig, denn es geht auf einer asphaltierten Straße weiter, aber dann wechseln wir doch auf einen Pfad, der rund um den Hügel herumführt, um wieder auf die ursprüngliche Route zu gelangen. Ebene Abschnitte sind heute Fehlanzeige und langsam beschleicht mich ein unangenehmes Gefühl: Angst. Peter und ich reden kein einziges Wort, wir würden es ohnehin nicht verstehen, weil der Wind es wegblasen würde, noch bevor es fertig ausgesprochen wurde. Etwa zwei Stunden können die Wanderhosen den Wassermassen standhalten, dann merke ich, dass die Nässe durchgeht. Peter spürt das fast im gleichen Augenblick auch, ist halt doch die selbe Marke. In diesen zwei Stunden sind wir nicht mal ganze vier Kilometer gegangen bzw. eher dahingeschlichen und weitere 16 liegen noch vor uns. Ich bin jetzt schon fertig, nicht so sehr körperlich, aber mit den Nerven. Was um alles in der Welt treibt mich hier her? Das müssen sich wohl auch die Hirsche denken, die uns kurz darauf den Weg versperren. Prächtige Tiere, normalerweise würde ich sie begeistert bestaunen, aber heute denke ich nur: „Zieht ab, ihr Viecher.“ Zwischen uns dürfte eine telepathische Verbindung bestehen, denn just in dem Moment drehen sie sich um und laufen wie vom Blitz getroffen davon. So ein Tempo hätte ich auch gerne drauf, aber ich krieche weiterhin langsamer als eine Schnecke dahin. Die Aufstiege sind dermaßen anstrengend, dass schließlich nicht mehr zu unterscheiden ist, ob die Tropfen in meinem Gesicht vom Regen oder von Tränen herrühren. Ich bin fertig mit der Welt, das ist jetzt wirklich nicht mehr lustig. Das einzig Gute ist, dass das Armeegelände der Lulworth Range heute geöffnet ist, aber das wäre es auch bei schönem Wetter gewesen. So vermeiden wir allerdings sieben zusätzliche Kilometer. Andererseits würden diese Kilometer großteils auf befestigten Straßen führen und rückwirkend betrachtet wäre das vielleicht sogar die bessere Alternative gewesen. Viele beschreiben die Strecke durch das Armeegebiet als unbedingt sehens- und erlebenswert. Lulworth Camp ist ein Militärgelände, auf dem eine Panzerkampfschule stationiert ist und laufend Schießübungen durchgeführt werden. Allerdings nicht im August und nicht an Sonntagen, also haben wir doppelt Glück. Dreifaches Glück mit zusätzlich schönem Wetter haben wir wohl nicht verdient. An den Toren zum Gelände sind sogar Überwachungskameras installiert. Offensichtlich haben Wanderer die Warnhinweise zum Durchgehverbot zu oft ignoriert, sodass die andauernde Beobachtung nunmehr notwendig wurde. Wir versuchen, so gut wie möglich durchzukommen und trotz der Bedingungen ein wenig Tempo zuzulegen, denn die Zeit verrinnt uns nur so zwischen den Fingern.

In Kimmeridge Bay flüchten wir uns in ein kleines Toilettenhäuschen und so grauslich es hier auch ist, es ist zumindest trocken. Essen wollen wir dennoch nichts, aber wenigstens etwas trinken, denn es ist das erste Mal, dass wir die Rucksäcke von den Schultern nehmen und die Getränke auspacken. Ein Blick auf Runtastic sagt, dass wir gerade mal die Hälfte geschafft haben und dafür drei Stunden und 42 Minuten gebraucht haben – und das war der einfache Teil. Um 13.00 Uhr verlassen wir die stinkende, aber herrlich trockene WC-Anlage. Fünf Stunden bleiben uns noch für knapp 12 Kilometer, das heißt, einen Durchschnitt von 2,4 km/h müssen wir schaffen. Das hört sich irrsinnig langsam an, aber bei diesen Bedingungen ist es wirklich eine Herausforderung.

Der Coast Path von der Kimmeridge Bay heraus lässt sich verhältnismäßig bequem laufen, aber dann beginnt ein wahrer Rollercoaster, rauf und runter, gatschig, gatschiger, am gatschigsten. Die nasse Erde bedeckt unsere Wanderschuhe vollständig; unfassbar, dass wir immer noch trockenen Fußes unterwegs sind. Schließlich folgt noch ein sehr steiler Anstieg zum Houns-Tout. „Gott im Himmel, lass das endlich vorbei sein!“, bete ich am laufenden Band. Für den nächsten Kilometer mit seiner unmenschlichen Steigung brauche ich 53 Minuten. Meine Knie zittern, meine Füße fühlen sich an wie Gummistängel und ich habe kurz den Gedanken, dass wir da auf der anderen Seite vielleicht nicht lebend runterkommen. Ich beginne hysterisch zu schreien und verfalle dann in eine Art Trance. Schritt für Schritt kämpfe ich mich ins Tal, zum Glück ist der Abstieg nicht ganz so steil wie der Anstieg, und plötzlich sind wir unten und atmen zuerst einmal tief durch. Es ist 17.00 Uhr und ganze 3,3 Kilometer trennen uns noch vom Taxitreffpunkt. Auf der ganzen Reise war ich noch nie so erschöpft; wären mir solche Bedingungen am Anfang begegnet, ich hätte auf der Stelle abgebrochen. Das macht keinen Spaß, im Gegenteil, das ist sogar gefährlich und ich würde jedem abraten, bei derartigem Wetter ein derartiges Terrain zu begehen. Ich bin mir sicher, dass heute alle verfügbaren Engel zu unserem Schutz abgestellt wurden. 3,3 Kilometer in einer Stunde, das schaffe ich vermutlich nicht, daher entscheiden wir, dass Peter vorausgehen soll, um das Taxi aufzuhalten, denn nichts wäre schlimmer,

Begeisterung sieht anders aus.

als wenn wir die einzige Möglichkeit, heute nach Swanage zu kommen, verpassen würden. Trotzdem versuche ich, so gut wie möglich mit meinem Mann Schritt zu halten und ich war vermutlich noch nie so glücklich, eine Asphaltstraße zu gehen, wie in dem Augenblick, als ich meinen ersten Schritt auf die Renscombe Road setze.

Als Treffpunkt hatten wir die St. Nicholas Church vereinbart, denn wir wollten die kleine, pittoreske Kirche eigentlich noch besichtigen, aber daraus wird heute nichts. Um 18.02 Uhr erreiche ich das Gotteshaus, Peter und die Taxilenkerin sind gerade dabei, die Rückbank des Wagens mit Plastikfolie auszulegen. So ist es uns schließlich erlaubt, ins Auto einzusteigen. Wieder fließen die Tränen, dieses Mal aber aus Erleichterung und Dankbarkeit, wir haben es tatsächlich geschafft und natürlich sind wir stolz darauf, dass wir Wind und Wetter getrotzt haben. Aber wir sind uns einig, dass es eine große Dummheit war, bei diesen Bedingungen überhaupt los zu starten; so unbedingt muss man wirklich nicht jeden Kilometer des Weges gehen, das hätte böse enden können.

Das Taxi bringt uns direkt vor die Haustür des Taunton House B&B und nach einem zögerlichen Klopfen öffnet uns auch schon Michele, mit der ich schon das eine oder andere Mail ausgetauscht habe. „What, for heaven's sake?", ruft sie überrascht aus. Mit so einem Anblick hat sie wohl nicht gerechnet, obwohl sie als langjährige B&B-Besitzerin bestimmt schon einiges erlebt hat. Sie bittet uns, die Schuhe auszuziehen – warum wohl? – und schiebt uns sanft aber bestimmt in einen Lagerraum. Hier könnten wir die Sachen zum Trocknen aufhängen, meint sie. Peter lässt sich das nicht zweimal sagen und zieht sich bis auf die Unterhose aus. „Oh, Peter, we have just met!“, witzelt Michele herum und wir stimmen in ihr ansteckendes Lachen ein. Der ganze Stress und die Anspannung des Tages lösen sich endlich und langsam kehrt wieder Leben in unsere geschundenen Körper ein. Michele krallt sich unsere Wanderschuhe, während wir trockene Kleidung aus dem schwarzen Müllsack in unseren Rucksäcken hervorkramen. Der beste Rat aller Zeiten meines weitwandererfahrenen Papas war, alle Sachen nochmals in einen reißfesten Müllsack zu verpacken, bevor man sie in den Rucksack gibt und so haben wir tatsächlich noch genug trockenes Gewand für den heutigen Abend. Morgen müssen wir aber unbedingt noch einmal Wäsche waschen. Michele hat in der Zwischenzeit die Wanderschuhe vom schlimmsten Schmutz befreit und zeigt uns nunmehr das Zimmer. Das Umbuchen hat sich gelohnt, denn hier ist es ebenso kuschelig wie gestern in der Lulworth Lodge. Dies wird unsere letzte Unterkunft bis zum Ziel bleiben und wir sind froh, dass es eine schöne ist.

Nach einer heißen Dusche, mit der wir versuchten, unsere ausgekühlten Körper wieder auf Lebenstemperatur zu pushen, müssen wir trotzdem noch einmal raus und einkaufen. Zum Glück haben hier die Supermärkte auch sonntags geöffnet, in der Hauptsaison sogar bis 21.00 Uhr. Wir stecken unsere Füße also in Socken, aber doch in die Crocs, ziehen Shirts, Westen und Regenjacken an, die bis zum Schluss fast komplett dichtgehalten haben, und bedienen uns an den großen Regenschirmen, die im Lagerraum für Gäste bereitstehen. Der Supermarkt ist nicht weit entfernt, gleich beim Bahnhof und der Busstation, von wo wir morgen den Bus zurück nach Worth Matravers nehmen werden. Ich packe eine Tafel Nussschokolade, ein weißes KitKat, Maltesers und ein Snickers in den Einkaufswagen. Ganz genau alles verschlinge ich später im Zimmer als Nachspeise. Davor gibt es noch Maki, eine Pizzasemmel und ein Eisandwich und zum Runterspülen zwei Tassen Heiße Schokolade vom B&B. Das habe ich mir verdient – eigentlich hätte ich mir weitaus mehr verdient, aber leider passt nichts mehr in den Bauch. Wobei, ein Stück Schokolade geht noch, daher stibitze ich noch einen Riegel von Peters Twix und rede ihm ein, dass er die Hälfte ja bereits zuvor gegessen hätte. Vermutlich glaubt er mir nicht, aber er lässt es auf sich beruhen. Wegen einem Stück Schokolade eine hitzige Diskussion zu beginnen, zahlt sich heute echt nicht aus, wobei, wäre es mein Stück Schokolade gewesen …

„Schwieriger wird's nicht mehr." ~ *Peter, Ehemann*

Tag 58

Strecke: Worth Matravers nach Swanage
13,1 km - 364 hm - 2,98 km/h
am Pfad: 1.002,40 km
Unterkunft: Taunton House B&B, £ 95,– immer noch wunderschön
kühl und bewölkt, aber trocken

Heute ist also „Bank Holiday" in Großbritannien, nein, eigentlich nur in England, Wales und Nord-Irland, die Schotten machen da nicht mit. Seit Tagen versuche ich bereits herauszufinden, warum denn heute ein Feiertag ist, aber niemand scheint es zu wissen. Das kommt mir bekannt vor, in Österreich wissen auch viele nicht, warum sie gerade an diesem speziellen Feiertag frei haben, vor allem, wenn es sich um christliche Feste handelt. Michele allerdings hat die Antwort: Seinen Ursprung hat dieser Feiertag im Bank Holiday Act, ein Konzept für bezahlte Feiertage, der 1871 von Sir John Lubbock eingeführt wurde. Zusätzlich zu den vier offiziellen Feiertagen, die es damals gab, nannte er vier weitere traditionelle Ruhetage, die ihm wichtig erschienen, darunter auch jenen im August, der daher rührte, dass es Bankangestellten ermöglicht werden sollte, an Cricket-Spielen teilzunehmen. Heute wird der Tag auch als „Summer Bank Holiday" bezeichnet; er soll den Abschluss des Sommers markieren und den Menschen die Möglichkeit für einen letzten Kurzurlaub vor Herbstbeginn geben, den diese auch exzessiv nutzen, wie man an der Zimmerbuchungslage in Swanage feststellen kann. Jetzt wissen wir also Bescheid, Michele kennt sich aus, vermutlich, weil wir nicht die einzigen Gäste sind, die ihr diese Frage stellen.

Nicht vom Bank Holiday betroffen sind die Buszeiten, doch leider müssen wir eine Station wählen, die knappe zwei Kilometer von dem Punkt entfernt liegt, an dem wir gestern ins Taxi gestiegen sind. Dennoch kommt eine neuerliche Taxifahrt, die uns gestern 25,– Pfund gekostet hat, aus Budgetgründen nicht in Frage, und sind wir mal ehrlich: Auf diese zwei Kilometer kommt es auch nicht mehr an. Wir haben den ganzen Tag Zeit und können mit ultraleichten Rucksäcken wandern, weil wir die meisten unserer Sachen im B&B lassen können. Noch dazu habe ich die von der SWCP-Association vorgeschlagene Strecke für diesen Tag halbiert und so warten heute inklusive des Weges zum Startpunkt nur 15 Kilometer auf uns. Einziger Wermutstropfen: 13 davon sollen „sehr schwierig, dann anstrengend“ werden. Naja, was soll’s?

Wir sind die einzigen Menschen, die um 9.00 Uhr morgens an der Bushaltestelle stehen und auf die Linie 40 nach Langton Matravers warten. Der Bus kommt überpünktlich, wird abgestellt und bleibt auch stehen, für die nächsten 20 Minuten. Dann kommen auf einmal ein Mann und eine Frau in Busuniform und der Buschauffeur beginnt, seiner Kollegin den Bus zu erklären. „It’s my first day as a bus driver today but don’t worry, we’ll be fine“, erklärt uns die Busfahrerin, als wir endlich einsteigen können. Am ersten Tag schon eine derartige Verspätung? Na, das fängt ja gut an. „Good luck“, antworte ich ihr und kann es mir nicht verkneifen, auch noch ein „for all of us“ hinzuzufügen. Als wir 40 Minuten später endlich los fahren, sind noch ein weiteres Pärchen und eine junge Frau zu uns gestoßen; sie wollten eigentlich rechtzeitig für den nächsten Bus da sein und können so die massive Verspätung gut für sich nutzen, uns kribbelt es aber schon unter den Füßen. Die Busfahrt an sich ist dann wenig spektakulär, die gute Dame hat ihr Handwerk offensichtlich gelernt und wir springen knapp vor 10.00 Uhr endlich aus dem Bus und können starten.

Da wir keinen Stress haben, besuchen wir heute die kleine Kirche in Worth Matravers und schreiten durch einen Eisenbogen auf zwei stabilen Steinsäulen hindurch in den Friedhof, auf dem es nur windschief stehende Gedenktafeln gibt, aber keine klassischen Gräber, wie wir sie kennen. Hier liegt auch der Farmer Benjamin Jesty begraben, der eine Entdeckung machte, die lange Zeit dem Arzt und Immunologen Dr. Edward Jenner zugeschrieben wurde. Jesty war der erste, der erkannte, dass der Kuhpockenimpfstoff auch gegen die Pocken bei Menschen wirkte, da er damit seine Frau und seine Tochter aus einer finanziellen Not heraus selbst behandelte. Jenner erfuhr davon und gab nach einer Versuchsstudie diese Entdeckung als seine eigene aus.

Die Kirche an sich, die dem Heiligen Nikolaus von Myra geweiht ist, zählt mit ihren über 900 Jahren zu den ältesten Kirchen in Dorset. Sie ist vor allem im normannischen Stil gehalten, weist aber auch einige englische Stilelemente auf, beides harmoniert wunderbar miteinander. Seit meine ältere Tochter Architektur studiert, bemühe ich mich, ein wenig Interesse an Baustilen zu entwickeln; zugegeben, das meiste Interesse ist eher geheuchelt, aber ein paar Dinge erkenne ich doch.

Nun geht es aber auf zur eigentlichen Wanderung. Vom Tal in Hill Bottom wandern wir weiter zum West Hill und zum Emmett’s Hill und

Rettungsschwimmerübung.

sind ein wenig überrascht. Ja, es sind Hügel, aber von „sehr schwierig“ sind wir hier meilenweit entfernt. Da das Wetter heute trotz Wolkenhimmel eine bessere Sicht bietet, können wir gut erkennen, wo wir gestern langgelaufen sind und freuen uns noch einmal, dass wir dies geschafft haben. Während wir noch in den Erinnerungen an gestern stecken, kommt auf einmal ein Hubschrauber der Küstenwache geflogen und stoppt direkt auf gleicher Höhe, nur etwas weiter weg, oberhalb des Meeres. Die Tür geht auf und es springt jemand ins Wasser. Ist etwas passiert? Aufgeregt suchen unsere Augen das Wasser ab, aber außer der einen Person, die hineingesprungen ist, ist niemand zu sehen. Kurze Zeit später wird eine weitere Person an einem Seil hinuntergelassen und wir erkennen, dass es sich hier um eine Rettungsübung handelt, die irrsinnig interessant zu beobachten ist; vor allem jetzt, da wir wissen, dass niemandem etwas Schlimmes geschehen ist. Während Peter filmt, wird mir mittlerweile ziemlich kalt und ich entschließe mich, voraus zu gehen, um mich ein wenig beim Leuchtturm umzusehen, der bereits in einiger Entfernung auszumachen ist. Dort angekommen muss ich allerdings erkennen, dass der Leuchtturm mittlerweile stillgelegt wurde und daraus, wie so oft, ein Ferienhaus für schlappe 2.000,– Pfund die Woche entstanden ist.

Mein persönlicher Kameramann hat sich mittlerweile zu mir gesellt und ein gut ausgebauter Wanderweg führt uns weiter zum Durlston Castle, bei dem wir natürlich in erster Linie wieder das Café ansteuern. Ein Blick auf die Karte und Peter erkennt: „Schwieriger wird es heute nicht mehr, schwieriger wird's überhaupt nicht mehr". Mit dem Reiseführer muss irgendetwas nicht stimmen. Natürlich würde es uns besser gefallen, wenn es für alle anderen schwierig und nur für uns, wo wir jetzt schon großartig trainiert sind, leicht zu bewältigen wäre, doch objektiv betrachtet ist diese Etappe tatsächlich höchstens als moderat einzustufen. Später werden wir entdecken, dass der Schwierigkeitsgrad online bei der SWCP-Association bereits in „moderate" geändert wurde, nur bis zu unserem Reiseführer hat sich das noch nicht herumgesprochen. Wir genießen unsere allerletzte Mittagspause auf dem Pfad und lassen die vergangenen mehr als acht Wochen Revue passieren. Obwohl wir sehr froh sind, dass morgen unser letzter Wandertag ist, werden wir plötzlich doch ein wenig sentimental. So etwas wie das werden wir bestimmt nie wieder erleben – wollen wir auch nicht, aber trotzdem war es ein einzigartiges Abenteuer, das morgen vorbei sein wird.

Das Durlston Castle interessiert uns nicht besonders, wir gehen allerdings kurz durch den Garten und entdecken dort den „Great Globe". Diese von George Burt geschaffene, große Skulptur veranschaulicht die viktorianische Sicht der Welt und wurde aus 40 Tonnen Portland-Kalkstein modelliert. Sie ist eine der größten Steinkugeln der Welt und rundherum sind Tafeln mit Texten aus der Bibel oder von Wilhelm Shakespeare. Hier stoße ich mit meinem Englisch dann doch an meine Grenzen und die bestimmt weisen Worte werden für mich ein Geheimnis bleiben.

Der letzte Abschnitt bis nach Swanage führt uns zu einem weiteren Aussichtspunkt der National Coastwatch und hier ist heute „Tag der offenen Tür". Kaffee, Tee und Kuchen werden verteilt und jeder, der interessiert ist, kann den Wachtturm erobern – sofern er nicht unter Platzangst leidet, denn der runde Turm ist gerammelt voll. Wir gönnen uns einen Kaffee und ein Stück Kuchen, natürlich nicht, ohne eine Spende dazulassen, und machen uns dann auf den Weg zurück in die Stadt. Inklusive Pausen haben wir heute genau die Zeit gebraucht, die der Reiseführer ohne Pause vorgeschlagen hat, aber vermutlich hat der die falsche Bewertung des Schwierigkeitsgrades berücksichtigt.

Zum allerletzten Mal heißt es heute Wäsche waschen und so begeben wir uns wieder mal in eine Launderette, um unsere überschaubaren Habseligkeiten in die Münzwaschmaschine zu werfen. Es ist tatsächlich

Blick nach Swanage, der letzten Stadt vor dem Ziel.

erstaunlich, mit wie wenig man eigentlich leben kann, doch ich freue mich schon, wenn unsere jüngere Tochter übermorgen nach England fliegt und den Koffer, den wir vorsorglich bereits zu Hause für uns gepackt haben, mitbringt. In einem der Trockner, der bereits fertig ist, liegt neben der Wäsche eine 20 Pfund Note, quasi zur freien Entnahme. Niemand ist hier und es wäre ein Leichtes, den Trockner zu öffnen und das Geld herauszunehmen. Natürlich kommt das für uns nicht in Frage, aber ich bin mir nicht sicher, wie viele Menschen die Gelegenheit ungenützt verstreichen lassen würden.

Frisch duftend schlendern wir heimwärts zum B&B, stellen aber nur die Wäsche ab und laufen zurück zum Hafen. Hier wollen wir den letzten Abend genießen, bevor es heißt: Noch einmal schlafen, noch einmal Rucksack packen, noch einmal Wanderschuhe anziehen, noch einmal starten … ein allerletztes Mal.

„We have just finished!“

Tag 59

Strecke: Swanage nach South Haven Point
12,2 km - 150 hm - 4,43 km/h
am Pfad: 1.014 km

Unterkunft: The Plantation, £ 160,- → in Ordnung

bewölkt, dann strahlend sonnig

Vor Aufregung kann ich in der Nacht fast gar nicht schlafen. Ich kann es kaum noch erwarten, endlich loszumarschieren, aber zuvor haben wir noch einiges zu erledigen. Gestern Abend haben wir im Papierfachgeschäft schon ein Plakat gekauft und jetzt frage ich Michele, ob sie vielleicht einen dicken, schwarzen Stift für mich hat. Sie bringt fünf in den verschiedensten Farben, ich entscheide mich trotzdem für Schwarz und schreibe die fantastische Zahl 5.536,70 auf das weiße Blatt Papier. Das sind die Euros, die wir rund um diese Benefizwanderung eingenommen haben. Die Pfund habe ich immer gleich in unsere Währung umgerechnet und so ist auch die etwas unrunde Summe entstanden. € 5.536,70 – ich bin stolz, sehr stolz, megastolz, überdrüberstolz. € 5.000,– zu erreichen war ja mein Ziel, und dass dieses um mehr als 10 % übertroffen wurde, erfüllt mich mit unglaublicher Dankbarkeit. Plötzlich kommt Michele zurück in den Frühstücksraum und meint: „Guys, I am going to ruin your poster now.“ Wieso will sie mein Plakat kaputt machen? Kurz bin ich irritiert, doch die zehn Pfund, die sie mir gleich darauf in die Hand drückt, erklären ihr Ansinnen. Dafür lasse ich mir doch gerne mein Poster ruinieren. Ich überlege, ob ich die Zahl noch irgendwie umbessern kann, aber das stellt sich als schwieriges Unterfangen dar, also lasse ich das Plakat, wie es ist, auch wenn es jetzt nicht mehr ganz stimmt. Nun lernen wir zum ersten Mal auch Bill kennen, Micheles Mann, denn auch er möchte mehr über die Benefizwanderung erfahren und so ist es plötzlich 10.00 Uhr. Höchste Zeit, endlich loszugehen. 12,2 Kilometer und 150 Höhenmeter stehen heute auf dem Plan, ich will ja nicht unbescheiden wirken, aber das hüpfen wir auf einem Bein.

Hüpfen ist es schließlich nicht, aber den ganzen Tag habe ich das Gefühl, dass wir fliegen. So schnell wie heute waren wir bisher noch nie unterwegs; wir hören schon das Ziel, das unsere Namen ruft. Der Pfad erstreckt sich bis zum Ballard Down und Peter muss mich auf allen Stufen, die uns am Weg begegnen, fotografieren, schließlich könnten es die letzten

Die allerletzten Stufen vor dem Ziel.

auf der ganzen Wanderung sein. Später können wir bestätigen, dass sich die letzten provisorisch in die Erde eingeschlagenen Treppen auf dem Weg zur Landzunge Handfast Point befinden, die die Wanderer zu den Old Harry Rocks bringen. Hierbei handelt es sich um drei Kalksteinformationen, die den östlichsten Punkt der Jurassic Coast bilden. Die Felsen wurden einer Legende nach so genannt, weil sie der beliebteste Schlafplatz des Teufels, den man landläufig als „Old Harry" bezeichnete, waren. Eine andere Geschichte besagt, dass die Felsen nach dem berüchtigten Poole-Piraten Harry Paye benannt wurden, dessen Schiff sich hinter den Felsen versteckte und auf vorbeikommende Kaufleute wartete. Eine dritte Möglichkeit wäre, dass ein Wikingerüberfall im neunten Jahrhundert von einem heftigen Sturm vereitelt wurde und dass der Ertrunkene, Earl Harold, in eine Kreidesäule verwandelt wurde. Vermutlich stimmt keine der drei Geschichten, aber nett sind sie trotzdem.

Auf dem Plateau ist einiges los, offensichtlich ist der Old Harry ein beliebtes Ausflugsziel, was wir gut nachvollziehen können. So schön der Blick auf die Felsen ist, der Blick hinunter zum Strand, wo wir zum ersten Mal den letzten Abschnitt des Weges sehen können, ist noch viel schöner. Plötzlich übermannen mich Gefühle, die ich so nicht erwartet habe und die sich nur schwer beschreiben lassen. Natürlich wusste ich, dass ich froh sein würde, aber im Moment bin ich einfach unfassbar glücklich, die

Irgendwo da unten liegt das Ziel.

Gänsehaut bevölkert meinen Körper und ich fühle mich schwerelos. Dort unten liegt das Ziel, lass es uns in Angriff nehmen. Los geht's.

Der Pfad zwischen dem Old Harry und Studland ist schnürlgerade und in kürzester Zeit sind wir unten am Strand. Eigentlich wäre es nun Zeit, eine Pause zu machen, aber nichts und niemand kann uns jetzt noch aufhalten, nicht einmal der Gedanke an eine Heiße Schokolade. Einen kurzen Stopp brauchen wir aber doch, denn ich habe vergessen, in der Früh meinen Schutzengel aus dem Rucksack zu nehmen. Ich verteile den Inhalt meines schwarzen Müllsacks auf der Strandmauer, natürlich liegt der Schutzengel ganz unten. Der kleine Engel meiner Kolleginnen wird mich nun die letzten vier Kilometer in meiner rechten Hosentasche begleiten, denn ich werde diesen Abschnitt für Tamara gehen. Tamara war eine der allerersten Follower auf meiner Facebook-Seite und stand mir immer mit Rat und Tat zur Seite. Der Traum, den South West Coast Path von Anfang bis zum Ende zu laufen, verband uns ungemein, doch während wir es bald geschafft haben werden, wird das für Tamara nicht mehr möglich. Sie hat gekämpft und geträumt, geträumt und gekämpft, aber vor einigen Tagen hat sie ihr Leben an den Krebs verloren. Man kann jetzt davon halten, was man will, aber während ich den Engel nun in die Hosentasche stecke, umhüllt mich ein warmes Gefühl, fast so, als ob jemand eine Decke auf meine Schulter legen würde, und ich weiß in diesem Augenblick, dass mein Mann und ich die letzte Etappe nicht alleine gehen werden, sondern dass Tamara uns begleiten wird. Instinktiv beginne ich zu weinen, doch da der ganze Tag ohnehin schon emotionsgeladen ist, denkt sich Peter nichts dabei und fragt glücklicherweise auch nicht nach, denn diesen besonderen Moment möchte ich nur für mich haben. Für mich und Tamara.

Zusätzlich haben Sonnenstrahlen mittlerweile Löcher in die Wolkendecke gerissen. So bahnt sich die Sonne ihren Weg ins Freie, während wir mit dem allerletzten Abschnitt starten. Wir wandern den Strand entlang und packen noch die eine oder andere Muschel ein, als wir plötzlich vor einem Schild stehen, das uns warnt, dass wir uns nunmehr in einem FKK-Bereich befinden. Sollten uns nackte Menschen Angst machen, so sei von hier aus nun die Route über den Heather Walk durch die Dünen zu nehmen. Noch nie habe ich innerhalb kurzer Zeit so viele Nackedeis gesehen wie auf dieser Wanderung, sei es oberhalb der Klippen, auf Stränden oder mitten in der Stadt, ich bin also abgehärtet – dachte ich zumindest. Ich hielt Menschen, die FFK-Strände für sich entdeckt haben, immer schon für mutig, denn ich könnte mir das für mich nicht vorstellen, doch hier laufen ein paar Exemplare herum, die man bestenfalls als besonders mutig bezeichnen kann. Ein Mann fällt mir dabei besonders ins Auge, vor allem, weil er nichts hat, das ins Auge fallen könnte. Während ich noch

630 Meilen liegen hinter uns.

irritiert von diesem Anblick bin, stolziert er wie ein Pfau breit grinsend vorbei und sorgt dafür, dass ich dieses Bild den ganzen Tag nicht mehr aus dem Kopf bekommen werde.

Allerdings finden meine Augen gleich wieder Ablenkung, denn dort vorne sind sie bereits schemenhaft zu erkennen, die Umrisse der blauen Statue, die den Anfangs- oder Endpunkt des SWCP markiert. Jetzt fliege ich wirklich, denn ich spüre den Boden gar nicht mehr unter meinen Füßen, so schnell treibt es mich dorthin und plötzlich stehen wir wirklich davor. Die kurz aufsteigenden Tränen werden von einem breiten Grinsen zur Seite geschoben. Wir sind da! Wir sind wirklich, wirklich da! Ich kann mein Glück kaum fassen und umarme die Skulptur von allen Seiten. Sie ist tatsächlich auch eindrucksvoll und zeigt in Kurzfassung alles, was wir am Weg gesehen haben: Leuchttürme, Schiffe, Tiere, Klippen, Ruinen, Städte, Wanderer und Bäume. Nur die Delfine, die hier abgebildet sind, konnten wir in den letzten zwei Monaten leider nicht beobachten.

Bevor wir noch Fotos machen können, kommt ein weiteres Paar zur Markierung. Sie fragen uns, ob wir auch gerade starten. Himmel, nein! „We have just finished", erklären wir überglücklich und holen uns mit diesem Satz gleich die erste Portion Bewunderung ab, der noch viele weitere folgen werden. Die zwei erklären uns, dass sie heute ihren ersten Tag haben und bis nach Swanage wandern wollen. Sie wohnen in Lynton, dem Ziel unseres zweiten Tages, und werden daher von hier aus nun nach Hause gehen. Wir fotografieren uns gegenseitig, die einen freuen sich auf ihre bevorstehende Reise, die anderen freuen sich über ihre gerade zu Ende gegangene, aber euphorisch sind wir alle. So war es auch bei uns, als wir vor 59 Tagen am anderen Ende des Weges beim Startpunkt in Minehead standen, und so wird es auch bei ihnen sein, wenn sie in etwa zwei Monaten diese ebenso imposante Skulptur erreichen werden.

Wir verabschieden uns mit den besten Wünschen und beginnen, unsere Zielfotos vor einem strahlend blauen Himmel zu schießen und kleine Videos zu drehen. Das mit dem Video ist nicht ganz so einfach, denn die Markierung liegt an einer Zufahrtsstraße für die Fähre nach Poole Harbour und so müssen wir ein wenig warten, bis der Lärm erträglich zum Drehen ist. Während dieser Zeit ruft uns eine Frau aus ihrem Auto zu, ob wir das Ganze denn als Benefizwanderung gemacht haben. Wir bejahen diese Frage und plötzlich springt sie aus ihrem Fahrzeug, öffnet den Kofferraum, holt ihre Geldbörse heraus und drückt uns fünf Pfund in die Hand, ohne zu wissen, wofür eigentlich. Plaudern können wir nicht, denn die Fähre ist da und sie muss sich sputen, damit sie nicht den

Stolze Summe für unser SoWo.

ganzen Verkehr aufhält. Diese unerwartete Geste beschreibt eigentlich genau das, was wir auf der ganzen Wanderung erlebt haben: das Interesse, die Großzügigkeit und die Hilfsbereitschaft der Menschen in diesem Land. Der Weg ist es wert, ihn zu gehen, aber nicht allein wegen der großartigen Natur, sondern vor allem wegen der großartigen Menschen, die wir hier tagtäglich getroffen haben. Die Erinnerung an all die Emotionen, die ich in den letzten Wochen erlebt habe, dringt ins Bewusstsein: die Glücksgefühle, die Verzweiflung, das Lachen, das Weinen, die völlige Erschöpfung, das Zweifeln, die Dankbarkeit, die Anstrengung, die Leichtigkeit, der Genuss, allem voran aber die Liebe. Die Liebe zu der Natur, die Liebe zu den Menschen und vor allem die Liebe zu meinem Mann, der diese Anstrengung nur aus Liebe zu mir mitgemacht hat. Fest drücke ich die Kette, die mir Nadège vor wenigen Tagen in der Lulworth Cove geschenkt hat. „She believed she could, so she did", Nadège hatte recht, kein Spruch passt besser zu dieser Reise als genau dieser: ich habe es mir zugetraut und ich habe es durchgezogen. Das ist doch was.

Eine gute Stunde treiben wir uns rund um den Endpunkt herum und begegnen noch zwei weiteren Paaren, die genau heute starten; beide werden den Weg aber in Etappen gehen, so wie der Plan der meisten Wanderer hier aussieht. Schließlich wird es aber auch für uns Zeit, uns zu verabschieden. Wir sehen, dass die Fähre in Poole gerade ablegt und in wenigen Minuten den South Haven Point erreichen wird. Wir schultern unsere Rucksäcke ein letztes Mal, winken dem Pfad kurz zu und beginnen mit dem, was wir mittlerweile am besten können: Wir gehen.

Was danach geschah …

Die restlichen Tage in England sind wie im Flug vergangen. Unsere jüngere Tochter und meine Eltern haben uns von Poole abgeholt und gemeinsam haben wir die Strecke von Poole nach Bournemouth in Angriff genommen, Höhenmeter: 0,0. Danach fuhren wir gemeinsam mit dem Zug nach London, wo auch noch mein Sitznachbar, nachdem ich auf der Fahrt die SWCP Fotos angesehen und ihm erklärt hatte, warum ich hier unterwegs war, meine Benefizwanderung mit £ 20,– unterstützt hat. Also habe ich jetzt € 5.536,70 und £ 35,– Pfund gesammelt, ein wirklich großartiges Ergebnis. London war dann tatsächlich Urlaub, in frischer Kleidung und ohne Rucksack hat sich das Gehen fantastisch angefühlt und meine Eltern und Angelina konnten kaum mit uns Schritt halten. An unserem 23. Hochzeitstag haben wir Großbritannien schließlich verlassen, aber nicht unspektakulär. Eine heftige Gewitterfront hatte eine Sperre des Flughafens in Wien zur Folge und wir wurden nach Linz umgeleitet. Die Durchsage, dass wir doch bitte im Falle eines Notfalls all unsere Habseligkeiten im Flugzeug lassen sollen, war ebenso wenig beruhigend wie der Spruch des Flugbegleiters, als wir von Linz schließlich doch in Richtung Wien abhoben. „Auf geht's zu unserem allerletzten Flug", meinte er lapidar und als sich eine gewisse Unruhe im Flugzeug breit machte, fügte er schnell noch hinzu, „für heute, Leute, für heute." Schließlich landeten wir sicher in Wien, wo uns bereits unsere ältere Tochter Claudia mit ihrem Freund sowie meine Geschwister erwarteten.

Wir sind wieder da!

Die ersten Tage bewegte ich mich dann ausschließlich zwischen Wohnzimmer, Küche und Bad hin und her, denn ich war irrsinnig müde, ausgelaugt, kraftlos und eine gewisse Anstrengungsverweigerung ließ sich nicht leugnen. Erst am vierten Tag konnten wir uns dazu aufraffen, Lebensmittel nicht bei unseren Töchtern zu bestellen, sondern tatsächlich selbst das Haus fürs Einkaufen zu verlassen.

Während ich für kurze Zeit zu meinem Leben als Couchpotato zurückkehrte, begannen die Jugendlichen im Sozialen Wohnhaus bereits mit der Ideensammlung für zukünftige sportliche Projekte. Mir war und ist es immer noch wichtig, dass das Geld, das ich als fleißiges Bienchen durch die Benefizwanderung sammeln konnte, für sportliche Unternehmungen verwendet wird. Sport ist gerade in der Jugend ein wichtiger Weichenstel-

Empfangskomitee in Poole.

ler und zwar sowohl auf physischer als auch auf psychischer Ebene. Er spielt eine tragende Rolle bei der Emotionskontrolle und dem Stressabbau, außerdem verbessert er Fitness, Kraft und Ausdauer. Sport macht Spaß und bietet den jungen Menschen die Möglichkeit, sich auszutoben und Frust auf diese Weise rauszulassen. Abgesehen davon fördert er soziale Kompetenzen sowie das Hygienebewusstsein und lässt neue Talente entdecken. Sporttreibende Jugendliche rauchen im Schnitt weitaus seltener, wodurch eine Präventivwirkung auf Suchtmittel möglich ist. Aus all diesen und vielen weiteren Gründen möchte ich bei unseren SoWo-Jugendlichen verstärkt auf Bewegung setzen. Gemeinsam mit meinem Team möchte ich den jungen Menschen so viele Sportarten wie möglich zugänglich machen, damit sie für sich herausfinden können, welche ihnen am meisten liegt. Was mir am meisten liegt, scheint eindeutig zu sein, denn eine Radiodurchsage ließ meine Lebensgeister wieder erwachen: Drei junge Leute aus der Steiermark wollten vom tiefsten Punkt in Österreich, nämlich Apetlon, bis zum höchsten, dem Großglockner, wandern und suchten für einzelne Strecken Wanderpartner. Ihr Ziel sei 3.333 Übernachtungen für obdachlose Menschen zu finanzieren. Abgesehen davon, dass wir uns als Benefizwanderer ohnehin mit den dreien identifizieren konnten, liegt uns seit unserer eigenen Wanderung das Thema Obdachlosigkeit sehr am Herzen. Daher nahmen wir Kontakt auf, verabredeten einen Treffpunkt und starteten mit Heimo, Kathi und Alina, um ein Stück ihres Weges gemeinsam zu gehen. Das Unfassbare: Auf den ersten 100 Metern habe ich mich verknöchelt und bin böse gestürzt. Da gehe ich zwei Monate auf Erde, Gras, Steinen, Gatsch und Sand ständig bergauf und bergab, und zu Hause knallt es mich auf einer ebenen Straße nach einer Minute auf den Allerwertesten. Nach dem ersten Schreck konnte ich zum Glück trotzdem weiterwandern; diesen großartigen Tag mit diesen drei großartigen Menschen hätte ich um nichts in der Welt versäumen wollen.

Ja, wir sind wirklich wieder da!

Wieder da sind auch Karin und Helmut. Im September unternahmen wir unsere erste gemeinsame Wanderung in Österreich, nämlich auf den niederösterreichischen Schneeberg. Wir wollen uns alle vier bemühen, dass wir den Kontakt nicht verlieren, und dieser ersten Wanderung sollen viele weitere in den nächsten Jahren folgen.

Die Leute zu Hause waren sehr interessiert an unserer Reise und die Antwort auf die Top-Frage: „Wie war's?“, war, ist und wird immer die gleiche sein: „Es war einfach wunderschön – und furchtbar war es auch.“ Aber es war auch alles, was dazwischen Platz hat: atemberaubend, herausfordernd, großartig, nervenraubend, einzigartig, erlebnisreich, abenteuerlich, einfach, schwierig, gefährlich, lehrreich, lustig, grandios, schlimm, imposant, grauenhaft, überwältigend, fabelhaft, einmalig, höllisch, phänomenal, lässig, katastrophal, spitze, brutal, himmlisch, entsetzlich, prachtvoll, kurz: „Es war einfach wunderschön – und furchtbar war es auch.“

Mir ist bewusst, dass die Eindrücke und Erlebnisse dieser Wanderung nicht für immer lebendig gehalten werden können, denn früher oder später wird uns der Alltag wieder einholen, aber es gibt noch weitere 15 National Trails in Großbritannien und, wenn 2020 der English Coast Path eröffnet wird, noch viele weitere Kilometer, die auf ihre Eroberung warten. Vielleicht heißt es also bald wieder: Alltag raus, Abenteuer rein und neue Wege gehen!

Statistik

Kilometer am Path	1.014
Kilometer insgesamt*	1.283

* inklusive Stadtrundgängen, Einkaufen, Suchen der Unterkünfte

Höhenmeter (gefühlt eine Million)	35.031	
Grafschaften (Somerset, Devon, Cornwall, Dorset)	4	

Anzahl registrierter Naturmonumente

Outstanding Natural Beauty	**5**
Heritage Coasts	**17**
National Parks	**2**
World Heritage Sites	**2**
UNESCO Weltnaturerbe	**2**

Fähren	13	
Brücken	302	
Zaunübertritte	436	
Gatter öffnen und schließen	880	Mal
South West Coast Path Wegweiser	4.000	
Stufen	26.719	
Leuchttürme	53	
Auf oder neben Golfplätzen gewandert	23	Mal
Unterkünfte, die uns (in voller Wandermontur mit großem Rucksack ankommend) **um das Kennzeichen unseres Autos gebeten haben**	7	
Bus vor der Nase weggefahren	5	Mal (!)
Tassen Heiße Schokolade	47	

Tage am SWCP (0 – 10 – 20 – 30 – 40 – 50 – 60)

Damian Hall (Streckenrekord)	10 Tage, 15 Stunden, 18 Minuten
Daniela und Peter Leinweber	59 Tage

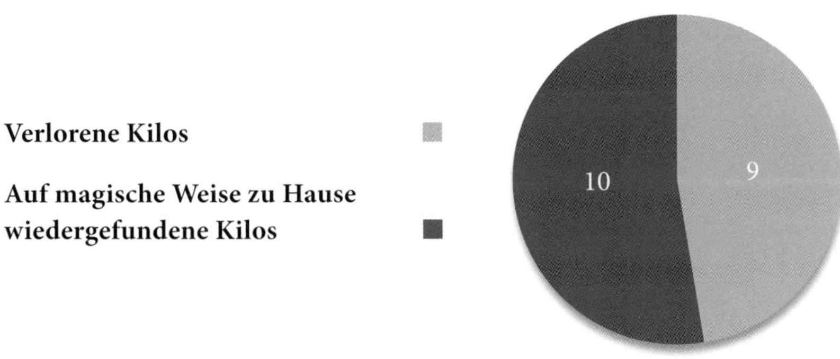

Beste Jahreszeit zum Wandern:

individuell, aber für mich bestimmt der Sommer, denn so mussten wir uns keine Sorgen um Fährzeiten oder geschlossene Strandcafés machen

Hätten wir alle Kleidung eingesammelt, die wir am Weg gefunden haben, hätten wir einen Secondhandshop aufmachen können:

einzelne Schuhe	13
Shirts oder Pullover	12
Socken	9
Sonnenbrillen	7
Westen	4
Kappen	4
Unterhosen	3
Badehosen	2
Schlüssel	1

Anzahl der MeilenpatInnen	362
Spendensumme	€ 5.536,70 und £ 35,–

Nationalitäten der MeilenpatInnen:

Österreich | Deutschland | Schweiz | Niederlande | Australien | USA | Großbritannien | Slowakei | Irland | Sri Lanka | Norwegen | Frankreich |

South West
Coast Path
Association
Daniela Leinweber
WALKED THE SOUTH WEST COAST PATH
BRITAIN'S LONGEST NATIONAL TRAIL (630 MILES)

South West Coast Path NATIONAL TRAIL
Certificate of Completion
Daniela Leinweber
Completed the 630 mile National Trail on August 28th 2018
National Trail Team

Besonderer Dank für die Unterstützung geht an:

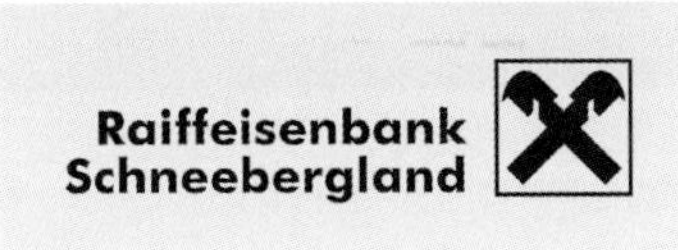

Besonderer Dank für die Unterstützung geht an:

Tupperware®

Petra Baldreich e.U.

Autorisierter Tupperware Vertriebshändler

2700 Wr. Neustadt, Waldschulgasse 1

Tel: 02622/28662